Histoire Politique, Civile Et Religieuse De La Saintonge Et De L'aunis: Depuis Les Premiers Temps Historiques Jusqu'à Nos Jours, Volume 3...

D. Massiou

Imprimerie de G. MARESCHAL . à la Rochelle.

HISTOIRE
POLITIQUE, CIVILE ET RELIGIEUSE
DE LA
SAINTONGE
ET DE L'AUNIS,

DEPUIS LES PREMIERS TEMPS HISTORIQUES JUSQU'A NOS JOURS ;

PRÉCÉDÉE D'UNE INTRODUCTION.

PAR

M. D. MASSIOU,

Membre de l'Institut historique de France ; de la Société Française
pour la conservation et la description des monuments historiques;
des Sociétés royales des Antiquaires de Normandie, de la
Morinie, de l'Ouest, et autres corps savants.

DEUXIÈME ÉDITION.

Tome 3.

SAINTES,

A. CHARRIER, LIBRAIRE-ÉDITEUR.
—

1846.

Fr 6022.10

HISTOIRE

DE LA

SAINTONGE

ET

DE L'AUNIS.

LIVRE SIXIÈME.

DEPUIS LA CONFÉRENCE DE PHILIPPE-LE-BEL ET DE BERTRAND-DE-GOUT
DANS LA FORÊT D'ESSOUVERT , JUSQU'A L'AVÈNEMENT
DE CHARLES-LE-SAGE.

1305. — 1366.

En reculant les limites de son empire jusqu'au
pied des Pyrénées, en étendant sa souveraineté
sur les riches provinces du Midi, la maison de
France n'avait pas seulement grandi en puissance
territoriale : elle avait encore conquis, entre les
états de l'Europe, une telle supériorité politique,
que seule elle osait défier la cour de Rome,
cette formidable théocratie devant laquelle s'in-
clinaient tous les rois.

1..

On connaît la fameuse lettre de Philippe-le-Bel à Boniface VIII. — « Philippe, par la grâce de Dieu roi des Français, à Boniface se disant pape, peu ou point de salut. Que ta très-grande fatuité sache que nous ne sommes soumis à personne pour le temporel, que la collation des églises et des prébendes nous appartient par le droit royal, et que nous tenons pour fous ceux qui pensent autrement. » Ne vit-on pas le chef suprême de l'Eglise assailli, dans son palais d'Agnani, par les agens de Philippe, et renversé violemment de son trône apostolique par un de ces hommes qui, sans respect pour la pourpre romaine, osa frapper le vieillard au visage du revers de son gantelet.

Ainsi, après avoir dompté la puissance féodale et la vigoureuse démocratie des communes, la royauté finit par attaquer corps à corps le colosse pontifical, qu'elle avait heurté si souvent dans sa marche ascensionnelle vers l'absolutisme, et cette lutte terrible qui, un siècle plus tôt, eût été mortelle à la royauté, lui procura un nouveau triomphe.

C'est qu'une grande révolution s'était accomplie dans les idées. Les prédécesseurs de Boniface VIII avaient commis, dans le cours du XIIIe siècle, des actes bien autrement désordonnés que les siens : mais l'excès même de leur audace avait formé la raison des peuples, et Boniface expia

moins ses propres méfaits que ceux de ses devanciers.

1305. — 1307. — Ce n'était pas assez toutefois
pour le pouvoir royal que d'avoir vaincu la papauté : il voulait encore la façonner à l'usage de sa
politique, et se servir, dans l'intérêt de son ambition, du reste de prestige dont elle était envi-
ronnée. Un fait étrange et qui démontre à quel
degré d'abaissement était tombée la cour de Rome,
se passa, au mois d'avril de l'année 1305, dans
un humble oratoire de l'ordre de Saint-Benoit,
situé au milieu de la forêt d'Essouvert, près
de Saint-Jean d'Angély.

Benoit XI, successeur de Boniface VIII, était
mort empoisonné, le 7 juillet de l'anné précédente. Le conclave assemblé à Pérouse pour
l'élection d'un nouveau pontife demeura en per-
manence neuf mois entiers sans pouvoir s'accorder,
car il était partagé en deux factions rivales, l'une
italienne, l'autre française. Les membres du sacré
collége en vinrent toutefois à une transaction, et
il fut décidé que le parti italien désignerait trois
candidats parmi lesquels le parti français choi-
sirait le pape.

L'un des trois prélats qui furent proposés était
Bertrand de Goth ou de Gout, Gascon d'origine
et créature de Boniface VIII qui l'avait promu
à l'archevêché de Bordeaux. Bertrand de Gout,
sujet du roi d'Angleterre et très-attaché à Boni-

face, avait montré beaucoup d'hostilité contre Philippe-le-Bel lors de l'occupation de la Gascogne par les Français et pendant les querelles de la couronne et de la tiare. Mais Philippe connaissait trop l'ambition du prélat gascon pour le regarder comme un ennemi irréconciliable. Il résolut de lui faire déférer la pourpre romaine, dans l'espoir de s'en faire un instrument pour l'exécution d'un vaste projet qu'il méditait.

Il dépêcha à Bordeaux un messager avec des lettres dans lesquelles il invitait l'archevêque à lui indiquer un lieu où ils pussent conférer sans témoins sur une affaire *également importante pour tous deux.* Bertrand désigna, comme le lieu le plus convenable à une entrevue secrète, l'oratoire de la Fayolle, dépendant de l'abbaye des Bénédictins de Saint-Jean d'Angély, et caché dans l'épaisseur de la forêt d'Essouvert, près de cette ville.

Le roi et le prélat se réunirent, vers la fin d'avril, dans cette obscure chapelle. Bertrand de Gout, qui ne se doutait de rien, demeura stupéfait lorsque Philippe lui demanda brusquement s'il voulait être pape. On assure que, revenu de son étourdissement, il se jeta aux pieds du prince, le conjura d'oublier sa conduite passée et promit de la racheter par un dévouement sans bornes. Philippe lui imposa six conditions qu'il lui fit connaître sur-le-champ, sauf une qu'il se réserva de lui révéler plus tard.

Bertrand, dans l'ivresse de sa prochaine gran-
deur, se soumit à tout aveuglément, et jura sur
l'hostie de remplir la sixième condition dès qu'il
plairait au roi de la lui prescrire.

A l'issue de cette conférence Philippe-le-Bel expé-
dia un courrier au conclave, et le 5 Juin suivant
Bertrand de Gout fut proclamé pape sous le nom
de Clément V.[1]

La sixième condition que Philippe-le-Bel n'avait
pas voulu faire connaître à Bertrand de Gout dans
la forêt d'Essouvert, était l'anéantissement de
l'ordre des Templiers. C'est au milieu des querelles
du roi de France et du pape Boniface VIII qu'il
faut chercher l'exposition de ce lugubre drame
dont le dénouement ensanglanta les dernières
années du règne de Philippe-le-Bel. Dans cette
lutte acharnée des pouvoirs spirituel et temporel,
presque tout le clergé gallican avait pris parti
pour le roi : les Templiers, plus dépendans du
Saint-Siège, s'étaient, au contraire, déclarés
ouvertement pour le pontife, et Philippe avait
juré leur perte.

Le monarque ne manquait pas de prétextes
pour justifier sa haine et légitimer sa vengeance.
Institués pour veiller à la sûreté des chemins de
la Palestine, les chevaliers du Temple[2] n'avaient

[1] Saint-Antonin. Somme Historiq. — Duplex. tom. II. p. 399.
— Villani. — Daniel. — Velly, etc. — Guill. Merville. *Recherch.
sur Saint-Jean d'Angély.* p. 269.

[2] Ils étaient ainsi nommés de ce que Baudouin II, roi de Jé-

vécu d'abord que des aumônes dont les grati-
fiait la reconnaissance des pélerins. Mais dans
la suite, les rois, les seigneurs, les prélats leur
donnèrent des biens immenses dans tous les états
de l'Europe, en récompense des services qu'ils
avaient rendus à la chrétienté. On a vu les Templiers de la Rochelle enrichis par les libéralités
de la reine Aliénor et de ses fils.

L'orgueil, le faste et toutes les vanités mondaines
remplacèrent bientôt l'austère tempérance et
l'humble simplicité des premiers chevaliers. Cet
ordre finit par s'organiser en corps politique indépendant, et se rendit aussi redoutable aux
souverains, dont il bravait l'autorité, qu'odieux
aux peuples qu'il opprimait par sa rapacité et ses
violences. On se rappelle avec quelle audace les
Templiers de l'Aunis envahissaient les fiefs de la
couronne en apposant les insignes de leur ordre
sur les domaines royaux, et la nécessité où fut
Henri III, roi d'Angleterre, de recourir à l'autorité pontificale, pour faire cesser ces déprédations.

L'ordre des Templiers n'était pas seulement
redoutable au pouvoir séculier par l'influence
politique que lui donnaient sa puissante organisation et ses immenses richesses : il s'était encore

rusalem, leur avait accordé un logement près du lieu où avait
existé l'ancien temple de Salomon, et non de ce qu'ils avaient fait
vœu de relever ce temple, comme on l'a prétendu.

attiré les censures et l'animadversion du clergé par la profession de certaines hérésies dont il avait pris le germe parmi les sectes gnostiques de l'Orient. On lui reprochait des innovations hétérodoxes et des pratiques occultes qui accusaient en lui une déviation schismatique des préceptes de l'Eglise romaine, enseignés par les apôtres et perpétués par les conciles. 1305 à 1307.

En butte à l'animosité du double pouvoir temporel et spirituel, les Templiers ne pouvaient échapper à leur ruine. Au commencement de l'année 1307, Philippe-le-Bel s'étant rendu à Poitiers avec ses trois fils et ses deux frères, Clément V vint trouver le roi dans cette ville, accompagné de dix-neuf cardinaux. Ils eurent de longs et mystérieux entretiens auxquels ne furent admis que leurs affidés. Le 13 octobre, le résultat de ces conférences fut révélé à la France comme par un coup de foudre. Toutes les maisons des Templiers furent envahies en même temps, dans chaque province, par les sénéchaux et les baillis du roi. Leurs biens furent séquestrés et leurs personnes jetées dans les cachots. Pour justifier ces rigueurs aux yeux du peuple, Philippe-le-Bel fit publier deux jours après dans toutes les églises du royaume, un long manifeste dans lequel il imputait aux chevaliers en masse des forfaits abominables, et ordonnait qu'on commençât immédiatement leur procès. [1]

[1] Voir tous les Historiens de France. Règne de Philippe-le-Bel.

1308.   1308. — Pendant près de deux ans que durèrent ces procédures, Philippe-le-Bel, qui s'était montré jusqu'alors si indépendant du clergé, n'épargna rien pour se le rendre favorable et acheter son appui. Au mois d'août 1308, il imposa silence aux maîtres de ses forêts sur les dévastations que les moines du prieuré de Boët, dépendant de l'abbaye de Montierneuf de Poitiers, commettaient dans la forêt de Benon, sous prétexte du droit qu'ils avaient de prendre du bois dans cette forêt pour leurs constructions, leur chauffage et leurs autres besoins. [1] — « Prenant en considération, dit-il, que l'abbé et le couvent de Montierneuf ont libéralement consenti à célébrer, après notre mort, dans leur monastère, notre anniversaire et celui de notre très-chère épouse, Jeanne, autrefois reine de France et de Navarre, nous voulons les traiter gracieusement pour le salut de notre âme et de celle de notre dite épouse. [2]

---

[1] Philippus, etc. Notum facimus quod cùm magistri forestarum mearum et aliæ gentes nostræ dicerent quod religiosi viri abbas et conventus Monasterii-Novi pictaviensis et prior prioratûs de Boëto ad dictum monasterium pertinentis usagio quo ipsi, ratione prioratûs dicti, habent in forestâ nostrâ de Banaon, ad ædificandum, ardendum et ad omnia alia necessaria, multipliciter abusi fuerant, etc. (Vidim. mss. archiv. de l'abb. de Montierneuf de Poitiers.)

[2] Nos attendentes quod ipsi abbas et conventus nostrum, cùm de nobis humanitùs contigerit, et quondàm carissimæ consortis nostræ Johannæ, olim Franciæ et Navarræ reginæ, anniversaria annuatim in eorum monasterio facere liberaliter concesserunt; et proptereà volentes graciosiùs agere cum eisdem, pro nostrâ et dictæ consortis nostræ animarum salute, etc. (Ibid).

Il confirma, en conséquence, le droit d'usage 1310.
qu'avaient les religieux de Montierneuf et de
Boët dans la forêt de Benon, afin qu'ils pussent
en jouir à perpétuité et sans trouble. Il les dé-
chargea de tous les reproches qu'ils pouvaient
avoir encourus jusqu'alors dans l'exercice de ce
droit, déclarant entendre qu'il ne fût en rien
dérogé à leurs chartes et privilèges. [1]

1310. — Deux ans après (2 Mai 1310) il écrivit
en ces termes aux sénéchaux surintendans de ses
finances dans le Pays-toulousain, le Périgord, la
Saintonge du nord et le Poitou. — « Des
plaintes nous ont été adressées de la part de nos
chers et féaux l'archevêque de Bordeaux, ses
suffragans et autres personnes d'Église sur ce
que vous prétendez les faire financer à raison
des fiefs et arrière-fiefs qu'ils ont acquis, et exercez
contre eux, à cette occasion, des molestations
indues. [2] Nous vous défendons de rien exiger dé-

[1] Concedimus quod. ipsi abbas et conventus et prior habeant,
possideant in perpetuum pacificé et quieté dictum usagium in forestâ
nostrâ prædictâ, ad ædificandum et ardendum et ad omnia sua
necessaria villæ de Boëto et extrà, etc. Et si aliquam notam offensæ
ante concessionem hujus modi forcitan incurrerint, nos eam sibi
remittimus, nec volumus quod ipsorum religiosorum cartis et privilegiis in aliquo derogetur, sed eos et ea volumus in suo robore
perpetuò remanere. (Vidim. mss. archiv. de l'abb. de Montierneuf de Poitiers.)

[2] Philippus, etc. Superintendentibus negocio financiæ in tolosanâ,
petragoricensi, xantonensi et pictaviensi provinciis senescallis, salutem. Ex parte dilectorum nostrorum archiepiscopi burdegalinsis,
suffraganeorum suorum et aliarum personarum ecclesiasticarum fuit
nobis conquerendo demonstratum quod vos ab ipsis financiam de

1311. sormais à raison de ces sortes d'acquisitions, lorsqu'elles appartiendront à des églises ayant haute et basse justice, et nous enjoignons de restituer les objets que vous auriez saisis ainsi que les deniers qui auraient été perçus pour le même motif. [1]

1311. — Néanmoins Philippe-le-Bel était trop politique et trop jaloux de ses prérogatives royales pour sacrifier à l'Église les droits de sa couronne, et il savait retrouver toute sa fermeté pour opposer une digue à l'envahissement des ordres religieux lorsqu'ils tentaient de se soustraire à son obéissance. Mais alors il déployait une justice si consciencieuse, que les délinquans n'avaient aucun prétexte pour critiquer ses actes.

Les religieux de Nuaillé, en Aunis, avaient droit de justice haute et basse sur la paroisse voisine de Saint-Sauveur. Dépouillés de l'exercice de ce droit par le sénéchal du roi de France en Saintonge, ils se plaignirent à Philippe-le-Bel. Le prince écrivit, le 8 novembre 1311, à son lieutenant de rétablir sur-le-champ les moines

---

iis quæ in feodis et retrofeodis acquisiverunt exigere nitimini, et ipsos, propter hoc, multipliciter et indebitè molestatis. (*Grand Gautier* ou *Cartul. orig. de l'évêché de Poitiers.* fº 112. recto.)

[1] Quocircà vobis mandamus quatinùs si, in locis quibus fuerint hujus modi acquisita, alta et bassa justicia sit dicta, ecclesiarum personas ipsas pro hujus modi acquisiti de cætero minimè molestetis. Si verò aliquà ratione hujus modi acquisitorum de bonis saisimentum ceperitis, ea deliberetis et restituatis. (Ibid).

dans la jouissance du droit qu'ils revendiquaient.[1] 1312,
— « Mais, ajouta-t-il, s'il existe quelque motif
raisonnable de ne pas leur restituer ladite juridiction, ayez soin de nous le faire connaître avant
les prochaines assises de notre parlement. »[2]

1312. — Le sénéchal répondit que le motif de
la mesure qu'il avait prise contre les religieux
de Nuaillé était le refus qu'ils faisaient de rendre
l'hommage dû au roi pour la haute et basse
justice qu'ils avaient sur la paroisse de Saint-
Sauveur. Philippe soumit la question à son parlement qui, le 2 mars 1312, décida que le
droit revendiqué par les moines de Nuaillé
resterait sous la main du roi, jusqu'à ce qu'ils
eussent avoué ou désavoué qu'ils tenaient ce
droit de la couronne de France. Le chevalier
Hugues de la Celle fut délégué pour assurer l'exécution de cet arrêt.[1]

[1] Philippus, etc. Senescallo xantonensi salutem. Ex parte religiosorum abbatis et conventûs monasterii nobiliacensis fuit nobis
expositum conquerendo quod, cùm dicti religiosi essent in possessione pacificâ exercendi jurisdictionem altam et bassam in villâ
et parrochiâ S. Salvatoris in Alnisio, vos et procurator noster
dictæ senescalliæ ipsos religiosos possessione prædictâ spoliastis indebitè. Quare vobis mandamus quatenùs dictis religiosis restituatis jurisdictionem prædictam. (Mss. vidim. *archiv de l'abb. de Nuaillé en
Aunis.*)

[2] Si verò causa subsit aliqua rationabiliter quatenùs dictam jurisdictionem eisdem restituere minimè debeatis, eam nobis signi-
ficare curetis infrà diem futuri proximi parlamenti. Datum Parisiis
8 novemb. anno 1311. (Ibid).

[3] Dictus senescallus rescripsit quod prædictam jurisdictionem,
pro defectione homagii nobis debiti, ad manum nostram posuerat.
Auditis partibus et visis litteris senescalli prædicti, per arrestum
nostræ curiæ dictum fuit quod, ratione dicti homagii, dicta manus

1312. Mais les religieux n'attendirent pas l'arrivée de l'envoyé royal. Ils se hâtèrent d'écrire à Philippe-le-Bel pour l'assurer que, loin d'avoir jamais prétendu s'affranchir de l'hommage qu'ils lui devaient, ils s'en étaient toujours fidèlement acquittés entre les mains de son sénéchal. Philippe envoya, le 12 Mars, cette déclaration à son lieutenant, avec ordre de rétablir les moines de Nuaillé dans l'exercice de leur droit, s'il était vrai, comme ils l'affirmaient, qu'ils se fussent acquittés de l'hommage auquel ils étaient tenus. [1]

Cependant le procès des Templiers se poursuivait avec une odieuse passion. Il avait été décidé que la procédure serait suivie, dans chaque diocèse, par l'évêque assisté d'un inquisiteur. Des cruautés inouies furent exercées, dans la ville épiscopale de Saintes, sous les yeux de l'évêque Guy de Neuville, [2]

---

[1] remanebit quousque dicti religiosi advoaverint vel deadvoaverint se prædictam jurisdictionem tenere à nobis, super quibus dilectus et fidelis Hugo de Çellá, miles noster, cui super hoc fuit commissio, faciet justiciæ complementum. Datum Parisiis in parlamento nostro, 2 die martii anno 1312. (*Mss. vidim. archiv. de l'abb. de Nuaillé, en Aunis.*)

[2] Philippus, etc. Senescallo xanton. salutem. Conquesti sunt nobis abbas et conventus monasterii nobiliacensis, quod vos altam et bassam justiciam villæ et parrochiæ S. Salvatoris in Alnisio, in cujus possessione pacificá existebant, pro defectu homagii, ad manum nostram tenetis, licèt asserunt dicti religiosi quod abbas dictum homagium vobis pro nobis fecit. Quare vobis mandamus quatenùs si est ità, dictos religiosos permittatis suá prædictá possessione gaudere. Datum Parisiis 12 die martii anno 1312. (Ibid).

[3] Ce prélat fut transféré du siège épiscopal du Puy en Vélay à celui de Saintes où il tint, en 1298, un synode sur la discipline ecclésiastique. On y défendit aux curés, sous peine d'excommunication, de porter *des chaussures magnifiques.* La même peine fut prononcée contre

contre les Templiers de la Rochelle. [1] La plupart 1312.
de ces malheureux confessèrent, dans les tour-
mens de la torture, les infamies qu'on leur
imputait.

Lorsque tout fut disposé pour le dénouement
de cette sanglante tragédie, un synode d'évêques
et d'inquisiteurs de la foi, assemblé à Vienne,
en Dauphiné, sous l'influence de Clément V
et de Philippe-le-Bel, déclara l'ordre en masse
convaincu d'hérésie et de crimes horribles, confisqua ses biens au profit des Hospitaliers et des
Chevaliers de Saint-Jean de Jérusalem, et condamna au feu tous ceux qui en faisaient partie.
*Ces infortunés périrent tous sur le bûcher,
protestant énergiquement de leur innocence et
citant leurs bourreaux au tribunal de Dieu.* [2]

ceux qui donneraient leurs cures à ferme sans la permission de
l'évêque. On leur recommanda la résidence : on défendit aux clercs
réguliers de porter *des habits mondains :* on prononça des peines
disciplinaires contre ceux qui, sans l'assentiment de l'évêque ou des
curés, percevraient la dime des *novales,* dans des paroisses étrangères. On renouvela les censures contre les excommuniés pour
cause de testament, si, dans le délai de vingt jours, leur absolution n'était pas rapportée : on déclara excommuniés *ipso facto*
les spoliateurs des églises. Guy de Neuville mourut à Paris le 7
avril 1312 et fut inhumé dans l'église de Saint-Germain des Prés.
(Voy. Hugues du Temps. *Clergé de France.* tom. II. p. 353.)

[1] Philippe G*** *Mém. sur les Templ.* Paris 1805. p. 37.

[2] Voy. Dupuy. *Hist. de la condamn. des Templ.* Bruxelle. 1750.
— *Hist. de l'abolit. de l'ord des Templ.* Paris. 1779. — *Hist. apolog.
et critiq. de l'ordre des Templ.* Paris 1789. — Philippe G*** *Mém.
Hist. sur les Templ.* Paris 1805. — *Le Mystère d'iniquité ou
Hist. de la Papauté.* — Saint-Antonin. *Somme Historique.* — Paul.
Emil. in Philipp. Pulchr. — Martin Parad. in Hist. Burgund suppl.
— Raynouard. *Mém. sur les Templ.* — Villani, Boccace, Naucler
Aventin, *et toutes les Hist. de France, règne de Philippe-le-Bel.*

1313.   1313. — Philippe-le-Bel et Clément V ne tardèrent pas d'obéir à ce redoutable ajournement. Mais le premier voulut user, jusqu'à son dernier jour, de ses prérogatives royales. Ayant conféré l'ordre de chevalerie à son fils aîné Loys, dit le *Hutin* ou le querelleur, il écrivit en ces termes, le 1er décembre 1313, au sénéchal de Saintonge. — « Comme nous avons fait notre fils aîné chevalier, et que, pour cause de cette chevalerie, les gens de notre royaume sont tenus de nous faire certaine aide, nous vous mandons de la faire lever et exploiter le plustôt que vous pourrez dans toute l'étendue de votre sénéchaussée, en vous conformant à l'usage suivi de tout temps en pareil cas, et d'envoyer à notre trésor de Paris tout l'argent qu'elle aura produit, aussitôt que vous l'aurez reçu. » [1]

1314. — Le jeune prince dont cet impôt devait payer l'épée, le baudrier damasquiné et les éperons d'or de chevalier, *Loys-le-Hutin* monta, l'année suivante, au trône où le remplacèrent

---

[1] *Philippe*, etc. Au seneschal de Xaintonge salut. Comme naguères nous ayons faict nostre aisné fils chevalier, et pour cause de celle chevalerie, les gens de nostre royaume soyent tenuz nous faire certaine ayde, nous vous commandons que vous ladicte ayde, en la manière que il a esté faict aultres foiz en cas semblable, en toute vostre sénéchaucie et ès ressorts, faites lever et esploiter au plutost que vous pourrez, et tout l'argent de celle ayde, sitost comme il pourra estre receu, envoyer à nostre trésor à Paris. Donné à Paris le 1er jour de décembre l'an de grâce 1313. (Laurière, *Ordon. des rois de France.* tom. I. p. 534. — *Archiv. de la Chambre des comptes de Paris.* Registre A. f° 33.)

bientôt et à de courts intervalles ses deux frères 1314. Philippe-*le-Long* et Charles-*le-Bel.* Pendant les quatorze années que durèrent ces trois règnes, aucun fait politique ne se passa en Saintonge. Edward II, prince indolent et d'un esprit borné, était trop occupé, de l'autre côté du détroit, à réprimer les factions qui s'agitaient au pied de son trône, pour songer à troubler la paix du continent.

La capitale de la Saintonge du sud ne jouissait pas toutefois d'une tranquillité parfaite. Depuis quelques années de sérieux débats s'étaient engagés entre les rois d'Angleterre et les évêques de Saintes, relativement à certains droits de juridiction que ceux-ci prétendaient exercer dans leur ville épiscopale et qui leur étaient contestés par les agens royaux. C'en était assez pour mettre en émoi tout le pays. Chacun prenait parti pour le roi ou pour l'évêque : mais la majorité était naturellement pour le prélat présent contre le monarque absent. La question, loin de s'être éclaircie par la discussion, n'avait fait que se compliquer d'avantage. Le parti épiscopal, affaibli par la perte de son chef Guy de Neuville, mort à Paris le 7 avril 1312, se releva l'année suivante, à l'arrivée du nouvel évêque, Guillelme de la Roche, transféré du siège de Bazas à celui de Saintes : [1] la lutte recommença alors plus animée qu'auparavant.

[1] Voy. Hugues du Tems. *Clergé de France.* tom. II. p. 354.

1314.   Edward ne pouvant donner à cette affaire toute l'attention qu'elle réclamait, proposa à Guillelme de la Roche d'en finir par une transaction. Mais le prélat gascon connaissait la position difficile de son adversaire : comprenant qu'il ne pouvait que gagner à temporiser, il usa de tous les moyens imaginables pour amuser le prince et reculer le moment d'une solution. Enfin pressé par le roi d'Angleterre, il prétendit ne pouvoir se prêter à aucun accommodement sans la permission du Saint-Siège. Le faible Edward pouvait avoir besoin du pontife romain : il s'empressa donc de recourir à l'autorité du Saint-Père.

— « Nous couvrons de pieux baisers vos bienheureux pieds, écrivit-il, le 27 janvier 1314, à Clément V. Il convient que nous apportions nos soins diligens à écarter tout ce qui pourrait faire naître des divisions entre nous et nos sujets. Or de longs débats s'étant engagés entre nos aïeux et les évêques de Saintes à l'occasion de certains droits de juridiction que ceux-ci se sont attribués dans ladite ville, nous en éprouvons un grave préjudice et nous n'avons pu, jusqu'à présent, obtenir un repos si désiré, malgré les dépenses et les efforts que nous avons faits pour y parvenir. [1]

---

[1] Papæ rex devota pedum oscula beatorum, etc. Ad ea quæ dissentiones inter nos et subditos nostros producunt amovenda, nos decet diligentem operam adhiberi. Cùm itaque, pater sancte,

« Nous désirons faire, avec le vénérable père 1314. en Jésu-Christ nouvellement élu au siège dudit lieu, touchant les juridictions et autres droits appartenant tant à lui qu'à son église de Saintes, un échange qui concilierait nos communs intérêts et rétablirait la paix entre nous. Mais ledit évêque refuse d'y consentir s'il n'y est autorisé par un mandement exprès de vous.[1] Nous supplions donc, par de dévotes prières, votre Sainteté de daigner écrire à l'évêque susnommé, afin qu'il consente à l'échange que nous lui proposons. Donné à Windsor, le 27e jour de janvier. »[2]

L'histoire ne dit pas quelle fut la réponse du Saint-Père, et si, à défaut d'une décision favorable, le roi fut contraint d'humilier sa couronne devant la mitre du prélat.

1315. — Philippe-le-Bel avait appris à ses hommes du nord de la Saintonge à ne recon-

---

inter progenitores nostros et episcopos xantonenses, occasione quarumdam jurisdictionum quas dicti episcopi sibi vindicârunt in civitate xantonensi, discordiæ plures subortæ fuissent, et exindé, præter labores et expensas, damna quàmplurima subsecuta, nec adhuc super præmissa votiva requies præparetur, etc. (Rymer. *Act. publ.* tom. III. p. 467.)

[1] Propter quod, pro mutuo commodo et quiete, cum venerabili in Christo patre nunc electo loci prædicti, pro jurisdictionibus prædictis et aliis sibi et ecclesiæ suæ xantonensi ità competentibus, permutationem facere peroptamus, cui dictus episcopus, absque mandato vestro, renuit consentire. (Ibid).

[2] Sanctitati vestræ devotis precibus supplicamus quatinùs præfato episcopo, ut permutationi prædictæ consentiat, dignemini vestras dirigere litteras. Datum apud Windesor, 27 die januari. (Ibid).

2

1315. naître d'autre autorité que la sienne, et l'on ne voyait point, sur la rive droite de la Charente, cette autorité méprisée, comme l'était, sur la rive gauche, celle du pusillanime Edward d'Angleterre. Mais en retour de la soumission qu'elle imposait aux peuples, la royauté capétienne les couvrait de son égide, et leur rendait en protection ce qu'elle en recevait en obéissance.

Depuis quelques années les collecteurs des deniers royaux s'efforçaient de faire revivre dans les villes du Poitou, de la Touraine, de l'Anjou, du Maine, de l'Angoumois et de la Basse-Saintonge d'anciennes redevances féodales dont les hommes de ces contrées avaient été affranchis par Saint-Loys et Philippe-le-Bel. Ces exactions eussent fini par anéantir les franchises des communes si les peuples qu'elles opprimaient n'y eussent mis un terme en les déférant à la justice du roi. Loys-le-Hutin ne fut pas sourd aux plaintes de ses vassaux d'Aquitaine.

— « Nous faisons savoir, dit-il dans des lettres-patentes données à Tournai au mois de septembre 1315, que les gens des *basses-marches*, c'est-à-dire de Poitou, Touraine, Anjou, Maine, Saintonge et Angoumois, nous ont exposé que plusieurs griefs et nouvelletés non dues leur ont été faites au temps passé, et que leurs bonnes coutumes anciennes, leurs franchises et leurs usages ont été corrompus de plusieurs manières,

nous priant de ramener ces choses à l'ancien 1315.
état du temps de monseigneur Saint-Loys, notre
bisaïeul , de faire garder les ordonnances et
établissemens de notre cher seigneur et père
que Dieu absolve, et d'envoyer des prud'hommes
pour corriger et redresser les griefs que nos officiaux ont faits ès-dites contrées.

« Considérant qu'ils ont servi notre cher seigneur et père dessus-dit, ainsi que nous, de
tout leur pouvoir, et qu'au temps où les autres
contrées et pays de notre royaume nous pressaient et chargeaient , ils n'ont voulu nous presser
ni charger et ne veulent encore le faire qu'autant
que *notre grâce* se pourra étendre, nous priant
seulement de leur faire et octroyer les mêmes
grâces et déclarations que nous avons faites et
octroyées à nos autres pays.

« Reconnaissant leurs services dessus-dits, leurs
bonnes volonté et obéissance, ouï leur requête,
leur avons octroyé et octroyons que dorénavant
toutes les nouvelletés et surprises qui leur ont
été faites du temps de notre cher seigneur et
père ou du nôtre seront rapportées : voulons que
leurs coutumes, franchises et usages soient ra-
menés à l'ancien temps dessus - dit, que, par
bonnes gens que nous enverrons ès-dites parties
leurs griefs soient redressés et corrigés; qu'ils
usent et jouissent de toutes les déclarations et
grâces faites par nous aux autres pays de la

1315. manière qu'ils nous en ont requis, en tant qu'il nous appartient en nos domaines, saufs les droits de nos barons desdites contrées, auxquels nous donnons en mandement, par ces présentes lettres, qu'ils fassent et accomplissent les choses dessusdites comme à chacun appartiendra en sa terre : et s'ils en étaient défaillans ou négligens, nous promettons de les y contraindre comme raison et justice le requerront. Et afin que ce soit chose ferme et stable au temps à venir nous avons fait sceller ces lettres de notre scel. Fait à Tournai en l'an de grâce 1315, au mois de septembre. » [1]

1317. — Le roi Edward d'Angleterre ne se montrait pas aussi soigneux des intérêts de ses hommes du continent. Soit que les embarras qu'il avait de l'autre côté de la Manche ne lui permissent pas de prêter une attention sérieuse aux plaintes de ses vassaux d'outre-mer, ou que, prudemment dénaturées en traversant le détroit, ces plaintes eussent perdu beaucoup de leur gravité avant

[1] Cette pièce, à part l'orthographe du temps et quelques idiotismes qu'on n'a pas cru devoir conserver, est la reproduction textuelle de l'original extrait des archives du château de Thouars en Poitou. Au bas pend, à une touffe de soie rouge et verte, le sceau royal où l'on voit Loys-le-Hutin assis sur son trône, tenant de la main droite un long sceptre en forme de bâton dont l'extrémité est rompue, de la gauche une main de justice. Il a la couronne en tête : ses cheveux sont courts et frisés. Il est revêtu d'une longue robe ou tunique dont les manches sont sans paremens, et par dessus il porte la chlamyde romaine, agrafée sur l'épaule droite, couvrant le bras gauche et laissant le droit découvert. Le contrescel représente l'Écu de France semé de fleurs de lis sans nombre.

d'arriver au pied du trône, le prince, trompé 1317.
sans doute par les rapports mensongers de ses agens,
demeurait sourd aux cris de détresse qui s'élevaient
incessamment des villes de la Haute-Saintonge.

Edward avait établi, comme sénéchal, dans
cette contrée un certain Arnault Calculi, homme
dur et sordide qui, par son insatiable avarice
et sa rigueur impitoyable, était devenu, pour
tout le pays soumis à son gouvernement, un
objet de haine et de terreur. Abusant, pour s'en-
richir, du pouvoir illimité dont il était armé,
il n'était sorte d'exactions que cet homme ne
commît pour amasser de l'or, et il étouffait,
par un odieux despotisme, les cris que sa cupidité arrachait à ses victimes.

L'indignation universelle, long-temps comprimée
éclata enfin et parvint à se faire jour jusqu'à
l'oreille d'Edward. Un grand nombre de bourgeois s'étant réunis, adressèrent, en 1317, au
roi d'Angleterre une supplique dans laquelle,
après avoir longuement énuméré les déprédations
commises par le sénéchal de Saintonge, ils conjurèrent le prince de leur tendre une main pro-
tectrice et d'infliger au coupable le châtiment
qu'il avait mérité. [1]

Cette pièce est trop longue pour être repro-

[1] Rex, etc. Sciatis quod, cùm nuper contra Arnaldum Calculi,
senescallum nostrum Xantoniæ, nobis liberati fuissent diversi arti-
culi quorum tenores sequuntur, etc. (Rymer. *Acta publica*. tom.
III. p. 684.)

1317. duite ici en entier : mais on en extraira les passages les plus saillans.

— « Calculi, y disait-on, tient journellement
et clandestinement ses audiences au bourg de
Nancras, de sorte qu'aucun membre du conseil
royal ne peut savoir ce qu'il y fait : ces audiences secrètes sont si fréquentes, qu'elles ont
totalement anéanti les baillages du roi, notre
seigneur, et même les grandes assises du château de Saintes auxquelles se rendaient les plus
célèbres avocats d'Angoulême et d'autres lieux,
et qui étaient les meilleures et les plus belles de
tout le diocèse de Saintonge, par l'affluence
des barons, abbés et bourgeois qui, pendant
quatre ou cinq jours, y venaient de toutes parts.
La ruine de ces assises est grandement domma-
geable audit seigneur roi, dont le sénéchal usurpe
tous les droits et juridictions, et dont le nom même
sera bientôt oublié dans toute la Saintonge. ¹

« Calculi chasse et fait chasser dans les forêts
du roi, notre seigneur, ce qui est défendu par

---

¹ Item tenet in loco de Nancras quotidié assisias suas, ità quod
nullus de concilio regis possit scire ea quæ facit. Propter illas assisias, ibidem quotidié et clandestiné tentas, ballivæ domini regis
sunt penitùs destructæ, et potissimé magna assisia castri Xantoniæ,
quæ solebat esse melior et pulchrior totius episcopatûs Xantoniæ,
ad quam solebant venire meliores advocati de Angolismo et de multis
aliis locis, et barones, et abbates, et tantus populus, quod duce-
bat per quatuor vel quinque dies; quæ assisia est penitùs destructa
in magnum præjudicium domini regis, ità quod in brevi ignora-
bitur rex apud Xantoniam, et sic usurpat atque destruit jura et
jurisdictionem domini regis. (Rymer. *Acta publica*. tom. III. p. 684.)

la cour : il y prend des cerfs et autres bêtes 1317.
fauves qu'il donne et distribue ensuite où il lui
plaît, et il a même donné licence à plusieurs
personnes de chasser dans lesdites forêts. [1]

« Au commencement de la dernière guerre,
lorsque monseigneur Arnault de Gaveston vint
approvisionner le château de Saintes et fit déposer dans l'une des tours une grande quantité
de sel, on assure que le sénéchal fit enlever,
pendant la nuit, tout ce sel estimé plus de trois
mille livres. [2]

« Cette année, lorsque le sel commença à
enchérir, le même sénéchal apposta ses sergens
à l'entrée des ports de Marennes, avec ordre
d'arrêter toutes les barques chargées de sel qui
se présenteraient pour sortir, et de ne les laisser
passer qu'après que les marchands auraient racheté
leurs marchandises en payant de grosses sommes
d'argent. [3]

« Quand il vit que le sel valait à Marennes
quatorze livres le muid, il fit saisir toute la levée

[1] Item venatur et facit venari in forestis domini regis (quod est
à curiâ prohibitum) et capit cervos et alia animalia et dat ea et
dividit ubi placet, et dat pluribus licentiam in dictis forestis ve-
nandi. (Rymer. *Act. publica.* tom. III. p. 684.)

[2] Item dicitur quod dominus Arnaldus Gaveston, quandò mu-
nivit castrum Xantoniæ in principio guerræ, fecit poni in quâdam
turri quamdam quantitatem salis quam ipse senescallus, ut dicitur,
fecit extrahi de castro de nocte, quod æstimabatur valere 3000
libras et plus. (Ibid).

[3] Item hoc anno, quandò sal incœpit enchariri, ipse posuit ser-
vientes suos ad portus Marempniæ qui arrestabant *baichas* sivé naves
sale oneratas, et faciebant redimere mercatores in magnis pecuniis
summis, antequàm vellent am overe saisinam. (Ibid).

1317. des salines, assurant que le roi en avait besoin, et dès lors nul n'obtint la liberté de vendre, à moins qu'il ne se rachetât par une grande quantité de sel ou une forte somme d'argent. Personne n'ayant osé traiter à de telles conditions, le muid de sel baissa bientôt jusqu'à huit livres. Alors le sénéchal en fit acheter à ce prix, par des marchands affidés, autant qu'il en put trouver, et en fit charger des navires qu'il expédia à Libourne et ailleurs au prix de quaiorze livres. Ainsi il profita des six livres par muid qu'il avait fait perdre aux vendeurs, et l'on évalue à deux mille livres le gain qu'il retira de cette manœuvre. [1]

« Un procès était pendant à Nancras devant le sénéchal, entre Geoffroy de Libelle et Itier Aimery d'une part, et Arnault Forestier de l'autre, à l'occasion d'une vente de cent vingt muids de sel. Le sénéchal envoya vers les deux acheteurs un homme de sa maison, appelé Jehan de Flors, qui fit avec eux un pacte par lequel le sénéchal

[1] Item quandò vidit quod modium salis venderetur in Marempniâ 14 libras, ipse fecit saisiri omne sal totius Marempniæ, asserens quod rex eo indigebat, ità quod nullus poterat habere licentiam vendendi, nisi primò redimeret se in magnâ quantitate salis vel pecuniæ. Propter illam saisinam, quia non erant ausi vendere, modium salis devenit ad 8 libras, et tunc ipse habuit mercatores suos cautelosè qui retinebant et habebant omne sal quod habere poterant pro illo pretio : et tunc fecit onerare naves de dicto sale, et misit quasdam apud Liborniam et alias alibi, ità quod illi à quibus mercatores sui habuerant sal amiserunt in quolibet modio 6 libras quas ipse lucratus fuit, quod lucrum æstimatur 2000 libras. (Rymer. Act. publ. tom. III. p. 684).

promit de leur donner gain de cause s'ils con- 1317.
sentaient à partager avec lui l'objet du procès.
Ainsi fut fait, et Calculi fut à la fois juge et
partie. [1]

« Un certain André Deschamps était détenu
dans la prison du château de Saintes pour la
mort d'un homme qu'il était accusé d'avoir tué.
Le sénéchal ayant fait une enquête sur ce meurtre,
en acquit, dit-on, la preuve, et lui-même déclara devant le conseil que l'accusé méritait d'être
pendu. Mais plus tard il le fit mettre en liberté
après en avoir reçu une somme de cinquante
ou soixante livres. [2]

« Maître Pierre Tarzat ayant laissé deux filles
mineures de onze ans, un débat s'engagea devant
le sénéchal entre la mère, nouvellement remariée,
et le tuteur des deux jeunes filles, sur le point
de savoir à qui appartiendrait la garde de ces
enfans. Le sénéchal fit, avec le second mari,

---

[1] Item cùm causa esset incæpta, coràm senescallo, apud Nancras,
inter Galfridum de Libello et Iterium Aymerici contra Arnaldum
Forestar, super venditione 120 modiorum salis, ipse senescallus
misit versùs emptores quemdam de famillâ suâ, vocatum Johannem
de Flors, qui fecit pactum cum eis quod si volebant associare
senescallo in dicto sale, ipse faveret eis, ità quod haberent optatum;
et ità factum est, et sic fuit judex et pars. (Rymer. *Acta publica.*
tom. III. p. 684.)

[2] Item quidam vocatus Andreas Decampis erat detentus in pri-
sonâ castri xantonensis, propter mortem cujusdam hominis quem
interfecerat, ut dicebatur. Dictus senescallus fecerat enquestam super
dicto murtro, et invenit, ut dicitur, ipsum culpabilem, et ipsemet
senescallus dixit coràm concilio quod dignus erat idem Andreas
suspendio. Et postmodùm ipsum deliberavit, et habuit ab ipso 50
vel 60 libras. (Ibid).

1317. un traité par lequel il promit de livrer les deux filles à leur mère , moyennant qu'on lui compterait cinquante livres. De son côté la mère traita avec la femme du sénéchal , qui reçut un présent en joyaux valant quinze livres. Toutefois le sénéchal ne tint point sa promesse , et , changeant d'avis , donna l'une des deux filles en mariage à un sien clerc , dont il reçut, dit-on , une somme de cent livres. [1]

« Le même sénéchal et sa femme extorquèrent encore à quelques juifs, en les effrayant par des menaces, une valeur de cent livres et plus , tant en numéraire qu'en coupes et gobelets d'argent et autres joyaux. Il arracha pareillement à Arnault de Sennihan une somme de quarante livres, et le retint en outre prisonnier pendant plus de trois semaines dans une tour du château de Saintes. [2]

[1] Item causa agebatur coràm ipso super custodiam duarum filiarum quondam magistri Petri Tarzati, quæ sunt minores undecim annorum, inter matrem dictarum filiarum et tutorem. Ipse fecit pactum cum marito dictæ matris , quod si tradebat dictas filias matri earum, ipse daret sibi 50 libras ; et dicta mater fecit pactum cum uxore senescalli pro 15 libris jocalium quæ ipsa habuit. Et tamen ipse non tenuit sibi pactum, imò conversus est retrorsùm, et dedit unam de dictis duabus filiabus cuidam clerico suo in uxorem de quo clerico habuit, ut dicitur, 100 libras. (Rymer. *Act. publ.* tom. III. p. 684.)

[2] Item ipse senescallus et uxor sua extorserunt à judæis , propter minas quas eisdem inferebant, tam in ciphis et cupis argenteis et aliis jocalibus quàm in pecuniâ, valorem 100 librarum et plus. Item extorsit ab Arnaldo de Sennihano 40 libras , et ultrà hoc, tenuit ipsum captum in quâdam turri castri xantonensis per tres septimanas et plus. (Ibid).

« Calculi ayant fait publier par toute sa séné- 1317.
chaussée, sous peine de saisie de corps et de
biens, que nul ne fût assez hardi pour vendre
du blé hors de la province, un pareil ban fit
descendre au prix de neuf sous le quartier de
blé qui auparavant en valait douze. Alors le
sénéchal fit acheter clandestinement jusqu'à la
valeur de cinquante livres de froment qu'il fit
exporter pour son compte, tandis que ses sergens gardaient les ports et ne laissaient sortir
aucun navire sans un congé signé de lui. [1]

« Enfin lorsque monseigneur Joscelin de Cham-
pagné, lieutenant du sénéchal d'Aquitaine, vint
en Saintonge pour s'enquérir de la conduite des
officiers du roi, le sénéchal se tint constamment
à ses côtés de crainte que quelqu'un n'osât se
plaindre, sachant bien que sa présence en imposait plus que celle de monseigneur Joscelin
lui-même. Nul ne fut assez hardi pour rien dire
contre sa personne, et ses actes demeurèrent im-
punis. [2] »

[1] Item fecit proclamare per totam senescalciam suam quod nullus
esset ausus extrahere bladum de dictâ senescalciâ sub pœnâ cor-
porum et bonorum, itâ quod, propter hujus modi bannum, quar-
terium bladi, quod valebat 12 solidos, devenit ad 9 solidos. Et
tunc ipse fecit emere per mercatores suos cautelosé usque ad æstimationem 50 librarum frumenti, et fecit servare portus, itâ quod
nullus sit ausus extrahere, nisi primò obtineat litteram ab eodem.
(Rymer. *Act. public.* tom. III. p. 684.)

[2] Quandò dominus Gaucelinus de Campanio, locum tenens ducatûs Aquitaniæ senescalli, venit in partibus Xantoniæ pro inqui-
rendo super officiariis regis, ipse senescallus semper adsistebat ei
ne aliquis esset ausus conqueri de eodem, quia ille tunc magis do-

1317.   On croira difficilement qu'un magistrat contre lequel s'élevaient de pareilles imputations fût un homme irréprochable. Edward ayant écrit à son sénéchal en Guienne de faire une enquête *sommaire* sur la conduite du sénéchal de Saintonge et de lui transmettre le résultat de ses investigations, deux clercs du pays de Gascogne, Thomas de Grane et Albert de Médoc, délégués par le sénéchal de Guienne, vinrent, à cet effet, au nord de la Gironde. Mais nul n'osa se présenter, comme cela était déjà arrivé, pour déposer contre le redoutable Calculi, dont la présence intimida ses accusateurs. L'enquête ayant été toute favorable au sénéchal, son innocence fut proclamée par lettres - patentes données à Windsor le 22 décembre 1317. [1]

Mais ce qui ferait supposer qu'Edward conçut dès lors quelques soupçons sur la conduite de son sénéchal de Saintonge, c'est que le 22 novembre de l'année suivante, il détacha du res-

---

minabatur quàm dominus Gaucelinus. Et hâc de causâ nullus erat ausus conqueri de eo, et sic remanserunt facta ipsius impunita. (Rymer. *Acta publica.* tom. III. p. 684.)

[1] Nos querelas prædictas senescallo nostro Vasconiæ misissemus, mandantes eidem quod inquireret *summarié* pleniùs veritatem et de eo quod inveniret redderet nos certiores. Ac jam per enquestas, per dilectos nostros clericos, magistros Thomam de la Grane et Albertum Medici, ipsius senescalli nostri in hâc parte commissarios speciales, factas, compertum sit quod prædictus Arnaldus, senescallus noster, de prædictis querelis immunis extitit, nos ad immunitatem ipsius senescalli et pro innocentiâ famæ suæ, præmissa duximus testificanda per has patentes litteras nostras. Datum apud Windesor 22 die decembris. (Ibid).

sort de cet officier le territoire de l'île d'Oleron 1318. pour l'incorporer au gouvernement du chevalier Guillelme de Montaigu, sénéchal de Guienne, et ordonna aux habitans de l'île de n'obéir désormais qu'à ce nouveau gouverneur. [1]

1318. — Vers le même temps, le pape Jean XII accorda dix jours d'indulgences à tous ceux qui, prosternés devant l'autel de la Vierge, lui demanderaient trois fois, avec un cœur contrit, le pardon de leurs péchés. Cette oraison, pour être efficace, devait être faite à l'heure où, suivant un pieux usage consacré dans la ville de Saintes, [2] on sonnait la cloche au déclin du jour pour avertir les fidèles d'implorer la protection de Marie par une salutation angélique. [3]

[1] Rex, etc. Sciatis quod commisimus dilecto et fideli nostro Willelmo de Monte-Acuto militi, senescallo nostro Vasconiæ, custodiam et regimen insulæ nostræ Oleronis habendam, et ideò vobis mandamus quod eidem Willelmo pareatis. Datum apud Eborum 22 die novembris. (Rymer. *Act. public.* tom. III. p. 740.)

[2] Il résulte de ce passage de Baronius qu'en 1318 l'*Angelus du soir* était depuis long-temps en usage à Saintes. Il n'est donc pas vrai, comme on l'a avancé, que cette prière ait été instituée, pour la première fois, par Louis XI en l'honneur de son frère Charles, duc de Guienne, empoisonné en 1472 par Jordan Favre, abbé de Saint-Jean d'Angély. Le monarque n'aurait fait tout au plus qu'étendre aux autres villes du royaume l'usage de l'*Angelus* qui n'était pratiqué qu'à Saintes.

[3] Hoc anno, ad incendendum, in Deiparæ cultum, fidelium pietatem, cùm pius mos in xantonensi ecclesiâ susceptus esset ut, vergenti in noctem die, campana, ad præmonendos fideles ut salutatione angelicâ Virginis suffragia implorarent, pulsarentur, pontifex decem dierum indulgentiam iis qui piè ter eam orationem flexis genibus funderent, si verè eos criminum pœniteret, concessit. (Baronius. *Annal eccles.* anno 1318. N° 58.)

1318.   Cette grâce du Saint-Siège avait principalement pour but, en inspirant une nouvelle ferveur pour la mère du Christ , de ranimer dans les âmes le sentiment des devoirs religieux qui s'était grandement affaibli, en Aquitaine, au milieu des luttes politiques de l'Angleterre et de la France. Né de l'insouciance et de l'agitation du monde , ce relâchement commençait à pénétrer dans les cloîtres où l'observance de la règle devenait de plus en plus incommode et où l'on s'arrangeait en secret pour en tempérer la rigueur.

1319. — Le mal avait déjà fait des progrès dans l'abbaye royale de Sainte-Marie de Saintes, lorsqu'Agnès de Rochechouart en fut nommée abbesse en 1313. Sentant la nécessité d'opposer une digue puissante au torrent envahisseur des innovations, cette pieuse dame rédigea elle-même , en 1319, des statuts propres à opérer une réforme salutaire dans le moutier confié à sa direction , et parvint à y rétablir l'ancienne discipline monastique, depuis long-temps tombée dans l'oubli. [1]

1322. — Mais Agnès ne s'en tint pas là. Après avoir écarté de son troupeau la contagion des vices du siècle , elle osa lutter contre les pouvoirs politiques de son temps, et conçut le projet

[1] Agnes II de Rupe-Cavardi abbatissa creatur anno 1313. Quæ ut magis prodesset quàm præesset, statuta quædam , pro sui reformatione monasterii , condidit anno 1319. (Gall. Christ. tom. II. p. 1129.)

hardi de secouer la suzeraineté du roi d'Angle- 1322.
terre pour rentrer sous celle du roi de France.

Héritier des projets ambitieux de son père sur
le pays des Ecossais, Edward avait recommencé
la guerre contre cette courageuse nation, et ,
concentrant toute son attention sur les affaires
de son royaume d'outre-mer , abandonnait à des
lieutenans despotes le gouvernement de ses possessions continentales, dont il ne s'occupait que
pour y faire lever de larges tributs par ses officiers. Ceux-ci n'épargnaient pas plus les châteaux
et les abbayes que les villes et les bourgades.
Aussi le haut-baronnage et les congrégations monastiques de la Saintonge du sud aspiraient-ils,
en dépit du traité de 1259, à se soustraire au
pouvoir fiscal de l'Anglais pour revenir à l'obéissance moins oppressive des sucesseurs de Saint-Loys.

Charles-*le-Bel* occupait, depuis un an, le trône
de France. Le conseil de ce prince se montrait
assez disposé à seconder les vues de l'abbesse Agnès.
Des commissaires furent même dépêchés en Saintonge pour examiner si le monastère de Sainte-
Marie devait relever de la couronne de France
ou de celle d'Angleterre. [1] Ces officiers, sous

---

[1] Suivant le traité de 1259 , la rive droite de la Charente appartenait au roi de France et la rive gauche au roi d'Angleterre.
La ville de Saintes , située sur la rive gauche , était bien dans le
domaine d'Edward ; mais l'abbaye de Sainte-Marie se trouvait sur
la rive droite, au milieu du faubourg *des Dames*. Delà 'question
de savoir si l'abbaye et le faubourg , séparés de la cité par la rivière,
avaient passé avec elle sous la domination anglaise.

1522. prétexte d'accomplir leur mission, passèrent dans l'île d'Oleron où l'abbaye de Saintes avait des possessions considérables, et, étendant outre mesure les pouvoirs dont ils étaient revêtus, introduisirent dans l'île des innovations contraires aux lois anglaises. Edward, informé des atteintes portées à son autorité, s'en plaignit au roi de France.

— « Plus nous souhaitons vivement qu'une paix stable règne entre vous et nous, lui écrivit-il le 20 juin 1322, plus nous sommes péniblement affecté lorsqu'il nous vient du continent des avis de nature à faire naître entre vous et nous quelque nuage. Nous apprenons que certains ministres, députés par votre cour dans notre île d'Oleron, pour rechercher à quel ressort appartient le monastère de Sainte-Marie de Saintes, excédant induement leurs pouvoirs, s'efforcent d'introduire dans cette île certaines innovations contraires à nos intérêts. C'est pourquoi nous prions votre magnificence de recommander, ainsi qu'il convient, à ses ministres de ne plus attenter à nos droits et à ceux de nos insulaires d'Oleron. [1] »

---

[1] Serenissimo principi domino Karolo, Franciæ et Navarræ regi, Edowardus, rex Angliæ, salutem. Quantò desideramus inter vos et nos stabilitatem perpetuæ pacis perdurare, eò turbatur acerbiùs dùm nobis aliqua renunciatur per quæ inter vos et nos possit materia cujuslibet oriri discordii. Quùm itaque intellexerimus quod quidam ministri vestri, ad inquirendum cujus ressorti et gardiæ sit monasterium B. Mariæ xantonensis per curiam vestram deputati ad insulam nostram Oleronis, potestatem suam indebitè extendentes aliquas ibidem in nostri præjudicium introducere nituntur novitates: quamobrem magnificenciam vestram exoramus quatinùs præfatis

1323. — La question politique et territoriale 1323. soulevée par l'abbesse de Saintes n'en continua pas moins d'être agitée. L'année suivante le débat fut soumis au parlement de Paris. De nouveaux commissaires furent envoyés en Saintonge pour entendre des témoins. La bonne foi ne présida point à cette enquête qui n'était, à vrai dire, qu'un moyen dilatoire, employé pour faire traîner l'affaire en longueur. Cependant les terres de l'abbaye étaient occupées par les officiers de Charles-le-Bel, qui, pour faire prévaloir l'autorité de leur maître, ne se faisaient pas faute d'empiéter sur celle du roi d'Angleterre.

Edward écrivit de nouveau, le 12 avril 1323, à Charles-le-Bel pour le prier de mettre enfin un terme à tant d'injustices. — « Dans l'affaire long-temps débattue devant votre cour entre nous et l'abbesse de Saintes, lui mandait-il, quelques commissaires députés par ladite cour pour entendre des témoins ont procédé sans équité. Nous supplions votre *majesté royale* de faire cesser, s'il plaît à votre *royale grandeur*, les injustes empiétations qui ont été commises. » [1]

---

ministris vestris, ut contra nos aut insulanos nostros dictæ insulæ non attemptent, velitis præcipere proùt decet. Datum apud Eborum 20 die Junii anno 1322. (Rymer. *Act. publ.* tom. III. p. 968.)

[1] Magnifico principi Karolo, Franciæ et Navarræ regi, Edwardus salutem. In negotio inter nos et abbatissam Xantoniæ in curiâ vestrâ diù agitato, per quosdam curiæ vestræ commissarios, super examinatione testium in dicto negotio deputatos, minùs justé sit processum, vestræ regiæ majestati supplicamus quatinùs injuriosas oc-

3

1323.   Mais malgré l'humble soumission qu'il affichait dans cette correspondance, malgré les fastueuses qualifications de *sérénissime* et *magnifique prince* qu'il prodiguait à son suzerain, Edward n'attendant pas un meilleur résultat de sa seconde dépêche que de la première, prit le parti d'écrire le lendemain (13 avril) au pape Jean XXII, pour implorer l'intervention de son autorité pontificale.

·— « Nous couvrons de dévots baisers vos bienheureux pieds, dit-il au Saint-Père. Dans tous les temps l'abbesse du monastère de Sainte-Marie de Saintes et ses prédécesseurs ont tenu immédiatement de nous et de nos ancêtres les temporalités qui dépendent de leur abbaye dans notre duché de Guienne. Cependant voilà que, par une ténébreuse intrigue, sans congé de notre part et contre les statuts des saints-canons, l'abbesse de Saintes prétend tenir lesdites temporalités du roi de France, au mépris de nos titres héréditaires et au détriment de nos droits. Nous supplions votre clémence de sévir spirituellement contre l'abbesse de Saintes, et de procéder, sur un pareil abus, avec une telle rigueur, que, retenue par la crainte du châtiment que votre paternité peut lui infliger, ladite abbesse ne cherche plus à nous dépouiller de nos droits. » [1]

cupationes hujus modi congrué reformari faciat, si placet, vestra regia celsitudo Datum apud Turrim London. 12 die aprilis. (Rymer. *Acta publica.* tom. III. p. 1010.)

[1] Papæ rex devota pedum oscula beatorum, etc. Cùm abbatissa monasterii xantonensis et prædecessores suæ omnes suas temporali-

Cette réclamation n'eut pas apparemment tout 1323. le succès qu'Edward s'en était promis, car le prince fut obligé, quatre mois après (16 août 1323), pour affermir dans l'île d'Oleron son autorité ébranlée par les intrigues de la cour de France, d'envoyer l'évêque d'Ely sur le continent, avec mission spéciale de pourvoir au gouvernement de cette île qui se trouvait sans gouverneur. Il recommanda en même temps aux insulaires d'obéir en tout point au gouverneur qui serait nommé par le prélat. [1]

1326. — La mauvaise foi dont Charles-le-Bel fit preuve dans l'affaire de l'abbaye de Saintes indisposa vivement contre lui le roi d'Angleterre. D'autres sujets de rupture étrangers à cette histoire ayant surgi bientôt après entre les deux

---

tates in ducatu nostro existentes et ad dictam suam abbatiam spectantes de nobis et progenitoribus nostris immediaté tenuerint, eadem abbatissa jam de novo, machinatione subdolâ, licentiâ speciali super hoc non obtintâ, contra statuta sacrorum canonum, à rege Franciæ dictas temporalitates tenere advocaverit, in elusionem juris nostri et exhæredationem nostram : vestræ clementiæ supplicamus quatinùs contra dictam abbatissam super tam gravi excessu spiritualiter sic procedere velit vestra paternitas rigorosè, quod occasione pœnæ eidem abbatissæ infligendæ in hoc casu, jus nostrum assequamur. Datum apud Turrim London. 13 die aprilis. (Rymer. *Act. publ.* tom. III. p. 1011.)

[1] Rex, etc. Volentes custodiæ et regimini insulæ nostræ Oleronis, jam custode carentis, provideri, ac de fidelitate venerabilis patris J. Eliensis episcopi confidentes, assignandi, nostro nomine, custodem insulæ prædictæ eidem episcopo plenam committimus potestatem, mandantes omnibus subditis nostris prædictæ insulæ quod illi quem dictus episcopus ad custodiam insulæ prædictæ deputaverit in omnibus intendentes sint. Datum apud Pikern. 16 die Augusti. (Ibid. tom. IV. p. 9.)

1326. monarques rivaux, Edward fit publier, en 1326, une déclaration de guerre contre la France sans avoir rien préparé pour la soutenir. Les commandans des vaisseaux anglais eurent ordre de courir sus aux Français partout où ils les rencontreraient, et les hostilités recommencèrent en Guienne.

Un ramas de vagabonds à la solde de l'Angleterre sortit de la Gascogne et se jeta sur la Saintonge du Nord où il mit tout à feu et à sang. Ces bandits étaient connus sous le sobriquet populaire de *Batards*. Dans ces temps de désordre et de licence, les fils illégitimes des barons, exclus de la succession de leurs pères, étaient souvent forcés de se faire chefs de voleurs pour vivre, et se vengeaient par le brigandage de l'injustice des lois.

Charles-le-Bel envoya contre ces pillards une armée commandée par Alphonse d'Espagne, seigneur de Lunel, jadis chanoine, alors chevalier, mais plus propre aux paisibles cérémonies du culte qu'aux bruyans exercices des armes. Après avoir, sans aucun succès, dépensé des sommes considérables en Saintonge, ce général retourna à Paris, atteint d'une maladie dont il mourut peu de temps après.

Les Batards, dont les forces allaient croissant par le grand nombre de volontaires anglo-gascons qui se joignirent à eux, osèrent attaquer Saintes.

Cette ville venait d'être prise de force par les 1326.
Français : mais elle était dominée par l'antique citadelle du Capitole, occupée par une garnison
anglo-gasconne. Secondés par cette garnison, les
Batards pénétrèrent dans la forteresse où ils
opposèrent une longue et vigoureuse résistance
au maréchal de Briquebec et au comte d'Eu,
envoyés contre eux avec une nouvelle armée. Mais à
la veille d'être forcés dans le château par les
Français, ils parvinrent à l'évacuer pendant la
nuit. Ayant gagné, avec la garnison, une plaine
éloignée de la ville, ils envoyèrent dire au comte
d'Eu et au maréchal qu'ils les attendaient en rase-
campagne, voulant terminer la guerre par une
action décisive.

Les Français acceptèrent ce défi avec joie et
marchèrent, suivis d'un grand nombre de bourgeois armés, à la rencontre des Anglo-Gascons.
Mais lorsque ceux-ci les surent arrivés à quelque
distance de Saintes, ils prirent un chemin détourné, et se jetèrent dans la ville où ils pillèrent les églises, incendièrent les maisons et mirent tout à feu et à sang. Le maréchal de Briquebec
et le comte d'Eu, reconnaissant qu'ils avaient été
joués, revinrent promptement sur leurs pas. Ils
poursuivirent les bandits jusques par delà la Gironde où ils s'emparèrent de plusieurs places et forcèrent les gouverneurs anglais à demander la paix.[1]

[1] Chroniq. de Guill. de Nangis. ap. Guizot coll. tom. XIII. p. 387.
—Villaret. *Hist. de France.* tom. VIII. p. 178.

1327. — Parmi les églises et les monastères qui, dans le pillage de Saintes, avaient tenté la cupidité des Batards, l'abbaye de Sainte-Marie, comme la plus riche, eut surtout à souffrir de la violence et de la rapacité de ces bandits. Il était d'ailleurs naturel que cette maison, qui venait de secouer violemment la suzeraineté du roi Edward, éprouvât plus que toute autre les effets de la vengeance anglo-gasconne. Aussi fut-elle ruinée de fond en comble, à l'exception de l'église abbatiale, ainsi que tous les prieurés qui en dépendaient. [1]

Tel était l'état déplorable où le monastère se trouvait réduit, que l'abbesse et ses religieuses furent obligées de se recommander à la charité de Charles-le-Bel. S'il faut en croire la requête qu'elles adressèrent à ce prince, la plupart de leurs meilleurs fiefs avaient été livrés aux flammes; tous leurs meubles, tant ceux de la maison abbatiale que ceux des différentes obédiences et des nombreux vassaux de l'abbaye, avaient été brisés ou emportés par les pillards. Elles n'espéraient pas pouvoir de long-temps réparer tant de pertes ni recueillir le moindre fruit des débris du patrimoine de l'Eglise échappés à la fureur des bandits. [2] Elles évaluaient à quarante

---

[1] Quod (monast. B. Mariæ santon.) paulò post, ob tumultus bellicos , destructum est. (Gall. Christ. Eccl. santon. tom. II. p. 2129.)

[2] Karolus , etc. Dilectæ nobis in Christo religiosæ mulieres abbatissa et conventus burgi B. Mariæ xantonensis suâ nobis exponi

mille livres et plus le dommage qu'elles avaient 1527. souffert; et se trouvaient dans un tel dénuement que, forcées de déserter le cloître pour aller demander du pain à leurs familles, elles avaient interrompu les exercices du culte et ne pouvaient les reprendre faute de moyens d'exister. [1]

Charles-le-Bel sentit le cœur lui saigner à ce triste tableau. Voulant marcher sur les traces de ses pieux ancêtres, il ne put souffrir que le service des autels demeurât ainsi suspendu dans le monastère de Sainte-Marie. Le 28 juin 1327, il accorda à l'abbesse et aux religieuses de cette communauté un secours de quatre mille livres tournois qui dut leur être compté par le bailli du grand fief d'Aunis sur la recette de ce baillage, et complété, en cas d'insuffisance de la recette

supplicatione fecerunt quod, propter novissimam guerram Vasconiæ, major pars et melior prioratuum spectantium ad easdem, domus hominum suorum habitantium in terris prioratuum prædictorum fuerunt per inimicos nostros incendio concremata, omnia bona mobilia quæ tam in domibus abbatiæ suæ prædictæ quam in prioratibus prædictis habebant, et omnia bona mobilia hominum suorum prædictorum rapta per inimicos eosdem, et totum ipsius ecclesiæ patrimonium adeò pejoratum, quod usque ad longum tempus ex eo nulla poterunt commoda reportare. (Vidim. mss. *archiv. de l'abb. de N. D. de Saintes.*)

[1] Seque proindè damnificatas esse dicebant usque ad summam 40,000 librarum et ultrà et bonis omnibus adeò denudatas, quod, cùm undè viverent non haberent, necessariò suam deseruerant ecclesiam et iverant, ut alerentur, ad domos suorum parentum, ità quod divinus cultus in ecclesià suà cessavit usque ad longum tempus, cùm ad eam, propter defectum victualium, circà magnum tempus se non posse redire sperarent. (Vidim. mss. *archiv. de l'abb. de N. D. de Saintes.*)

1328. d'Aunis, par le collecteur des deux sénéchaussées de Poitou et de Saintonge. [1]

1328. — La paix avait reparu sur le continent, mais le royaume d'Angleterre était ébranlé par les commotions les plus terribles. Une faction puissante, suscitée par la reine Isabelle, venait de renverser Edward du trône pour y asseoir le prince de Galles, son fils, portant même nom que lui. Charles-le-Bel étant mort, peu de temps après, *sans hoirs mâles*, le nouveau roi d'Angleterre revendiqua la couronne de France, comme neveu du feu roi par sa mère Isabelle, fille de Philippe-le-Bel. Mais le sceptre ne pouvait, comme on disait alors, *tomber en quenouille*, et la loi salique, excluant les filles du trône, s'opposait aux prétentions d'Edward III. [2] L'as-

[1] Prædecessorum nostrorum inhærendo vestigiis, nolentes in ecclesiâ prælibatâ divinum cultum cessare deinceps, religiosis eisdem 4000 libras turonenses concedimus, sibi per ballivum nostri magni feodi in Alnisio, de receptâ dicti feodi persolvendas, ac perficiendas per receptorem nostrum senescalliarum Xantoniæ et Pictaviæ, in casu quo forsan dicti recepta feodi non sufficeret ad solutiones hujus modi faciendas. Datum apud Fontem 28 die junii anno 1327. (Vidim. mss. *Archiv. de l'abb. de N. D. de Saintes.*)

[2] Ce fut à la mort de Loys-le-Hutin, en 1316, que fut agitée et résolue pour la première fois cette grande question de l'inaptitude des femmes à la royauté. Philippe-le-Long, frère de Loys, fut appelé au trône à l'exclusion de Jeanne, fille du feu roi, et de Marguerite de Bourgogne. — « Cette règle fondamentale de la moderne monarchie française, dit M. Henry Martin, est devenue bien célèbre sous le titre absurde de *Loi salique* que l'usage a consacré. Les légistes, généralement favorables à l'avénement de Philippe-le-Long, avaient fouillé les vieux codes tudesques pour en exhumer des textes antérieurs et opposés aux coutumes féodales qui

semblée des trois états du royaume déféra la 1328. couronne à Philippe de Valois, petit-fils de Philippe-le-Hardi par Charles de Valois, son père.

Cette décision irrita au dernier point le jeune roi d'Angleterre. Mais les rivalités de partis qui agitaient encore le royaume d'outre-mer lui faisant appréhender l'issue d'une guerre sur le continent, il crut devoir attendre un temps plus opportun pour soutenir, les armes à la main, ses prétendus droits au trône de France. Sommé, par Philippe de Valois, de venir, comme duc de Guienne, prêter entre ses mains le serment de féauté, il passa le détroit et vint, non sans une grande répugnance, fléchir le genou devant le prince qu'il regardait comme l'usurpateur de sa couronne.

Au moment où l'officier du palais lui dit : « Sire, vous devenez, comme duc de Guienne, homme lige du roi monseigneur », son orgueil se souleva. Il prétendit n'être point tenu à l'hommage *lige*, mais seulement à l'hommage *simple*. Cette distinction était importante : l'hommage lige soumettait le vassal au service de guerre et de cour envers le seigneur tant qu'il convenait

proclamaient l'hérédité féminine. Ils trouvèrent dans la loi des Franks Saliens un article qui excluait les femmes du partage de la *terre salique*, c'est-à-dire d'une certaine portion des terres conquises, et ils décidèrent gravement que la loi salique, promulguée dans un temps où la royauté n'était pas même constituée, interdisait l'accès du trône au sexe féminin. (*Hist. de France.* tom. VI. p. 124.)

1330. à celui-ci d'en user, l'hommage simple n'entraînait que le service de guerre, et encore pendant un temps limité qui était ordinairement de quarante jours. Après un long débat, ou convint qu'Edward ferait, provisoirement, l'hommage simple : mais que, de retour dans son royaume, il consulterait ses archives, et expédierait, s'il y avait lieu, des lettres scellées du grand sceau d'Angleterre, pour compléter son serment.

1330. — Déjà depuis long-temps Edward avait repassé la Manche et ne se pressait point d'envoyer à Philippe de Valois les lettres qu'il lui avait promises. Le duc de Bourbon fut dépêché à Londres pour le sommer de s'expliquer : mais Edward retint cet envoyé près d'un an sans lui donner de réponse précise. Philippe n'était pas homme à se laisser jouer. Quelques soldats de la garnison anglo-gasconne de Saintes ayant fait irruption, en 1330, au nord de la Charente et commis des voies de fait sur la terre du roi de France, Philippe envoya en Saintonge une armée sous les ordres de son frère Charles, comte d'Alençon. Ce prince vint mettre le siège devant Saintes et emporta d'assaut la ville et la citadelle, malgré la résistance opiniâtre de la garnison. Telle était l'animosité des Français, que sur la rive gauche de la Charente tout fut mis à feu et à sang par les vainqueurs. [1]

---

[1] Survindrent esmeutes, excès et voyes de faict de la part des

Cette horrible représaille ne suffit pas à la 1330. vengeance du comte d'Alençon. Voulant porter le coup mortel à la puissance des Anglais en Saintonge, en détruisant le principal boulevard de leur domination dans cette contrée, il ordonna la ruine du capitole. Quelques jours suffirent à l'anéantissement de ce vénérable reste de la magnificence romaine que le poids de treize cents ans n'avait pas même ébranlé. Après avoir traversé tant de siècles de destruction, survécu à tant de naufrages, essuyé tour à tour les outrages de la barbarie et les assauts de la guerre, ce noble édifice, qu'avait épargné la stupide fureur des Wisi-Goths, des Franks et des North-Mans, tomba sous le bélier des soldats de la France ! [1]

Cette vigoureuse exécution en imposa au roi d'Angleterre. Craignant de s'engager dans une guerre qu'il n'était pas en mesure de soutenir, il dépêcha à la cour de Philippe de Valois des députés qui déclarèrent solennellement que le roi, leur maître, était tenu à l'hommage lige envers le roi de France, son seigneur. On fit alors un traité par lequel il fut convenu que le comte d'Alençon évacuerait Saintes aussitôt qu'Edward aurait ratifié les clauses du traité; que

Anglois assemblés à Xainctes, contre lesquels fut envoié monseigneur Charles de Valois, comte d'Alençon, frère du roy Phelippe, qui print, ardit et gasta les chasteau et ville dudit Xainctes. (Du Tillet. *Annales*. tom. II. p. 213.)

[1] Ibid. — Armand Maichin. *Hist. de Saint.* chap. III.

1330. les Anglo-Gascons qui avaient, en pleine paix, porté les armes au nord de la Charente, seraient livrés aux officiers de Philippe de Valois pour être jugés selon les lois françaises, et qu'en attendant la ratification du traité, les hommes du roi d'Angleterre pourraient aller, venir et demeurer librement dans la ville de Saintes, sans toutefois que le château de cette ville pût être relevé. [1]

1331. — La paix étant ainsi rétablie, Edward vint en France, l'année suivante, sous prétexte d'accomplir un vœu. Il eut, à Saint-Christophe en Halate, une entrevue avec Philippe de Valois, dans laquelle il triompha, par la souplesse de son esprit, de la politique du monarque français. Il fit entendre à Philippe que c'était sans aucun motif plausible que *ses Châtel et bourg de Saintes avaient été abattus, ars et gâtés* par les soldats du comte d'Alençon; que, selon les règles d'une bonne justice, cette place devait être rétablie dans son premier état, et les meubles qui en avaient été enlevés restitués à leurs propriétaires.

[1] Le 9 de mars 1330, les ambassadeurs dudit roy par un traicté accordèrent que la qualité desdits hommages serait déclarée lige, et outre convenu que le siége tenu par ledit comte d'Alençon devant Xaintes serait levé après que ledit roy Edouard aurait ratifié ledit traicté : cependant les coulpables dudit Xaintes seraient rendus aux gens dudit roy Phelippe pour en faire sa volonté; les autres pourraient aller venir et demeurer librement, sans que l'on put garnir ledit Xaintes autrement qu'il estait lors. (Du Tillet *Annales.* tom. II. p. 214.)

[2] Phelip, etc. Savoir faisons que, come entre nous d'une part

Philippe justifia la conduite de son frère en disant 1331. qu'elle avait été provoquée par *plusieurs grandes et énormes malfaçons notoires que ceux qui étaient auxdits Châtel et bourg avaient faites en sa terre et contre ses gens*. Il ajouta, au surplus, qu'à la première nouvelle des voies de fait exercées par les Anglo´-Gascons, il avait mandé au comte d'Alençon, qui était dès lors en Aquitaine, de ne tirer aucune vengeance des coupables, mais que son message n'était parvenu au prince qu'après le sac de la ville et la ruine du château. [1]

Maintes raisons ayant été alléguées de part et d'autre, Edward réussit à se faire délivrer, le 13 avril 1331, des lettres-patentes par lesquelles

et nostre chere et féal cousin, le roy d'Engleterre, d'autre part, feust née matière de discorde et de question sur ce que nostre dit chier cousin disoit et affermoit que nous étions tenuz à li faire reffaire son chastel et bourc de Xaintes, liquels estoient de novel abatz, ars et gastez, non devement et sans cause raisonnable, par nostre chere et feal frère le conte d'Alençon et nouz genz et subjiets, et que aussy estions tenuz à faire rendre à nostre dict chère cousin et à ses genz desdits chastel et bourc tous les meubles qui estoient dedanz quantles genz de nostre dit chere frère le conte d'Alençon entrèrent dedanz lesdits chastel et bourc et qui furent priz, aucuns gastez et aucuns emportez par les genz de nostre dit chere frère. (Rymer. *Acta. publica*. tom. IV. p. 483.)

[1] Noz genz disanz au contraire que pour certaines et justes causes lesdiz chastel et bourc avoient esté abbattuz devement et par droit de justice et pour plusieurs granz et énormes malefaçons notoires que ceux qui estoient on diz chastel et bourc avoient faict en nostre terre et contre noz genz. Et tantost come nous eusmes oy les movement qui estoit on païs de Xaintonge, nouz avions mandé à nostre dit chere frère le conte d'Alençon, qui lers y estoit, que il ne feist riens de novel contre ceuls desdiz chastel et bourc : mais il et ses genz receurent nos lettres si tart, que ils avoient ja faict es diz chastel et bourc et subjiets, ce que faict y a esté. (Ibid.)

1332. Philippe rendit *à son chier et féal cousin les bourg et chàtel de Saintes* dans l'état où ils se trouvaient, avec faculté de les rétablir comme bon lui semblerait. Il s'obligea de plus, *pour bien de paix, de transaction et de concorde*, à lui faire compter, au terme de Pâques, une somme de trente mille livres tournois, pour lê dédommager des pertes qu'il avait éprouvées. [1]

1332. — Edward, fier de sa victoire, ne fut pas plutôt de retour en Angleterre, qu'il écrivit (7 février 1332) à son connétable de Guienne de faire relever sans délai les murs, tours, ponts-levis et autres fortifications de la citadelle de Saintes, et de prendre l'argent dont il aurait besoin pour ces reconstructions tant sur la recette de son baillage que sur tous autres deniers qu'il pourrait lever au nom du roi. [2] Ces précautions font assez comprendre que l'accord qui semblait régner entre les deux souverains n'était qu'apparent, et que préoccupé de ses prétendus droits

---

[1] Et sur ce plusieurs raisons et propous nez d'une partie et d'aultre, finablement pur garder bonne pais entre nouz, avons amiablement acordé en la forme que s'ensuit : — C'est assavoir que nouz avons voulu que les diz chastel et bourc de Xaintes soient renduz et delivrez au poinct où ilz sont de present à nostre dit chère cousin le roy d'Engleterre, et iceluy chastel et bourc luy avons rendu à faire et refaire s'il luy plaist, et pour bien de paix de transaction et de concorde, nouz donrrons et payerons 30,000 liv. tournois par une foiz ou terme de Pasques à nostre dit chère cousin. Donné à Sainct-Christophe en Halate le 13ᵉ jour d'avril l'an de grâce 1331. (Rymer. *Acta publica*. tom. IV. p. 483.

[2] Rymer. *Acta. publ.* tom. IV. p. 508.

à la couronne de France, Edward n'attendait 1333. qu'une occasion favorable pour renouveler ses prétentions les armes à la main.

1333. — Agnès de Rochechouart venait de mourir. L'élection d'une nouvelle abbesse, qui, ainsi qu'on l'a vu, appartenait aux religieuses du monastère, en vertu d'un bref du pape Anastase IV, du 28 octobre 1153,[1] donna naissance à des débats orageux dont l'abbaye de Sainte-Marie fut long-temps agitée. Les suffrages se partagèrent, le 15 février 1333, entre Yve Vigerie de Jonzac et Agnès Garnier, toutes deux religieuses du monastère. Après avoir longuement discuté sans pouvoir arriver à une conclusion, on convin[t] de soumettre le différend au Saint-Siège. Le souverain pontife délégua en Saintonge frère Raymond, cardinal-prêtre du titre de Saint-Eusèbe, pour vider le partage. Agnès Garnier ayant enfin réuni les voix de vingt-huit religieuses sur cent vingt qui, dit-on, composaient la communauté, mais dont la plupart s'abstinrent de voter par attachement pour les deux rivales,[2] l'emporta sur Yve Vigerie de Jonzac : mais celle-ci fut élue après la mort d'Agnès le 17 février 1341.[3]

[1] Abeunte verò te nunc ejusdem loci abbatissâ vel tuarum quâlibet succedentium, nulla ibi subreptionis astutiâ vel violentiâ præponatur, sed quam sorores communi consensu, secundùm Dei timorem et B. Benedicti regulam, de eodem claustro vel, si necesse fuerit, de alio providerent eligendam. (*Cartul. orig. de l'abb. de N. D. de Saintes*, f° 7.)

[2] Hugues du Tems. *Clergé de France*. tom. II. p. 383.

[3] Initio anni 1333, vacante monasterio B. Mariæ xantonensis,

1336.   **1336.** — Le simulacre de paix qui existait entre la France et l'Angleterre ne pouvait avoir une longue durée. Edward ne cessait de porter un œil jaloux sur le trône occupé par Philippe de Valois. Les prétentions de l'Anglais à l'héritage de Charles-le-Bel étaient, pour les deux rivaux, une cause de rupture bien autrement puissante que n'avaient été, pour leurs aïeux, les querelles de voisinage qui, depuis la campagne de Saint-Loys et de Henri III en Saintonge, troublèrent, de loin en loin, les quatre-vingt-dix années de paix dont elle fut suivie.

La guerre était donc imminente, et tout annonçait qu'elle ne finirait que par la ruine de l'un ou de l'autre parti. Malheureusement pour la France, Philippe de Valois ne semblait pas destiné à accomplir l'œuvre si glorieusement commencée par ses prédécesseurs, tandis que le nouveau roi d'Angleterre promettait de relever l'honneur de sa maison en réparant les fautes de ses ancêtres. On eût dit que toutes les sortes de calamités s'étaient assises sur le trône capétien avec le chef de la dynastie de Valois : ce fut avec son règne que commença cette guerre

---

per obitum Agnetis de Rupe-Cavardi, electæ sunt in discordiâ, die 15 februarii, Yva Vigerii de Jonzaco et Agnes Garnerii, moniales ejusdem monasterii. Causa devoluta est ad sedem apostolicam quæ ipsis judicem dedit Raymundum cardinalem. Agnes Garnerii, quam Balusius asserit electam fuisse à 28 monialibus, vicisse æmulam videtur. Yva Vigerii de Jonzaco per obitum Agnetis electa dicitur 17 februarii 1341. (Gall. Christ. Eccl. Santon. tom. II. p. 1129.)

désastreuse qui, pendant près d'un siècle, mit 1336.
plusieurs fois le royaume de France à deux doigts
de sa perte, et que se ralluma, sous une face
nouvelle, cette grande lutte anglo-française qui
avait semblé s'éteindre pour toujours, en 1242,
dans les plaines de la Saintonge du sud.

Un arrêt rendu, en 1336, par le roi de France
contre Robert, comte d'Artois, son beau-frère,
servit de prétexte à cette nouvelle levée de
boucliers. Pendant que Philippe de Valois, dans
un lit de justice tenu au Louvre, condamnait
le comte au bannissement et à la confiscation
de biens, Robert, retiré à la cour d'Angleterre,
pressait Edward de rompre la paix et de traverser
la Manche avec une armée. Celui-ci n'y était que
trop disposé. Il venait d'achever l'asservissement
des Ecossais. Un succès si éclatant enflait sa
vanité et le rendait plein de confiance en sa force.
A la voix de Robert d'Artois son ambition se
réveilla et toute son attention se porta dès lors
sur les préparatifs de son prochain embarque-
ment.

La guerre fut commencée sans déclaration préa-
lable. Edward, après avoir pris solennellement
à Westminster le titre de *roi de France et
d'Angleterre*, expédia dans tous les ports de ses
provinces continentales l'ordre de courir sus aux
Français, et fit partir en avant quelques vaisseaux pour tenter une descente sur les côtes

4

1338. de France. Philippe de Valois répondit à ces provocations en lançant sur la Gascogne une armée commandée par le connétable Raoul de Brienne, pendant qu'une flotte, sous les ordres de l'amiral Nicolas Béhuchet, croisait en vue des côtes d'Angleterre et insultait Portsmouth.

1338. — Les hostilités commencèrent, au nord de la Charente, par le siège d'une forteresse appelée *Paleneourt*, qui fut rendue presque sans combat aux Anglo-Gascons, par Renault, gentilhomme normand, chargé de sa défense. Le pays environnant fut dévasté par les vainqueurs qui mirent le feu à plusieurs villages. [1] Mais le lâche gouverneur fut arrêté par les gens du comte d'Alençon, et conduit à Paris où il fut condamné à perdre la tête et exécuté. [2]

A l'appel du roi Philippe tous les grands feudataires du royaume de France mirent le heaume en tête, endossèrent le haubert, et, déployant leur bannière seigneuriale, marchèrent suivis de leurs vassaux. Pour les barons dont la terre était franche du service de guerre, ils s'enrôlèrent volontairement, avec leurs hommes d'armes

[1] In Aquitaniâ fit belli initium : nam Carolus, Alenconii comes, Philippi frater, anglicos fines excursionibus vexare primus cœpit. Quâ re permoti Angli, in Santones invadunt, Paracolum oppidum capiunt, agros circà populantur, incensis passim ædificiis. (Polydor. Vergil. *Angl. Hist.* lib. XIX.)

[2] Du Tillet *Annales.* tom. II. p. 217. — Villaret *Hist. de Fr.* tom. VIII. p. 338.

et moyennant une solde convenue, sous le gon- 1338.
falon de quelque chef militaire de leur choix.
Il existe deux actes d'enrôlement, en date des
8 août et 9 octobre 1338, par lesquels Guy
de Surgères, seigneur de Bougueraigne, en Aunis,
reconnaît avoir reçu de noble et puissant homme
monseigneur Savary de Vivône, conseiller du roi
et capitaine souverain en Saintonge et Poitou,
la somme de trente livres tournois pour servir
en sa compagnie avec un chevalier armé de
toutes pièces et cinq écuyers. [1]

1340. — Mais si la lutte qui venait de s'engager
entre les rois de France et d'Angleterre était,
pour leurs *féaux*, une occasion de faire preuve
de zèle, c'en était une aussi pour les vassaux
mécontens, de faire éclater leur ressentiment.
Renault IV, siré de Pons, en voulait beaucoup
à Philippe de Valois. La cause de cette inimitié
devait être bien récente, s'il est vrai que, peu
de temps auparavant, le 9 février 1338, son affection pour ce prince était telle, qu'il avait ré-
pudié spontanément la suzeraineté du roi d'Angleterre, son seigneur direct, pour s'attacher au
roi de France, et avait même livré aux gens
de Philippe sa ville de Bergerac, en Augoumois.
Quoi qu'il en soit, la haine que le sire de Pons

---

[1] Le P. Théod. de Blois. *Hist. de Rochefort.* p. 21. — Ce
Savary de Vivône, deuxième du nom, avait épousé Eschive, fille
d'Eble II, de Rochefort sur Charente. (Ibid).

1345. nourrissait contre Philippe de Valois en était venue à ce point, qu'il rompit brusquement avec ce prince, pour rentrer sous l'obéissance du roi d'Angleterre. Le 1er juin 1340 il fit avec Edward, par l'entremise de Bernard d'Albret, son beau-frère, un traité par lequel, en retour de la protection que le roi lui promit, il se reconnut son homme-lige et s'arma pour son service. [1]

1345. — Pendant six ans les deux rois promenèrent leurs armées dans le nord de la France sans en venir à une action générale que chacun cherchait et évitait tour à tour. Ce ne fut qu'en 1345 qu'on en vint à des hostilités sérieuses. Pour diviser les forces de son ennemi, Edward résolut de l'attaquer en même temps au midi. La Gascogne et la Saintonge du sud devinrent alors un des principaux théâtres de la guerre. Henri de Lancastre, comte de Derby, vint prendre terre à Bayonne avec trois cents chevaliers, six cents hommes d'armes et deux mille archers, et gagna Bordeaux où les sires d'Albret, de Pommiers, de Montferrand, de Cutton, et Jean de Grailly, captal de Buch, vinrent le joindre avec une nombreuse chevalerie et les milices bourgeoises des villes de Gascogne.

Quelques places de Guienne, occupées, sept ans auparavant, par le connétable Raoul de

---

[1] Mss. *archiv. du château de Pau*, en Béarn. Armoire d'Albret, ch. IV. C. gg.

Brienne et mal gardées par le comte de l'Ile- 1345.
Jourdain, qui commandait pour le roi de France
en Périgord, Limousin et Saintonge, furent en-
levées par l'armée anglo-gasconne avant que
Philippe de Valois eût pris aucunes mesures pour
les défendre. La Réole, Sainte-Baseilhe, Aiguillon,
Montpézat, Villefranche, Bergerac, Angoulême,
et presque tout le pays entre Gironde, Dordogne
et Charente étaient au pouvoir de l'Anglais, lorsque
le prince Jean, duc de Normandie, fils aîné de
Philippe, marcha enfin sur la Guienne avec la
noblesse du Poitou et des provinces circonvoisines.
Mais l'hiver approchait. Le comte de Derby,
renfermé dans Bordeaux avec sa chevalerie,
laissa son ennemi tenir la campagne dans un pays
dépourvu de vivres et de fourrages, où l'armée
française, mal approvisionnée, souffrit beaucoup
des rigueurs de la saison.

1346. — Cette armée fut portée, au printemps
de l'année suivante, à près de cent mille hommes
au moyen de nouvelles levées faites parmi le
baronnage et les communautés bourgeoises des
provinces riveraines de la Loire. Après avoir repris
Angoulême, le prince Jean alla, au mois d'avril,
mettre le siège devant le château d'Aiguillon,
situé au confluent du Lot et de la Garonne et
défendu par le comte de Pembroke. Ayant fait
d'inutiles efforts pour emporter cette place d'assaut,
le duc résolut de l'avoir par famine et en forma

1346. le blocus. Il avait déjà passé quatre mois dans cette position, lorsqu'il en fut arraché par la nouvelle d'un grand désastre. Philippe de Valois venait d'être vaincu à la mémorable journée de Crécy, dans le Ponthieu, où le jeune Edward, prince de Galles, fils aîné du roi d'Angleterre, fit, à l'âge de seize ans, des prodiges de talent militaire et où trente mille Français restèrent sur le champ de bataille.

Philippe, au désespoir, ramena à Paris les débris de sa brillante armée, pendant que le vainqueur de Crécy, poursuivant sa fortune, allait mettre le siège devant Calais. Le duc de Normandie, rappelé par son père, leva à regret le blocus d'Aiguillon, et évacua les rives de la Garonne, abandonnant la France méridionale au comte de Derby. Ce général, qui s'était tenu renfermé, tout l'hiver, dans Bordeaux, reprit alors la campagne avec douze cents chevaliers, deux mille archers et trois mille hommes de pied.

Ayant passé la Gironde près de Blaye, il entra dans la Saintonge méridionale où, depuis le commencement de la guerre, les Français avaient pris quelques forteresses. La seule place que le comte attaqua dans cette contrée fut le château de Mirambeau. Après un siège opiniâtre, les Anglo-Gascons prirent d'assaut *la ville et le châtel et y mirent gens de par eux.* Delà, entrant dans

la Saintonge du nord , dont la plupart des places 1346.
fortes étaient faiblement gardées , le comte et
ses gens *chevauchèrent vers Aunay* , *conquirent
la ville et le châtel, et après , Surgères et Benon :
mais au châtel de Marans , qui est à trois lieues
de la Rochelle , ne purent-ils rien forfaire.* Après
avoir battu sans succès cette dernière place, la
seule qui se trouvât en état de défense à raison
de sa proximité de la Rochelle , le comte de
Derby entra en Bas-Poitou où il assiégea et prit
de force le château de Mortagne-sur-Mer. Delà
il *chevaucha* vers Lusignan , et, ne pouvant se
rendre maître du donjon, livra la ville aux
flammes. [1]

Après ces rapides succès, le comte de Derby
revint en Saintonge, et, se dirigeant sur la Charente, alla mettre le siège devant Taillebourg.
D'abord les Anglo-Gascons *conquirent* la ville et le
pont, fameux par la victoire de Saint-Loys. Tournant ensuite leurs *engins* contre la citadelle,
ils l'emportèrent d'assaut après un siège meurtrier,
et *occirent tous ceux qui dedans étaient, parce
qu'en les assaillant , ils leur avaient occis un vail-*

---

[1] Et vindrent à Mirabel, si prindrent la ville d'assaut et le
chastel et y mirent gens de par eux : puis chevauchèrent vers Aulnay,
si conquisrent la ville et le chastel, et après, Surgières et Benon.
Mais au chastel de Marant, qui est à trois lieues de la Rochelle,
ne peurent-ils riens forfaire. Et vindrent à Mortaigne sur Mer ,
en Poictou, et le prindrent par force, puis chevauchèrent vers
Lezignen, si ardirent la ville. (*Chronique de Jehan Froissart.* tom. I.
chap. 136.)

1346. *lant chevalier.* La prise d'une place si importante répandit la terreur dans toute la contrée, défendue seulement par ses habitans. — « Le pays était si effrayé, dit un contemporain, que tous fuyaient devant les Anglais, s'enclouaient ès-bonnes villes et laissaient leurs maisons vagues : et n'y avait autre apparence de défense sinon des chevaliers et écuyers de Saintonge, qui se tenaient en leurs forts et ne montraient nul semblant de combattre aux Anglais. [1] »

Pendant que le menu-peuple désertait les campagnes, que les seigneurs châtelains faisaient lever les ponts et abattre les herses de leurs donjons, le comte de Derby ayant mis garnison dans le château de Taillebourg, marcha sur Saint-Jean d'Angély. Cette place était mal approvisionnée *et il n'y avait en la ville nuls gens d'armes.* Les bourgeois ne s'en préparèrent pas moins à repousser vivement les attaques de l'ennemi. Le comte de Derby fit donc assaillir la place, et, *par force d'artillerie, fit abattre la plupart de la muraille d'icelle et tint le siège par un bien longtemps. Mais les habitans, qui lors étaient en si grande nécessité qu'ils n'avaient de quoi vivre, pour quelque mal, dommages, menaces et promesses que leur firent les Anglais, ne leur voulurent rendre la ville et la tinrent tant qu'ils purent. [2]*

[1] *Chronique de Jehan Froissart.* tom. I. chap. 136.
[2] Lettres-patentes de Louis XI, du mois de septembre 1481. *Archiv. de l'Abb. de Saint-Jean d'Angély.*

Enfin, réduits à l'extrémité et craignant d'irriter, 1346.
par une plus longue résistance, un ennemi qui
ne faisait point de quartier, ils se résignèrent à
implorer la clémence du comte de Derby, afin
de prévenir leur ruine totale. Un soir, après
un furieux assaut dans lequel la place avait failli
être emportée, messire Guillelme de Rion, maire
de la ville, et le corps des échevins envoyèrent
demander au comte un sauf-conduit pour six
bourgeois, chargés d'aller traiter avec lui de
leur soumission. L'Anglais accorda une suspension
d'armes *durant celle nuit et le jour ensuivant.*
Adonc le lendemain au matin ces bourgeois vinrent
en la tente du comte, et lui jurèrent à être bons
Anglais tant que le roi d'Angleterre ou personne
forte de par lui les voudrait et pourrait tenir en
paix envers les Français. [1]

Cette soumission tardive n'empêcha pas les
bourgeois de Saint-Jean d'Angély de payer cher
l'obstacle qu'ils avaient opposé à la marche triom-
phale du comte de Derby. *La plupart des habi-*
tans furent navrés et tués, les autres prins pri-
sonniers et tous leurs biens brûlés, pillés et em-
portés. [2] Le riche monastère des Bénédictins,
qui avait alors pour abbé un ci-devant évêque
de Clermont, nommé Pierre d'Aigrefeuille, fut

[1] *Chronique de Jehan Froissart.* tom. I. chap. 136.

[2] **Lettres-patentes de Louis XI**, du mois de septembre 1481.
Archiv. de l'abb. de Saint-Jean d'Angély.

1346. ruiné de fond en comble. [1] Le jour même de son entrée dans la place, le vainqueur s'empressa d'écrire au roi d'Angleterre, occupé au siège de Calais, pour lui faire part de sa victoire. [2]

Le comte de Derby demeura quatre jours à Saint-Jean d'Angély pour faire rafraîchir ses troupes et recevoir les sermens du corps de ville et des bourgeois : après quoi il se remit aux champs et alla mettre le siège devant Niort. Ayant vainement livré trois assauts à cette place, défendue par Guischard d'Angle, le comte, poursuivant sa route à travers le Poitou, prit Saint-Maixent, Montreuil-Bonnin, et marcha sur Poitiers. Cette ville, dépourvue de troupes, ne fit qu'une inutile résistance. Le vainqueur la livra, pendant douze jours, au pillage et à la brutalité de ses soldats, puis il revint en Saintonge, emportant un riche butin *d'étoffes d'or et d'argent.* [3]

Étant arrivé à petites journées jusqu'à Saint-Jean d'Angély, il se reposa quelques jours dans cette ville, et s'efforça de faire oublier aux ha-

[1] Petrus de Agrifolio fuit abbas Angeliac. Quo sedente, ut videtur, anno 1346, in clade urbis angeliacensis, ab Anglicis illatâ, eversum est monasterium S. Johannis. (Gall. Christ. Eccl. santon. tom. II. p. 1104.)

[2] Eodem tempore nunciatum est regi, in obsidione Calesiæ occupato, quod comes Lancastriæ, Henricus, ceperat, in *Centonid*, per fortitudinem, villam S. Johannis Evangelistæ, quam compatriotæ vocant *Scynt John d'Angelyn.* (Henrici de Knyghton. de Eventibus Angliæ. lib. IV.)

[3] *Chronique de Jehan Froissart.* tom. I. chap. 136.

bitans la rigueur excessive avec laquelle il les 1346.
avait traités. — « En ce jour, dit un chroniqueur,
donna le comte grands joyaux aux dames et
damoiselles de la ville, et leur donnait presque
tous les jours diners et soupers grands et beaux,
et les tenait toujours en réveil. Si acquit tant
leur grâce, qu'ils disaient communément de lui
que c'était le plus noble prince qui pût chevaucher sur palefroi. » [1]

Après avoir fait jurer de nouveau au maire et
aux notables bourgeois *qu'ils tïendraient et dé-
fendraient la ville ainsi comme le bon héritage
du roi d'Angleterre,* le comte *print congé d'eux
avec tout son arroi,* et, repassant par les places
fortes qu'il avait conquises dans la Haute-Saintonge, *chevaucha* jusqu'à Bordeaux. *Là il donna
congé à toutes manières de gens* (à ses chevaliers et gens de pied), *les remercia de leurs
services,* et s'embarqua pour aller joindre le roi
d'Angleterre devant Calais. [2]

Parmi les barons de la Saintonge du nord dont
les manoirs furent saccagés pendant cette campagne, Aimar de Malmont, seigneur de Tonnay-
Boutonne et de Fouras, fut un de ceux qui
souffrirent le plus des ravages de la guerre. Tour
à tour pris et repris par les Français et les Anglo-
Gascons, ses châteaux furent alternativement

[1] *Chronique de Jehan Froissart.* tom. I. chap. 136.
[2] Ibid.

1346. pillés et ruinés par les soldats d'Angleterre et de France. Tant de pertes essuyées pour le service de Philippe de Valois réclamaient un dédommagement. Le roi n'attendit pas qu'il lui fût demandé, et il délégua, à cet effet, ses pouvoirs à Jacques de Bourbon, sieur de Leuse, son lieutenant en Saintonge et Poitou.

— « Savoir faisons, dit ce seigneur dans des lettres données à Saintes le 27 mars 1346, qu'en récompensation des très-grandes pertes et dommages que notre amé Aimar de Malmont, seigneur de Tonnay-Boutonne, a faits et soutenus pour cause de ces guerres et par les ennemis de monseigneur le roi, tant à la prise de ladite ville de Tonnay, comme au lieu de Fouras qui pris a été par les ennemis, et depuis pillé, gâté et fondu par les Français; à icelui chevalier avons donné et octroyé *les Portes de Champ-Dolent* et tout le cours de l'aigue (de l'eau) desdites Portes jusqu'à Tonnay-Boutonne, *qui étaient aux bourgeois de Saint-Jean d'Angély*, avec tous les profits, émolumens et seigneuries d'iceux à tenir, exercer et exploiter par ledit seigneur. »

Ainsi les bourgeois de Saint-Jean d'Angély furent punis de leur défaite par la spoliation de leurs propriétés communales, et leurs dépouilles servirent à récompenser ceux qui, plus

---

[1] *Mss. archiv. du château de Taillebourg.*

favorisés par le sort, eurent le bonheur d'échapper 1347.
au joug de l'Angleterre.   à
                                                      1349.

1347. — 1349. — Un fléau tel qu'on n'en avait
encore jamais vu de semblable imposa bientôt
silence aux discordes politiques et contraignit les
rois d'Angleterre et de France à cesser toute
hostilité. Une horrible *pestilance* venant_*du pays
des Mécréans* (de l'Orient), et *s'avançant de
ville en ville, de maison en maison, d'homme
en homme*, envahit l'Europe entière, et durant
trois années consécutives, moissonna un tiers
de sa population. On l'appelait la *Peste-Noire*.
— « *La* mortalité fut telle parmi les hommes
et les femmes, les jeunes gens et les vieillards,
qu'on pouvait à peine ensevelir les morts. La
maladie durait rarement plus de deux ou trois
jours : la plupart expiraient subitement et, pour
ainsi dire, sans avoir été malades. Celui qui
était sain hier, aujourd'hui on le portait à la
fosse, et sitôt qu'une tumeur s'élevait à l'aîne
ou aux aisselles, on était perdu. Mais dès que la
pestilance eut cessé, les hommes et les femmes
qui restaient se marièrent à l'envi : les épouses
conçurent outre - mesure par tout le monde.
Nulle ne demeurait stérile : on ne voyait en
tous lieux que femmes enceintes, et beaucoup
enfantaient deux, voire trois enfans vivans. » [1]

[1] Voir *Hist. de France.* par M. Henry Martin. tom. VI. p. 320.

1350.   **1350.** — La France n'était pas encore revenue de la consternation où l'avait jetée ce terrible fléau, lorsque Philippe de Valois mourut, laissant à son fils aîné, Jean duc de Normandie, un ennemi victorieux à expulser du royaume, une nation abattue à relever, un trône ébranlé à affermir. Pour accomplir cette tâche immense, Jean n'avait rien, que les défauts de son père : même imprévoyance avant le combat, même témérité pendant l'action, et de plus une prodigalité excessive.

1351. — Une trève d'un an, conclue à la mort de Philippe, venait d'expirer. Pendant que les plénipotentiaires des deux couronnes travaillaient, avec une apparente sincérité, au réglement d'une paix définitive, une affaire sanglante s'engagea tout-à-coup dans la Saintonge du nord (1.er avril 1351). Les Français y furent *déconfits* par les Anglo-Gascons. Messire Guy de Nesle, sieur d'Offromont, maréchal de France, demeura au pouvoir de l'ennemi avec Guillelme de Nesle, son frère, Arnault d'Andreghen et plusieurs autres barons et chevaliers. [1]

[1] Le premier jour d'avril ensuivant se combattit monseigneur Guy de Nelle, mareschal de France, en Xaintonge, à plusieurs Anglois et Gascons, et fut ledit mareschal et ses gens desconfit, et y furent prins le mareschal, Guillelme, son frère, monseigneur Arnauld d'Andreghen et plusieurs autres. (*Chronique de Jehan Froissart.* tom. I. chap. 153.) — Villaret. *Hist. de France.* tom. IX. p. 35.

Il ne pouvait plus, dès lors, être question de
paix. La guerre se ralluma plus violente. Quelques
succès vengèrent d'abord les Français de la défaite
qu'ils venaient d'essuyer. Jean-le-Maingre, dit
Boucicaut, qui commandait pour le roi Jean au
nord de la Charente, fit construire à la Rochelle
des pierriers et autres engins pour enlever aux
Anglais le château de Fouras. Cette place, importante par sa position à l'embouchure de la
Charente, fut emportée d'assaut et rendue à Aimar
de Malmont, son propriétaire, qui fut chargé de
la défendre. [1]

Peu de temps après, l'Espagnol don Carlos de
la Cerda, connétable de France, alla mettre le
siège devant Saint-Jean d'Angély. La résistance
opiniâtre de la garnison anglo-gasconne et la
langueur des assaillans exténués par la disette,
effet inévitable de la peste qui venait de désoler
les provinces, firent traîner le siège en longueur.
Le roi Jean y vint en personne avec un corps
de chevalerie : mais ce renfort ne fit qu'ajouter
au malaise des assiégeans en augmentant le nombre
des consommateurs. Enfin des navires équipés à
la Rochelle pour les ports de Flandre et de la
Basse-Allemagne, étant revenus chargés de blé,
répandirent l'abondance dans le camp du roi. La
place fut alors plus étroitement investie et se

[1] Amos Barbot. *Invent. des titres de la Rochelle.* ap. Arcère.
Histoire de la Rochelle. tom. I. page 243.

1352. rendit bientôt par famine (11 septembre 1351). [1]

1352. — Depuis deux ans que Saint-Jean d'Angély était au pouvoir des Anglo-Gascons, le chapitre de l'église archiépiscopale de Tours était privé d'une rente de soixante livres qui lui avait été léguée par Guillelme de Sainte-Maure, doyen de cette église, sur la recette du minage de Saint-Jean d'Angély. [2] La ville étant rentrée sous la domination française, les chanoines de Tours réclamèrent l'arriéré de la rente : mais les percepteurs des droits du minage se montraient peu disposés à payer. [3] Les chanoines s'étant plaints au roi Jean, le prince enjoignit, le 23 janvier 1352, au sénéchal de Saintonge de faire exécuter les volontés du testateur sans bruit et sans formes de procès. [4]

---

[1] Amos Barbot. *Invent. des titr. de la Rochelle.* ap. Arcère. *Hist. de la Rochelle.* tom. I. p. 244. — *Chronique de J. Froissart.* tom. I. chap. 153. — Du Tillet. *Annal.* tom. II. p. 241. — Villaret *Hist. de France.* tom. IX. p. 36.

[2] Johannes, etc. Senescallo xantonensi salutem. Significaverunt nobis dilecti nostri decanus et capitulum turonenses quod, defunctus magister Guill. de Sanctâ-Maurâ, quohdàm decanus ecclesiæ prædictæ, ipsi ecclesiæ contulit sexaginta libras annui redditûs quas percipiebat annis singulis in minagio villæ S. Johannis Angeliaci. (Mss. archiv. de la *Cathédrale de Tours.*)

[3] Præfati decanus et capitulum dictas sexaginta libras habere nequiverunt propter occupationem dictæ villæ ab inimicis, et etiam post recuperationem dictæ villæ, levatores dicti minagii dictas sexaginta libras solvere præfatis decano et capitulo indebité recusant. (Ibid).

[4] Quocircà mandamus vobis quatinùs de plano, sinè figurâ et strepitu judicii, dictos levatores ad solvendum dictis supplicantibus prædictum redditum viriliter compellatis. Datum Parisiis 23 die januarii anno domini 1351. (Ibid).

Une nouvelle trève conclue entre les deux 1353.
rois ne suspendit point les hostilités. Le maire
de la Rochelle ayant détaché un corps de milices communales pour aller explorer la banlieue,
cette troupe de bourgeois armés vint mettre le
siège devant le château de Soubise sur Charente.
Gardée par une faible garnison anglo-gasconne,
cette forteresse capitula au bout de peu de jours. [1]

1353. — Au milieu du désordre de la guerre,
il était difficile que l'autorité des lois fût respectée.
La condition du menu-peuple, foulé tour à tour
par les deux partis, était très-malheureuse, et
souvent la rapacité du gentilhomme, dont la force
faisait le droit, achevait la ruine du manant,
commencée par les déprédations de la soldatesque.
Toutefois, un de ces nobles rançonneurs de
vilains, Régnault de Pressigny, seigneur de Marans, près la Rochelle, poussa si loin l'audace
et la cruauté, que la justice du roi, quelque
impuissante qu'elle fût alors, dut s'armer contre
lui et réussit à l'atteindre.

Il n'était sortes d'atrocités que ce brigand
titré ne se permît sur les terres de ses domaines.
C'était peu de s'embusquer au bord des chemins
pour détrousser les passans, de mettre à contribution ses vassaux même les plus pauvres;
il faisait jeter dans d'affreux cachots ceux qui ne

[1] Le livre de la Poterne. ap. Arcère. Hist. de la Rochelle. t. I.
p. 244.

5

1355. pouvaient payer ses taxes arbitraires. N'épargnant pas plus le clerc que le laïc, il arrêtait tous les moines qui traversaient les terres de sa seigneurie, pour contraindre leurs couvens à les racheter, et lorsqu'il les relâchait, ce n'était qu'après leur avoir crevé un œil, arraché la barbe ou fait quelque autre outrage du même genre. Quand il envoyait au supplice quelque malheureux qui ne pouvait ou ne voulait se rédimer, et que le patient en appelait à la justice royale, Pressigny, qui apparemment savait le latin, lui disait avec ironie : — « De quoi te plains-tu? Tu vas mourir dans les règles, *jure aut injuriâ.* »

Enfin cette espèce d'oiseau de proie fut surpris, un jour, hors de ses tours crénelées, par les sergens de la justice du roi. Garotté et transféré à Paris, il fut incarcéré au Chatelet et pendu au gibet de Montfaucon par arrêt du parlement.[1]

Les Rochelais se signalaient dans la nouvelle guerre de Saintonge. C'était, à leur égard, une guerre véritablement nationale, par la crainte qu'ils avaient de retomber sous la domination anglaise, devenue pour eux si redoutable depuis leur soumission quasi-volontaire au roi de France, en 1224, et en même temps si odieuse par les actes de vengeance que les rois d'Angleterre avaient exercés depuis sur le territoire de la

---

[1] Archiv. crim. du Parlement de Paris. regist. VII. f° 29. — Villaret. *Hist. de France.* tom. IX. p. 90 — Chateaubriand. *Etud. Hist.* Paris. 1834. in-18. tom. III. p. 436.

Rochelle. La part qu'ils avaient eue à la reprise 1353.
du château de Fouras et de la ville de Saint-
Jean d'Angély, le nouveau succès qu'ils venaient
d'obtenir au siège de Soubise les enflammaient
d'une noble émulation en leur promettant de
nouveaux triomphes. Depuis la campagne du
comte de Derby au nord de la Charente, le château de Surgères était demeuré au pouvoir
des Anglo-Gascons. Un corps de milices ro-
chelaises alla investir cette forteresse, et la
victoire couronna encore une fois leurs armes. [1]

1355. — Deux ans après, les mêmes milices
allèrent, à deux lieues au sud de la Rochelle,
mettre le siège devant le château de Salles dont
l'ennemi s'était emparé par surprise. Secondées
par les habitans du plat-pays, elles assaillirent
la place avec vigueur : mais trop peu nom-
breuses pour livrer un assaut régulier, elles
s'épuisaient en efforts impuissans, lorsque Guischard d'Angle, sénéchal de Saintonge, leur
vint en aide avec un corps de chevaliers. Attaqué
sur tous les points à grand renfort de béliers,
de pierriers et de mangonneaux, le château
fut bientôt contraint de se rendre. [2]

1356. — Mais ce fut principalement au siège

---

[1] Le livre de la Poterne. ap. Arcère. *Hist. de la Rochelle*, tom. 1. p. 244.

[2] Amos Barbot. *Invent. des titr. de la Rochelle.* — Le livre de la Poterne. ap. Arcère, *loc. cit.*

1356. de Rochefort sur Charente que les Rochelais firent preuve de bravoure et d'habileté. Les Anglo-Gascons s'étaient rendus maîtres de cette forteresse d'où ils entravaient la navigation du fleuve. Guischard d'Angle, suivi du corps des arbalétriers Rochelais, alla investir la place par terre, pendant que neuf galères, sorties du hâvre de la Rochelle, sous le commandement du capitaine François Pilleux, entraient dans la Charente et venaient bloquer le château du côté de la rivière. Le siège commença vers la fin d'août 1356, et le 5 septembre la garnison ouvrit ses portes. [1]

Le roi Jean, voulant récompenser la fidélité de Guischard d'Angle, détacha, pour la lui donner, la chatellenie de Rochefort du domaine de sa couronne, auquel elle avait été incorporée, comme on l'a vu, par Philippe-le-Bel, en 1307. [2]

Mais par ces faibles succès, le destin semblait se jouer de la France à laquelle il réservait la plus funeste catastrophe. Qui ne connaît l'issue de la désastreuse journée de Maupertuis, près Poitiers, où le roi Jean, avec tous les princes de sa maison, l'élite de sa chevalerie et quarante-huit mille hommes d'armes, fut taillé en pièces, le 19 septembre 1356, par le prince de

[1] Le livre de la Poterne. ap. Arcère. *Hist. de la Rochelle.* tom. 1. p. 245.

[2] Le P. Théod. de Blois. *Hist. de Rochefort.* p. 22.

Galles, fils du roi d'Angleterre, déjà fameux par 1356.
la victoire de Crécy, et accompagné seulement
de huit mille Anglo-Gascons? Qui ne sait qu'après
avoir combattu comme un lion au plus fort de
la mêlée, Jean tomba au pouvoir du prince
anglais avec ses plus illustres capitaines? Parmi
les chevaliers de France qui, dans cette sanglante journée, restèrent sur le terrain, on en
compte bon nombre du pays de Saintonge :
Renault, sire de Pons, le vicomte de Rochechouart, seigneur de Tonnay-Charente, Guillaume
et Robert d'Aunay, le sire de Surgères et tant
d'autres.

On ne saurait s'imaginer la confusion où ce
fatal événement jeta le midi et l'ouest de la
France. Les débris de l'armée vaincue se répandirent dans les provinces. Pressés par la
faim, sans chefs ni discipline, ces bandes de
soudards erraient de ville en ville, de bourgade
en bourgade, pillant châteaux et chaumières,
détroussant les voyageurs, signalant partout
leur passage par la plus affreuse licence, pendant
que le vainqueur de Maupertuis traversait lentement la Guienne et gagnait Bordeaux, suivi
du roi de France et de ses autres prisonniers,
sans que nul songeât à troubler sa marche triom-
phale, tant chacun était frappé de stupeur.

1359. — De tous les malheurs qui fondirent
sur la France à cette époque, le plus funeste,

1359, sans contredit, fut la captivité du roi, par les sacrifices énormes de territoires et d'argent qu'elle imposa au royaume. Un premier traité fut conclu à Londres, le 24 mars 1359, entre le duc de Bourbon et le *Prince-Noir*, Edward, fils du roi d'Angleterre. Parmi les concessions de territoires qui y étaient faites à l'Anglais, on remarque celle-ci : — « *C'est à savoir la cité et le châtel de Saintes, et tous les diocèse, terres et pays de Saintonge par de çà et par de là Charente.* [1]

Mais ce traité était si humiliant pour la France, que les états du royaume le repoussèrent avec indignation. Charles, fils aîné du roi Jean, préféra la captivité de son père à la honte de signer une paix si déshonorante. L'orgueil national se souleva lorsque, de l'un des balcons du Louvre, l'avocat-général Guillelme de Dormans lut le traité par ordre du Dauphin. — « *Le traité n'est ne passable, ne faisable*, s'écria le peuple tout d'une voix, *et chacun Français fera moult de vaillance et prouesse pour guerroyer au roi Anglais!* » Au milieu de la détresse universelle on vit les communes de France,

---

[1] Ce traité de Londres, beaucoup plus onéreux à la France que celui de Brétigny qui fut signé l'année suivante, ne se trouve point dans la collection de Rymer ni dans aucun autre recueil du même genre : mais il est imprimé au long dans la *Revue Anglo-Française*, tom. 1. p. 388 et suiv., d'après une copie mss. qui existe dans la bibliothèque de Poitiers. Ce manuscrit forme cinq feuilles de parchemin de neuf pieds de longueur sur un de largeur, cousues ensemble et écrites sur un seul côté en lettres cursives de la fin du XIV.e siècle.

rivalisant avec le baronnage, équiper, à leurs 1360.
frais, quatorze mille hommes d'armes qui firent
échouer, devant Reims et Paris, les efforts de
l'armée anglaise, et forcèrent le roi Edward à
restreindre ses excessives prétentions.

1360. — Au printemps de l'année suivante les
plénipotentiaires des deux rois s'étant réunis à
Brétigny, près de Chartres, la France acheta,
au moyen d'un traité qui fut signé, à Calais,
le 8 mai, la paix et la liberté de son roi par
le sacrifice d'un tiers de son territoire et de trois
millions d'écus d'or. Edward renonça au trône
de France et aux anciennes possessions continentales des Plantagenet : mais cette renonciation
coûta au roi Jean l'Agénois, le Périgord, le
Rouergue, le Quercy, le Bigorre, l'Angoumois,
le Limousin, le Poitou et la suzeraineté des
grandes seigneuries de Foix, d'Armagnac, de
Comminges et autres mouvances féodales des
Pyrénées.

Au nombre des provinces qui furent abandonnées à l'Anglais pour être par lui possédées
en toute souveraineté, furent compris en outre,
comme dans le traité de Londres, *le châtel et
la cité de Saintes avec toute la terre et patrie
de Saintonge, de çà et de là Charente;* c'est-
à-dire l'Aunis et la Saintonge proprement dite,
depuis la Sèvre jusqu'à la Gironde. [1]

[1] Karolus, primogenitus regis Franciæ, regens regnum, etc.
Notum facimus quod, propter bonum pacis, est concordatum 8

1360.   Le traité de Brétigny fut , sans contrédit , une grande calamité pour la France entière: mais nulle part peut-être la douleur qu'occasionna dans le royaume ce honteux démembrement de territoires ne fut aussi vivement sentie que dans les cantons maritimes de l'Aunis. Depuis le partage de 1259 les hommes de la Rochelle et du pays environnant avaient pu apprécier la condition de leurs voisins d'outre-Charente sous le joug de l'Angleterre, et comparer le gouvernement modéré des descendans de Saint-Loys au régime oppressif des sénéchaux de Henri III ét de ses successeurs.

Outre cette antipathie commune à tous les habitans de la Saintonge du nord, les Rochelais avaient, comme on l'a déjà fait observer, des motifs particuliers de craindre et repousser la domination anglaise. Depuis leur soumission à la France ils étaient considérés, par les hommes d'outre-mer comme des transfuges, et les dévastations exercées sur leur territoire, en 1226, en 1231, en 1293, pár ordre des rois d'Angleterre

dīe Maii anno domini 1360, apud Brétigny, modo qui sequitur: quod rex Angliæ, cum illo quod tenet in Aquitaniá et Vasconiá, habebit pro se et hæredibus suis omnia quæ sequuntur, tenenda per eumdem modum quo rex Franciæ aut aliquis de prædecessoribus suis tenuerunt, videlicet civitatem et castrum Xantoniæ et totam terram et patriam xantonensem citrà et ultrà Charentam, etc. (Rymer. *Acta publica*. tom. VI. p. 178.) — Vide etiam Edmund. Martenne, Thesaur. Anecdot. tom 1. p. 439. — *Chronique de J. Froissard.* tom. I. chap. 212. — Villaret, *Hist. de France.* tom. IX. p. 410.

leur faisaient assez pressentir le sort que leur 1360.
réservait la rancune britannique s'ils retombaient
jamais au pouvoir de leurs anciens maîtres.

Cette appréhension raisonnée des Rochelais
explique suffisamment la belliqueuse ardeur qu'ils
déployèrent dans la dernière guerre du continent,
guerre plus nationale encore pour eux que pour
leurs voisins, et la part active qu'ils prirent à
tous les faits d'armes qui furent accomplis dans
leur voisinage, à Fouras, à Saint-Jean d'Angély, à Soubise, à Surgères, à Salles, à Rochefort.
Le même motif explique aussi la résistance
qu'ils opposèrent, en ce qui les concernait, à
l'exécution du traité de Brétigny, résistance
si énergique, qu'elle ne céda qu'aux instantes
prières et aux ordres réitérés du roi Jean.

Le 8 juin 1360, le monarque leur écrivit de
la tour de Londres où il était prisonnier : —
« *De* par le roi, *à majeure* (au maire) et
échevins de la Rochelle. Nous avons certain
traité avec le roi d'Angleterre, auquel *nous
sommes consentis* pour le *proufit* commun. Et
pour ce qu'il touche vous et ladite ville de la
Rochelle, nous voulons parler à vous ou à
ceux que vous *envoierez* pour ce devers nous.
Si vous mandons que soyez ou envoyiez quatre
ou trois de vous devers nous à Calais dans trois
semaines de la Saint-Jehan prochaine qui aient
pouvoir de vous pour ouïr notre entente. Donné

1360 à Londres le huitième jour de *juing*. JEHAN. [1] »

Dès le 8 juillet le roi captif fut conduit à Calais sous bonne escorte. Au temps fixé il attendit vainement les députés Rochelais. Surpris de ne pas les voir arriver, il écrivit, le 18 du même mois, une seconde lettre ainsi conçue : — « De par le roi, à majeure, jurés et commune de la Rochelle. Nos chiers et bons amis, nous vous avons autrefois mandé que, aux trois semaines de la Saint-Jehan dernier passée, vous envoyâtes devers nous, à Calais, trois, ou deux ou certain nombre de vous, des plus sages, pour parler à nous. Et nous sommes venu à Calais dès le huitième jour de ce mois de juillet, et n'avons encore ouï nouvelles de vous ni aucune réponse, dont nous émerveillons. Pourquoi nous vous mandons de rechef, par Richardin d'Anbleville, notre chevaucheur, portant ces lettres, que vous envoyiez trois, ou deux ou plusieurs de vous, avisés de nous répondre pour vous sur ce que nous leur parlerons touchant vous et ladite ville et le prouffit commun de tout notre royaume. Et ce ne laissez mie toutes excusations cessant, car nous avons cette chose moult à cœur. Donné à Calais le dix-huitième jour de juillet. JEHAN. [2] »

Ces injonctions étaient pressantes : il fallut s'y

[1] Rymer. *Acta publica.* tom. VI. p. 197.
[2] Ibid. p. 206.

soumettre , quelque répugnance qu'on y eût. 1360. Loys Busset, maire de la Rochelle, convoqua les échevins, conseillers et pairs de la commune à l'effet d'élire les députés. Leur suffrage ayant désigné cinq jurés et notables de la ville, ces commissaires partirent, le 15 août, pour Calais, munis de pouvoirs en règle pour recevoir les ordres du roi et conférer avec lui sur les in‑térêts de la commune.

Ces pouvoirs étaient ainsi conçus : — « A tous ceux qui ces lettres verront, Loys Busset, maire, les échevins , conseillers et pairs de la ville et commune de la Rochelle, salut. Comme le roi, notre sire, nous ait envoyé ses lettres closes desquelles la teneur s'ensuit (Lettres des 8 juin et 18 juillet ci-dessus.) : savoir faisons que, afin d'obéir aux lettres dessus transcrites, nous avons fait, ordonné et établi nos procureurs-généraux, c'est assavoir nos chiers et bien-amés Guillelme de Séris, chevalier, sire Pierre Buffet, sire Jehan Chauderer (Chauldrier), maître Guillelme Boulard et maître Macé d'Aiguechère, bourgeois et échevins de ladite commune, portant ces présentes, auxquels ensemble nous avons donné plein-pouvoir de apparaître pour nous et ouïr l'entente de ce que, par le roi, notre sire, son noble conseil, leur sera dit et ordonné, et de faire sur ce tout ce que nous ferions en nos propres personnes, pourvu (que

1360. ce soit) suffisant (conforme) aux articles et mémoires par nous baillés par écrit à nosdits procureurs. Donné le quinzième jour du mois d'août l'an 1360. [1] »

Lorsqu'ils entendirent, de la bouche même du roi, qu'ils allaient devenir sujets du roi d'Angleterre, les députés rochelais ne purent contenir l'expression de leur douleur. Ils conjurèrent le monarque, dans les termes les plus supplians, de ne pas livrer leur ville à l'étranger : ils offrirent, au nom de leurs concitoyens, d'acheter de la moitié de tous leurs biens la grâce de demeurer Français. Jean, vivement ému, leur répondit, les yeux pleins de larmes, que ce qu'ils demandaient n'était pas en son pouvoir, et que la paix du royaume était attachée à l'entière exécution du traité de Brétigny. Voyant que leurs prières étaient inutiles, les délégués de la Rochelle demandèrent congé au roi sans vouloir prendre aucun engagement, et les négociations entamées pour la soumission de cette ville se prolongèrent encore bien long-temps.

— « En Rochelais et tout en Saintonge, dit un chroniqueur, vint-il à trop grand déplaisir aux barons, aux chevaliers et aux bonnes villes du pays, quand il leur convint devenir Anglais : et par espécial ceux de la ville de la Rochelle ne s'y voulurent accorder et s'en excusèrent par

[1] Edmund. Martenne. Thesaur. Anecdot. tom. I. p. 1527.

trop de fois, et furent plus d'un an qu'onques 1360.
ne voulurent laisser entrer Anglais dans leur
ville. Et se pourrait-on émerveiller des douces
et aimables paroles qu'ils écrivaient au roi de
France, en le suppliant pour Dieu qu'il ne les
voulût mie quitter de leur foi, n'eux éloigner
de son domaine et mettre ès mains des étrangers:
(ajoutant) qu'ils avaient plus chier (qu'ils
aimaient mieux) être taillés tous les ans de la
moitié de leur chevance, que ce qu'ils fussent
(que d'être) ès mains des Anglais.

« Le roi de France qui voyait leur bonne
voulenté et loyauté, et oyait (entendait) souvent
leurs excusations, avait grand'pitié d'eux : mais
il leur mandait et écrivait affectueusement qu'il
leur convenait obéir, ou autrement la paix
serait enfreinte et brisée, laquelle (infraction)
serait en trop grand préjudice au royaume de
France. Si que (tellement que) quand ceux de
la Rochelle virent ce, et qu'excusances, paroles
et prières qu'ils fissent ne leur valaient rien, ils
obéirent, mais ce fut à trop grand'dureté, et
dirent bien les notables gens de la ville: *Nous
serons et obéirons aux Anglais des lèvres, mais
les cœurs ne s'en mouveront.* [1] »

Ces sentimens étaient ceux de la plupart des
chevaliers, bourgeois et manans du pays de
Saintonge et des contrées environnantes, sen-

[1] *Chronique de Jehan Froissart.* tom. I. chap. 214.

1360. timens bien différens de ceux qui, à la fin du
XII.ᵉ siècle et au commencement du XIII.ᵉ,
animaient les hommes des mêmes provinces,
alors que les descendans des anciens rois capétiens, renfermés dans leurs forteresses d'outre-
Loire, n'étaient encore, pour les peuples du
midi, que des pillards étrangers auxquels ils
n'étaient unis que par un lien de sujétion féodale qui leur rappelait incessamment l'époque
humiliante et désastreuse de la conquête; alors
que les méridionaux voyaient dans les princes
angevins de la maison de Plantagenet une race
gallo-romaine comme eux, et de plus, l'époux
et les fils d'Aliénor d'Aquitaine, héritière de
leurs anciens ducs nationaux.

Les Rochelais ayant fait à la triste position
du roi Jehan le sacrifice de leurs sympathies
politiques, Edward, loin d'exercer envers eux
ces actes de vengeance qu'ils redoutaient, n'é-
pargna rien pour vaincre la répugnance qu'ils
éprouvaient à le reconnaître pour leur seigneur.
Par des lettres-patentes données à Calais le 22
octobre 1360, il s'empressa de confirmer leurs
anciens privilèges et leur en octroya un grand
nombre de nouveaux. On ne rapportera que
les plus notables.

— « Par le traité de paix conclu entre nous
et notre frère le roi de France, dit-il, la ville
de la Rochelle, avec son château, ses forteresses

et autres dépendances, a été appliquée à notre 1360.
domaine. C'est pourquoi nous promettons aux
maire, échevins, pairs et bourgeois de la Rochelle que ladite ville et tout ce qui en dépend
ne sortiront plus de nos mains pour quelque
cause que ce soit. De plus, nous ordonnons
que le châtelain du château de la Rochelle fera
serment, entre les mains de notre sénéchal et
en présence du maire de la ville, s'il veut y
assister après avertissement convenable, de n'é-
tablir ou recevoir dans le château et même de
n'y laisser séjourner sous aucun prétexte des
gens armés dont les bourgeois auraient à redouter quelque insulte ou dommage, tant qu'ils
demeureront en notre obéissance et nous gar-
deront fidélité. [1]

« S'il arrive qu'un bourgeois, habitant la
Rochelle, a éprouvé une injure ou un préjudice
dans son corps ou dans ses biens, nous promettons
de l'en rendre indemne selon l'exigence du

[1] Rex universis, etc. Cùm per tractatum pacis habitum inter
nos et fratrem nostrum, regem Franciæ, villa de Rupellà, cum
castro, fortalitiis et suis aliis pertinentiis, nostro dominio debeat
applicari, idcircò majori, scabinis, paribus, burgensibusque
Rupellæ concedimus quod dictam villam, cum suis pertinentiis,
futuris temporibus extrà manum nostram aliqualiter non ponemus :
ac insuper ordinamus ut castellanus castri de Rupellà senescallo
nostro sacramentum faciat in præsentià majoris villæ si, congruè
præmonitus, adesse voluerit, ne gentes armorum ponat seu
recipiat in castro seu etiam morari aliqualiter patiatur, per quos
burgensibus prædictis possit damnum aut injuria inferri, dummodò
in fidelitate et obedientià nostris existant. (Rymer. Acta publica.
tom. VI, p. 217.)

1360. droit, en faisant justice entre les parties. A cet effet, nous instituons dans la ville un juge suprême qui connaitra de toutes les appellations portées à notre cour et les réglera définitivement. Nous entendons de plus qu'aucun de nos officiers ne puisse prendre, soit par lui soit par autrui, chevaux, attelages, animaux, victuailles ou marchandises dans la ville de la Rochelle, contre le vouloir de ceux à qui ces choses appartiendront légalement. [1]

« Nous déclarons que les maire, échevins, bourgeois et habitans de ladite ville ne contribueront et ne paieront rien à nous ni à d'autres pour toutes les choses qu'ils ont pu acquérir dans des fiefs nobles depuis le temps passé jusqu'aujourd'hui, mais qu'ils seront quittes et immunes à perpétuité du paiement de toute finance. Nous voulons que le maire, les échevins et bourgeois de la Rochelle prennent, par eux ou leurs délégués, la moitié de la monnaie d'or, d'argent et de cuivre qui, à l'avenir, sera fabriquée dans ladite ville : et il nous plaît que,

---

[1] Item si contingat alicui burgensi, in villâ Rupellæ habitanti, injuriam vel damnum inferri in corpore vel bonis, ipsum indemnem servare promittimus juxtà juris exigentiam, faciendo jus inter partes. Item constituimus judicem supremum qui, in eâdem villâ, de omnibus causis appellationum ad supremam curiam nostram ibidem cognoscat et eas fine terminet. Item volumus quod nullus officialis noster capiat, per se vel per alios, equos, quadrigas, animalia vel alia victualia seu mercaturas infrà dictam Rupellam contra voluntatem illorum ad quos res prædictæ dicuntur rationabiliter pertinere. (Rymer. *Act. publ.* tom. VI. p. 217.)

par eux ou leurs mandataires, ils puissent exiger 1360.
et percevoir les subsides, tailles et subventions
qui ont coutume d'être levés dans ladite ville et
lieux environnans, mais seulement pendant une
année à compter du jour où nous aurons pris
possession de la ville de la Rochelle.[1]

« Comme il ne convient pas que les membres
soient séparés du corps, nous annexons à notre
domaine l'île d'Oleron avec toutes ses forteresses,
ainsi que le baillage du grand fief d'Aunis et
tous les forts qui s'y trouvent. Nous comprenons
en outre dans le ressort de notre cour suprême
ladite île et ledit baillage avec les forteresses
qui en dépendent, afin que les mêmes lieux et
leurs territoires ne puissent, sous aucun prétexte,
être détachés de notre domaine, et ce que nous
voulons et ordonnons par ces présentes sera
exécuté nonobstant que l'île d'Oleron ait, de
tout temps, appartenu au ressort de Saintes.[2]

[1] Item declaramus ne major, scabini, burgenses vel habitatores
in villâ prædictâ existentes, pro aliquibus rebus acquisitis in no-
bilibus feudis à toto tempore præterito usque ad hodiernum diem,
aliquid nobis vel alii contribuant seu solvant, set sint ab omni
solutione cujusvis financiæ perpetuò quieti et immunes. Item volumus quod major, scabini et burgenses Rupellæ capiant, per se
vel per deputatos eorum, medietatem monetæ aureæ, argenteæ et
nigræ in prædictâ villâ futuris temporibus fabricandæ. Necnon
placet nobis ut subsidia, subventiones et talliatæ quæ consueverunt
exigi in villâ prædictâ ac locis circumvicinis, per se vel eorum
allocatos, possint exigere et levare in locis prædictis per unum
annum integrè duntaxat, computandum à tempore à quo villæ de
Rupellâ possessionem fuerimus assecuti. (Rymer. *Acta publica.*
tom. VI. p. 217).

[2] Item cùm non deceat membra à capite discedere, insulam de

6

1360. « Enfin pour prévenir les fraudes et malver-
sations, nous ordonnons que notre sceau, destiné
aux contrats passés à la Rochelle, sera, par
notre sénéchal ou autre muni de nos pouvoirs,
donné en garde à un bon bourgeois de ladite
ville, pour être par lui conservé pendant une
année seulement, et ainsi successivement d'année
en année, jusqu'à ce qu'il plaise à notre volonté
d'en décider autrement. Donnons en mandement
à nos sénéchal et percepteur en Saintonge,
ainsi qu'à tous nos autres officiaux et à leurs
lieutenans de faire observer fermement et inviolablement les présentes par tous nos sujets. Fait
à Calais le vingt-deuxième jour d'octobre. »[1]

Le roi Jean, de son côté, attesta, dans des

Olerone ac fortalitia ejusdem universaliter, necnon ballivam magni
feudi de Alnisio et fortalitia infrà eamdem ballivam existentia dominio nostro adjungimus. Ressortum universalis ejusdem insulæ
ac etiam ballivæ et fortalitiorum prædictorum supremæ nostræ curiæ prædictæ villæ nostræ de Rupellâ insuper applicamus, absque
hoc quod à dominio nostro loca prædicta et ressortum eorum à
locis prædictis possint aliqualiter separari, quamvis prædicta insula
de Olerone Xaintoni ab antiquo consueverit ressortiri, quod sic
fieri per præsentes volumus et jubemus. (Rymer. *Actá. publíca.*
tom. IV. p. 217.)

[1] Prætereà ordinamus quod, propter fraudes ac machinationes
evitandas, sigillum nostrum, constitutum ad contractus apud Rupellam, per senescallum nostrum vel vices nostras gerentem,
tradatur in custodiam unius boni burgensis dictæ villæ, per
unum annum duntaxat per illum burgensem deferendum, et per
alios annos similiter successivè, quandiù tamen nostræ placuerit
voluntati. Senescallo ac receptori nostris Xantoniæ et omnibus aliis
officiariis nostris et eorum loca tenentibus dantes firmiter in man-
datis ut præmissa et ea tangentia ab omnibus nostris subditis
faciant inviolabiliter observari. Datum apud Calesiam 22 die octobris. (Ibid).

lettres-patentes expédiées de Calais à la même 1360. époque, qu'avant la translation de la ville et des forteresses de la Rochelle aux mains de *son très-cher frère* le roi d'Angleterre, les maire, bourgeois et habitans de cette ville avaient vécu, tant sous son règne que sous ceux de ses prédécesseurs, libres et immunes de tous péages, coutumes, tributs et exactions quelconques soit en leurs personnes soit en leurs biens et marchandises, ayant droit d'aller, demeurer et revenir partout à volonté.[1]

Prenant , de plus, en considération qu'ils avaient *été séparés de la couronne de France non de leur gré mais par contrainte,* et rappelant à son souvenir les gracieux services qu'ils lui avaient rendus, la foi et l'obéissance qu'ils lui avaient constamment et inviolablement gardées pour sa gloire et celle de son règne, il leur *octroya la jouissance pleine, libre et perpétuelle,* par toutes les terres et villes de son royaume, des franchises et immunités qui avaient été, jusqu'alors, attachées à leurs personnes et à leurs

---

[1] Johannes, etc. Notum facimus quod, cùm dilecti nostri major, burgenses et habitatores Rupellæ, ante translationem per nos factam de villâ prædictâ et fortalitiis ejus in manu carissimi fratris nostri, regis Angliæ, per formam pacis novissimè inter nos et ipsum habitæ, in manu nostrâ et nostrorum prædecessorum existebant ab omnibus costumis, pedagiis, pagagiis, tributis et exactionibus quibuslibet aliis, per totum regnum nostrum, in personis, rebus et mercaturis suis liberi et immunes, eundo, morando et etiam redeundo. (Galland. *Disc. au roi, etc.* p. 71).

1360. biens, quoique leur ville eût passé dans des mains étrangères.

Jean et Edward, réunis à Calais, s'occupèrent ensuite d'assurer, par divers actes, l'exécution du traité de Brétigny qui rencontrait une vive opposition dans les provinces méridionales du royaume. La Saintonge du nord, et surtout la ville de la Rochelle, dont les habitans continuaient de montrer une grande répugnance à passer sous la domination anglaise, en dépit des largesses qu'Edward venait de leur prodiguer, étaient, pour les deux rois, l'objet d'une sollicitude particulière.

Le 23 octobre, Jean expédia des lettres-patentes par lesquelles, après avoir rappelé l'article du traité concernant la Rochelle, il promit de livrer cette ville et les forteresses qui en dépendaient à son très-cher frère le roi d'Angleterre, dans le délai d'un mois à dater de son départ de Calais. En cas d'inaccomplissement de cette condition à l'époque fixée, il s'obligea à livrer, un mois après, dans la ville de Calais, son plus

---

[1] Nos meritò attendentes quod ipsi major, burgenses et habitatores extrà manum nostram et coronæ Franciæ coacti veriùs quàm voluntarii transferuntur, et ad memoriam reducentes grata obsequia per eos nobis impensa, ad fidem et obedientiam quam ad nos et honorem nostrum et regni nostri constanter et immutabiliter hactenùs habuerunt; concedimus eisdem per præsentes quod in omnibus terris, villis et partibus regni nostri perpetuò gaudeant et utantùr plenarié et quieté solitâ libertate et immunitate in personis et bonis, non obstantibus quod eos et villam prædictam transtulerimus invitos in manibus alienis. Actum Calesiæ anno 1360 mense octobris. (Galland. *Disc. au roi*, etc. p. 71).

jeune fils Philippe, comte de Tours, pour de- meurer en ôtage jusqu'à la tradition de la ville et des forteresses de la Rochelle. [1]

Un accord semblable fut fait le même jour pour la mise en possession *de la ville de Saintes et du pays de Saintonge par de çà et par de là Charente.* Il fut convenu que ce territoire serait livré au roi d'Angleterre dans le même délai d'un mois, à défaut de quoi Edward recevrait comme ôtages les personnes de Baudouin d'Avair, Baudouin de Roches, Hugues de Verley, bacheliers, le sire de la Haye-Jouslem, le sire Dace, bannerets, André d'Averton, Jean de Combres, *le baron de Ferrières,* le sire de Hambives, Henri de Thieuville, Louis d'Harcourt, le sire de Thibouville et le sire de Cléré, qui tous devaient aller à Calais se constituer prisonniers et demeurer au pouvoir du roi d'Angleterre, jusqu'à la tradition de la ville, du château et du territoire de Saintes. [2]

[1] Jehan, etc. Savoir faisons que, comme par la fourme de la paix reformée entre nous et nostre très-chier frère le roy d'Angleterre, nous lui ayons octroyé la ville et les forteresses de la Rochelle, et pour seureté de ce faire nous luy ayons donné nos lettres en certaine fourme, nous luy promettons que, dedans un mois prochain ensuivant après nostre partement de Calais, nous ferons délivrer à nostre dit frère d'Angleterre lesdites ville et forteresses, ou que, dedans un autre mois prochain ensuivant, nous luy rendrons en ostaige Phelippe, notre très chier fils, en la ville de Calais, pour y demeurer en ostaige jusques à tant, que nous ayons délivré à nostre dit frère les dites ville et forteresses. Donné à Calais le 23 jour d'octobre l'an de grace 1360. (Edm. Martenne. Thesaur. Anecdot. tom. I. p. 1440).

[2] Edouard, etc. Savoir faisons que nostre frère le roy de France

1360. 　Enfin, par des lettres-patentes données à Calais le 24 du même mois et adressées à ses amés et féaux les prélats, ducs, comtes, barons, chevaliers et gentilshommes, les maire, jurés, universités et habitans de la ville de la Rochelle et du pays d'Aunis, le roi Jean acheva de briser le lien politique qui avait existé entre lui et les hommes de cette contrée. Après avoir longuement exposé les motifs qui l'avaient porté à conclure le traité de Brétigny, il poursuivait en ces termes :

— « Par lequel traité, nous, entre autres choses, avons promis et devons bailler à notre dit frère le roi d'Angleterre, pour lui et ses hoirs à toujours, la ville, le châtel et les forteresses de la Rochelle. Pourquoi nous baillons et délaissons à notre dit frère, par ces présentes lettres, ladite ville, le châtel et les forteresses en propriété, et les transportons en lui avec tous les fiefs, juridictions, seigneuries et tout ce que nous avions ès choses dessus-dites. Mandons étroitement à vous tous que audit roi d'Angleterre et à ses hoirs dorénavant fassiez les hommages, ligences, révérences que vous nous deviez. Mandons et

a promis délivrer et délivrera Xaintes et le païs de Xaintonge par de çà et par de là Charente, c'est assavoir dedans un mois prochain ensuivant. Et ou cas que nostre dit frère ne nous auroit délivré Xaintes et le païs de Xaintonge de la manière que dit est, il nous baillera en hostages Baudouin d'Avair, etc. Tous lesquels hostages se rendront à Calais, etc. Donné à Calais le 23 jour d'octobre l'an de grace 1360. (Edmund. Martenne. Thesaur. Anecdot. tom. I. p. 1435).

étroitement commandons au sénéchal de Sain- 1360.
tonge qu'il contraigne raidement tous contredisans
et rébelles, par toutes les voies que métier
(besoin) sera, à obéir paisiblement aux choses
dessus-dites. Donné à Calais le vingt-quatrième
jour d'octobre l'an 1360. » [1]

Ainsi Edward usait largement de l'avantage
que le sort des armes lui avait donné sur son
prisonnier, et celui-ci subissait en victime dé-
vouée les dures lois de son vainqueur. Pour
légitimer, autant que possible, un pacte fait
sous l'empire de la force et dont il comprenait
que la validité pourrait être contestée un jour,
Edward exigea que le traité qui lui livrait la
ville de la Rochelle et son territoire fût sanc-
tionné par le *dauphin* de France, Charles, fils
aîné du malheureux roi Jean. [2]

Après le désastre de Poitiers, ce prince avait
pris le titre de *régent du royaume*, et sa main
habile, dirigeant à travers les écueils le vaisseau
de l'Etat battu par la tempête, l'avait seule pré-
servé d'un naufrage imminent. N'espérant rien
d'un refus qui n'eût servi qu'à river inutilement

---

[1] Edmund. Martenne. Thesaur. Anecdot. tom. I. p. 1441.

[2] *Ce prince fut le premier fils de France qui prit le titre de*
Dauphin. Le 23 avril 1343, Humbert II, dauphin de Viennois,
ayant perdu son fils unique, abandonna à la couronne de France,
moyennant une somme de 120,000 florins d'or, les comtés de
Vienne, Grenoble, Gap et Embrun, formant la province du
Dauphiné. Ce territoire fut donné à Charles, fils aîné du roi
Jean et duc de Normandie, qui prit dès-lors le titre de *Dauphin.*

1360. les fers de son père, Charles vint à Boulogne le 26 octobre, et jura *sur le sacré corps de Jésu-Christ de garder et accomplir, autant comme il lui pourrait toucher,* les conventions faites entre les deux rois concernant la ville de la Rochelle et son territoire. [1]

Il ne restait aux citoyens de cette ville aucun prétexte pour repousser la domination anglaise. On ne s'occupa donc plus que de la prise de possession de cette opulente cité maritime au nom de son nouveau seigneur. Les commissaires qui furent délégués à cet effet étaient, pour le roi d'Angleterre, messire Bertrand de Montferrand, pour le roi de France, Jean le Maingre, dit Boucicaut, et Guischard d'Angle, seigneur de Rochefort·sur Charente.

Le 6 décembre, comme ces trois commissaires approchaient de la Rochelle, Loys Busset, maire de la ville, alla à leur rencontre, accompagné de messire Gaillard du Puy, évêque de Saintes, [2]

[1] Charles, aisné fils du roy de France, etc. Savoir faisons que nous avons vu et diligemment avisé les lettres de nostre tréschier seigneur et père, contenant la fourme qui s'ensuit : — « Jehan, etc. (Lettres ci-dessus transcrites du 23 octobre.) Et nous voulons de tout nostre pouvoir entériner tout ce que nostre dit seigneur et père a promis. Jurons sur le corps Jésu-Christ sacré garder et accomplir, pour tant qu'il nous pourra toucher, toutes et chascunes les choses contenues ès lettres dessus-transcriptes. Donné à Boulogne le 26 jour d'octobre, l'an de grace 1360. (Rymer. *Acta publica.* tom. VI. p. 284)

[2] Ce prélat succéda, au mois de février 1351, à Etienne de Gard qui occupait le siège de Saintes depuis 1342. Il fit bâtir à la Rochelle, en 1360, un palais épiscopal qui a conservé depuis

de Robert, abbé du monastère de Notre-Dame 1360.
de Chatre, près Cognac, et du conseil de la
commune. Bertrand de Montferrand, prenant le
premier la parole, somma le maire de lui livrer
la ville au nom du roi, son maître. Loys Busset,
après avoir vérifié les pouvoirs de cet officier,
fit abaisser le pont de la porte de Cougnes, et
saisissant la main de l'envoyé d'Edward : — « *Au
nom du roi d'Angleterre, notre seigneur*, lui dit-
il, *et comme son commissaire en cette partie,
je vous mets, pour moi et pour mon commun,
en saisine et possession de cette ville réaument
et de fait, à savoir de ce que le roi y a en
domaine et de ce qu'il y a en fief.* » Après quoi
il introduisit les commissaires et les promena
à travers la ville jusqu'à la porte des Deux-
Moulins. Le lendemain fut célébrée, en l'église
des frères Prêcheurs, une messe à l'issue de
laquelle le maire et le corps de ville prêtèrent
serment de féauté entre les mains de Bertrand
de Montferrand. [1]

Saint-Jean d'Angély, Taillebourg et les autres
villes et châteaux situés sur la rive droite de la
Charente ouvrirent, sans résistance, leurs portes
aux officiers du roi d'Angleterre qui se trouva
dès-lors, comme l'avaient été ses prédécesseurs

le nom d'*Evescot*, et mourut en 1361 ou 1362. (Voir Hugues
du Tems. *Clergé de France*. tom. II. p. 354).

[1] Amos Barbot. *Invent. des titr. de la Rochelle*. Ap. Arcère.
Hist. de la Roch. tom. I. p. 248.

1361. au temps d'Aliénor, maître souverain de tout le territoire de la Saintonge depuis la Sèvre jusqu'à la Gironde.

1361. — Il s'éleva toutefois quelques difficultés relativement à certaines seigneuries particulières enclavées dans le pays cédé au roi Edward par le traité de Brétigny. De ce nombre était la châtellenie de Rochefort sur Charente qui, ainsi qu'on l'a vu, avait été détachée du domaine de la couronne de France par le roi Jean en faveur de Guischard d'Angle. Une commission formée de Jean Chandos pour le roi d'Angleterre, et du maréchal de Boucicaut pour le roi de France, fut chargée, en 1361, de juger le différend. Ces commissaires ayant attribué le château de Rochefort au roi Edward, Guischard d'Angle passa, avec sa terre, sous la suzeraineté de ce prince, dont il devint, comme on le verra par la suite, un des plus fidèles serviteurs. [1]

Tant que la Rochelle avait été en la possession des rois de France, les navigateurs des ports de Castille étaient venus trafiquer dans le hâvre de cette ville où ils faisaient souvent de longs séjours et débitaient leurs denrées sous la protection du gouvernement. La révolution qui venait de s'opérer dans l'état politique du pays fit appré-

---

[1] Du Tillet. *Recueil de traités.* — Le P. Théodore de Blois. *Hist. de Rochefort.* p. 23.

hender à ces marchands étrangers que les gou- 1361.
verneurs anglais ne missent des entraves à leur
commerce, et ils adressèrent une requête au
roi d'Angleterre pour le prier d'accorder à leurs
négociations avec les Rochelais la même liberté
qu'ils avaient obtenue des rois de France. Edward
accueillit favorablement leur demande. [1]

— « Considérant, dit-il dans des lettres données
à Westminster le 6 mars 1361, l'avantage qui
peut résulter pour la Rochelle de la liberté
laissée aux Espagnols de venir et de séjourner
dans cette ville avec leurs marchandises, et
voulant les gratifier de notre faveur, nous prenons sous notre protection et sauve-garde spéciale,
non seulement les marchands espagnols présentement établis à la Rochelle, mais encore
tous les mariniers, maîtres et trafiquans de cette
nation qui viendront, avec leurs biens et marchandises, pour négocier et trafiquer dans ladite
ville, ainsi que leurs navires, biens et denrées
quelconques, et leur permettons d'y séjourner

[1] Rex capitaneo villæ Rupellæ ac majori præposito communibus
et consulibus ejusdem villæ, salutem. Supplicârunt nobis mercatores et marinarii villarum de marinâ Castellæ et de Lapuscoâ,
in dictâ villâ de Rupellâ commorantes, ut cum ipsi et alii mercatores de locis prædictis ad dictam villam, cum bonis et mercandisis suis, venientes, tempore quo eadem villa in manibus
magnifici principis regis Franciæ sub protectione et tuitione ejusdem
regis mercandisas suas exercendo extitisset, et jam per mutationem
dominii ejusdem villæ ad nos devoluti, timeant ipsos per mi-
nistros nostros posse de facili prægravari, velimus eorum securitati
in hâc parte providere. (Rymer. *Acta. publica.* tom. VI. p. 216).

1361. et d'en partir à volonté, sous la garantie de notre sauf-conduit. » [1]

Edward poussa même la prévoyance jusqu'à déclarer qu'il n'entendait pas qu'on inquiétât les marchands castillans pour déprédations et autres infractions aux lois maritimes commises dans les parages de l'Aunis, *lorsqu'elles l'auraient été par d'autres qu'eux.* [2] Il signifia ses volontés en conséquence au capitaine commandant le château de la Rochelle ainsi qu'aux maire, jurés et consuls de la commune.

La Rochelle, comme la place la plus importante de la Saintonge du nord, avait été livrée la première au roi d'Angleterre. Une partie du territoire compris dans le traité de Brétigny était encore occupée, vers le milieu de l'année 1361, par les officiers du roi Jean. On en trouve la preuve dans des lettres de

---

[1] Nos attendentes villam prædictam per adventum dictorum mercatorum cum bonis et mercandisis suis et moram suam ibidem posse multipliciter meliorari, ac volentes proindè ipsos mercatores favore prosequi gratioso, suscepimus omnes mercatores villarum prædictarum tam in eâdem villâ de Rupellâ morantes, quàm magistros, marinarios ac alios mercatores ad villam illam cum bonis et mercandisis suis venientes ad mercandisandum et negociandum de eisdem, necnon naves, mercandisas et bona sua quæcumque in protectionem ac defensionem nostram specialem, necnon in salvum conductum nostrum in eâdem villâ de Rupellâ morando et exindè pro voluntate suâ redeundo. (Rymer. *Acta publica.* tom. VI. p. 216).

[2] Nolentes quod ipsi, pro transgressionibus vel deprædationibus aliquibus super mare *per alios quàm per ipsos factis*, in personis vel rebus suis impetantur. Datum apud Westmonast. 6 die Martij. (Ibid).

grâce qui furent octroyées, à cette époque, au 1361.
nom du roi de France et du prince régent,
son fils, à Jacques, seigneur de Surgères.

La mère de ce gentilhomme avait contracté
des engagemens au profit d'un certain Guillelme
Barritault, chevalier. Jacques de Surgères était
peu disposé à acquitter la dette maternelle : il
trouva plus commode de briser par la force le
lien qui lui était imposé par la loi. Aidé de
quelques gentilshommes de son voisinage, il
s'arma contre les héritiers du créancier de sa
mère, parvint à se saisir de l'aîné, et, l'ayant
chargé de chaines, le traîna, ainsi garotté, de
cachot en cachot, jusqu'à ce que, par ces violences, il l'eût contraint, ainsi que ses frères,
à faire l'abandon de leurs droits. [1]

Au milieu de la confusion à laquelle le royaume
était encore livré, une conduite si odieuse

[1] Comme ledit chevalier et plusieurs autres, ses complices,
en sa compaignie, par manière de hostilité, en agait, à porteys
d'armes et à unée de gens, hors de son pooir et de sa justice,
préférent Guillaume et Pierre Baritaus frères, estans en la sauve-
garde de nos seigneurs, et mis et détenu ledit Guillaume en
prisons fermées et en fers en la sénéchaucie de Poitou et ailleurs
et le transporte de lieu en lieu en plusieurs et divers païs, et
par plusieurs menaces et par force contrainsire lesdits frères dudit
Guillaume à ce qu'ils se obligèrent que ledit Guillaume Baritaut
donnerait quiptance audit chevalier de certains contrats que la
mère dudit chevalier avait fait à Guillaume Baritaut, chevalier,
père dudit Guillaume, de certaines chouses pour raison desquelfes
débat estait meû entre eux en parlement du roy, nostre sire,
et ainsi contrainsit ledit Guillaume Baritaut à ce qu'il quipta et
délaissa lesdites chouses audit chevalier et li promeist rendre les
lettres faites. (Mss. *Archiv. du château de la Flocelière*).

1361. ne laissa pas d'appeler sur Jacques de Surgères et ses complices la colère du prince régent qui prit sous sa protection les victimes de leur cruauté. Forcés de s'humilier devant le pouvoir royal, les coupables eurent recours à la prière en rappelant leurs faits d'armes et ceux de leurs aïeux pour la défense de la royauté. Charles désarmé par l'expression de leur repentir, leur pardonna, et, le 5 août 1361, le maréchal de Boucicaut, lieutenant du roi en Aquitaine, leur expédia des lettres *d'allégeance* en considération *de leurs bons et agréables services.* [1]

Après avoir pris possession des provinces, villes et châteaux-forts que le traité de Brétigny mettait en son pouvoir, le roi d'Angleterre envoya sur le continent Jean Chandos avec le titre de son lieutenant-général en Guienne. Ce gouvernement n'embrassait pas seulement la Gascogne et la Haute-Saintonge, territoires compris, jusqu'alors, sous la dénomination de duché de

[1] Jehan le Maingre, dit Boucicaut, mareschal de France, lieutenant du roy, nostre sire, et de monsieur le duc de Normandie, régent le royaume, etc. Nous avons oy la supplication de M. Jacques de Surgières, chevalier, contenant que, etc. (*ut suprà*). Requérans que nous, pour considération des bons et agréables services que ledit chevalier et ses devanciers ont fait au roy, nostre sire, et font encore de jour en jour en leurs guerres et ailleurs, li voulissons et à ses complices pardonner, quipter et remettre lesdits cas et toutes peines criminelles et civiles que, pour cause de ce, ils pohoient avoir encouru envers nos dits seigneurs. Pour quoy nous, en considéracion aux choses dessus dites, avons pardonné et pardonnons audit chevalier et à ses dits complices. Donné à Tours le 5 du mois d'aoust l'an 1361. (*Mss. Archiv. du Château de la Flocelière.*

Guienne, mais encore le pays d'Aunis et le Poitou. 1361.
Aussi Jean Chandos ajoutait-il à sa qualité générale de lieutenant du roi en Guienne, le
titre particulier de *capitaine et gouverneur du
château et de la ville de la Rochelle.* [1]

Edward ne pouvait mieux choisir l'homme
destiné à le représenter dans ses nouvelles possessions du continent. Il n'était pas, dans les
trois états britanniques, de guerrier plus in-
trépide, de chevalier plus courtois, de gentilhomme plus généreux que Jean Chandos. Aussi
n'eut-il pas de peine à se faire aimer, respecter
et obéir des peuples soumis à son gouvernement.
La douceur et la modération de l'illustre capitaine triomphèrent aisément de l'hostilité des
anciens sujets du roi de France.

1362. — Dès qu'il vit son pouvoir solidement
établi en Guienne, le roi d'Angleterre érigea
cette province en principauté en faveur d'Edward,
son fils aîné, qui prit le titre de *Prince d'A-
quitaine et de Galles.* C'était le fameux *Prince-
Noir*, le vainqueur de Crécy et de Poitiers. Ce
prince s'embarqua, peu de temps après, avec
sa femme et une nombreuse maison, pour venir
prendre possession de son nouvel apanage.

— « Et tantôt après, dit un chroniqueur, ils

[1] De constituendo Johannem Chandos capitaneum et gubernatorem castri et villæ de Rupellá. (Rôles gasc., norm. et franç.
an 1361).

1362. se partirent d'Angleterre et arrivèrent à la Rochelle où ils furent reçus à grand'joie et y séjournèrent par quatre jours entiers. Sitôt que messire Jehan Chandos entendit nouvelles que le prince venait, il s'empartit de Niort, où il se tenait, et s'envint, à belle compaignie de chevaliers, en la ville de la Rochelle où ils festoyèrent moult fort le prince, la princesse et toute leur compaignie. Si fut le prince amené, à grand honneur et à grand'joie, en la cité de Poitiers, et là vindrent le voir les barons et chevaliers de Poitou et de Saintonge qui, pour le temps, se trouvaient là, et lui firent féauté et hommage. Puis chevaucha ledit prince de cité en cité, après vint à Bordeaux. [1]

1364. — D'autres fêtes furent célébrées, deux ans après, dans les états du prince d'Aquitaine, à l'occasion d'un voyage que fit, dans ces contrées, Pierre de Lusignan, roi de Chypre. Ce roi était venu en Europe avec l'espoir d'intéresser les princes et les barons d'Occident au sort des chrétiens de la Palestine, et de rallumer en eux l'amour éteint des croisades. Il vint, dans ce dessein, à Angoulême où Edward le reçut avec la magnificence d'un roi et la courtoisie d'un chevalier. — « Ainsi firent tous les barons, chevaliers et écuyers de Poitou et de Saintonge

[1] *Chronique de Jehan Froissart.* tom. I. chap. 216.

qui delès le prince étaient. Puis le mena messire **1364.**
Jehan Chandos jouer et ébattre parmi Saintonge
et parmi Poitou, et voir la bonne ville de la
Rochelle où l'on lui fit grand'fête. »[1]

Mais ces cavalcades et ces divertissemens par
lesquels le prince d'Aquitaine espérait apprivoiser
la sauvage indocilité de ses barons, ne pouvaient
les distraire au point d'étouffer en eux le souvenir de leur ancienne condition politique et le
regret de l'avoir perdue. Conservant au fond du
cœur le désir et l'espoir de rentrer sous la domination des rois de France, la plupart ne
s'acquittaient, envers leur nouveau seigneur, que
des devoirs qui leur étaient strictement commandés par la hiérarchie féodale, et tous leurs
rapports avec le prince anglais et ses officiers
d'outre-mer se bornaient au cérémonial indispensable que la loi du temps imposait au vassal
vis-à-vis du suzerain.

Parmi ces actes de foi et hommage, ces *aveux
et dénombremens* qui étaient périodiquement
rendus au prince d'Aquitaine et dont on a retrouvé quelques lambeaux dans les vieilles archives
des manoirs du pays, il en est dont la lecture
est très piquante soit par l'originalité du style,
soit par l'étrangeté des devoirs auxquels le
vassal était tenu envers le seigneur.

[1] *Chronique de Jehan Froissart.* tom. I. chap. 219.

7

1364.   On lit, par exemple, dans un acte d'hommage rendu, le 14 mars 1364, par Guy Larchevêque, seigneur de Taillebourg, que cette terre était tenue au devoir *d'un arc et d'une corde d'étoupe et d'un bousson de feu par cas de morte-main;* que le dénombrement *se baillait par écrit, non mie par voie d'instrument maïs pour mémoire, comme de raison, d'usage et de coutume du pays;* enfin que le sire de Taillebourg était *tenu seulement de montrer son châtel au prince et de lui faire hommage sur le lieu de la châtellenie.*[1] On lit aussi dans un dénombrement rendu, l'année suivante (1365), par Loys de Rochechouart, seigneur de Tonnay-Charente, que cette terre était tenue à foi et hommage-lige, et *au devoir d'une maille d'or.*[2]

1366. — La froideur que lui montraient ses vassaux d'Aquitaine fit promptement oublier au jeune Edward les recommandations de son père qui désirait s'attacher les hommes du continent par des manières affables et un gouvernement modéré. Un temps vint où le prince, s'entourant de ses barons et chevaliers de race anglo-normande, concentra sur eux son affection et ses

[1] Armand Maichin. *Hist. de Saint.* chap. VI.

[2] Ibid. Chap. VIII. — Jean de la Personne, seigneur de Saujon par sa femme Marguerite de Mortagne, fit, en 1364, foi et hommage au prince d'Aquitaine pour sa seigneurie de Saujon. Dans l'acte de dénombrement il est dit que cette terre est tenue à hommage lige et *au devoir d'un homme d'armes.* (Ibid. chap. XIII).

faveurs, et n'eut plus, pour ses vassaux poitevins, 1366. saintongeois ou gascons que des façons hautaines et des paroles pleines de dûreté. Pendant qu'au sein d'une cour somptueuse il s'ébattait avec ses favoris d'outre-mer et dissipait en vaines profusions le produit des tailles levées sur les populations indigènes, celles-ci élevaient inutilement la voix vers lui pour réclamer justice contre les actes arbitraires de ses officiers.

Jeanne, dame de Surgères, dans une longue requête adressée au prince, demandait réparation d'une foule de *dommages, torts et grévances* qu'elle se plaignait d'avoir essuyés. On ne reproduira qu'un seul de ces nombreux griefs, pour donner une idée de la manière dont la justice était administrée, dans les provinces du midi et de l'ouest, sous la domination anglo-normande.

La dame de Surgères avait *une sœur batarde* mariée à un chevalier, nommé Jean Eslequin. Ce dernier persuada aux officiers du prince d'Aquitaine que le seigneur de Surgères et sa femme lui avaient donné la châtellenie de Sainte-Estevenne, bien qu'il ne pût appuyer cette assertion sur *aucune lettre ni enseignement*. Les gens du prince ayant mis Eslequin en possession du domaine, le sire de Surgères et sa femme, agissant par le ministère de leurs *procuratours*, ajournèrent l'usurpateur devant le sénéchal de

1366. Saintonge à Saint-Jean d'Angély. Mais Eslequin, appuyé des hommes de justice, promena ses adversaires de tribunal en tribunal, à Saint-Jean d'Angély, à Niort, à Bordeaux, espérant par ces entraves les contraindre à abandonner leur action : *et quand les gens desdits seigneur et dame de Surgères voulaient parler pour débattre leur droit, le chancelier et autres le leur défendaient, disant qu'ils ne parlassent point ne qu'ils fussent si hardis.* [1]

Jeanne de Surgères, devenue veuve, ayant vainement demandé justice au prince d'Aquitaine, prit le parti de s'adresser au roi d'Angleterre. Edward, après s'être fait rendre compte des plaintes de sa vassale, manda à son fils, le 24 octobre 1366, d'appeler les deux parties devant lui et de faire rendre à la dame de Surgères *hâtif accomplissement de droit*, afin qu'elle n'eût plus, à l'avenir, *matière à complaindre pour défaute de droiture.* [2]

---

[1] **Come ladite dame de Surgeretz ad une soere batarde mariée à Jehan Eslequin** , et il s'en est venuz devers les gentz de monsieur le prince pour luy faire entendre que les ditz sire et dame de Surgeretz lui avoient donné le lieu de Sainte-Estevenne, et de ce n'ount lettre ne nul enseignement. Et les gentz de monsieur le prince l'ont mys en sa mayn. Et l'adjournoyent les procuratours des ditz seigneur et dame de Surgeretz qu'ils deveroyent estre à Saint-Jehan devant le seneschal de Seint-Oange. Et ils fount aler ladite dame de Surgeretz à Burdeux, à Nyorth, et quant les ditz gentz des ditz seigneur et dame de Surgeretz voilent parler par débatre lour droit, le chancellier et aultres l'en deffendent qu'ils ne parlent point ne qu'ilz soyent si hardifs. (Rymer. *Acta publica.* tom. VI. p. 535).

[2] Le roy à nostre très chère et très ame filz Edward , prince

Cependant le roi Jean était revenu en France. 1366.
Une partie de sa rançon avait été payée ; mais
la géne était si grande dans le royaume, qu'il
fut impossible de compléter une somme aussi
énorme. Jean, esclave de sa parole, et ne voulant pas d'une liberté dont il ne pouvait jouir
qu'au mépris de ses engagemens, retourna prisonnier en Angleterre. *Si la bonne foi était
bannie du monde*, disait-il souvent, *elle devrait
se réfugier dans le cœur des rois.* Le malheureux
prince trainait dans la captivité une vie soucieuse
et languissante, lorsque la mort vint, en 1364,
mettre un terme à ses chagrins.

Charles, surnommé *le Sage* par ses contem-
porains, et plus connu, dans la chronologie
moderne, sous le nom de Charles V, apporta
sur le trône une complexion débile et une in-
capacité notoire pour les exercices militaires,
dans un temps où l'Etat ébranlé semblait ne
pouvoir être affermi sur sa base que par un

d'Aquitaigne et de Gales, salutz. Supplie ad nouz Johanne, dame
de Surgeretz, par ses péticions, que des domages, tortz et grévances contenuz en meismes les péticions vouillons faire a luy
remedie convenable, des queux péticions la teneur s'ensuit : —
« A nostre seigneur le roy signifie Jehanne, la dame de Surgeretz,
etc. (*Ut suprà*). Que plaise à vostre royal majeste que tieles
deffenses ne soyent faites et que eaux puissent demondre lour
droit, etc. » Nous, vouillantz faire droit à ladite dame, nous
mandons que entendiez les dites péticions et appelez les parties
devant vous, facez faire à ladite dame hastive accomplissement
de droit, assint qu'il n'eit matire de complaindre à nous autre
foiz pour défaute de dreiture. Donné à Winchester le 24 jour
d'octobre. (Rymer. *Acta publica*. tom. VI. p. 535.)

4366. roi guerrier. Mais Charles, dépourvu des qualités de l'homme d'armes, possédait au plus haut degré celles de l'homme d'état, et, du fond de son cabinet, il exécuta, sans tirer l'épée et par la seule puissance de son génie, ce qu'on eût à peine osé attendre du plus grand capitaine.

Pendant que le fils de Jean préparait en silence les grands événemens politiques qui allaient illustrer son règne, un autre homme, sur qui devait se refléter une large part de cette illustration, jetait les fondemens de la plus éclatante réputation militaire du siècle. Cet homme était le Breton Bertrand de Glaskin ou de Goësklin, que les méridionaux ont nommé du Guesclin, gentilhomme des environs de Rennes. Associé de bonne heure aux vastes projets du nouveau roi, ce guerrier justifia pleinement la confiance de son maître et devint son plus ferme appui. Si Charles fut la plus forte tête du royaume, Bertrand en fut le bras le plus vigoureux, et ce fut en chassant les Anglais devant sa redoutable épée qu'il travailla, de concert avec le sage roi, à l'affermissement du trône et à la délivrance du pays.

LIVRE SEPTIÈME.

DEPUIS L'INSURRECTION DES AQUITAINS CONTRE LA DOMINATION
ANGLO-NORMANDE, JUSQU'A LA MORT DE CHARLES V.

1367. — 1380.

La révolution opérée en Aquitaine par le traité de Brétigny n'était rien moins qu'accomplie. Vainement le *Prince-Noir* s'était-il efforcé d'arracher ses vassaux du continent à la solitude de leurs manoirs pour les faire participer à l'éclat d'une cour somptueuse et galante : vainement avait-il espéré dompter, par des manières courtoises et des formes chevaleresques, la sauvage indocilité des barons méridionaux, et les façonner au joug en leur faisant perdre insensiblement le souvenir de leur ancienne indépendance : l'antipathie pour la domination anglo-normande n'était qu'assoupie dans le cœur des Aquitains devenus Francais, et il ne fallait qu'une occasion pour la réveiller. Cette occasion ne tarda pas à se présenter.

1367.   1367. — Une secousse aussi violente que subite venait de renverser Don Pèdre *le Cruel* du trône de Castille pour y asseoir son frère Henri, comte de Transtamare. Le roi dépossédé ayant imploré le secours du prince d'Aquitaine, Edward passa les Pyrénées avec des forces considérables, et, après une action sanglante livrée sous les murs de Najara (Navarette, près de l'Ebre), rétablit Don Pèdre sur le trône. Le prince ayant ramené à Bordeaux son armée en grande partie composée des *compagnies*, ramas de pillards nomades à la solde de qui voulait les acheter, était impatient de congédier ces hôtes indociles. Mais les compagnies demandaient de l'argent, et le trésor avait été épuisé en folles profusions.

Edward convoqua à Niort les états de sa principauté, et leur demanda un *fouage* (impôt par feu) ou subside extraordinaire, pour réparer ses finances *et apaiser le grand argent qu'il devait.* Déjà plusieurs fois le prince avait excité les plaintes des peuples soumis à son obéissance par les impôts excessifs dont il ne cessait de les grever. Les barons et *communiers* du Poitou, du Limousin, du Rouergue et de la Saintonge ne manifestèrent leur mécontentement que par de sourds murmures: mais ceux de la Haute-Gascogne, les sires d'Albret, de Comminges, d'Armagnac, de Périgord, emportés par l'impétuosité de leur fougue méridionale, déclarèrent

nettement qu'ils ne paieraient pas, ajoutant que 1367.
jamais, sous la suzeraineté des rois de France,
ils n'avaient été ainsi surchargés d'impôts, et
qu'ils sauraient bien défendre leurs immunités
s'il le fallait. [1]

Irrité au dernier point d'une telle insoumission,
le prince d'Aquitaine contint toutefois son courroux
et se contenta d'ajourner le *parlement*, espérant
avoir meilleur marché de ses vassaux isolés que
réunis. Mais le signal de l'insurrection était donné :
les barons, avant de se séparer, jurèrent de
secouer le joug de l'Angleterre. [2]

1368. — Des députés furent envoyés par les
confédérés à la cour de France pour implorer
la justice du roi Charles *sur les griefs que le
prince leur voulait faire, disant qu'ils avaient
ressort audit roi comme à leur seigneur
souverain.* Accueillir ouvertement cet appel,
c'était proclamer l'annulation du traité de Brétigny par lequel l'Aquitaine appartenait à Edward
en toute souveraineté. Mais Charles V avait lui-
même à se plaindre de plus d'une infraction à
ce traité de la part du roi d'Angleterre. Jugeant
que le moment était venu de réparer les désastres de son aïeul et de son père, il fit ajourner,
en 1368, le prince d'Aquitaine devant la *chambre
des pairs* à Paris. A la lecture de l'acte d'ajour-

[1] *Chronique de Jehan Froissart.* tom. I. chap. 244 et 246.
[2] Ibid. — Villaret. *Hist. de France.* tom. X. p. 128.

1369. nement, le prince, contenant à peine sa colère, demeura un moment pensif; puis, se tournant vers l'envoyé du roi : — *Nous irons volontiers à Paris*, s'écria-t-il, *puisque ainsi mandé nous est du roi de France; mais ce sera le bassinet en tête et soixante mille lances en notre compagnie.* [1]

1369. — Charles V cependant ne cessait de recevoir des courriers d'Aquitaine. — « Cher sire, lui écrivait-on des bords de la Garonne, de la Charente et de la Vienne, cher sire, entreprenez hardiment la guerre. Sachez qu'aussitôt que vous l'aurez entreprise, vous verrez que ceux de la duché d'Aquitaine se tourneront devers vous, pour ce que ceux de Poitou, Saintonge, Querci, Rouergue et la Rochelle sont de telle nature qu'ils ne peuvent aimer les Anglais. Avec ce les officiers du prince font tant d'extorsions au pauvre peuple en Saintonge, en Poitou et à la Rochelle, qu'ils prennent tout en abandon, et font si grandes levées au titre du prince, que nul n'a plus rien au sien. [2] »

En apprenant la réponse arrogante du Prince-Noir, Charles V n'hésita plus à envoyer un officier de sa maison défier le roi d'Angleterre.

[1] *Chronique de Jehan Froissart.* tom. I. chap. 246. — Christine de Pisan. *Le livre des gestes de Charles V.* — Villaret. *Hist. de Fr.* tom. X. p. 155. — Petitot. Coll. tom. IV. p. 150 et tom. V. p. 342. — De Barante. *Hist. des ducs de Bourg.* tom. I. p. 137.

[2] *Chroniq. de Jehan Froissart.* loc. cit.

Edward , de son côté, informa son père de 1369:
l'attitude hostile que prenaient les hommes du
continent. Mais le vieux monarque ne croyait
pas le royaume de France en état de réparer de
long-temps les pertes qu'il avait essuyées sous
les deux derniers règnes, et, plein de confiance
en la fortune qui l'avait si constamment favorisé,
il s'endormait dans une aveugle sécurité. Le
prince d'Aquitaine , qui ne partageait pas la
quiétude de son père, parce qu'il voyait le
danger de plus près, rassemblait à Bordeaux ses
chevaliers et ses hommes d'armes.

Le fameux aventurier Robert de Knolles, sire
de Derval , apprenant le péril qui menaçait Edward , son seigneur , *manda tous ses féaux* dans
un port de Bretagne , et s'embarquant avec eux
sur quatre grosses nefs , fit voile pour la Guienne.
— « Si cinglèrent tant au vent, qu'ils
arrivèrent au quai de la Rochelle. Et lui firent
les bourgeois grand'fête contre leur cœur, mais
ils n'en osèrent autre chose faire. Et là trouva-
t-il (Robert de Knolles) messire Jehan d'Evreux,
qui était capitaine de la Rochelle de par le
prince de Galles : car le sénéchal , nommé messire
Thomas de Persy, était avec messire Jehan
Chandos. Ledit messire Jehan d'Evreux reçut
ledit Robert moult joyeusement et lui fit toute
la meilleure compagnie qu'il put faire. Et se
rafraichirent ledit messire Robert et ses gens par

1369. deux jours. Au troisième ils se partirent et se mirent au chemin devers Angoulême, et tant exploitèrent qu'ils y parvinrent. De la venue messire Robert Canole (Knolle) fut le prince moult réjoui. » [1]

Edward rassemblait ses forces à Angoulême dans l'espoir d'ouvrir la campagne, lorsqu'il fut prévenu par un soulèvement presque général des provinces de l'ouest et du midi. La guerre éclata, en même temps, en Normandie, en Picardie et dans d'autres provinces, non plus seulement entre les maisons rivales de Valois et de Plantagenet, mais entre la France et l'Angleterre divisées par une haine nationale qu'avaient enfantée les revers de Philippe de Valois et du roi Jean.

Le duc de Berry et le comte d'Anjou, frères de Charles V, attaquent les frontières du Poitou et soumettent une partie du Querci. Dans le Rouergue et le Limousin plus de six cents places fortes sont emportées d'assaut ou secouent spontanément le joug de l'Angleterre. Les comtes de Cambridge et de Pembroke, Jean Chandos, le captal de Buch parcourent les provinces pour les contenir dans l'obéissance : mais ils ne peuvent arrêter le débordement de l'insurrection, et pendant qu'ils reprennent ou fortifient quelques places, ils apprennent la prise ou la défection

[1] *Chronique de Jehan Froissart.* tom. I. chap. 260.

de plusieurs autres. Bientôt la mort du brave 1370. Chandos, tué dans une rencontre sur le pont de Lussac, en Poitou, vient jeter la consternation parmi les hommes d'outre-mer et la douleur dans l'âme du prince d'Aquitaine.

1370. — Encore à la fleur de l'âge, ce prince était atteint d'une maladie mortelle qu'il avait contractée en Espagne. Ses *physiciens* (médecins) lui conseillèrent d'aller respirer l'air natal. Il partit, laissant au jeune duc de Lancastre, son frère, le gouvernement des affaires du continent. Ce départ, dans un moment si critique, acheva de décourager les barons du parti anglo-normand. Il y eut bientôt de pressantes instances et de *grands pourchas* de la part des capitaines français envers les vassaux de l'Angleterre que retenait encore la sainteté du serment féodal. Plusieurs passèrent sous la bannière de France : de ce nombre fut Renault, sire de Pons, l'un des plus riches barons du pays.

A la sollicitation de Loys de Saint-Julien et du vicomte de Rochechouart, Renault se fit Français en dépit de son épouse et de ses hommes de Pons qui firent de vains efforts pour le retenir dans le parti de l'Angleterre. De son côté il tenta inutilement d'entraîner dans sa défection sa femme et ses vassaux, et fut bientôt obligé d'abandonner sa ville et ses fiefs où il ne voyait plus que des ennemis prêts à le combattre. —

1370. « Et par ce, dit un chroniqueur, demeura la dame Anglaise et le sire Français. Quand le duc de Lancastre entendit ce, si en eut grand maltalent (déplaisir) et en voulut grand mal au sire de Pons et grand bien à madame sa femme et à ceux de la susdite ville qui se voulaient tenir Anglais. Et pour aider et conseiller la dame, fut ordonné (envoyé) un chevalier qui s'appelait messire Aimenon de Bours, hardi homme et vaillant : car ledit seigneur de Pons courait presque tous les jours devant la ville; mais telles fois y venait qu'il en était rechassé et qu'il s'en retournait à dommage. » [1]

Pendant que le sire de Pons, avec quelques hommes d'armes, venait rôder le soir au pied de ses remparts dont il était repoussé, sous les yeux de sa femme, par ses propres vassaux, et que la dame, renfermée, avec son protecteur Aimenon de Bours, dans les hautes tours du manoir, bravait les soupçons qu'inspirait naturellement sa position équivoque, le duc de Lancastre tenait conseil dans Bordeaux avec ses chevaliers. On lui persuada d'aller presser le roi, son père, d'envoyer une armée en Aquitaine pour préserver cette principauté d'une invasion totale. Il s'embarqua pour l'Angleterre après avoir confié le gouvernement de la Gascogne à Jean de Grailly, captal de Buch, et aux sieurs de

[1] *Chronique de Jehan Froissart.* tom. I. chap. 295.

Mucident et de Lespare, celui du Poitou à 1370.
Loys de Harcourt et au sire de Parthenay, celui
de la Saintonge, à Loys d'Argenton et à Guillelme de Montendre. [1]

Dans le temps où l'inconcevable apathie du
roi d'Angleterre lui aliénait ses plus zélés partisans, Charles V et les princes de sa maison
s'appliquaient, au contraire, à gagner de plus
en plus l'affection de leurs féaux en les comblant
de distinctions et de largesses. Jean, duc de Berry,
ce prince si joli, amoureux et gracieux, comme
dit Christine de Pisan, voulant reconnaître *les
bons et agréables services de son amé et féal
choumlan* (chambellan), Jean de la Personne,
vicomte d'Aunay, et le dédommager des pertes
et dommages qu'il avait essuyés *tant pour la
guerre comme autrement*, lui donna, par lettres-
patentes expédiées d'Issoudun, le 10 août 1370,
le *châtel* de Plassac, en Saintonge, avec les
justices, seigneuries, fiefs et arrière-fiefs qui en
dépendaient. Ce manoir, qui relevait anciennement
de *la vicomté* d'Aunay, avait été enlevé à l'héritier de cette maison par Jean Chandos, puis
confisqué par le duc de Berry, après la mort
du capitaine anglais. [2]

---

[1] *Chronique de Jehan Froissart.* tom. I. Chap. 301.

[2] Jehan, duc de Berry et d'Auvergne, savoir faisons que
nous, considérans les bons et agréables services que nostre amé
et féal choumlan, messire Jehan la Personne, vicomte d'Aunai,
a faiz à monseigneur le roy et à nouz ou temps passé, fait

1371.   **1371.** — Sollicité par le duc de Lancastre d'envoyer une armée au secours de l'Aquitaine, le roi d'Angleterre se décida enfin à équiper une flotte dont il donna le commandement à Jean, comte de Pembroke, son gendre. Informé qu'on manquait moins d'hommes pour combattre que d'un général habile pour commander et d'argent pour solder les gens de pied, le comte s'embarqua avec une faible troupe, composée des chevaliers de sa maison et de quelques centaines d'archers. Mais il eut soin de faire mettre sur son navire une caisse pleine de nobles et de florins pour soudoyer un corps de trois mille fantassins. [1]

Charles V avait prévu cet armement. Une escadre équipée en Castille par Henri de Transtamare, son allié, qui avait de nouveau détrôné Don Pèdre avec le secours de la France, s'apprêtait à faire voile pour l'Aquitaine sous le commandement de quatre amiraux, Ambrosio Boccanegra, Cabeza de Vaca, Fernando de Pion

encore chascun jour en ces présentes guerres, en récompensation desdits services et aussi de plusieurs pertes et dommaiges qu'il a soustenuz tant pour les guerres comme autrement, audit nostre chambellan donnons le chastel de Plassac, en Xaintonge, avec toutes les justices, chastellenies, seigneuries, fiefs, arrière-fiefs, etc., que tenait messire Jehan Chando ou tems qu'il vivoit: lequel chastel fut d'ancienneté des vicomtes d'Aunai. Donné en nostre chastel d'Issoudun le 10 jour du mois d'aoust l'an de grace 1370. (*Mss. Archiv. du château de Thouars. Vidimus.* du 17 juin 1443).

[1] *Chronique de Jehan Froissart.* tom. I. chap. 302. — Polydor. Vergil. *Hist. Angl.* lib. XIX.

et Rodriguès le Roux. Elle était forte de qua- 1571.
rante vaisseaux de guerre et de treize moindres
navires, montés par des archers et garnis de
petites tours crénelées propres à lancer des
traits, des pierres et autres projectiles, sorte
d'artillerie flottante qui rendait alors les Espagnols
si redoutables sur les mers. [1]

Le jeune Owen de Galles, petit-fils de ce
malheureux Lewellyn qui avait été dépouillé
de son patrimoine par l'aïeul du roi d'Angleterre,
Owen, réfugié à la cour de Charles V dont
il avait gagné l'affection, alla au-devant de
l'escadre castillane avec douze gros vaisseaux
armés dans le port d'Honfleur et montés par
cinq cents hommes d'armes et trois cents archers. Les deux divisions franco-espagnoles s'étant
réunies, vinrent mouiller dans la rade de la
Rochelle où elles attendirent à l'ancre l'arrivée
du comte de Pembroke. Quelques navires détachés en éclaireurs signalèrent bientôt l'escadre
anglaise. Les vaisseaux français et castillans s'a-
lignèrent aussitôt sur les deux rivages du golfe
que forme l'Océan en face du port de la Rochelle.
Couverts, dans cette position, par la hauteur
des promontoires, ils ne pouvaient être aperçus
de ceux qui venaient de la haute-mer. [2]

[1] *Chronique de Johan Froissart.* tom. I. chap. 302. — *Hist.
gén. d'Espagne*, tom. V. p. 421.

[2] Intereà Henricus, Castellæ rex, auxilio misit Carolo regi
Ambrosium Bocca-Nigrum, ac cum eo aliquot belli duces non

8

1371.   Poussés, toute la nuit, par un vent frais de nord-ouest, les Anglais parurent, le 22 juin au lever du jour, dans la rade de Chef-de-Baye. Comme ils entraient à pleines voiles dans le golfe, ils aperçurent les Franco-Espagnols qui s'apprêtaient à fondre sur eux. Troublés, à cette vue, et forcés de se préparer à soutenir un combat inégal lorsqu'ils n'avaient songé qu'à se reposer des fatigues de la traversée, ils s'agitèrent d'abord dans le plus grand désordre. Mais pressés par l'imminence du danger, ils se rallièrent promptement à la voix du comte de Pembroke. Le comte arma chevaliers un grand nombre de ses écuyers pour les enflammer d'une noble audace : puis il plaça en avant son corps d'arbalêtriers, sur le derrière ses chevaliers armés de toutes pièces, et attendit de pied ferme les Franco-Espagnols. [1]

contemnendos, cum multis navibus tam viris quàm armis benè instructis. Is ex Hispaniâ digressus, brevi in portum Rupellæ defertur, qui à suis, quos speculatoriis navigiis paulò antè ad collustrandum mare foràs miserat, certior factus anglicam classem appropinquare, protinùs extrà portum egreditur, atque, dispositis navibus ex utrâque parte sinûs qui ante portûs ingressum latè in altum patet, insidias tendit (Polydor. Vergil. *Hist Ang l.* lib. XIX). — Si avoyent ces Espaignols un grand temps ancré sur mer en attendant la venue du comte de Pennebroth, et s'estoyent mis et ancrés devant la ville de la Rochelle. (*Chronique de Jehan Froissart.* tom. I. chap. 302).

[1] Adfuit non multò post classis anglica quæ totâ nocte secundo usa vento, sub lucem eò delata est. Ubi naves sinum intrare cœperunt, Hispani dextrâ levâque uno ferè tempore in Anglos qui, confecto jam cursu, non se statim ad pugnam accingere, sed aliquantulum quieti dare meditabantur, se se incitant. (Polydor. Vergil. *loc. cit.*) — Or advint que le jour de devant la vigile

Ceux-ci, profitant du trouble où la surprise 1371.
avait d'abord jeté leurs adversaires, s'étaient
emparés du vent : ils fondirent à toutes voiles
sur les Anglais, et un grand cri s'éleva des
deux flottes, comme c'était l'usage alors au
moment d'une rencontre. Le choc fut terrible.
Les Français et les Castillans, beaucoup plus
nombreux que leurs ennemis, faisaient pleuvoir,
du haut de leurs tours, une grêle de traits et
de pierres, et *effondraient* les navires anglais
sous les coups précipités de leurs machines armées de crocs de fer et de massues de plomb. [1]

Le comte de Pembroke, Guischard d'Angle,
Othe de Grandson, le sire de Pinane, tous les
chevaliers d'Aquitaine qui se trouvaient sur
l'escadre anglaise faisaient bonne contenance,
animant leurs gens de la voix et renversant tout

de Sainct-Jehan Baptiste, le comte de Pennebroth et sa route
deurent arriver au havre de la Rochelle : mais ils trouvèrent les
dessus dits Espaignols au devant, qui leur détourbèrent le rivage
et furent moult joyeux de leur venue. Quant les Anglois et les
Poictevins virent les Espaignols et que combattre les convenait, si
se confortèrent en eulx mesmes et s'armèrent et ordennèrent ainsi
que pour tantost combattre, et meirent les archers en devant d'eux.
(*Chronique de Jehan Froissart.* tom. I. chap. 302).

[1] Les nefs espaignoles qui bien estoyent pourveues et garnies
dedans de grand foison de gens d'armes et de brigans qui avoyent
arbalestres et canons et dont les plusieurs tenoyent grans barreaux
de fer et plombées de plomb pour tout effronder, tantost furent
approchées en demenant grand'noise. Ces grosses nefs d'Espaigne
prirent le vent d'amont pour prendre leur route sur les nefs anglesches que peu doubloyent et prisoyent. Ains s'envindrent fondant
à plein voiles dessus, et là eut, à ce commencement, grand'criric
des uns et des autres (Ibid).

1371. ce qui s'offrait à leurs coups. L'aspect du péril dont ils étaient environnés enflammait leur courage et semblait doubler leurs forces. Jamais hommes ne montrèrent autant d'audace, ne déployèrent autant de vigueur. [1]

Etonnés d'une aussi magnanime intrépidité, les Castillans n'osaient attaquer de près ces guerriers dont chaque coup portait la mort, dont l'aspect seul imprimait l'épouvante. Qui pourrait nombrer les brillantes appertises d'armes, les nobles prouesses de chevalerie qui furent accomplies dans cette journée? Si les Franco-Espagnols n'eussent pas eu l'avantage du nombre et des armes, la victoire était aux Anglais. Mais ceux-ci broyés par les pierres, le fer et le plomb que les Castillans leur lançaient de loin, voyaient avec désespoir leurs rangs s'éclaircir et s'épuisaient en efforts inutiles. La nuit vint suspendre ce carnage qui durait depuis l'aurore. Les deux flottes, obligées de se séparer, jetèrent l'ancre à quelque distance l'une de l'autre et

---

[1] Angli, repentinâ re permoti, subitò arreptis arcubus et sagittis, multa eminùs hosti vulnera inferunt. Verumtamen ubi cominùs pugna juncta navibus fieri cœpit, passim gladiis interficiuntur, quippequi spatium armandi se non habuére. (Polydor. Vergil. *Hist. Angl.* Lib. XIX. — Et se portoyent les Anglois moult bien, et là fit le comte de Pennebroth aucuns de ses escuyers chevaliers pour l'honneur. Là eut moult grant bataille et dure, et eurent les Anglois à quoy bien entendre, car les Espaignols, qui estoyent en leurs grans vaisseaux, tenoyent gros barreaux de fer et grosses pierres, et les lançoyent contre val pour effondrer les nefs anglesches, et blessoyent gens et hommes d'armes moult malement (*Chroniq. de Jehan Froissart.* tom. I. chap. 302.)

attendirent le lendemain pour recommencer le 1371.
combat. [1]

Les Rochelais, du haut de leurs remparts,
étaient demeurés spectateurs de la bataille. Toute
la nuit messire Jehan Harpedanne, sénéchal du
roi d'Angleterre à la Rochelle, ne cessa de supplier le maire Jehan Chauldrier et ses échevins
d'armer la communauté de la ville et d'aller,
sur les navires qui étaient mouillés dans le port,
au secours des Anglais. Mais les bourgeois qui,
ainsi qu'ils l'avaient promis, n'obéissaient au
roi d'Angleterre *que des lèvres*, s'excusèrent,
disant qu'ils n'étaient point exercés à combattre

---

[1] Là estoit, entre les chevaliers d'Angleterre et de Poictou,
chevalerie et prouesse remonstrée très grandement. Le comte de
Pennebroth se combattoit et requéroit ses ennemis moult fièrement,
et y feit, ce jour, plusieurs grandes appertises d'armes. Et aussi
feirent messire Othe de Grandson et messire Guischard d'Angle
et le sire de Pinane et les aultres chevaliers. Bien monstroyent
les Anglois qu'ils desiroyent moult avoir grand prys d'armes,
car onques gens ne se teindrent plus vaillamment, veu qu'ils
n'estoyent qu'un petit de gens au regard des Espaignols et en
menus vaisseaux, et se pouvoit-on esmerveiller comment tant
duroyent. Mais la grand'prouesse et chevalerie d'eux les reconfortoit :
car s'ils eussent esté pareils de nefs, les Espaignols ne les eussent
mie eûs d'avantage, car ils tenoyent leurs lances acérées dont
ils lançoyent leurs horions si grans, que nul ne les osoit approcher
s'il n'estoit trop bien armé. Mais le traict et le gect qui venoit
d'amont de pierres, de plombées de plomb et de barreaux de
fer les grevoit et transpersoit moult fort, et navra et bleça de
leurs chevaliers et escuyers, ce premier jour, plusieurs. En
celuy estrif et en celle riote furent-ils jusqu'à la nuict qu'ils se
départirent les uns des aultres et se meirent à l'ancre. Mais les
Anglois perdirent, ce premier jour, deux barges de pourvéances
et furent tous ceux qui dedans estoyent mis à mort. (*Chronique
de Jehan Froissart.* tom. I. chap. 302 et 303).

1374. en mer, surtout contre les Espagnols, et qu'ils avaient leur ville à garder.[1]

Le sire de Tonnay-Boutonne, Jacques, seigneur de Surgères, et Maubrun de Liniers, qui se trouvaient dans la Rochelle, ayant inutilement joint leurs prières à celles du sénéchal, prirent le parti d'aller seuls, avec leurs écuyers et leurs varlets, au secours du comte de Pembroke et de ses compagnons. Ils montèrent sur quatre barques échouées dans le port, et, au lever du jour (23 juin), lorsque la pleine mer eut mis les barques à flot, ils gagnèrent à force de rames l'escadre anglaise.[2]

[1] Bien véoyent les gens de la Rochelle la bataille, mais point ne s'advançoyent d'aller ne de traire celle part pour conforter leurs gens, ainçois les laissoyent convenir. Toute celle nuict fut messire Jehan de Hardanne, qui pour le temps estoit seneschal de la Rochelle, en grand'prière envers ceux de la ville et envers leur maire Jehan Chauderon et les autres, à ce qu'ils se voussissent armer et faire armer la communauté de la ville et entrer en nefs qui sur gué estoyent pour aller ayder et conforter leurs gens. Ceux de la Rochelle, qui nulle voulenté n'en avoyent, s'excusoyent et disoyent qu'ils avoyent à garder leur ville et qu'ils n'estoyent mie gens de mer ne combattre se savoyent aus espaignols. Si demoura la besongne en celuy estat, n'onques il ne les peut amener à ce, pour prières qu'il peust faire. (*Chronique de Jehan Froissart*. tom. I. chap. 303).

[2] A ce jour estoyent dedans la Rochelle le seigneur de Tonnai-Bouton, messire Jacques de Surgieres et messire Maubrun de Linieres, qui bien s'acquitterent de prier, avec le dessus dits, ceux de la Rochelle. Quant ces quatre chevaliers veirent qu'ils ne pouvoyent riens exploiter, ils s'armerent et feirent armer leurs gens ce qu'ils en avoyent, et entrèrent en quatre barges qu'ils prindrent sur ledit gué, et, au poinct du jour, quant le flot fut revenu, ils se feirent nager jusques à leurs gens qui leur sceurent grant gré de leur venue. Et disoyent bien au comte de Pennebroth et à monseigneur Guischard d'Angle que de ceux de

Dans ce moment Owen de Galles et les amiraux 1371.
castillans faisaient lever les ancres et hisser les
voiles au son des trompes et des tambours.
Prenant, comme la veille, *le vent d'amont*, ils
se rangèrent en bataille et s'apprêtèrent à enve-
lopper les Anglais. Ceux-ci, combinant leur
manœuvre sur celle de l'ennemi, se pressèrent
les uns contre les autres pour ne former qu'un
noyau, et placèrent, comme le jour précédent,
les arbalêtriers sur le devant et les chevaliers
au centre. Les Franco-Espagnols arrivèrent bientôt
voiles déployées, et l'action commença avec
vigueur. [1]

Le combat de ce jour fut plus terrible encore que celui de la veille. Les Espagnols
eurent recours à un stratagéme alors peu connu.
Ils lancèrent sur les flots des barques chargées
de pailles et de matières bitumineuses, et y
mirent le feu. Dirigés par d'habiles plongeurs,

---

la Rochelle ne seroyent point secourus : et respondirent qu'il leur
convenoit la mercy de Dieu et l'adventure attendro, et qu'un
temps viendroit que ceux de la Rochelle s'en repentiroyent (*Chroniq. de Jehan Froissart.* tom. I. chap. 303).

[1] Quant ce vint au jour, que la marée fut revenue et que le
flot estoit plain, lès Espaignols se désancrèrent en demenant
grand'noise de trompettes et de tambours, et se meirent en bonne
ordonnance ainsi que le jour de devant ils avoyent faict, et
arroutèrent toutes leurs grosses nefs pourvues et armées grand-
dement, et prindrent l'advantage du vent pour enclore les nefs
des Anglois, et estoyent les quatre patrons tout devant en bonne
ordonnance. Ceux du pays d'Angleterre s'ordonnèrent selon ce
et se recueillirent tous ensemble, et ce qu'ils avoyent d'archers les
meirent tout devant. Puis vindrent les Espaignols à pleines voiles
et commencèrent la bataille périlleuse. (Ibid. tom. I. chap. 304).

1371. ces bateaux allèrent se mêler, tout enflammés, à l'escadre anglaise. L'embrâsement se propagea avec une telle rapidité, que treize des plus grosses rambarges furent consumées avant qu'on eût pu les secourir. Pendant que les Anglais s'efforçaient d'arrêter les progrès de l'incendie, les Franco-Espagnols, profitant du désordre qui régnait sur la flotte ennemie, acorochèrent, avec leurs crampons en fer, ceux des navires que le feu n'avait pas atteints, et les attirant à eux, les lièrent fortement à leurs gros vaisseaux. Alors les deux escadres offrirent aux combattans comme un terrain solide sur lequel, d'un côté, la fureur, de l'autre le désespoir, rivalisèrent d'efforts, de constance et d'audace. [1]

La lutte la plus sanglante se passait sur le vaisseau amiral du comte de Pembroke, attaqué par quatre bâtimens espagnols que commandaient

---

[1] Quant ils furent tous assemblés, les Espaignols jetèrent grans crochers et chaines de fer et s'attachèrent aux Anglois, par quoy ils ne se pouvoyent départir, car ils les tenoyent ainsy que pour eulx. Avec le comte de Pennebroth et messtre Guischard d'Angle avoit vingt-deux chevaliers de grand'voulenté et de bon hardement qui vaillamment se combattoyent de lances et d'espées et de telles armes qu'ils portoyent. Là furent en celuy estat un grand temps lançans et combattans les uns aux aultres. Mais les Espaignols avoyent trop grant advantage d'assaillir et de deffendre envers les Anglois, car ils estoyent en grans vaisseaux plus hauts et plus forts assez que les Anglois. Par quoy ils lançoyent pierres et barreaux de fer et plombées qui moult travailloyent les Anglois. En celuy estrif et en celle riote, combattant et deffendant, lançant et tirant l'un sur l'autre, furent-ils jusques à heure de tierce qu'onques gens sur mer ne prindrent si grand travail que les Anglois et Poictevins feirent là. (*Chroniq. de Jehan Froissart.* tom. I. chap. 304.).

Cabeza de Vaca et Fernando de Pion. Là les 1371.
deux partis, acharnés l'un contre l'autre, combattaient corps à corps et nageaient dans le sang.
Long-temps la victoire demeura incertaine : mais
enfin les compagnons d'armes du comte, excédés
de fatigue et accablés par le nombre, furent
tous ou mis hors de combat ou faits prisonniers.
Jehan de Mortagne, Simon Houssagre, Jehan
Touchet et quantité d'autres chevaliers tombèrent
criblés de coups. Le comte, forcé de rendre
son épée, fut chargé de chaînes avec Robert
Buffors, Jean Courson, Jean de Grivères et
nombre d'autres de sa suite. [1]

Guischard d'Angle, le sire de Pinane, le seigneur de Tonnay-Boutonne, Othe de Grandson
et les autres chevaliers d'Aquitaine tinrent
quelque temps encore, sur leurs navires, contre
Owen de Galles, Ambrosio Boccanegra et Rodriguès le Roux. Mais après la défaite du comte
de Pembroke, Français et Castillans s'étant réunis contre les Aquitains, ceux-ci éprouvèrent
bientôt le sort des Anglais. Tous furent pris,

---

[1] Au vaisseau dudit comte estoyent arrestées quatre grosses
nefs espaignoles des quelles Cabesse de Vake et don Ferrand
de Pion estoyent gouverneurs. En ces vaisseaux estoit grand'foison
de bonnes gens pour combattre et travailler, et tant feirent
qu'ils entrèrent au vaisseau du comte où il fut faict grandes appertises d'armes, et là fut prins le comte, et tous ceux qui dedans
estoyent morts ou prins. Tout premiérement y furent prins de ses
chevaliers messire Robert Buffors, messire Jehan Courson et messire
Jehan de Grivères, et morts messire Simon Houssagre, messire
Jehan de Mortain et messire Jehan Touchet. (*Chronique de Jehan
Froissart.* tom. I. chap. 304).

1374. morts ou vifs. Alors le carnage cessa, car les chefs prisonniers supplièrent les vainqueurs d'épargner leurs gens. Le roi d'Angleterre perdit, dans cette journée, sa flotte, son plus habile général, plusieurs chevaliers de grand renom et la *finance* destinée à solder l'armée d'Aquitaine.[1]

S'il faut en croire un vieux annaliste, on trouva dans la cale du vaisseau amiral d'Angleterre un amas considérable de chaînes. Ces fers devaient servir à garotter les plus notables bourgeois de la Rochelle, dont le roi Edward suspectait la fidélité, et à les emmener prisonniers par de là le détroit. Suivant des lettres-patentes qui furent trouvées toutes scellées dans les papiers du comte de Pembroke, le projet du roi était de fonder à la Rochelle une colonie anglaise dont le comte de Pembroke devait avoir le gouvernement.[2]

[1] D'autre part se combattoyent les Poictevins, c'est assavoir messire Guischard d'Angle, le sire de Pinane, le sire de Tonnai-Bouton et autres chevaliers de leur route, et en une autre nef, messire Othe de Grandson contre Ambroise de Bouque-Nègre et Rodrigo de la Rochelle. Si en avoyent plus que leur faix, tant qu'iceux chevaliers furent tous prins des Espaignols n'onques nul n'en échapa qu'il ne fust mort ou prins et tous leurs gens en dangier d'occire. Mais quant ils eurent les seigneurs, ils n'occirent plus les varlets, car les seigneurs prièrent pour leurs gens qu'on les laissât et qu'ils feroyent bien pour tous. Sachez que pour ce jour le roy d'Angleterre y perdit plus que nul: on-me dit que la nef anglesche où la finance qui devoit payer les souldoyers en Guienne estoit, fut périe et tout l'avoir qui dedans estoit, et qu'il ne vint à nul proffit. (*Chronique de Jehan Froissart.* tom. I. chap. 304).

[2] Anciens mémoires sur du Guesclin. ap. Petitot. coll. tom. V. p. 122.

L'escadre castillane demeura le reste du jour 1571.
et une partie du lendemain (24 juin) mouillée
devant la Rochelle. Tous les prisonniers furent
étroitement gardés, à l'exception du sire Jacques
de Surgères qui obtint sa liberté à force de
sollicitations et moyennant une rançon de cent
écus qu'il paya sur-le-champ. Ce seigneur alla
dîner à la Rochelle où il rendit compte des circonstances du combat. Les Rochelais affectèrent
d'abord une vive douleur : mais en apprenant
le sort que leur avait destiné le roi d'Angleterre ,
ils ne contraignirent plus la joie que leur causait
un événement qui pouvait entraîner la ruine de
la domination anglo - normande en Saintonge ,
et exprimèrent hautement l'espoir qu'ils avaient
de s'en affranchir. [1]

— « Quand ce vint après nonne , que le
flot (la pleine-mer) fut revenu, les Espagnols
se désancrèrent, tirèrent les voiles amont et se
départirent en demenant grand'noise (faisant
grand bruit) de trompettes et de tambours. Si

[1] Tout ce jour, qui fut la vigil Sainct Jehan-Baptiste, et la nuict
et le lendemain jusques après nonne, se tindrent les Espaignols
ancrés devant la Rochelle en demenant grand'joie. Si en eschent
très bien à un chevalier de Poictou, qui s'appeloit Jacques de
Surgières , car il parla si doulcement et si beau à son maistre,
qu'il fut quitte parmy trois cents francs qu'il paya là contans, et
vint, le jour Sainct-Jehan, disner en la ville de la Rochelle,
et par luy sut-on comment la besongne estoit allée et lesquels
estoyent morts ou prins. Plusieurs des bourgeois de la ville
monstrèrent par semblant qu'ils en fussent courroucés , qui tout
joyeux en estoyent, car onques n'aimoyent les Anglois (*Chronique
de Jehan Froissart*. tom. I. chap. 304).— Anciens mém. sur du
Guesclin. (Ap. Petitot. coll. tom. V. p. 123).

1571. avaient, dessus leurs mâts, des étendards en manière de grands pennons armoyés des armes de Castille, si grands et si longs, que les bouts, bien souvent, en frappaient la mer, et était moult grand'beauté de les voir. En cet état se départirent les dessus-dits, et prindrent le tour de la haute-mer pour cheminer vers Galice. »[1]

Le soir même arriva à la Rochelle un corps de six cents cavaliers anglo-gascons, commandé par Jean de Grailly, captal de Buch, Thomas de Persy, Richard de Pontchardon et autres seigneurs de Guienne. Ils ignoraient la défaite du comte de Pembroke : ils avaient seulement appris qu'une escadre espagnole croisait, depuis trois jours, devant la Rochelle, et ils venaient au secours de cette ville. [2] En apprenant la prise de la flotte anglaise et la perte des deniers destinés à l'armée d'Aquitaine, ils furent désolés d'être arrivés trop tard. Ne sachant quel parti prendre ni de quel côté porter leurs pas, ils demeurèrent plusieurs jours en délibération dans la Rochelle. [3]

---

[1] *Chronique de Jehan Froissart.* tom. I. chap. 304.

[2] En ce propre jour de Sainct-Jehan, au soir, vindrent à la Rochelle grand'foison de gens d'armes, Gascons et Anglois, lesquels n'avoyent point encore ouy parler de cette adventure, mais bien savoyent que les Espaignols gisoyent et avoyent geu un grand temps devant la Rochelle. Si venoyent de celle part pour ceux de la ville reconforter. Et d'iceux gens d'armes estoyent chefs, quant aux Gascons, messire le captal de Buz, messire Beras de la Lande et messire Bertrand du Franc, et des Anglois messire Thomas de Persy, messire Richard de Pontchardon, etc. (Ibid).

[3] Quant ces seigneurs et leurs routes, où bien y avoit six

Informé de la défaite des Anglais devant cette 1371.
ville, Charles V résolut de donner tous ses
soins aux affaires d'Aquitaine. Il se décida à
envoyer dans le Poitou, la Saintonge et l'Aunis
le connétable Bertrand du Guesclin avec l'élite
de sa chevalerie, pour *chaudement guerroyer*
dans ces contrées, pendant qu'aucun capitaine
habile n'y commandait pour le roi d'Angleterre.
En même temps il expédia Owen de Galles à la
cour du roi de Castille, avec ordre de demander
à ce prince un nouveau secours de vaisseaux
pour assiéger la Rochelle par mer. [1]

Les capitaines anglo-gascons étaient encore
dans cette ville, d'autant plus incertains du parti
qu'ils devaient prendre, qu'ils se défiaient beau-

cents hommes d'armes, furent venus à la Rochelle, on leur feit
grand'chère de bras, car on en osoit autre chose faire. Adonc
furent-ils informés, par messire Jacques de Surgières, de la bataille
des Espaignols et lesquels y estoyent morts ou prins. De ces
nouvelles furent les barons et chevaliers trop courroucés et se
tindrent bien pour infortunés quant ils n'y avoyent esté. Si se
tindrent à la Rochelle ne scai quants jours, pour avoir conseil
comment ils se maintiendroyent et quelle part ils se tireroyent. (*Chronique de Jehan Froissart.* tom. I, chap. 305).

[1] Advint l'adventure du comte de Pennebroth devant la Rochelle,
de quoy le roy de France fut fort resjouy et entendit plus fort
aux besognes de Poictou que jamais. Si eut conseil ledit roy
que en Poictou, en Xaintonge et en Rochellois il envoiroit, pour
celle saison, son connestable et toutes gens d'armes et feroit
chaudement guerroyer les dessus dits pays par mer et par terre,
pendant que les Anglois n'avoyent nul capitaine souverain. Par
quoy il envoya ses messagers à Yvain de Galles, mandant que,
tantost ses lettres veues, il se partist en un vaissel qui estoit
ordonné pour luy, et s'en allast en Espaigne devers le roy Henry
pour impétrer barges et gallées et son admiral et gens d'armes,
et qu'il venist mettre le siége devant la Rochelle par mer. (Ibid).

1571. coup des Rochelais. Ils se décidèrent enfin à laisser Jean d'Evreux, avec *trois cents armures de fer*, dans le château, persuadés que, tant que la citadelle serait au pouvoir de la garnison, ceux de la ville n'oseraient remuer. Puis le captal de Buch sortit de la Rochelle à la tête de quatre cents lances, et alla mettre en fuite un corps de Bretons qui s'était fortifié dans l'église de la châtellenie de Soubise sur Charente. [1]

Le connétable du Guesclin, les ducs de Bourbon et d'Alençon, les sires de Clisson, de Laval et de Beaumanoir étaient entrés en Poitou à la tête de trois mille lansquenets. Jean d'Evreux, à la nouvelle de l'orage qui menaçait Poitiers, alla se jeter dans cette ville avec cinquante lances, laissant la garde du château de la Rochelle à un simple écuyer, appelé Philippe Mancel. [1]

---

[1] Nous parlerons comment les chevaliers de Gascogne et d'Angleterre qui, le jour de la Saint-Jehan Baptiste au soir, veindrent en la ville de la Rochelle, persévérèrent. Or eurent-ils entre eux conseil quelle chose ils feroyent, car déjà se commençoyent-ils à doubter de ceux de la Rochelle. Si ordonnèrent messire Jehan d'Evreux à estre seneschal de la Rochelle et trois cents armures de fer à la garde du chastel, car tant comme ils en seroyent seigneurs, ceux de la ville ne s'oseroyent rébeller. Cette ordonnance faicte, monseigneur le captal de Buz, qui estoit chef de toute cette chevauchée, et les autres et leurs routes se départirent de la Rochelle, et pouvoyent estre environ quatre cents lances qui prindrent le chemin de Soubise, car là avoyent Bretons qui tenoyent églises et petits forts et les avoyent fortifiées. Sitost que ces seigneurs et leurs gens furent là venus, ils les boutèrent hors et en délivrèrent ladite marche. (*Chronique de Jehan Froissart*. tom. I. chap. 307.)

[2] Messire Jehan d'Evreux, qui se tenoit au chastel de la Rochelle, se mit à conforter ceux de Poictiers et puis se partit de la

Sur ces entrefaites Owen de Galles et l'amiral 1371.
castillan don Rodriguès le Roux vinrent mouiller
dans la rade de Chef-de-Baye avec quatorze
vaisseaux et huit galères, amplement pourvus
de soldats et de munitions. Après avoir intercepté
tous les passages, afin qu'aucun secours ne pût
pénétrer, par mer, dans la Rochelle, ils se
disposèrent à assiéger cette ville. [1]

A la vue de ces préparatifs, les Rochelais
alarmés brûlaient d'ouvrir leurs portes : mais
surveillés par la garnison du château, ils n'osaient
remuer et dissimulaient jusqu'à leur effroi. Ils
réussirent néanmoins à informer l'amiral castillan
de leurs dispositions amicales, et obtinrent de
lui qu'il ne serait fait contre la ville aucun
acte d'hostilité. Toutefois l'escadre espagnole se
tint à l'ancre en vue de la place, pour observer
les mouvemens de la garnison. [2]

Rochelle à tout cinquante lances et ordonna, à son partement,
un escuyer qui s'appeloit Phelippot Mancel à estre capitaine et
gardien, jusques à son retour, dudit chastel de la Rochelle. Puis
chevaucha vers Poictiers et entra dedans. (*Chronique de Jehan
Froissart.* tom. I, chap. 308).

[1] En ce terme que les Anglois se tenoyent à Niorth et que ne
s'osoyent départir d'ensemble, arriva devant la Rochelle Yvain de
Galles en la compaignie de l'admiral du roy Henry d'Espaigne,
nommé don Rodrigo le Roux, qui avoit quatorze grosses nefs et
huict gallées toutes chargées de gens d'armes et de pourvéances,
si se meirent devant la ville de la Rochelle par manière de siège,
si que riens n'y pouvoit entrer n'issir qu'en dangier. (Ibid.
chap. 310).

[2] Adonc ceux de la Rochelle, qui n'estoyent point à seur, se
tirèrent quoyement devers Yvain de Galles et l'admiral d'Espaigne,
et furent d'accord que ceux de dedans ne ceux de dehors ne mef-

1371.   Le connétable s'étant emparé de Poitiers par surprise, tous les chefs anglo-gascons allèrent s'enfermer les uns dans Niort, les autres dans Saint-Jean d'Angély avec le captal de Buch. Ce capitaine, après avoir nettoyé les environs de Soubise des corps de Bretons qui s'y étaient cantonnés, avait laissé dans le château une faible garnison pour défendre la dame du lieu qui y faisait sa résidence. Situé sur la Charente, à deux lieues de l'embouchure du fleuve dont il commandait la navigation, Soubise était un poste important. Du Guesclin envoya Renault, sire de Pons, et le chevalier Thibaut du Pont, avec trois cents lances, assiéger cette place. La dame châtelaine, trop faible de monde pour soutenir un siège, dépêcha un écuyer vers le captal de Buch pour lui demander du secours. Jean de Grailly ayant rassemblé à Saint-Jean d'Angély Henri de la Haye, sénéchal d'Angoulême, Thomas de Persy, sénéchal de Poitiers, Guillelme, sire de Mareuil, et Jean Crénelle, avec leurs hommes d'armes, se mit à la tête de cette cavalerie et marcha au secours de Soubise. [1]

feroyent point l'un à l'autre. Mais tousjours se tenoyent les Espaignols et les François à l'ancre devant la Rochelle, et avoyent leurs espies sur le pays de Poictou et de Xaintonge pour savoir quelles choses on y faisoit. Adonc estoit capitaine du chastel Phelippe Mancel. (*Chron. de Jehan Froissart.* tom. I. chap. 310.

[1] Cependant le connestable de France, qui se tenoit à Poictiers, envoya devant le chastel de Soubise le sire de Pons et Thiebaut du Pont à tout trois cens lances. Soubise est un fort chastel seant sur la mer, droit sur la branche de la Charente

Owen de Galles informé de ce mouvement **1371.** par ses espions répandus sur toute la côte, résolut de tendre une embuscade au captal de Buch. Il fit embarquer, sur les huit galères de Don Rodriguès le Roux, quatre cents Espagnols dont il partagea le commandement avec Jacques de Montmaur et Morrelet, son frère, et, laissant devant la Rochelle Don Rodriguès avec le reste de l'escadre castillane, vint débarquer au pied du château de Soubise, à l'insu du sire de Pons qui était campé du côté opposé. [1]

Croyant n'avoir à combattre que ce seigneur et sa faible troupe, le captal de Buch arriva dans la nuit sous les murs de la place, et alla mettre pied à terre derrière *un petit bosquet*, à quelque distance des Français. Là chacun resserra les courroies de son armure et les

ainsi qu'elle se fiert en mer. Si estoit la dame de Soubize dedans, non pas à grans gens d'armes. Elle demanda tantost, par un sien escuyer, secours à Jehan de Grailly, captal de Buz, connestable d'Aquitaine, qui se tenoit à Saint-Jehan d'Angély, lequel manda tantost Henry Haye, seneschal d'Angoulesme, messire Guillaume, seigneur de Mareuil, messire Thomas de Persy et Jehan Crosnelle, lesquels vindrent à Saint-Jehan d'Angély. (*Chronique de Jehan Froissart.* tom. I. chap. 310).

[1] Toute cette assemblée et l'ordonnance du siége savoit bien Yvain de Galles qui se tenoit devant la Rochelle. Si prit quatre cens lances des plus espéciaux et plus seurs combattans de sa route et les meit en treize barges et se partirent, lui et messire de Montmoy de Morelet, son frère, et laissèrent Rodrigo le Roux, admiral d'Espaigne, devant la Rochelle et tout le demourant de leurs gens, et nagèrent secretement devers Soubise, et vindrent à l'autre part du chastel, à l'opposite du seigneur de Pons qui riens ne savoit de ceste embusche. (Ibid.)

9

1371. sangles de son palefroi : puis toute la compagnie se remettant en selle, déploya ses bannières et pennons, et *vint férir*, en jetant de grands cris, sur *l'ost* du sire de Pons. Ce capitaine et ses gens, surpris par une attaque aussi brusque, n'eurent pas même le temps de courir aux armes. Renault de Pons et soixante de ses chevaliers rendirent leur épée : le reste s'enfuit en désordre ou tomba sous le fer de l'ennemi. [1]

Déjà les vainqueurs, donnant un libre cours à leur joie, s'étaient débarrassés de leurs armes. Dispersés çà et là, ils commençaient à se partager les dépouilles des vaincus, lorsqu'Owen de Galles parut soudain à la tête de ses quatre cents Espagnols, portant *foison de tortis* (torches), *fallots et autres ordonnances de feu, car il faisait moult obscur.* Il tomba comme la foudre au milieu de cette troupe désarmée et en fit un affreux carnage : un instant suffit à la défaite des Anglo-Gascons. [2] Au plus fort de la mêlée

[1] Aussi ne feit ledit captal qui faisoit son amas à Saint-Jehan d'Angély, car s'il l'avoit sceu, plus grande route eut amenée avecques luy. Il se partit à tout deux cens lances tant seulement, et chevaucha tant, qu'environ la nuict il vint assez prés de l'ost des François et du chastel de Soubize. Si descendit au-dehors d'un petit bosquet, et là restraingnirent leurs plates et ressanglèrent leurs chevaux. Puis montèrent et développèrent leurs bannières et pennons ; et vindrent férir en l'ost des François soudainement en écriant leur cri. Là eut grant abbatis et plusieurs gens morts, car les François ne s'en donnoyent garde. Là furent prins le sire de Pons, Thiébaut du Pont et bien soixante des plus suffisans de leur route, et les autres mis en chace. (*Chronique de Jehan Froissart*, tom. I. chap. 310).

[2] Et lors va venir Yvain de Galles avec sa route , qui à grand'

un simple vavasseur de Vermandois, nommé 1371.
Pierre d'Auvilliers, osa se mesurer avec le redoutable captal de Buch, et *le fit fiancer prisonnier
par un beau fait d'armes*. De tous les chevaliers
du parti d'Angleterre, Jean de Grailly était
celui que Charles V désirait le plus avoir en
sa puissance, parce que depuis la mort de Jean
Chandos et la retraite du Prince-Noir, c'était
le seul grand capitaine que les Français eussent
à redouter. Thomas de Persy, pris par un clerc
du pays de Galles, appelé David Honnel, Henri
de la Haye, Maurice de Line et quantité d'autres
chevaliers de distinction tombèrent aussi au
pouvoir du vainqueur. Gaultier Huet, Pétiton
de Courton, Guillaume de Ferranconne et quelques
autres prirent la fuite vers le château, dont
madame de Soubise fit abattre les ponts pour
les recevoir. ¹

haste avoit passé la Charente en leurs barges et apportèrent foison
de tortis et de fallots, et d'autres ordonnances de feu, car il y faisoit
moult obscur. Si s'envindrent ces quatre cens lances, qui estoyent
de bonne étoffe et frais et nouveaux, et se bouttèrent entre ces
Anglois et Gascons qui cuidoyent avoir accompli leur emprise.
Et ja estoyent les plusieurs espars pour entendre au pillage et
entendoyent les chevaliers et escuyers aux prisonniers. Là furent
les Anglois et Gascons recueillis de grand'manière et rués jus
par terre, et furent en peu d'heures desconfis. (*Chroniq. de Jehan
Froissart.* tom. I. ch. 310.)

¹ Si s'advança là un expert escuyer de Vermandois, qui sappeloit
Pierre Danielles et s'approcha si près du captal de Buz, qu'il le
feit fiancer prisonnier par beau faict d'armes : lequel captal estoit,
pour ce jour, le chevalier de Gascoigne et d'Angleterre que le roy
de France et les François desiroyent plus tenir, parcequ'il estoit
moult fort hardy et bon capitaine. Là fut prins messire Thomas
de Persy par un prestre de Galles, appelé David, et aussi là

1731. Le lendemain, au matin, Owen de Galles ayant fait avancer sa petite flotte jusques sous les murs de la place, se disposa à l'assiéger du côté de la Charente pendant que le sire de Pons s'apprêtait à l'attaquer du côté opposé. Mais la dame de Soubise, privée de tout espoir de secours par la défaite du captal de Buch, se décida, sur l'avis de ses chevaliers, à traiter avec les Français. Il fut convenu qu'elle se reconnaîtrait vassale du roi de France et que la garnison anglo-gasconne serait libre de se retirer où bon lui semblerait. Alors les ponts du château furent abattus: la garnison sortit avec armes et bagages, et madame de Soubise, après avoir mis les Français en possession de sa ville, prêta serment de féauté pour elle et ses vassaux. Owen de Galles ayant fait embarquer sur ses galères le captal de Buch et ses autres prisonniers, sortit de la Charente à force de rames et alla rejoindre l'escadre espagnole mouillée devant la Rochelle. [1]

furent prins messire Henry Haye, messire Maurice de Line et plusieurs aultres chevaliers et escuyers, et échappèrent à grand'peine messire Gaultier Huet, messire Pétiton de Courton, messire Guillaume Ferenconne, lesquels se férirent devers la ville de Soubize et n'eurent plus de secours, fors que la dame estoit à la barrière laquelle leur feit ouvrir la porte. Si entrèrent dedans et plusieurs aultres. (*Chronique de Jehan Froissart.* tom. I. chap. 310.

[1] Lendemain au matin Yvain de Galles fit traire toutes ses barges et ses nefs par devant la ville de Soubize et la fit assaillir fermement, et d'autre part assailloyent aussi le sire de Pons et Thiébaut du Pont qui avoyent esté recous, et ceux de la ville se deffendirent fièrement. Mais la dame veit que la ville n'estoit pas

Le Sire de Pons et ses chevaliers allèrent se 1371.
réunir, sous les murs de Saint-Jean d'Angély,
à un corps d'armée que le connétable du Guesclin
avait envoyé mettre le siège devant cette ville.
Là se trouvaient le vicomte de Rohan, les sires
de Clisson, de Tournemine, de Beaumanoir,
de Rochefort, Guillaume de Bourdes, Ollivier
de Mauny, Geoffroy Ricon, Alain de Saint-Pol
et nombre d'autres capitaines avec leurs écuyers
et hommes d'armes. Bien que découragée par la
perte du captal de Buch, la garnison anglo-
gasconne de Saint-Jean d'Angély fit bonne contenance et se défendit bravement : mais les
bourgeois, qui subissaient à regret le joug de
l'Angleterre, résolurent de s'en affranchir par
un coup hardi. A la voix du sieur de Cumont,
leur maire, gentilhomme plein de courage et
aimé de ses concitoyens, ils s'insurgèrent contre

*forte pour tenir longuement et si n'avoit nulle espérance de secours
puisque le captal estoit prins. Si appela les barons et chevaliers
au conseil et puis les envoya traire aux François, et se porta ainsi
le traicté que les chevaliers qui là estoyent pouvoyent partir sans
péril et eux retraire à Niorth, à Xaintes ou quelque part qu'il
leur plairoit, et devoit la dame de Soubize soi mettre en l'obéissance du roy de France. Ainsi se départirent les Anglois de Soubize et furent conduis sauvement là où il leur pleust aller. Lors
prindrent les François la possession de la ville et la féauté de la
dame de Soubize qui jura doresnavant obéir au roy de France et
toute sa terre aussi. Et adonc retournèrent en leurs barges Yvain
de Galles et messire Jacques de Montmoy et leurs gens, et emme-
nèrent le captal de Buz et leurs prisonniers en leur grosse nave
qui séoit devant la Rochelle. (Chronique de Jehan de Froissart.
tom. I. chap. 310). — Voir aussi Christine de Pisan , le Livre
des Faiz du sage roy Charles. Chap. XXVI. ap. Petitot. Coll. tom.
V. p. 395.*

1374. la garnison, et l'ayant forcée, après un rude combat, à mettre bas les armes, ouvrirent leurs portes aux Français qui entrèrent dans la place et en prirent possession au nom du roi. [1]

Le château de Taillebourg s'étant rendu sans coup-férir, les Français allèrent mettre le siège devant Saintes où, après la capitulation de Soubise, Guillaume de Ferranconne s'était jeté avec un petit nombre de soldats. Ce capitaine, qui commandait la place, s'apprêtait à opposer une vigoureuse résistance, lorsque ceux de la ville, à l'instigation de Bernard du Sault, leur évêque, [2] se saisirent de sa personne et le menacèrent de lui abattre la tête s'il ne faisait promptement ouvrir les portes. Forcé de rendre la place, il obtint d'en sortir avec armes et bagages, et fut escorté jusqu'à Bordeaux. [3]

[1] Le sire de Pons et les aultres Bretons se hastèrent de chevaucher vers Sainct-Jehan d'Angély pour se joindre avecques grans gens d'armes que le connestable de France y envoya. Là estoit le vicomte de Rohan, etc., et plusieurs aultres, lesquels vindrent devant la ville de Saint-Jehan d'Angély et feirent grand'monstre d'assaillir. Ceux de Saint-Jehan veirent que le pays se perdoit et que leur capitaine estoit prins et n'attendoyent secours de nuls costés : si se rendirent François. (*Chroniq. de Jehan Froissart.* tom. I. chap. 310.)

[2] Bernard du Sault remplaça, vers 1361, Gaillard du Puy sur le siége épiscopal de Saintes. En 1367 il fonda, sur ses revenus, une messe qui devait être dite tous les jours au lever du soleil. Il siégeait encore en 1380. (Voir Hugues du Tems. *Clergé de France.* tom. II. p. 354.)

[3] Puis chevauchèrent devers Angoulesme qui se retourna françoise et puis Taillebourg aussi. Enaprès vindrent devant Xaintes où ils furent deux jours et deux nuicts devant : car le capitaine, messire Guillaume Ferenconne, dit qu'il ne se rendroit mie ainsy et fit semblant de se deffendre. Adonc estoit dedans Xaintes

Cependant la flotte d'Espagne était à l'ancre 1371. devant la Rochelle. Les municipaux de cette ville entretenaient des intelligences avec Owen de Galles et l'amiral Rodriguès le Roux : mais ils n'osaient rien entreprendre, tant ils étaient surveillés par le capitaine Philippe Mancel, enfermé dans le château avec sa garnison. Le moment toutefois semblait favorable. Mancel n'avait que cent hommes d'armes : le reste de la garnison avait suivi à Poitiers le sénéchal Jean d'Evreux qui n'était pas de retour. [1]

Jehan Chauldrier, maire de la ville, imagina un singulier stratagême pour secouer le joug anglo-normand. Ayant rassemblé, un jour, les plus notables de la bourgeoisie, *de ceux qui étaient plus Français qu'Anglais*, il leur parla

l'evesque dudit lieu qui estoit François, lequel entourna tellement les citoyens, qu'ils prindrent le capitaine dudit lieu et dirent qu'ils l'occiroyent s'il ne consentoit qu'ils fussent François. Adonc ledit messire Guillaume s'accorda à eux parmi ce qu'ils traicteroyent aux François pour eux et luy à ce qu'il s'en peust aller quiptement. Tout en telle manière se porta le traicté entre les François et les citoyens. Si prindrent lesdits François la saisine de la cité et du chastel de Xaintes, et messire Guillaume de Ferenconne s'en alla et fut conduict jusqu'en la ville de Bourdeaux. (*Chroniq. de Jehan Froissart.* tom. I. chap. 310.)

[1] Devant la ville de la Rochelle gisoit à l'ancre Yvain de Galles en la compaignie de Dom Rodrigo le Roux, admiral d'Espaigne. Si avoyent grans traictiés ensemble ceux de dehors et ceux de dedans ; mais ceux de la ville ne se pouvoyent nullement tourner François, tant que le chastel fut en la possession des Anglois. Or attendirent-ils tousjours en eux dissimulant, tant que les Anglois s'en estoyent petit à petit partis et l'avoyent laissé en la garde d'un escuyer, nommé Phelippe Mancel, qui avoit avecques luy environ cent compaignons. (*Chronique de Jehan Froissart.* tom. I. chap. 310.)

1371. en ces termes : — « Beaux seigneurs, nous voyons nos voisins tournés Français de toutes parts, et serons bientôt si enclos, que nous ne saurons de quel côté tourner ne issir de cette ville. Il est à point de regarder la manière comment nous pourrions avoir le châtel qui, par tant de fois, nous a courroucés et travaillés, et est ores en faible garde. Philippe Mancel n'est pas trop malicieux. Je lui dirai que j'ai reçu un mandement de par le roi d'Angleterre, lequel contient que je fasse tous les gens de cette ville armer et comparoir en une place, que j'en sache le compte et de ceux du châtel aussi, tellement que je lui en puisse écrire la vérité. Si lui commanderai qu'il isse (sorte) dehors, et je crois assez qu'il le fera, et nous aurons pourvu d'une bonne embuscade, en ces vieilles murailles de dehors le châtel, de deux cents compagnons, lesquels, quand ceux du châtel seront issus, se mettront entre eux et le pont qui sera avallé (abaissé). Si leur viendrons en devant et les prendrons à volonté, et ainsi serons saisis d'eux et du châtel, s'il vous semble bon. » Cette proposition fut agréée par l'assemblée qui, d'une voix unanime, chargea le maire de l'entreprise. [1]

---

[1] En ce point estoit maire de la ville un bourgeois appelé Jehan Candorier, lequel assembla un jour une partie de ceux qui estoyent plus François qu'Anglois : si leur dit : — « Beaux seigneurs, etc. » Ils respondirent qu'ouy. Adonc feirent ledit maire chef de ceste entreprise. (*Chron. de Jehan Frois. t. I. ch. 310.*)

Jehan Chauldrier manda, le soir même, le 1371.
capitaine Mancel et lui donna à dîner *bien et
grandement*, ainsi qu'aux notables bourgeois dépositaires de son secret. Puis il se fit apporter
une belle lettre scellée du grand sceau d'Angleterre,
afin de mieux tromper le commandant du château
qui point ne savait lire, mais bien connaissait le scel.
Alors il fit semblant de lire un ordre du roi Edward,
et s'adressant à Philippe Mancel : — « Châtelain,
lui dit-il, vous voyez et oyez comment le roi, notre
sire, me mande que je vous ordonne de par lui que
vous fassiez demain votre montre (revue), et
qu'aussi nous fassions la nôtre. » Le châtelain,
qui n'y entendait que tout bien, répondit qu'il se
conformerait aux ordres du roi et se retira. [1]

Pendant la nuit le maire apposta au lieu convenu deux cents bourgeois bien armés. Au lever
du jour il fit sonner la cloche du beffroi communal
pour appeler sous les armes toutes les milices
de la ville. Philippe Mancel ne tarda pas à
paraître à la tête de sa garnison. A peine avait-
il franchi le pont-levis, que l'embuscade du

---

[1] Et manda ledit Phelippe et luy donna à disner bien et grandement et à aucuns des plus grans bourgeois de la ville qui estoyent de son accord, et y parlèrent des besongnes du roy d'Angleterre. Après disner fit le maire apporter une belle lettre scellée
du grand sceau du roy d'Angleterre pour mieux faire croire ledit Phelippe qui point ne savoit lire, mais bien connut le scel. Si lisoit
ledit maire la lettre et ordonnoit parolles à sa voulenté qui point
n'y estoyent escriptes, puis dit à Phelippe : « Chastelain, etc. »
Celuy chastelain qui n'y entendoit que tout bien, dit qu'il la
feroit très-voulentiers et se partit. (*Chronique de Jehan Froissart.*
tom. I. chap. 310.)

1371. maire sortit de sa retraite et se jeta entre le château et les Anglo-Gascons. Ceux-ci, se voyant joués, voulurent s'ouvrir un passage à travers les Rochelais pour rentrer dans la citadelle : mais dans ce moment arriva Jehan Chauldrier suivi de *toute la communauté de la ville* au nombre de quatre cents lances. Les Anglais enveloppés de toutes parts, furent contraints de se rendre à discrétion. [1]

Toutefois ceux de la ville ne tenaient pas encore le château. Mancel y avait laissé douze hommes qui, voyant leurs gens assaillis et désarmés par les bourgeois, s'étaient hâtés de relever le pont et d'abattre la herse. Mais le maire ayant fait amener les prisonniers au bord du fossé : — « Messeigneurs, leur dit-il, si tôt ne faites rendre le châtel, sachez pour certain que nous vous ferons à tous couper la tête au pied de ce pont ! » Effrayés d'une telle menace, les prisonniers parlementèrent avec ceux de

---

[1] Celle nuict, avant le jour, le maire print deux cents compaignons et les feit bien armer et les meit en embuscade près du chastel és vieilles murailles qui là estoyent. Après heure de prime le maire feit la cloche sonner et armer tous ceux de la ville. Assez tost après Phelippe-Mancel fit aussi armer tous ses compaignons, puis issirent du chastel. Et après ce qu'ils eurent passé le pont, l'embusche se meit entre les Anglois et la porte du chastel. Lors voirent bien les Anglois qu'ils avoyent esté trahis. Si coururent sus ceux de l'embusche pour cuider reconquerre l'entrée du chastel ; mais le maire vint tantost à tout la communauté de la ville où il y avoit plus de quatre cens hommes. Si furent ainsy les Anglois assaillis devant et derrière et furent tous prins, car ils se rendirent sauves leurs vies. (*Chronique de Jehan Froissart.* tom. I. chap. 310.)

dedans, qui consentirent à rendre la citadelle, 1371.
à condition que la garnison anglo-gasconne sor-
tirait de la ville avec armes et bagages et serait
conduite par mer à Bordeaux. [1]

Le connétable du Guesclin était encore à
Poitiers, avec les ducs de Berry, de Bourgogne
et de Bourbon. Dès qu'ils apprirent l'expulsion
des Anglais de la Rochelle, les princes dépêchèrent un messager vers les magistrats de cette
ville pour traiter de leur soumission au roi.
Mais les Rochelais refusèrent de recevoir cet
envoyé, et députèrent eux-mêmes à Poitiers
quelques citoyens chargés d'informer les princes
qu'ils ne se soumettraient qu'à trois conditions, [2]
savoir : que le château de la Rochelle serait
rasé et ne pourrait jamais être relevé ; que la
ville serait incorporée au domaine royal de

[1] Mais pour ce n'eurent mie ceux de la ville le chastel, car
les Anglois y avoyent laissé douze de leurs gens lesquels l'avoyent
fermé bien et fort. Adonc le maire vint à Phelippe, leur capitaine, et à ses compaignons, si leur dit : « Seigneurs, etc. » Les
Anglois respondirent qu'ils en feroyent voulentiers leur pouvoir.
Si vindrent les aucuns parlementer à ceux de dedans, et fut
accordé, d'une partie et d'autre, que ceux qui léans estoyent et
ceux qui prins estoyent seroyent mis en une nef et conduits du
majeure et des bourgeois de la Rochelle jusques à Bourdeaux. (Chronique de Jehan Froissart. tom. I. chap. 310.)

[2] Sitost que les ducs de Berry, de Bourgogne et de Bourbon
sceurent ces nouvelles, ils envoyèrent certains messages pour traicter
à ceux de la Rochelle. Ceux de la Rochelle ne voulurent mie ouvrir
leurs portes pour iceux seigneurs ains dirent à leurs messagers que
ceux de la ville ne se vouloyent mie rendre ainsy, mais s'il
plaisoit à monseigneur de Berry et aux autres que dedans six
jours ils leur peussent envoyer sauf-conduict pour aller à Poictiers,
ils porteroyent là leur intention. (Ibid).

371. manière à n'en pouvoir jamais être aliénée par mariage, traité de paix ni *par aucune autre aventure qui pût advenir au royaume de France;* enfin que les Rochelais seraient rétablis dans le droit d'avoir *coins pour forger florins et monnaie blanche et noire de même forme et aloi que ceux de Paris.* [1]

Les princes n'osant prendre sur eux de souscrire à de telles conditions, délivrèrent aux Rochelais un sauf - conduit pour envoyer des commissaires à Paris. Douze notables de la commune furent députés vers le roi qui *moult les festoya, leur donna beaux joyaux* et leur octroya tout ce qu'ils avaient charge de lui demander. Lorsque les députés, de retour parmi leurs concitoyens, eurent déployé les lettres patentes revêtues du sceau royal, chacun travailla à démolir *le grand et fort châtel de la Rochelle* qui fut bientôt ruiné de fond en comble. Alors le maire informa les *seigneurs de France* qu'ils pouvaient venir prendre possession de la ville. [2]

[1] Aucuns bourgeois de la Rochelle vindrent là et dirent aux princes françois que s'ils se mettoyent en l'obéissance du roy de France, c'étoit leur intention que le chastel de la Rochelle. ils mettroyent par terre et feroyent bien sceller que jamais il n'y auroit chastel; et aussi que la ville de la Rochelle et tout le pays rochellois demeureroyent à tousjours au domaine du roy de France, ne jamais en seroyent ostés par mariages, par paix ne par aucunes adventures qui jamais peust advenir au royaume de France; et auroyent en la ville coins pour forger florins et monnoie blanche et noire de telle forme et aloi qu'ont ceux de Paris. (*Chronique de Jehan Froissart.* tom. I. chap. 310.)

[2] Mais ce ne voulurent les seigneurs de France accorder jus-

Du Guesclin prit les devans, accompagné seu- 1371.
lement de deux cents lances. Le corps de ville
marcha à sa rencontre jusqu'à un hameau situé
sur le chemin de la Rochelle à Nuaillé et qui
porte encore le nom de *Treuil au Secret*, parce
que c'est là, dit-on, que fut réglé, en conseil-
privé, le cérémonial de la prise de possession.
Le connétable prit le premier la parole, et in-
terpellant les magistrats avec la brusquerie
naturelle aux gens de guerre: — « Seigneurs
bourgeois, leur dit-il, nous avons ja piéça requis que vous voulussiez retourner bons Français,
et vous nous promîtes de vous rendre au roi
de France. Si vous semonds et commande que
vous teniez vos convenances sans les fausser,
car si vous méfaites envers le roi, je vous jure
sur Dieu que nous ferons votre ville tout em-
brâser à feu, qu'il n'y demeurera maison où
l'on puisse habiter, mur ne forteresse que ne
fassions raser. [1] » — Pensez-vous, répliqua un
échevin, qu'il vous suffise de paraître devant
notre ville pour la voir tomber devant vous?

---

ques à tant que le roy en auroit esté advisé. Et pour aller devers
le roy donnèrent les seigneurs sauf-conduict à ceux de la Rochelle.
Adonc douze bourgeois vindrent à Paris devers le roy de France
qui leur accorda tout ce que dit est et moult les festoya et donna
beaux joyaux. Quand ils furent retournés à la Rochelle, ils montrèrent leurs chartes scellées du roy. Si feirent tantost abattre et
raser par terre le grand et fort chastel de la Rochelle. Puis mandèrent
aux seigneurs de France, qui se tenoyent à Poictiers, qu'ils vin-
sissent. (*Chronique de Jehan Froissart.* tom. I. chap. 310.)

[1] Mesnard d'Auvigny. *Hist. de du Guesclin.* chap. 49.

1371. — Si les rayons du soleil, reprit le guerrier, pénètrent dans les murs de la Rochelle, du Guesclin y peut entrer. [1] »

Les princes étant partis de Poitiers le lendemain, vinrent joindre le connétable à Bourgneuf, et prirent avec lui le chemin de la Rochelle. Leur entrée dans la ville fut un véritable triomphe. — « Si entrèrent en la Rochelle nos seigneurs les ducs de Berry, de Bourgogne et de Bourbon, monseigneur le comte d'Auxerre, monseigneur le maréchal son frère, monseigneur Bertrand, monseigneur de Clisson, etc. En la ville y eut grand'joie démenée et n'y eut bourgeois ne bourgeoise qui ne fût réjoui au cœur. Moult y avait gentille assemblée de si peu de gent, car icelui jour n'étaient pas plus de deux mille en tout : mais c'étaient gens armés de toutes armes et aussi bien ordonnés que si ce fût pour entrer en bataille mortelle. Si n'y avait grand seigneur qui n'eût revêtu son tunicle par dessus ses armes, et avaient bannières et pennons éployés. Icelui jour y eut maintes trompes sonnées. Grand'noblesse était de voir leur venue, et quand ils approchèrent de l'entrée, le commun, qui était dehors sans armures, leur présenta

[1] Si se tenoit-il seur que si le soleil y entroit, il y entreroit aussi. (Mesnard d'Auvigny. *Hist. de du Guesclin*, chap. 49.) — Voir aussi Galland. *Disc. au roi*, etc. p. 88 et 95. — D'Argentré. *Hist. de Bretagne.* — La Popelinière. *L'Amiral de France.* p. 45. — Arcère. *Hist. de la Rochelle.* tom. I. p. 255.

les clés de la ville, en disant: que messeigneurs 1371.
du noble sang royal soient les très-bien venus!

« Et se mettaient les plusieurs à genoux emmi
les prés, plorant moult tendrement quand ils
regardaient les bannières de la fleur-de-lis, de
la grand'liesse qu'ils en avaient au cœur, si
que grand'pitié était de les voir. Moult furent
nosseigneurs éjouis quand ils virent l'ordonnance
du commun: car il n'y avait grand ne petit,
même les femmes et les enfans, quand ils regardaient les fleurs-de-lis semées ès dites
bannières et tunicles, qui ne criât d'une voix
et d'un accord: — Bien viégne la fleur-de-lis
qui dignement fut envoyée des saints cieux au
roi Chlovis! Bien devons amer l'heure et le
jour qu'elle nous vient visiter! — Et ce disant,
joignaient les mains et étaient à genoux. Et
après ce, les petits enfans criaient de certain
sentiment: — Mont-joie au roi de France notre
sire! » [1]

Les princes et le connétable passèrent quatre
jours à la Rochelle où ils reçurent les sermens
du corps de ville et des bourgeois: après quoi
du Guesclin, avec une nombreuse chevalerie et
trois mille lances, marcha à la conquête des

[1] Mesnard d'Auvigny. *Hist. de du Guesclin.* chap. 49. — Voir
aussi Galland. *Disc. au roi*, etc. p. 89. — Amos Barbot. *Invent.
des titr. de la Rochelle.* ap. Arcère. *Hist. de la Rochelle.* tom.
I. p. 256.

1571. châteaux-forts qui tenaient encore pour les Anglais autour de la Rochelle. [1]

Il alla d'abord assiéger le château de Benon défendu par un chevalier napolitain, appelé messire Jacques, et par un écuyer du comté de Foix, nommé Guillaume de Pons. Ce dernier, capitaine plein de bravoure, mais plus féroce encore que brave, était ennemi mortel des Français. [2] En apprenant la soumission de la Rochelle, il entra dans une telle fureur, qu'il fit saisir quelques bourgeois de cette ville qui se trouvaient parmi la garnison, leur fit couper les mains, les oreilles et les lèvres, et les fit jeter, ainsi mutilés, sur le chemin de la Rochelle. Ces malheureux cheminaient tristement vers la ville, lorsqu'ils furent rencontrés par les Français qui marchaient sur Benon. A la vue d'une pareille atrocité, le connétable et ses gens hâtèrent le pas, saisis d'indignation et de pitié.

En arrivant sous les murs du château, du Guesclin fit sommer les deux commandans d'ouvrir leurs portes, et n'en obtint qu'une réponse pleine d'orgueil. Alors il ordonna le

[1] Quant le connestable de France, messire Bertrand du Guesclin, eut esté quatre jours à la Rochelle, il s'empartit et se meit sur les champs pour conquerre aucunes forteresses sur les marches de la Rochelle. Et furent bien trois mille lances. (*Chronique de Jehan Froissart.* tom. I. chap. 311.)

[2] Si vinrent assiéger le chastel de Benon qui estoit bel et fort. De ce chastel estoit capitaine de par le captal de Buz un escuyer de la comté de Foix, appelé Guillaume de Pans, et avec luy un chevalier de Naples, appelé messire Jacques, sans surnom. (*Ibid*).

blocus de la place. Au milieu de la nuit les 1371. assiégés firent une sortie vigoureuse sur le camp des Français: mais repoussés avec perte, ils s'enfuirent précipitamment vers leurs murs.

Un chevalier, appelé Geoffroy Payen, qui, le premier, avait aperçu les Anglo-Gascons, s'abandonna avec tant d'ardeur à leur poursuite, que, se trouvant hors de portée d'être secouru, il fut enveloppé par les fuyards et contraint de rendre son épée. Sommé de se faire connaître, il dit qu'il commandait trente hommes d'armes dans la compagnie d'Olivier de Clisson. A ce nom détesté des Anglais, ceux-ci tombèrent à coups de piques sur le chevalier et le laissèrent mort sur la place. Olivier de Clisson arriva bientôt après à la tête de cinq cents hommes d'armes portant des brandons allumés. Le premier objet qui frappa ses yeux fut le corps de son chevalier percé de coups. Enflammé de colère et pénétré de douleur à cette vue, le capitaine jura, sur ce cadavre sanglant, de ne faire aucun quartier aux Anglais durant toute la campagne.[1]

On passa la journée du lendemain à s'observer. A quelques lieues de là le château de Surgères était encore occupé par un faible corps d'Anglo-Gascons. Ces derniers projetèrent d'aller, pendant

[1] Mesnard d'Auvigny. *Hist. de du Guesclin.* — Guyot des Fontaines. *Hist. des ducs de Bretagne.* tom. I. p. 216. — Villaret. *Hist. de France.* tom. X. p. 238. — Arcère. *Hist. de la Rochelle.* tom. I. p. 257.

1371. la nuit, donner l'éveil aux Français sous les murs de Benon. Ils firent connaître leur dessein à la garnison anglaise de Marans, qui leur envoya un renfort de quelques hommes. Lorsque la nuit fut venue, ils sortirent au nombre de quarante lances, et marchant sans bruit vers le camp des Français, tombèrent avec impétuosité sur le logis du connétable. Ils blessèrent plusieurs de ses gens et tuèrent un de ses écuyers. Les Français coururent aux armes : mais ils ne savaient pas encore d'où venait l'attaque, que déjà les Anglo-Gascons fuyaient à toute bride vers leurs remparts. Du Guesclin, outré d'une telle insulte, jura qu'il ne décamperait pas que le château de Benon ne fût en son pouvoir et qu'il n'eût fait passer la garnison au fil de l'épée. [1]

Au lever du jour il ordonna à ses gens de revêtir leurs armures de siège, et fit livrer à la place un si furieux assaut, que depuis long-temps on n'en avait vu de pareil. C'était merveille

[1] Assez près delà estoit la garnison de Surgières où y avoit Anglois qui tenoient de par le captal, lesquels dirent un soir qu'ils viendroyent reveiller l'ost des François. Si chevauchèrent à un adjournement environ quarante lances parmi ce qu'ils avoyent mandé ceux de Marant, et s'envindrent férir ès logis du connestable de France et blecèrent plusieurs des siens et par especial occirent un sien escuyer. L'ost s'esmeut et s'assemblèrent les François au plutost qu'ils peurent. Les Anglois, qui avoyent faict leur emprise sans nul dangier, retournèrent et rentrèrent en leur forteresse sans nul dommage. De ce fu le connestable si courroucé, qu'il jura que jamais ne se porterait delà tant qu'il eust prins le chastel de Benon et seroyent tous morts ceux qui dedans estoyent. (*Chronique de Jehan Froissart.* tom. I. chap. 311).

de voir les hommes d'armes se précipiter en 1371.
foule dans le fossé. Ici les Bretons, pressés au
pied des tours, d'une main élevaient leurs pavois
en forme de tortue, de l'autre frappaient la
muraille à grands coups de hoyaux : là les Bourguignons, dressant des échelles contre le rempart,
s'efforçaient d'en atteindre le faîte. Le premier
qui y parvint fut renversé d'un coup de lance
au moment où il plantait son pennon sur la
muraille. Prenant alors un ton railleur : —
« Français, s'écrièrent les Anglo-Gascons, vous
n'entendez rien à l'escalade ! » Un écuyer, appelé
Imbert de Cugnières, piqué de cette bravade,
arracha la bannière des mains du Bourguignon
mourant, et s'élançant sur l'échelle à travers
une grêle de coups, planta l'étendard sur les
créneaux. Son exemple enflamma les Bourguignons
qui se précipitèrent après lui et parvinrent à
escalader le rempart, pendant que les Bretons,
qui n'avaient cessé de saper la muraille, la
voyant enfin trembler et s'ouvrir sous leurs
coups, s'élancèrent en foule sur la brèche. Les
assaillans, maîtres de la première enceinte,
tombèrent la lance au poing sur les assiégés,
qui, moins nombreux que leurs adversaires, se
réfugièrent en désordre dans le donjon.[1]

---

[1] Si feist ce mesme jour au matin appareiller et armer toutes
manières de gens d'armes, et feit bailler à chascun sa livrée et
tirer avant tous habillemens d'assaut. Et feit assaillir par telle
manière que long-temps avoit qu'on n'avoit vu si dur ne si

1571. Profitant de l'ardeur dont ses gens étaient animés pour forcer l'ennemi dans ce dernier retranchement : — « Compagnons, s'écria du Guesclin, point ne sommes ici venus pour gagner du terrain, mais pour conquerre la citadelle ! » Quelques hommes d'armes qui l'entouraient rendirent hommage à son activité en feignant de s'en plaindre. — « Eh ! Dieu, dirent-ils, n'aurons-nous ja de repos tant comme messire Bertrand vivra ! » Sommés de rendre les armes, les assiégés y consentirent pourvu qu'on les laissât sortir vies et bagues sauves : du Guesclin voulut les avoir à merci : force leur fut de se mettre à la discrétion du vainqueur.

Impatient de venger la mort de son ami Payen, Olivier de Clisson pria le connétable de lui abandonner les prisonniers. Le général y consentit, ne soupçonnant pas son dessein. Comme les vaincus s'apprêtaient à sortir du donjon, la corde au cou en signe de soumission, Olivier se plaça en côté de la porte une hache d'armes à la main, et pendant que ces malheureux défilaient l'un après l'autre, il fit

hideux assaut. Et entroyent ces gens d'armes et Bretons ès fossés sans eux espargner et venoyent jusques au pié du mur, les pavois sur leurs testes, et picquoyent et hoyevoient de pics et de hoyaux par telle manière que c'estoit grand'merveille à les regarder. Et feirent tant les Bretons qu'ils abattirent un pan de mur par lequel ils entrèrent dedans sans nul dangier. (*Chroniq. de Jehan Froissart.* tom. I. chap. 311.) — Voir aussi Mesnard d'Auvigny. *Hist. de du Guesclin.* — Arcère, *Histoire de la Rochelle.* tom. I. p. 253.

tomber leurs têtes à ses pieds. Il en immola 1371.
quinze de cette manière aux mânes de son chevalier; barbare vengeance qui ternit la gloire
militaire de son auteur et fit accoler à son nom
l'épithète énergique de *Boucher*. [1]

Du Guesclin ayant fait réparer les murs de
Benon, laissa une garnison dans cette forteresse
et marcha sur Marans. Mais la terreur de ses
armes lui avait déjà soumis cette place dont la
garnison se rendit sans combat. Delà il prit le
chemin de Surgères. Ceux qui occupaient ce
château, craignant que le guerrier ne leur fît
payer cher l'alerte qu'ils lui avaient donnée devant Benon, évacuèrent la ville à son approche,
et allèrent s'enfermer dans le donjon de Brou,
près de Marennes, laissant aux bourgeois de
Surgères le soin d'ouvrir leurs portes aux Français. [2]

Maître de presque tout le pays d'entre Sèvre
et Gironde, du Guesclin entra en Poitou et
alla mettre le siège devant le château de Thouars,
place très-forte où s'étaient renfermés les barons

---

[1] Mesnard d'Auvigny. *Hist. de du Guesclin.* — Guyot des
Fontaines. *Hist. des ducs de Bretagne.* tom. I. p. 216. — Vil-
laret. *Hist. de France.* tom. X. p. 238. — Arcère. *Hist. de la
Rochelle.* tom. I. p. 259.

[2] Après ce le connestable fit réparer le chastel et rafraischir
de nouvelles gens d'armes. Puis se retira devers le chastel de
Marant, et ceux qui estoyent dedans se rendirent tantost saufs leurs corps
et leurs biens. Après s'envint devant Surgières qui se meit aussy en
l'obéissance du roy de France, mais les Anglois s'en estoyent
partis et n'avoyent osé attendre la venue du connestable de France.
(*Chronique de Jehan Froissart.* tom. I. chap. 311.)

1571. d'Aquitaine restés fidèles au roi d'Angleterre. Là se trouvaient le vicomte de Thouars, les seigneurs de Parthenay et de Pousauges, Loys de Harcourt, Geoffroy d'Argenton, Jacques de Surgères, Parceval de Coulonges et nombre d'autres. L'artillerie encore à sa naissance et dont les Anglais avaient, dit-on, fait le premier essai à la bataille de Crécy en 1346, fut employée avec succès au siège de Thouars. Du Guesclin avait fait construire à la Rochelle *grands engins et canons qui travaillaient grandement les Poitevins*. [1] Les assiégés furent poussés avec une telle vigueur, que désespérant de pouvoir conserver la place s'ils n'étaient secourus, ils demandèrent à capituler. Par un traité conclu à Surgères le 28 septembre on convint de suspendre les hostilités jusqu'à le Saint-André (30 novembre), à condition que si, à cette époque, le roi d'Angleterre n'avait pas envoyé du secours à la garnison de Thouars, elle se soumettrait au roi de France. [2]

Edward se réveilla enfin au bruit des conquêtes du connétable. Honteux de perdre par son indolence des provinces qui lui avaient coûté tant d'hommes et d'argent, il résolut de s'embarquer en personne pour l'Aquitaine et de ne

---

[1] *Chronique de Jehan Froissart.* tom. I. chap. 311.

[2] Galland. *Disc. au roi*, etc. p. 93. — Villaret. *Hist. de Fr.* tom. X. p. 238. — Arcère. *Hist. de la Rochelle.* tom. I. p. 259.

repasser le détroit qu'après avoir recouvré toutes 1371 ses possessions du continent. Accompagné de ses deux fils, le Prince-Noir et le duc de Lancastre, des comtes de Cambridge, de Salisbury, de Warwick, d'Arondel, de Suffolck et des plus illustres chevaliers d'Angleterre, il s'embarqua sur une flotte de quatre cents voiles, avec trois mille lances et dix mille archers, et cingla vers les côtes de l'Aunis, dans le dessein de prendre terre près de la Rochelle. Mais après avoir erré sur l'Océan pendant près de trois mois sans pouvoir aborder au continent dont l'éloignaient toujours les vents contraires, il reprit brusquement la route de ses états, disant, dans son dépit, que jamais prince ne s'était moins armé que le roi de France, et que pourtant jamais ennemi ne lui avait donné autant d'embarras. [1]

Le temps fixé pour la reddition de Thouars étant arrivé, du Guesclin se présenta devant cette place avec dix mille lances et une nombreuse infanterie. Les assiégés n'espérant plus aucun secours ouvrirent leurs portes à l'armée française, et furent conduits à Poitiers où les princes reçurent leur serment de féauté au nom

---

[1] Le conseil du roy se porta ainsy qu'ils s'en iroyent en Xaintonge et devers la Rochelle. Ils avoyent bien environ quatre cents vaisseaux. Ces choses faites, ils vindrent à Hantonne où ils montèrent en mer et nagèrent vers la Rochelle. Le roy d'Angleterre et ses enfans se tenoyent en mer et ne pouvoyent prendre terre à la Rochelle n'environs, car le vent leur estoit contraire. (*Chronique de Jehan Froissart*. tom. I chap. 311.)

1372. du roi. La soumission de toute cette noblesse
hâta la conquête de la Saintonge et du Poitou
où les Anglo-Gascons n'occupaient plus que quelques châteaux isolés qui ne tinrent pas long-
temps. Bientôt après le connétable et les princes,
ayant congédié leurs chevaliers et leurs hommes
d'armes, retournèrent à Paris recevoir les féli-
citations de Charles V, et se concerter avec lui
sur les opérations de la prochaine campagne.

1372. — Toutes les villes d'Aquitaine qui s'é-
taient données spontanément à Charles V furent
comblées par lui de faveurs et de libéralités. La
première qui eut part à ses largesses fut la Rochelle. — « Prenant en sérieuse considération,
dit-il dans des lettres données à Paris le 8 janvier 1372, les signalés services que nos chers
et féaux, les maire, échevins et bourgeois de
notre ville de la Rochelle ont rendus de diverses
manières tant à nous qu'à nos prédécesseurs,
nous sommes à bon droit induit à nous montrer
libéral envers eux. Après que la guerre eut éclaté
entre nous et nos adversaires d'Angleterre et avant
que nos sujets de ladite ville se fussent mis sous
notre obéissance, quelques biens leur appartenant avaient été confisqués à notre profit, soit
par nous soit par nos lieutenans : nous voulons
que ces biens leur soient restitués. [1]

[1] Carolus, etc. Sedulâ meditatione pensantes fructuosa servitia
prædecessoribus nostris et nobis per dilectos subditos nostros,

« De plus, un des privilèges qui leur ont été 1372. anciennement octroyés porte expressément que leur ville ne pourra jamais être détachée de notre couronne, que nous ou nos successeurs ne pourrons aliéner ladite ville de notre domaine ni faire démolir ses murs et fortifications : nous ratifions ce privilège et le leur octroyons de nouveau pour être observé selon sa teneur. [1] Nous approuvons et confirmons pareillement tous les saufs-conduits, libertés et franchises qui leur ont été concédés, jusqu'à ce jour, par nos prédécesseurs, nonobstant les usages contraires qui auraient pu être introduits depuis par les officiers royaux : et nous remettons auxdits maire, échevins et bourgeois toutes les peines civiles ou criminelles qu'ils ont pu encourir pour tout le temps écoulé jusqu'aujourd'hui. [2]

majorem, scabinos et burgenses villæ nostræ de Rupellâ multis modis exhibita, meritò inducimur ut eis nos reddamus liberales. Igitur quia postquàm sciscitata fuit guerra inter nos et adversarios nostros de Angliâ, et antequàm præfati dictæ villæ obedientiæ nostræ se submiserunt, aliqua eorum bona per nos aut locatenentes nostros nobis confiscata fuerunt, volumus quod dicta ipsorum bona occupata ipsi rehabeant. (Lauriére. *Ordonnances des rois de France.* tom. V. p. 571.)

[1] Item quia in quòdam eorum privilegio ab olim ipsis concesso expressè cavetur quod iidem habitatores seu villa à coronâ nostrâ nullatenùs separari possunt, nosque et successores nostri extrà domanium nostrum ipsos seu dictam villam ponere non possumus nec muros et fortalitia dictæ villæ facere demolliri, nos, attentis præmissis, spefactum privilegium juxtà sui continentiam ratificamus et de novo concedimus eis. (Ibid).

[2] Item quæcumque privilegia, libertates, franchisas et salvos conductus qui per nostros prædecessores eis hactenùs concessi fuerunt approbamus, ratificamus, usu per officiarios regios ad privilegia

1372. « Nous prenons à perpétuité sous notre sauve-
garde spéciale lesdits maire, échevins et bourgeois
avec leurs familles et leurs biens, et nous chargeons
spécialement le gouverneur de ladite ville de
veiller à leur sûreté. Voulant de plus exempter
lesdits maire et bourgeois de toutes redevances
quelconques, nous promettons de ne lever, à
l'avenir, aucun impôt sans leur consentement,
soit dans notre dite ville de la Rochelle et le pays
d'Aunis, soit sur les biens qu'ils ont ou qu'ils
pourront acquérir en Saintonge. [1]

« Nous voulons que les bourgs, châteaux et
forteresses qui sont compris dans le ressort de
notredite ville y demeurent à perpétuité, et que
l'île d'Oleron, avec son territoire, le château de
Benon, avec sa châtellenie, restent perpétuellement unis audit ressort. [2] Nous déclarons les

et franchisas facto in contrarium non obstante : ac insuper quos-
cumque casus criminales et civiles par dictos majorem, scabinos,
burgenses factos pro toto tempore præterito usque ad hanc diem
eis remittimus. (Lauriére *Ord. des rois de Fr.* tom. V. p. 571.)

[1] Item præfatos majorem, etc., cum eorum familiâ, rebus et bonis
suis in nostrâ speciali salvâ gardiâ perpetuò suscipimus, gubernatorem dictæ villæ eis in gardiatorem specialiter deputantes. Item
volentes spefactos majorem et habitatores dictæ villæ à redibentiis quibuscumque præservare, ipsis concedimus quod, à modo à futuris
temporibus, quamcumque impositionem in dictâ villâ nostrâ de
Rupellâ et patriâ de Anisio ac super bonis et proventibus quos
ipsi habent in Xantoniâ non imponemus nisi de eorum consensu. (Ibid).

[2] Itèm volumus quod villæ, castra et alia fortalicia quæ de
ressorto dictæ villæ nostræ existunt in eodem perpetuò remaneant,
quodque insula de Holerone et castrum de Benaon cum castellaniâ
eodem ressorto sint in perpetuum unita. (Ibid).

maire et habitans de ladite ville et leurs suc- 1372.
cesseurs à perpétuité exempts de tous droits de
navigation sur les marchandises qui seront chargées
dans leur port et conduites hors de notre royaume
pour être vendues. Enfin nous voulons qu'ils
puissent aller et demeurer par tout notre royaume
pour leur commerce sans être tenus à aucun
péage. » [1]

Prenant en considération la probité et les
autres vertus qui distinguaient les maire, échevins
et conseillers de la commune de la Rochelle,
Charles V, par d'autres lettres-patentes expédiées
le même jour, conféra le titre de noblesse tant
à eux qu'à leurs successeurs, ainsi qu'à leur
postérité née ou à naître. [2] — « Nous voulons,
ajouta-t-il, qu'ils jouissent de toutes les prérogatives et libertés des nobles, qu'ils puissent
être décorés du baudrier de chevalerie par qui
bon leur semblera. Nous permettons en outre à
ceux des bourgeois de ladite ville qui possèdent

[1] Item spefactis majori et habitatoribus dictæ villæ eorumque
successoribus concedimus quod ipsi de solvendo pro quibuscumque
mercaturis quæ onerabuntur in dictâ villâ et extrà regnum ducentur
ad vendendum sint perpetuò immunes. Item volumus quod ipsi
de omnibus mercaturis suis eundo, stando per totum regnum à
solutione omnis pedagii immunes perpetuò ramaneant. Datum
Parisiis 8 die januarii anno 1372. (Laurière. *Ordonnances des
rois de France.* tom. V. p. 571.)

[2] Karolus, etc. Notum facimus quod nos considerantes probitatis
et aliarum virtutum merita quibus dilecti subditi nostri major,
scabini et consiliarii villæ nostræ de Rupellâ commendantur, ipsos
qui nunc sunt et pro tempore fuerint, cum ipsorum prole natâ
et nasciturâ nobilitamus. (Ibid. p. 575).

1372, une valeur de cinq cents francs d'acquérir fiefs nobles dans tout notre royaume sans être tenus de payer aucune finance. [1] »

Un mois après, Charles V, à la sollicitation des bourgeois de la Rochelle et du pays d'Aunis, incorpora l'île d'Oleron au domaine de sa couronne, de manière à n'en pouvoir être détachée pour quelque cause que ce fût. Cette mesure, qui fut effectuée par des lettres données à Paris le 17 février, était motivée sur ce qu'il importait, pour la garde et la défense de la Rochelle et de sa banlieue, que l'île d'Oleron demeurât constamment sous la main du roi. [2]

Les insulaires d'Oleron, qui avaient joint leurs prières à celles des Rochelais pour obtenir l'incorporation de leur île au domaine royal, reçurent, dans le même temps, une autre preuve de la sollicitude de Charles V. Le territoire de

[1] Volumus ut privilegiis et libertatibus nobilium quibuscumque gaudeant, quodque possint à quocumque eis placuerit decorari cingulo militari. Ac alteriùs dilectis nostris burgensibus dictæ villæ, qui habebunt valorem quingintorum francorum, concedimus quod feuda nobilia in toto regno nostro adquirere et tenere possint absque eo quod aliquam financiam solvere teneantur. Datum Parisiis 8 die januari anno 1372. (Laurière. *Ordonnances des rois de France.* tom. V. p. 575.)

[2] Charles, etc. Savoir faisons que, à la supplicacion de nos habitans de l'ille d'Oleron, laquelle est de nouvel mise en nostre obéissance, et des bourgoiz de la Rochelle et du pais d'environ et considérans que ladite ylle est nécessaire estre tenue en nostre main pour la garde et deffence de ladite ville de la Rochelle et du pais d'Aunys, nous avons ladicte ylle appliquié et uny au domaine de nostre couronne, si que jamais n'en puisse estre divisée pour quelque cause que ce soit. Donné à Paris le 17 jour de février 1372. (Ibid. p. 593.)

l'île avait été désolé pendant la dernière guerre. Les 1372.
habitans avaient perdu presque tous leurs titres
de famille dans le pillage auquel leurs maisons
avaient été livrées. En l'absence de toute preuve
écrite, les droits de propriété ne pouvaient plus
être justifiés que par le fait de la possession,
et l'on conçoit quels débats épineux allaient
surgir d'une pareille incertitude.

Dans un tel état de choses, les propriétaires
d'Oleron durent recourir au roi qui seul pouvait
leur venir en aide en relâchant pour eux les
principes rigoureux du droit commun. Le monarque comprit la nécessité de la position ex-
ceptionnelle où ils se trouvaient, et s'empressa
d'y porter remède par des lettres-patentes données
à Paris au mois de février. [1]

Il voulut qu'à l'avenir, dans la discussion
des questions de propriété qui s'élèveraient entre
ses officiers et les habitans d'Oleron, ceux-ci ne
fussent plus astreints à prouver leur droit par

---

[1] Charles, etc. Savoir faisons nous avoir vu la supplicacion à
nous faicte par nos bien amés les habitans de l'isle d'Oleron,
contenant que comme, le temps passé, ils aient esté gastés et
destruits et tous leurs biens vendus et prins à force par plusieurs
foiz tant par les guerres passées comme par les présentes, et aient
perdu toutes leurs lettres et enseignemens de leurs rentes et de toutes
leurs aultres possessions et héritaiges, desquelles lettres si contraindre à monstrer les voulions, ils n'en pourroient faire foi ne
iceux exhiber, et par ainsy pourroient estre en voie de perdre ou
estre empeschez en leurs dictes rentes, possessions et héritaiges,
et pour ce nous ont supplié que sur ce leur vouilliemes pourvoir
de gracieux et convenable remède, etc. (Mss. Archiv. de l'abb.
de N. D. de Saintes.)

1372. titres, mais seulement à justifier, par le témoignage de gens dignes de foi, d'une possession paisible et non interrompue pendant vingt ans ou environ. Il annula tous les procès que le défaut de preuves écrites avait déjà fait naître, et défendit expressément au gouverneur de la Rochelle et à ses lieutenans d'inquiéter les habitans de l'île d'Oleron qui ne pourraient pas produire leurs titres de propriété. [1]

De la ville de la Rochelle et de son territoire la munificence royale se porta sur Saint-Jean d'Angély dont les bourgeois avaient aussi secoué le joug de l'Angleterre pour se donner à la France. Le 9 novembre 1372, Charles V leur expédia de Paris des lettres-patentes conçues en ces termes :

— « A la supplication de nos amis et féaux les maire et jurés de la communauté de notre ville de Saint-Jean d'Angély, lesquels, comme nos bons et loyaux sujets, se sont de nouvel

---

[1] Pour quoy nous auxdits habitans octroyons par ces présentes que, ou cas où par nos gens ou officiers en ladite isle leur seroit moue question de leurs dites terres comme à nous appartenans, et lesdits habitans voudront moustrer à nous ou à nosdits gens, par gens de ladite isle dignes de foy, comme ils et leurs prédécesseurs ont tenu et possédé par l'espace de vingt ans ou environ paisiblement lesdites terres, que en ce cas lesdits habitans soient gardés et maintenus en leurs dites terres, et que tous procez contre eux pour ce faitz et commencez cessent et soyent mis au néant. Nous mandons au gouverneur de nostre bonne ville de la Rochelle et à tous nos autres officiers de ladicte isle que contre la teneur de ces présentes lesdits habitans ne molestent en aucunes maniéres, etc. Donné à Paris au mois de février l'an de grâce 1372. (*Mss. Archiv. de l'abb. de N. D. de Saintes*).

et librement mis sous notre sujétion et ont volonté d'y demeurer perpétuellement, nous, considérant leur bonne et vraie affection, avons
voulu condescendre à leur demande, afin que,
lorsqu'ils se verront, par notre puissance, confirmés en leurs droits, maintenus en paix et
préservés de toute oppression, ils aient plus grand
désir de garder leur loyauté envers nous.

« En conséquence, prenons, par ces présentes,
iceux maire et bourgeois, avec tous les biens
appartenant à ladite communauté, en la protection et spéciale sauve-garde de nous et de nos
successeurs à toujours. Mandons au sénéchal de
Saintonge qui est ou sera pour le temps à venir
qu'il députe auxdits maire et bourgeois, toutes
fois que le cas adviendra, un ou plusieurs de
nos sergens qui soient leurs gardiens, et mettent
nos *pennonciaux* (armes) ès lieux, maisons et
biens d'eux et de leur dite communauté, afin
que nul ne puisse, sur ces choses, s'excuser
de son ignorance. [1]

Mais dans le temps où il se montrait si bien-
veillant pour les bourgeois de Saint-Jean d'Angély,
Charles V fut forcé, dans l'intérêt de leur propre
conservation, de s'armer, contre quelques-uns
d'entre eux, du glaive de son autorité royale.

[1] Laurière. *Ordonnances des rois de France.* tom. V. p.
533. — A part l'orthographe du temps et quelques constructions
vicieuses qu'on n'a pas dû conserver, cette pièce est la reproduction textuelle de l'original.

1372. Les assauts qui avaient été livrés à la ville dans le cours des guerres d'Aquitaine avaient ébranlé ses murailles et ruiné une grande partie de ses fortifications. Il était urgent de les réparer, et, pour subvenir aux frais de ces travaux, le maire leva sur la bourgeoisie une taxe extraordinaire.

Plusieurs bourgeois, possesseurs de maisons et de rentes dans l'intérieur de la cité, refusèrent de contribuer à cet impôt sous prétexte qu'aucune loi ne les y obligeait. Le maire en référa au roi. Charles V, après s'être fait rendre compte des excuses présentées par les opposans, estima que tous les citoyens, et principalement les propriétaires de maisons ou de rentes, étaient intéressés à ce que la ville fût mise en état de défense. Il autorisa donc, par des lettres-patentes du 9 novembre 1372, le conseil de la commune à pourvoir aux réparations des remparts, au moyen d'une taxe proportionnelle levée sur tous les habitans de la ville et de la banlieue. [1]

[1] Charles, etc. Savoir faisons que comme il soit moult grant nécessité de faire taille sur les maire, jurés, bourgeois et habitans de nostre ville de Saint-Jehan d'Angély pour les réparacions d'icelle, aus quelles tailles plusieurs personnes qui possèdent héritages en nostredite ville et suburbes d'icelle n'ont voulu contribuer, disans que ils ne sont tenuz ad ce, nous, considérans que la bonne garde et sureté d'icelle touche et regarde universellement le proufit de tous ceulx qui en ladite ville et suburbes ont héritages, aux maire, bourgeois et jurés octroyons qu'ils puissent adviser ensemble toutes les foiz que le cas requerra, aucune ayde et subside et se imposer pour les réparations, fortifficacions et garde d'icelle sur toutes manières de gens lays qui ont aucunes temporalitez en ladite ville et suburbes d'icelle. Donné à Paris le 9 jour de Novembre l'an de grâce 1372. (Laurière. *Ordon. des rois de France*, tom. V. p. 535.)

Au nombre de ceux qui avaient prétendu se 1372. soustraire à l'impôt commun, se trouvaient *plusieurs personnes d'Eglise possédant rentes, héritages et autres revenus en la ville et suburbes* (faubourgs) *d'icelle.* Les unes s'excusaient sur ce qu'elles n'habitaient pas la cité, d'autres n'opposaient qu'un refus pur et simple, habituées qu'elles étaient à participer aux bénéfices de la société sans en supporter les charges. Charles V ne jugea pas leurs excuses légitimes. Par d'autres lettres *données* le même jour il autorisa le maire de Saint-Jean d'Angély à comprendre dans la répartition de l'impôt *les gens d'Eglise vivant clergeument* (cléricalement), et manda à son sénéchal en Saintonge de les *contraindre vigoureusement à contribuer à ladite fortification.* [1]

Les habitans de l'île de Ré et de l'île d'Aix eurent aussi leur part dans la distribution des faveurs de la couronne. Pendant la dernière guerre, Jehan de Rié, sieur de Balançon, et Morrelet,

[1] Charles, etc. Savoir faisons nous avoir reçu l'humble supplicacion de nos amez les maire, bourgeois et jurez de nostre ville de Sainct-Jehan d'Angély, contenant que comme il soit très-grant nécessité de faire taille, etc. (comme plus haut). Aus quelles tailles plusieurs personnes d'Eglise qui possédent rentes, héritages et autres revenus en nostre dite ville et suburbes d'icelle, n'ont voulu contribuer, disans les aucuns que ils ne sont pas habitans de ladicte ville, les aultres par leur voulenté, etc. A iceulx maire, etc., octroyons que lesdictes gens d'Eglise vivans clergeument soyent tenuz de contribuer à ladicte fortiffication, etc. Et donnons en mandement au seneschal de Xaintonge que les dictes gens d'Eglise contraingne vigoureusement, etc. Donné à Paris le 9 jour de Novembre 1372. (Laurière. *Ord. des rois de France.* tom. V. p. 536.)

11

1372. sieur de Montmaur, avaient fait une descente dans ces deux îles avec des gens armés, pour en chasser les garnisons anglaises qui s'y étaient cantonnées. Parmi les insulaires, les uns étaient vassaux du vicomte de Thouars, les autres de l'abbé de Saint-Michel en l'Herm. Tous se prétendaient liés par la foi qu'ils devaient à leurs seigneurs, et par suite au roi d'Angleterre. Mais les deux capitaines français avaient aisément levé la difficulté en garantissant à ces vassaux scrupuleux une entière sécurité sous la protection du roi de France. [1]

Les choses demeurèrent en cet état pendant toute une année. Enfin par un traité fait le 26 août 1372, *les habitans des îles se soumirent à l'obéissance de Charles V, jurèrent sur les Évangiles d'être bons et loyaux Français et arborèrent sur leurs forteresses la bannière aux fleurs-de-lis. De leur côté, Jehan de Rié et Morelet de Montmaur promirent aux insulaires de les faire délier,*

[1] A tous ceulx, etc. Jehan de Rié, seigneur de Balançon, et Morelet de Montmaur savoir faisons que, en nostre venue ès partie de Xaintonge pour conquerre le païs par faict de guerre ou autrement, nous sommes descenduz ès yles de Ré, d'Ays et de Leis dudit païs de Xaintonge, et après ce que nouz et les habitans ès dites yles eumes eu assez desbas par faict de guerre, lesdits habitans requirent avoir parlement à nouz et nouz distrent que l'une partie d'iceulx dites yles estoyent subgez de noble homme messire de Craon et de madame de Thouars, sa femme, et les aultres estoyent subgez de l'abbé et convent de Saint-Michau-en-Lers, et à ceulx avoyent faict foy de leur estre bons et loyaulx subgez sous l'obeissance du roy d'Angleterre, etc. (Laurière, *Ordon. des rois de France.* tom. V. p. 564.)

par le roi Charles, du serment qui les unissait 1372.
au vicomte de Thouars et à l'abbé de Saint-
Michel-en-l'Herm, d'obtenir pour eux l'absolution
de tous les méfaits pour lesquels ils auraient
encouru des peines corporelles ou civiles, enfin
de les faire maintenir dans la possession de toutes
leurs franchises et mettre sous la sauve-garde
spéciale du roi. [1]

Ils leur promirent, en outre, qu'aucunes garnisons ne seraient établies dans leurs forteresses
sans *leur* consentement, à moins que la sûreté
des îles et des pays voisins ne rendît cette mesure nécessaire; qu'ils ne pourraient être contraints à prendre les armes pour combattre sur
terre ou sur mer hors de leur territoire; qu'on
ne pourrait lever sur eux d'autres taxes que
celles qui seraient établies dans toute la sénéchaussée de Saintonge; que les sénéchaux, capi-

---

[1] Et pour ce après lesdicts desbas nouz et lesdiz habitans avons
faict les convenances qui s'ensuivent. Lesdiz habitans se sont renduz
en l'obeïssance du roy, nostre sire, et ont juré aus sains Évangiles de Dieu en noz mains qu'ilz seront perpétuellement bons
et loyaulx François et subgez du roy, nostre dict seigneur, et en
nostre présence ont mis ses pennons et bannières ès forteresses desdictes yles. Parmi ce que nouz leur avons promis, convenançons
les choses qui s'ensuivent : que ledict serement faict par eulx aus
diz seigneur et dame de Craon et audict abbé nous leur ferons
quitter entièrement par le roy, nostredit seigneur; que se lesdiz
habitans ont commis, ou temps passé, aucuns crimes ou aultres
deliz pour occasion desquels eulx eussent encouru aucune peine
corporelle ou civile, et se remissions n'en avoyent eû, nous les
leur ferons estre données; que eulx demourront en tous les privilèges, franchises en quoy eulx ont esté ou temps passé; que ilz
seront en la proteccion et sauve-garde espécial du roy, nostre
sire, etc. (Laurière. *Ordon. des rois de France* tom. V. p 564.)

1372. taines ou autres officiers royaux ne pourraient faire d'approvisionnemens dans leurs îles qu'en payant les denrées aux prix courans; enfin que ceux des insulaires qui étaient alors absens de leurs foyers pour le service du roi d'Angleterre seraient compris dans le traité, et pourraient, jusqu'aux fêtes de Noël, rentrer dans leurs demeures. [1]

Charles V ratifia toutes ces concessions par des lettres-patentes qui furent données à Paris au mois de décembre suivant. [2]

1373. — Toute l'année suivante fut employée à guerroyer dans la Bretagne, l'Artois, l'Auvergne,

---

[1] Item que l'on ne pourra mettre aucuns capitaines ou gens d'armes és forteresses desdites yles sans la voulenté desdits habitans, se ce n'estoit pour raison de nécessité pour la deffence desdictes yles et du païs d'environ; que l'en ne contraindra lesdits habitans à faire host ne chevauchée hors du païs par mer ne par terre si non selon la coustume ancienne desdictes yles; que l'en ne mettra és dictes yles aucune imposition sans le consentement desdiz habitans, se ladicte imposicion n'estoit acordée en la seneschaucie de Xaintonge; que l'en ne fera aucune provision és dictes yles par nulz capitaines, seneschaus ou aultres officiers, se non en payant comme de marchant à marchant; que se aucuns desdiz habitans estoyent absens desdictes yles, seront compriz és dictes convenances et auront licence de retourner és dictes yles jusques au terme de Noël prochain venant, etc. Donné en l'yle de Ré le 26 jour d'aoust l'an 1372. (Laurière. *Ordon. des rois de France.* tom. V. p. 564.)

[2] Charles, etc. Savoir faisons que, comme en la prise des ylles de Ré, d'Ays et de Leis du païs de Xaintonge, qui nagaires, par l'ayde de nos bien amez Jehan de Rié, seigneur de Balançon, et Morelet de Montmor et d'autres, sont revenuz à nostre obeissance, certaines promesses ayent esté faictes pour neuz aus habitans desdictes yles par la manière que est contenu en unes lettres scellées, desquelles la teneur s'ensuit: — A tous ceulx, etc. — Nous voulons et, par ces présentes, confirmons, etc. Donné à Paris l'an de grâce 1372 au moys de décembre. (Ibid).

la Gascogne où les hostilités avaient recommencé 1373.
entre les rois d'Angleterre et de France. Toutefois Charles V n'était pas tellement absorbé par
les embarras de la guerre, qu'il ne pût donner
une sérieuse attention aux moindres affaires du
royaume. A la sollicitation du maire et des échevins de la Rochelle, il ressuscita, dans cette
ville, un corps de milices qui avait autrefois
rendu de grands services à la commune, mais
dont le patriotisme et l'énergie avaient été anéantis
par les exigences indiscrètes du Prince-Noir.

Tant que la Rochelle avait appartenu aux rois
de France, les arbalétriers rochelais s'étaient
fait remarquer, dans les guerres du continent,
par leur infatigable activité et leur rare adresse :
mais ils avaient bientôt perdu, sous la suzeraineté du prince d'Aquitaine, cette ardeur guerrière
qui en avait fait long-temps le corps de troupes
le plus redoutable du pays. Appelés fréquemment
loin de leurs foyers pour combattre sur terre
ou sur mer, excédés de fatigues continuelles,
ils avaient pris le parti de déposer leurs arcs,
préférant un repos obscur à une renommée si
chèrement acquise. C'était un perte irréparable
pour la Rochelle. Le conseil de la commune supplia
le roi Charles d'user de tous les moyens qui
étaient en son pouvoir pour rendre la vie au
corps expirant des arbalétriers rochelais. [1]

[1] Charles , etc. Comme de la partie des majeure , eschevins, etc.

1373. Charles V comprit combien il importait de réveiller l'ardeur assoupie de cette milice citoyenne, et s'empressa d'y pourvoir par des lettres-patentes qui furent données à Paris au mois d'août 1373. — « Savoir faisons, dit-il, qu'afin que la Rochelle puisse être repeuplée d'arbalêtriers, nous octroyons à tous arbalêtriers demeurant en ladite ville que, pour quelconques sièges, osts, chevauchées ou armées sur mer ou sur terre, iceux arbaletriers ne puissent être contraints, en quelque manière, à saillir hors de ladite ville se ce n'était de leur assentement. [1] »

1374. — Ainsi la prédilection de Charles V pour la commune maritime de la Rochelle ne se ralentissait *point*. L'année suivante il donna encore à cette ville une preuve de l'intérêt qu'il prenait à sa prospérité en reculant les limites de son territoire et agrandissant le cercle de sa juridiction.

de nostre ville de la Rochelle nous ait esté signifié que on temps que ladicte ville fut autrefoiz en nostre obeïssance, en icelle avoit continuellement grand nombre de bons arbalestriers ; et durant le temps que elle a esté en l'obeïssance de Edoart d'Angleterre, les diz arbalestriers ont esté contrainz à aler ès sièges, osts, chevauchées et armées de la mer que son aisné filz le prince faisoit, pour laquelle contrainte lesdiz arbalestriers ont si délaissé à tirer de l'arbalestre, que en ladicte ville n'a, à présent, comme nulz arbalestriers, combien que ce soit une chose très-necessaire à avoir pour la garde et deffense d'icelle, considéré qu'elle est en frontière de nos ennemis et assise sur mer. Et nous ayans supplié iceulx majeure, eschevins, etc., que sur ce les voulsissons pourvoir de nostre grâce ; savoir faisons, etc. (Laurière. *Ordonn. des rois de France.* tom. V. p. 636.)

[1] Laurière. *Ordon. des rois de France.* tom. V. p. 636.

— « Nous faisons savoir, dit-il dans des lettres 1374. données à Vincennes le 24 novembre 1374, que, pour certaines considérations concernant l'utilité et avantage de la chose publique de notre royaume, nous avons annexé et uni par un statut irrévocable, comme nous annexons et unissons par ces présentes à notre ville de la Rochelle, qui est un notable port de mer dont nous voulons assurer la conservation et la garde sous notre obéissance, savoir, notre château de Benon, avec son ressort et sa châtellenie, le château et la châtellenie de Rochefort et le baillage de Marennes avec toutes ses dépendances. [1]

« A l'avenir notre justice sera rendue dans lesdits lieux sous la direction des gouverneurs royaux de la Rochelle présent et futurs, non-obstant que ledit lieu de Benon soit une châ-tellenie et ait eu, jusqu'à présent, son ressort particulier, et que le baillage de Marennes ait été du ressort de Saintes. Nous incorporons à perpétuité au domaine de notre couronne les

---

[1] Carolus, etc. Notum facimus quod nos, certis justis conside-rationibus rei publicæ regni nostri utilitatem et commodum con-cernentibus excitati, castrum nostrum de Benaon, cum castellaniâ et ressorto dicti loci, necnon et castrum et castellaniam de Ru-peforti et balliviam de Marempniâ, cum pertinenciis universis, villæ nostræ Rupellæ, quæ est notabilis portus maris ad cujus conservationem et securam sub nostrâ obedientiâ custodiam ha-bemus intuitum, annecti et uniri ordinavimus statuto irrevoca-bili, et tenore præsentium annectimus et unimus. (Laurière. *Ord. des rois de France.* tom. VI. p. 76.)

1375. lieux ainsi unis avec leurs châtellenies, baillages et ressorts, pour n'en être jamais détachés sous quelque prétexte et à quelque titre que ce soit. » [1]

1375. — Edward, prince d'Aquitaine et de Galles, venait de mourir. Inconsolable de la perte d'un fils qui avait été le plus ferme appui de son trône, et avait jeté tant d'éclat sur son règne par les mémorables victoires de Crécy et de Poitiers, le roi d'Angleterre, vieux et souffrant, désigna pour lui succéder le jeune Richard, fils du prince d'Aquitaine et de Galles. Henri, duc de Lancastre, revendiqua vainement la couronne. Les Anglais, pleins de vénération pour la mémoire du père de Richard, applaudirent au choix du roi, et le jeune prince, revêtu des ornemens royaux, reçut dans une grande assemblée de la nation, les sermens du baronnage et de la bourgeoisie. Bientôt le roi Edward alla rejoindre au tombeau le fils dont il n'avait cessé de pleurer la perte, et Richard monta sans opposition au trône de son aïeul.

[1] Itâ quod sub gubernatore regio Rupellæ, præsente et futuro, jurisdictio nostra dictorum locorum unitorum de cætero gubernetur, non obstante quod dictus locus de Benaon esset castellania et habuisset ressortum pro se, et non obstante quod ballivia de Marempniâ esset de ressorto Xantonis. Et locâ hujus modi sic unita, cum castellaniis, ballíviâ et ressorto prædictis, coronæ nostræ domanio applicamus et adplicata fore perpetuò decernimus, nullo unquàm tempore, causâ vel titulo ab ejusdem coronæ nostræ domanio separanda. Datum apud Vicenas die 24 Novemb. anno 1374. (Laurière. *Ordon. des rois de France.* tom. VI. p. 76.)

1377.—Les rois d'Angleterre et de France avaient 1377. signé à Bruges, sous les auspices du pape Grégoire XI, une trève qui, d'abord fixée à un an, avait été prorogée plus tard au mois de juin 1377. A l'expiration de cet armistice la guerre recommença en Gascogne où le duc d'Anjou entra avec une armée. Ayant achevé de soumettre cette province, sauf Bordeaux, Bayonne et quelques châteaux - forts, le prince congédia une partie de ses forces, et donna le commandement du reste, composé d'Angevins, de Poitevins et de Bretons, à Owen de Galles, qu'il chargea d'aller mettre le siège devant le château de Mortagne-sur-Mer, en Bas-Poitou.

Owen, accompagné de Jacques, seigneur de Surgères, des sires de Pons, de Thouars, de Vivarais, et d'un grand nombre de chevaliers et d'écuyers, formant en tout cinq cents lances, passa la Garonne et entra en Saintonge pour gagner Saint-Jean d'Angély. Il s'arrêta, en chemin, dans la cité de Saintes, pour faire rafraîchir ses soldats *en ce beau pays gras, sur ces belles rivières et prairies qui là sont.* Peu de jours après il donna l'ordre du départ, et s'achemina droit à Mortagne. [1]

---

[1] Si se départirent bien cinq cens lances de bons gens d'armes et prirent le chemin de Xaintonge pour venir devers Sainct-Jehan d'Angély. Yvain de Galles s'envint à Xaintes et là se rafraischit en ce beau païs gras autour de Xaintes, sur ces belles rivières et prairies qui là sont. Si estoyent en sa compaignie le sire de Pons, le sire de Thouars, le sire de Vivarais, le sire Jacques de

1378. **1378.** — Pendant que les rivalités politiques rallumaient la guerre en Aquitaine entre les maisons d'Angleterre et de France, le préjugé de la naissance armait aussi l'une contre l'autre deux illustres maisons de l'Aunis et du Poitou. On sait quelle importance la vanité nobiliaire attachait anciennement à l'art hiéroglyphique du blason. Il semblait que la noblesse des sentimens dépendît de l'arrangement des pièces d'une armoirie, et que l'illustration des familles fût attachée au *Pal*, à la *Fasce* ou au *Chevron* qui décorait le champ d'un écu.

Un débat très-sérieux s'engagea, en 1378, entre les seigneurs de Surgères, en Aunis, et de Granges, en Bas-Poitou, au sujet de leurs armes qui avaient une origine commune. La maison de Granges était très-ancienne. Geoffroy de Surgères, de l'un des fils Guillelme Maingot, troisième du nom, en était la souche. Ce seigneur ayant, en 1218, donné la mort à son frère aîné, avait été condamné, par Philippe-Auguste, à quitter ou le nom ou les armes de Surgères. Il s'était décidé pour le premier parti, et, conservant les armes des cadets de sa famille, avait pris le nom de la châtellenie de Granges, qui lui était échue en partage.

Surgières et grand' foison de chevaliers et escuyers de Poictou. Si se despartirent ces gens d'armes quand ordonné fut et s'envindrent mettre le siége devant Mortaigne: (*Chroniq. de Jehan Froissart.* tom. II. chap. 6.)

Depuis ce temps, les seigneurs de Granges 1378. et ceux de Surgères avaient toujours porté, dans leur blason, l'écu *de gueules fretté d'argent et d'azur, de deux en trois et de trois en deux, avec un chef d'or et trois lambels de sable*, sans savoir précisément s'ils descendaient d'une tige commune, ce qu'eux, comme beaucoup d'autres avaient perdu de vue depuis long-temps au milieu des troubles de la France méridionale.

Thibaut III, seigneur de Granges, de Lagord, de Puychenin, et de Mauzé, fut le premier qui éprouva, de la part de la branche aînée de Surgères, des contradictions sur sa descendance de cette maison et sur le droit qu'il s'attribuait d'en porter les armes. Il fut même provoqué en duel, dans plusieurs rencontres, par Guy de Surgères, sieur de la Flocelière, et, après la mort de Guy, par Hugues, son frère. [1] Au siège de Saint-Jean d'Angély, en 1351, où Guillelme Larchevêque, seigneur de Parthenay, commandait un corps de Poitevins, Thibaut de Granges qui était son lieutenant, ayant déployé son gon-

[1] Comme estoit un différent entre monseigneur de Surgères et messire Thébaut de Granges, se disant porter les armes de Surgères, s'y estoit esmu ledit messire Guy (de Surgères) encontre ledit messire Thébaut pour luy débattre et luy oster les armes de Surgères lesquelles luy semblait qu'il ne les devoit porter pour la cause qu'il ne le connoissoit dudit lignage de Surgères, dont lesdits messires Guy et Thébaut heurent, en plusieurs rencontres de France, plusieurs démeslés. Et advint que ledit messire Guy alla de vie à trépassement. (Mss. *Archiv. du château de la Flocelière* ap. Louis Vialart. *Hist. généalog. de la Maison de Surgères.* Paris 1717. p. 27 et 121.)

1378, falon armorié, Hugues de Surgères entra en fureur et lui jeta le gant; mais Guillelme Larchevêque empêcha le combat. [1]

Hugues de Surgères étant mort au siège de Saint-Jean d'Angély, Jacques, son neveu, fils de Guy, hérita de la haine de son père et de son oncle contre la maison de Granges. Cette haine de famille se changea en fureur lorsque Louis de Granges, fils de Thibaut, se fut imaginé de faire sculpter ses armes dans une chapelle de l'église des Jacobins de Fontenay-le-Comte. Jugeant que l'honneur de sa maison lui défendait de souffrir qu'un homme qu'il regardait comme étranger à sa famille, puisqu'il n'en portait pas le nom, en arborât publiquement les couleurs, Jacques de Surgères entra dans cette église et, du fer de sa lance, brisa l'écusson du seigneur de Granges. Celui-ci, outré d'une pareille insulte, se pourvut en complainte devant Jean, duc de Berry et comte de Poitou. Sommé par le prince de rétablir l'écu de Louis de Granges dans l'état où il l'avait trouvé, Jacques s'y refusa, et les

[1] Si vient messire Hugues de Surgères, son frère, qui débattit audit messire Thébaut de Granges lesdites armes de Surgères, aussi comme monseigneur Guy l'avoit commencé. Et advient que le roy Philippe de France fut au siège devant Saint-Jehan d'Angély, y estoit monsieur de Parthenay, lequel est appelé Guillelme l'Archevesque, commandant en l'armée, et ledit monseigneur Thébaut de Granges, son lieutenant, dont ledit Hugues voyant les armes audit Thébaut, eut grand' douleur, et s'appellirent : mais la deffense que feit messire Guillelme Larchevesque les empeschit de rien faire. (Mss. *Archiv. du chât. de la Flocelière.* ap. L. Vialart. *Hist. général. de la Maison de Surgères.* p. 27 et 121.)

moines de Fontenay consentirent à le faire pour lui. [1]

A quelques jours delà Jacques de Surgères étant revenu dans l'église des Jacobins et y trouvant encore l'écu du seigneur de Granges, le fit, pour la seconde fois, voler en éclats. Le duc de Berry, offensé d'une telle audace, fit ajourner, le 25 mai 1378, son vassal de Surgères en sa cour de parlement séant à Poitiers : mais le fier baron refusa d'obéir à l'ajournement de son seigneur, et l'affaire traîna en longueur jusqu'à l'année suivante. [2]

1379. — Enfin les deux parties se présentèrent, le 20 août 1379, devant le prince dans la ville de Niort, où Louis de Granges fit apporter les

1378.

[1] Après la bataille des ennemis, ledit monseigneur Hugues s'y trouva mort. Mais monseigneur Jacques de Surgères, fils de monseigneur Guy et nepveu de monseigneur Hugues, ouït dire que son père avoit débattu audit monseigneur Thébaut les armes de Surgères, et estant lesdites armes dans l'église des frères religieux Jacobins de Fontenay-le-Comte, ledit monseig. de Surgères les prit et osta. Et en advertit-on ledit monseig. Loys (de Granges), lequel chercha ledit monseig. Jacques, et ledit faict ayant esté publiquement, il en fut donné advis à mon redouté et puissant seigneur, monseig. de Berry, lequel donna mandement de remettre lesdites armes et écusson dans l'église des Jacobins à Fontenay-le-Comte, ce que ne voulut faire ledit messire Jacques. Mon très-redouté seigneur de Berry donna ordre aux Jacobins de remettre les armes que monseigneur Jacques avoit ostées, ce qu'ils feirent. (Mss. *Archiv. du château de la Flocelière*, ap. Louis Vialart. *Hist. généal. de la Maison de Surgères*, p. 27 et 121.)

[2] Repassant dans la susdite église, y trouva les susdites armes lesquelles il voulut encore emporter, et feit qu'ils les cassa et brisa. Ce que voyant les frères en donnèrent advis à monseig. de Berry, lequel feit adjourner monseig. Jacques par devant luy à certain jour, et ne s'y trouvant, etc. (Ibid).

1379. archives de sa maison. Le comte nomma, pour examiner ces titres, une commission composée de Guillelme Larchevêque, seigneur de Parthenay Pierre, comte de Sancerre, Louis de Sancerre, maréchal de France, Aimery de Pons, Guillelme de Mareuil, Alain de Beaumont, Guy de Forest, André Rouault, Parceval de Coulonges, Hugues de Vivône, Alain de Montambert et Aimery d'Illiers. Ces commissaires, ayant découvert l'arrêt par lequel Philippe-Auguste, pour punir Geoffroy de Surgères, bisaïeul de Louis de Granges, du meurtre de son frère aîné, lui avait présenté, en 1218, l'alternative de quitter le nom ou les armes de Surgères, Jacques ne put rien opposer à cette preuve authentique de la parenté qui existait entre lui et le seigneur de Granges. [1] Il fut, en conséquence, condamné, par arrêt

[1] Les deux parties furent adjournées en la ville de Niort le samedy 20 jour d'aoust 1379. Et lors monseig. de Berry ordonna que le lendemain monseig. Loys apporteroit les titres et papiers pour justifier qu'il estoit descendu de la maison et lignage de Surgères et que ledit Jacques seroit présent avec douze chevaliers pour voir murement la chose. Lesquels ayant vu les titres, papiers et écusson, se présentèrent aujourd'hui, c'est assavoir monseig. Guillaume Larchevesque qui certifia à mon très-redouté seigneur de Berry qu'il avait vu, avec les aultres chevaliers nommés avec luy, que, par l'arrest du roy Phelippe, en l'an 1218, il fut ordonné à Gieffroy de Surgères, son bisaïeul (de Louis de Granges), à cause de la mort du seigneur de Surgères, son frère aîné, qu'il avoit tué, de quitter le nom ou les armes de Surgères, dont pour obeïr il quitta son nom et print le nom de Granges qui estoit celuy de la terre qu'avoit eû pour son partage, et du depuis à tousjours porté les armes de Surgères jusqu'à présent. (Mss. *Archiv. du château de la Flocelière.* ap. Louis Vialart. *Hist. gén. de la Maison de Surgères.* p. 27 et 121.)

du 21 août 1379, à reconnaître ce gentilhomme 1379. pour un rejeton de sa famille et à lui en laisser porter les armes. [1]

Des succès importans avaient, depuis l'avènement de Richard au trône d'Angleterre, relevé le courage de ses féaux. Ils étaient maîtres des principaux ports du continent, Calais, Cherbourg, Brest, Bordeaux. Les hostilités continuaient sur divers points du royaume. Une escadre anglaise, sous les ordres de duc de Lancastre, après avoir croisé près des côtes de Normandie, entra dans le hâvre de Saint-Malo, où elle coula et incendia un grand nombre de navires rochelais, chargés de vins.

Le fort de la guerre était en Bretagne : mais les Anglais occupaient encore, sur la Garonne, quelques places fortes d'où ils faisaient de fréquentes irruptions au nord du fleuve. Héliot de Plassac, qui commandait la garnison anglo-gasconne du château de Boutteville, dans la Haute-Saintonge, se rendait surtout redoutable par les déprédations qu'il exerçait dans tout le pays environnant. Ce capitaine, *moult gentil écuyer et vaillant homme d'armes*, comme dit Froissart, s'avançait fréquemment, à la tête de

[1] Et lors fut dit par mon redouté et puissant seignéur de Berry que monseig. Jacques de Surgéres recognoistroit monseig. Loys de Granges pour estre descendu de la lignée de Surgéres, et qu'il porteroit à jamais lesdites armes. Ce fut faict le dimanche 21 jour d'aoust l'an 1379, en la ville de Niort. (Mss. *Archiv. du château de la Flocelière*, ap. L. Vialart. *Hist. gén. de la Maison de Surgéres* p. 27 et 121).

1379. ses lansquenets, jusques sous les murs de Saint-Jean d'Angély et de la Rochelle, tombant à l'improviste sur les habitations isolées, pillant les vilains et s'attaquant parfois aux manoirs des seigneurs. Tel était l'effroi qu'inspiraient ces *robeurs*, que nul n'osait plus quitter sa demeure. [1]

Les barons et chevaliers du pays cherchaient depuis long-temps à surprendre ces pillards, d'autant plus difficiles à saisir, qu'ils se montraient au moment où on les attendait le moins et disparaissaient avant qu'on se fût mis en mesure de repousser leurs attaques. Un jour cependant, les chevaliers et écuyers de Saintonge et de Poitou s'étant réunis au nombre de deux cents lances à la Rochelle, jurèrent de perdre tous la vie plutôt que de se laisser braver plus long-temps par de tels ennemis. Là se trouvaient les sires de Thouars et de Pousauges, Jacques de Surgères, Parceval de Coulonges, Régnault de Gomers, Hugues de Vivône et plusieurs autres *compagnons bien étoffés*. [2]

---

[1] En ce temps advint un faict d'armes en Rochellois contre Héliot de Plaisac, un moult gentil escuyer et vaillant homme d'armes, capitaine de Bouteville, un fort anglois qui tenoit là en garnison environ six vingt lances de compaignons anglois et gascons qui moult pilloyent le païs et couroyent presque tous les jours devant la ville de la Rochelle ou de Saint-Jehan d'Angély, tenoyent ces deux ville en tel doubte, que nul n'osoit issir dehors fors en larrecin, dont les chevaliers et escuyers du païs estoyent moult courroucés. (*Chroniq. de Jehan de Froissart.* tom. II. chap. 28.)

[2] Si advisèrent un jour qu'ils y pourvoiroyent de remède à leur loyal pouvoir ou il seroyent de leurs ennemis morts ou prins sur les champs. Et ainsi se concueillirent et assemblèrent dedans

Informés par leurs *espies* (espions) qu'Héliot 1379. de Plassac était aux champs et *chevauchait* vers la Rochelle avec une poignée de gens *pour cueillir proie*, les chevaliers mirent le heaume en tête, endossèrent le haubert, montèrent sur leurs chevaux de bataille et allèrent, au déclin du jour, se mettre en embuscade à quelque distance de la ville, après avoir ordonné qu'on mît, le lendemain, au matin, *tout le bétail aux champs*. Au lever du soleil, les Anglo-Gascons s'avancèrent sans défiance jusqu'aux barrières de la Rochelle, ramassèrent tous les bestiaux qui paissaient dans la campagne, et se retirèrent, faisant conduire leur butin devant eux par les pâtres du pays. [1]

Ils n'étaient pas à une lieue de la ville, que les Français, qui les attendaient au retour, sortirent brusquement de leur embuscade, et tom-

---

la ville de la Rochelle environ deux cents lances de compaignons bien estofés : car c'estoit la ville où ledit Héliot de Plaisac et les siens couroyent le plus souvent devant. Et là estoyent de Poictou et de Xaintonge le siré de Touars, etc., en moult grand voulenté de rencontrer et combattre leurs ennemis. Et sceurent ces capitaines par leurs espies que ledit Héliot de Plaisac chevauchoit et venoit devant la Rochelle cueillir proye. Si s'ordonnèrent selon ce et se partirent dès le soir tous bien armés et montés à cheval et se meirent au champ. (*Chron. de Jehan Frois.* tom. II, ch. 28.)

[1] A leur département ils ordonnèrent que le lendemain on meit tout le bétail aux champs à l'adventure. Ainsi fut faict qu'ordonné fut. Quand ce vint au matin, Héliot de Plaisac et sa route s'envindrent courir devant la Rochelle et férirent jusques aux barrières, et cependant ceux qui commis estoyent à cueillir la proye l'assemblèrent toute et la feirent mener par les hommes du pays devant eux. (Ibid).

1379. bèrent sur eux *à roides lances*, au moment où ils s'y attendaient le moins. Surpris par cette attaque imprévue, ils se mêlèrent d'abord en désordre, et *il y en eut plusieurs de rués par terre* à ce premier choc. Mais ils se rallièrent bientôt à la voix d'Héliot de Plassac qui criait à sés gens : — « A pied ! A pied , tout homme ! Que nul ne fuie et laisse chacun aller son cheval ! Si la journée est nôtre, nous aurons de chevaux assez : si elle est contraire, nous nous passerons bien de chevaux ! » A ces mots tous mettent pied à terre et se rangent *en bonne ordonnance.* Les Français en font autant, craignant que leurs palefrois ne tombent sous le fer des lances. Les deux troupes fondent alors l'une sur l'autre avec impétuosité. [1]

Là eut forte rencontre et dure bataille, dit le chroniqueur, *car ils étaient tous main à main et poussaient de leurs glaives si rudement, qu'ils s'y mettaient jusqu'à la grosse haleine.* De part et d'autre on se signala par *plusieurs grandes appertises d'armes , maintes prises et maintes rescousses.* Mais , bien que les Anglo-Gascons se dé-

---

[1] Ils ne l'eurent pas menée une lieue, que veez-ci les François qui vindrent sur l'aille , et ne s'en donnoient garde les Anglois et se boutèrent à roides lances sur leurs ennemis. De première venue il y en eut plusieurs de rués par terre. Là dit Héliot de Plaisac : — A pié ! A pié tout homme ! etc. Et là se meirent Anglois et Gascons tous à pié en bonne ordonnance. Aussi feirent les François, car ils doubtèrent de perdre leurs chevaux des glaives et lances de leurs ennemis. Là eut forte rencontre et dure bataille. etc. (*Chronique de Jehan Froissart.* tom. II. chap. 28).

fendissent bravement, l'avantage demeura aux 1379. Français, plus frais et plus nombreux. Héliot de Plassac resta au pouvoir des vainqueurs avec plusieurs des siens : les autres prirent la fuite. Les Français, après avoir fait conduire leurs prisonniers à la Rochelle sous bonne escorte, poursuivirent leur marche, à travers la Saintonge, jusqu'au château de Boutteville. Ayant trouvé cette place sans défense, ils s'en emparèrent, y mirent garnison et revinrent, chargés de butin, à la Rochelle. [1]

Dans cette ville existait alors une béate qui, par une vie austère et contemplative, s'était fait une grande réputation de sainteté. On l'appelait dame Guillemette. Le peuple était persuadé que cette fille avait des visions célestes. — « J'ai certainement ouï recorder à gens dignes de foi, dit Christine de Pisan, que, en sa contemplation, on l'a aucunes fois vue soulevée de terre en l'air plus de deux pieds. » La foule accourait de toutes parts sur le passage de la sainte et se prosternait dévotement à ses pieds. Déjà célèbre par sa grande piété et *par les moult belles révélations qu'elle avait de notre Seigneur*, Guillemette le devint bien davantage par les miracles qu'elle

[1] Là furent faictes plusieurs grans appertises d'armes et mainte prise et mainte rescousse, et Héliot de Plaisac pris et amené à la Rochelle. Tantost après cette adventure, les seigneurs françois s'en alérent devant le chastel de Bouteville qui tost fut prins par ce qu'on n'y trouva nulli. (*Chronique de Jehan Froissart.* tom. II. chap. 28.)

1379. ne tarda pas d'opérer. — « Tel degré avait ja acquis devers Dieu, que ce que de grande affection requérait, on s'apercevait que il lui était octroyé. »

La réputation de cette fille parvint bientôt à la cour de Charles V. *Le sage roi qui en vertus se délectait et toutes gens vertueuses de quelque état qu'elles fussent aimait et honorait,* désira connaître cette pieuse dame pour toutes les belles choses qu'il en avait ouï dire. Il lui manda *par message suffisant et à grand prière qu'elle voulsit venir à Paris, et que moult voulentiers la verrait.* La sainte, malgré son penchant pour la vie solitaire, consentit à abandonner son obscure retraite et parut bientôt à la cour. — « Le roi la reçut à grand chère, à elle parla longuement et moult prisa ses dévotes et humbles paroles, son simple maintien en tous ses faits, et affectueusement la requit qu'elle priât Dieu pour lui, à laquelle chose elle s'offrit de bonne voulenté. » [1]

----

[1] Le sage roy Charles, qui en vertus se délictoit, toutes gens virtueus, de quelque estat qu'ils feussent, amoit et honnouroit, oy dire que à la Rochelle avoit une saincte dame de très esleue vie et singulière en dévocion et discipline de vivre, et mesmement tel degré avoit ja acquis devers Dieu, que ce que de grand affeccion requeroit, on s'appercevoit que il luy estoit octroyé, et que moult avoit de belles révélations de nostre Seigneur. Le roy, par message suffisant, manda, par grand prière, à ceste bonne dame, laquelle estoit nommée dame Guillemette de la Rochelle, qu'elle vousist venir à Paris et que moult voulentiers la verroit. Celle y vint. Le roy la receupt à grant chière, à elle parla longuement et moult prisia ses dévotes et humbles parolles, son simple maintien en tous ses faiz, et affectueusement la requist que elle priast Dieu

Charles V confia la garde de ce précieux dépôt 1579.
à Gilles Mallet, son valet de chambre, qui reçut
la béate dans son logis où elle vécut avec la
femme de son hôte, passant toutes ses journées
dans les églises où le roi *lui fit faire de beaux
oratoires de bois*, et où elle demeurait longuement ravie en extase. Guillemette mit bientôt le
comble à sa célébrité par un miracle dont toute
la cour fut témoin. Messire Burel de la Rivière
*ne pouvait avoir d'enfans de sa femme qui à
droit terme venissent*. Les deux époux se recommandèrent aux prières de dame Guillemette. La
sainte fit une neuvaine à leur intention, et leurs
vœux furent bientôt comblés. [1]

1380. — Le sage roi Charles, dans la dernière
année de sa vie, régla un différend dans lequel
était intéressé l'un des plus notables habitans de

pour luy, à laquelle chose s'offry de bonne voulenté. (Christine de
Pisan. *Le livre des faix du sage roy Charles*. chap. XXIII. ap.
Petitot. Coll. tom. VI. p. 47.)

[1] La garde et administration de ceste bonne dame fu commise
à Gilles Malet avec sa femme en son hostel. Le roy luy fit faire
de beaulx oratoires de bois en plusieurs églises où d'estre longuement avoit devocion, comme à Saint-Marry, sa paroisse, aux
Augustins et ailleurs. Moult estoit femme solitaire et de grand contemplacion, et tant, que j'ay certainement oy recorder à gens dignes
de foy que, en sa contemplacion, on l'a aucunes foiz veue sous-
levée de terre en l'air plus de deux piez. Le roy l'avoit en grand révérence et foy en ses prières. Messire Burel de la Rivière ne pouvoit avoir nulz enfans de sa femme qui à droit terme venissent.
De ce luy et la dame se recommandèrent aux prières de ceste dame.
De laquelle chose, pour leurs enfans qui puis vesquirent, avoyent
foy que c'estoit par l'impétration de la bonne femme. (Ibid).

1380. la Rochelle. Le roi Jean avait donné à son amé et féal chevalier Raimond, sieur de Mareuil, en Bas-Poitou, pour lui et ses hoirs à perpétuité, toute la terre qu'un certain seigneur de Faye, mort au service du roi d'Angleterre, avait possédée dans la seigneurie de Dompierre, en Aunis. Plus tard, le traité de Brétigny ayant fait passer cette terre sous la domination anglo-normande, elle avait été *acquise* par un prêtre anglais, appelé Jehan de Ladhart, qui remplissait, en Saintonge, l'office de receveur fiscal pour Edward, prince d'Aquitaine.

Du Guesclin ayant rendu le pays d'Aunis à la couronne de France, Raimond de Mareuil voulut reprendre sa terre : mais elle lui fut disputée par l'ex-maire de la Rochelle, Jehan Chauldrier, qui la revendiqua *pour çause de certain don royal qu'il disait lui avoir été fait.* Sur ce, *procès s'étant mû en parlement,* Charles V estima que Raimond de Mareuil *étant premier en date sur ledit don,* devait avoir la préférence. En conséquence, par lettres données à Saint-Denis le 21 février 1380, il révoqua toutes les donations qui avaient pu être faites de la terre de Dompierre, et octroya de nouveau cette terre à Raimond de Mareuil et à sa femme, *avec un hôtel assis en la ville de la Rochelle que ledit prêtre anglais y avait acquis,* le tout en recompensation des châtel et châtellenie de Courtenay, que le roi Jean leur avait anciennement donnés et qu'ils avaient perdus 1380. depuis par les événemens de la guerre. [1]

Le connétable Bertrand du Guesclin venait de mourir entre les bras de ses soldats sous les murs de Châteauneuf de Randan, en Auvergne. Peu de temps après, Charles V suivit au tombeau le grand capitaine auquel il devait ses plus brillans succès, et la France eut à déplorer presque en même temps la perte de ses deux plus fermes appuis. La sagesse et le courage de ces deux hommes avaient arraché l'Etat à sa ruine : leur mort le plongea dans un nouvel abîme de malheurs.

[1] Lettres du roy Charles contenans que, comme le feu roy, son père, ait donné ja pièça à son amé et féal chevalier Raymond de Mareull, pour luy et ses hoirs, toute la terre que le sire de Faye, dernier mort, possédoit à Dompierre, en Aunis, laquelle un prestre anglois, jadis recepveur de Xaintonge pour feu Edouard, aisné fils d'Edouard, roi d'Angleterre, avoit acquise : et pour cause de certain don royal que Jehan Chaudrier de la ville de la Rochelle, disoit luy avoir esté faict de ladite terre, se feust meû procés au parlement : sa majesté considérant ledit Raymond estre premier en date sur ledit don, et pour recompensation du chastel et chastellenie de Courtenay, que le feu roy donna jadis audit Raymond et à sa femme, luy octroye ladite terre de Dompierre avec un hostel assis en la ville de la Rochelle que ledit prestre anglois, nommé Jehan de Ladhart, y acquist, et révoque tout autre don. A Saint-Denis en France, le 21 février 1380. (Mss. *Archiv. de la Maison de Guiton en Normandie, communiqué par M. l'abbé Videlon, de la Tranche en Montanel.*)

LIVRE HUITIÈME.

DEPUIS L'AVÈNEMENT DE CHARLES VI, JUSQU'A L'EXPULSION
DÉFINITIVE DES ANGLAIS DE LA FRANCE MÉRIDIONALE.

1381. — 1451.

Le règne de Charles V ne fut, pour la France, qu'un temps de repos au milieu d'une période calamiteuse. Grâce à l'inconcevable inertie d'Edward, grâce surtout à l'esprit éclairé de Charles et au bras invincible de du Guesclin, le royaume, épuisé par les désastres des deux précédens règnes, put reprendre haleine et se remettre des violentes émotions qu'il avait éprouvées : mais ce ne fut que pour se préparer à en essuyer de plus terribles encore. Si la maison d'Angleterre s'endormit un moment, comme étourdie de ses immenses succès, elle se réveilla bientôt au bruit des triomphes de sa rivale, et son réveil fut, pour celle-ci, le présage de malheurs tels qu'elle n'en avait encore jamais connu de semblables.

1381. — Charles V n'était pas descendu dans 1381.
le tombeau de ses ancêtres, que déjà le royaume
était en proie à la fureur des partis. Le jeune
Charles VI n'avait que douze ans. L'inexpérience
de ce prince fut exploitée, aux dépens des intérêts nationaux, par ses oncles, les ducs d'Anjou,
de Bourgogne et de Berry. Le premier usa surtout largement du pouvoir illimité que lui donnait
le titre de régent du royaume, dont il s'était
emparé au préjudice de Philippe de Bourgogne,
désigné par Charles V pour exercer la tutelle
du jeune roi. Il était si avare, que, pour se
dispenser de payer les *gages* des gens de guerre,
bien qu'il se fût approprié les économies de
Charles V, il laissait ses *souldoyers* rançonner
à merci bourgeois et vilains. Dans plusieurs provinces d'outre-Loire le menu-peuple, réduit à
la plus grande détresse, se souleva et repoussa
par la force les brigandages des *routiers*.

Mais le foyer de ces orages était encore trop
loin des pays méridionaux pour qu'ils en fussent
ébranlés. D'ailleurs le sort des provinces n'était
pas encore tellement lié à celui de la métropole,
que les crises de l'une dussent réagir néces-
sairement sur la paix des autres. Tandis que,
dans *la terre de France*, les populations op-
primées étaient dans un état voisin de l'anarchie,
la tranquillité continuait de régner en Aquitaine
où l'on travaillait à réparer, par l'agriculture,

1381. l'industrie et le commerce, les ravages occasionnés par les dernières guerres.

La commune maritime de la Rochelle, qui puisait dans son admirable position et dans le génie spéculateur de ses habitans, une importance politique et une richesse matérielle toujours croissantes, parvint même à faire entendre sa voix au milieu des orages du nouveau gouvernement, pour obtenir la sanction des précieux privilèges qui formaient la base de sa prospérité. Au commencement de l'année 1381, des lettres-patentes lui furent expédiées, à cet effet, au nom du jeune roi. Elles étaient conçues en ces termes.

— « Notre très-cher seigneur et père, d'heureuse mémoire, rappelant à son souvenir, lorsqu'il était de ce monde, le dévouement de nos féaux les maire, échevins et communiers de notre ville de la Rochelle, lesquels, étant soumis à la domination de l'Étranger, revinrent à son obéissance par un mouvement spontané, les dota, pour ce fait, de plusieurs libertés, dons et privilèges. Prenant, nous aussi, en sérieuse considération la constance et la fidélité que lesdits maire, échevins et communiers ont notoirement et efficacement gardées envers notre dit père, nous sommes tenu d'écouter favorablement leur demande tendant à la confirmation des privilèges sus-mentionnés. En conséquence, prêtant l'oreille à leurs supplications, faisons savoir que nous avons vu la transcription de leurs lettres, et que, 1381. les tenant pour bonnes, nous les approuvons, ratifions et confirmons. » [1]

Les intérêts des particuliers ne se ressentaient pas plus que ceux des communes de la situation critique où se trouvait le centre du royaume, et les affaires privées continuaient de se traiter au sud de la Loire comme si la France entière eût joui du calme le plus profond. Le 19 avril 1381, Gérald d'Orfeuille, abbé de Saint-Jean d'Angély, voyait se prosterner devant lui, en plein chapitre, le noble sire Loys, seigneur de Taillebourg, qui, *un genou en terre, sans chaperon, sans ceinture et les mains jointes selon la coutume*, prêtait humblement à ce moine le serment de féauté qu'il lui devait pour quelques fiefs mouvant de l'abbaye. [2]

---

[1] Karolus, etc: Notum facimus nos transcriptum quarumdam litterarum felicis recordationis carissimi domini nostri et genitoris, qui, dùm ageret in humanis, ad memoriam reducendo dilectorum nostrorum majoris, scabinorum et communitatis villæ nostræ de Rupellâ, dùm se, alterius ditioni subditos, ad suam obedientiam accessu benivolo redierunt, nonnullis ob hoc privilegiis, donis et libertatibus prodotavit. Nos autem, auditâ dictorum majoris, etc., de Rupellâ supplicatione, ipsorumque fidelitate et constantiâ, quas ergà dictum genitorem nostrum efficaciter habuisse dinoscuntur, perpensiùs attentis, astringimur suas petitiones super confirmatione præmissorum exaudire, litterasque in eodem transcripto insertas ratas habentes, ipsas laudamus, ratificamus et approbamus. Datum Parisiis mense januario anno 1380. (Laurière. *Ordon. des rois de France.* tom. VI. p. 556.)

[2] Ludovicus, dominus de Talleburgo, fecit homagium Geraldo, angeliacensi abbati, in plenari capitulo, sine capucio et sine zonâ, flexis genibus et complosis manibus, ut moris est. (Gall. Christ. Eccl. Santon. tom. II. p. 1104.)

1381.   Renault, sire de Pons , obtenait , dans le même temps, du jeune roi, en dédommagement des pertes qu'il avait essuyées dans les dernières guerres , l'île d'Oleron et le baillage de Marennes , ancienne propriété de la maison de Lusignan dont il descendait par Yoland , sa mère , et le noble baron scellait cette acquisition , en faisant sculpter ses armoiries sur la flèche du clocher de Marennes , où l'on attachait anciennement un fanal pour signaler aux navigateurs la passe dangereuse de Maumusson. [1]

Le 3 août de la même année , messire Jacques de Surgères *baillait une demande par-devant messeigneurs tenant le parlement du roi* contre messire Guy d'Argenton , pour le partage de la succession de Hugues de Surgères , seigneur de la Bougueraigne , leur oncle commun , *lequel était allé de vie à trépassement sans hoirs de son corps.* Jacques de Surgères prétendait être le principal héritier du défunt comme étant de la branche masculine. Il fondait sa prétention sur ce que , *suivant la coutume et commune observance du pays de Saintonge ,* et spécialement des seigneuries de Benon , en Aunis , et de Frontenay (Rohan-Rohan), en Poitou , où étaient situés les héritages en question , la représentation avait lieu en ligne collatérale ; de sorte que *l'aîné hoir mâle devait avoir , avant part , en chacune châ-*

---

[1] Armand Maichin. *Hist. de Saint.* chap. V et XIII.

tellenie , le principal hébergement ou manoir avec 1381. *tous les pourpris, et le quint de la succession du mort qui touche le branchage dudit hoir mâle.* [1]

Enfin le même Jacques de Surgères était, par lettres-patentes données à Paris le 24 novembre, réintégré dans la possession de plusieurs rentes qu'il avait été forcé d'aliéner pour payer les amendes auxquelles l'avait condamné le prince d'Aquitaine et de Galles, en punition de ce qu'il avait combattu sous la bannière du duc de Bourgogne au siège de la Charité-sur-Loire, occupée par les Anglo-Gascons. [2]

[1] C'est la demande que baille par devant vous, messeigneurs tenans le parlement du roy, nostre sire, messire Jacques de Surgières contre messire Guy d'Argenton, disant que feu messire Guy de Surgières, seigneur de la Bougueraigne et de Valans, ayeul dudit demandeur, fut marié deux foys, etc., que ledit Hugues, frère du père dudit messire Jacques, est allé de vie à trépassement sans hoirs de son corps ; que par la coustume et commune observance du pais de Xaintonge, et par espécial ès chastellenies de Benaon et de Frontenay-l'Abattu , où les héritaiges dont il est question sont assis, en matière de succession représentation a lieu en ligne collateral. Que l'aisné hoir mayle a et doit avoir, avant part, en chacune chastellenie, le principal herbergement ou manoir à tout le pourpris et le quint de la succession du mort qui touche le branchaige dudit hoir mâle, etc. (Mss. archiv. du château de la Flocelière.)

[2] Charles, etc. Savoir faisons que, oy la supplication de nostre amé Jacques de Surgières, requerant que comme, paravant que la duchié de Guyenne retournast d'arrère en l'obéissance de nostre très-chier seigneur et père, que Dieu abssoille, iceluy suppliant, qui lors demouroit au pouvoir du prince de Galles, se fust armé en la compaignie de nostre très-chier oncle, le duc de Bourguoigne devant la Charité-sur-Loyre que aucuns Anglois et Gascons avoient occupée, et par ce iceluy prince l'eust prins en hayne et faict amander grandement, pour laquelle amande payer luy convint lors vendre cent-dix livres de rente sur nostre terre, etc. Nous,

1581. Le roi Richard d'Angleterre, informé des troubles qui agitaient la métropole de la France, jugea le moment favorable pour tenter une descente sur le continent. Le comte de Buckingham vint débarquer en Bretagne avec une armée et assiégea Nantes. Mais ses efforts échouèrent contre le courage des bourgeois de cette grande cité, qui, ravitaillés par les vivres qu'ils recevaient abondamment *des beaux pays de Poitou, Saintonge et la Rochelle,* [1] forcèrent le général anglais à lever le siège et à se replier sur Vannes, où ses soldats, manquant de tout, furent réduits à manger *du pain de chardons.* [2]

Richard ne fut pas plus heureux dans une tentative qu'il fit, peu de temps après, sur la Rochelle. Quelques bourgeois de cette ville lui ayant écrit que les Rochelais étaient disposés à rentrer sous son obéissance, il ajouta une foi si entière à cet avis, que, ne doutant nullement de sa sincérité, il se hâta d'expédier des ordres pour le mettre à profit, persuadé que ses agens n'auraient qu'à se présenter aux portes de la Rochelle pour qu'elles leur fussent ouvertes. — « Sachez, écrivit-il de Westminster le 28 septembre 1381, que, plein de confiance

ces chouses considérées, luy donnons ladite rente, etc. Donné à Paris le 24 jour de novembre l'an 1381. (*Mss. Arch. du Chât. de la Flocelière.*)

[1] *Chronique de Jehan Froissart.* tom. II. Chap. 62.

[2] Villaret. *Hist. de France.* tom. XI. p. 251.

dans la fidélité de nos chers clers Bertucat de 1381.
Bret, John de Stratton et Willelme Dale,
nous les avons délégués conjointement pour
prendre possession, en notre lieu et place, de
la ville de la Rochelle, suivant le consentement
et l'avis que nous en ont adressés quelques fi‑
dèles citoyens de cette ville, ce dont nous leur
rendons grâce, et aussi pour recevoir, en notre
nom, les sermens de féauté des bourgeois et
donner ordre au gouvernement de la place. » [1]
Les délégués du roi d'Angleterre, mieux avisés
que leur maître, n'essayèrent même pas de rem‑
plir leur étrange mission.

1382. — L'année suivante les Anglo-Normands
tentèrent de se venger en Aunis de l'échec qu'ils
avaient éprouvé en Bretagne. Ayant été expulsés,
par le maréchal Louis de Sancerre, de plusieurs
places de la Haute-Saintonge, de la Gascogne
et du Poitou, ils se rembarquèrent et vinrent
en grand nombre, dit un annaliste du temps,
descendre dedans une île étant sur la mer près
de la Rochelle, très-peu peuplée et mal garnie

---

[1] **Rex universis**, etc. Sciatis quod nos de fidelitate dilectorum
nostrorum Bertucati de Bret, Johannis de Stratton et Willelmi
Dale, clerici, plenius confidentes, assignavimus ipsos conjunctim
ad possessionem villæ de Rupellâ, per consensum et avisamentum
quorumdam fidelium burgensium villæ prædictæ, quibus plenam
nostram gratiam facimus ex hâc causâ, loco et nomine nostro ca‑
piendam, ac etiam ad sacramenta fidelitatis quorumcumque burgen‑
sium in prædictâ villâ pro nobis recipiendum, nec non et ad
ordinandum pro gubernatione villæ prædictæ. Apud Westmonast:
28 die septembris (Rymer. *Acta. publica.* tom. VII. p. 322.)

1382. *de vivres*, [1] désignation, ajoute un écrivain moderne, qui ne peut s'appliquer qu'à l'île d'Aix. [2]

Le roi Jean de Castille, allié de la France comme l'avait été son père Henri de Transtamare, ayant appris la descente des Anglais, équipa une flotte en toute hâte et fit voile, en personne, vers les côtes de l'Aunis. Après avoir surpris et dispersé l'escadre anglaise, il investit l'île et se .contenta de bloquer ainsi les Anglais, ne voulant pas livrer aux chances des armes le succès que lui assurait l'avantage de sa position. L'ennemi manquant de vivres demanda bientôt à capituler. Mais le prince castillan ne sut pas tirer parti d'une conjoncture dont l'intérêt de son allié lui faisait une loi de profiter. Au lieu d'imposer au roi d'Angleterre une paix honorable pour le continent, ce qui lui eût été facile s'il eût prolongé le blocus, il laissa les anglo-Normands mettre à la voile, après leur avoir fait promettre de ne pas reprendre les armes de trois ans. (1er mars 1382.) [3]

[1] En ce temps le mareschal de Sancerre estoit en Poictou, Xaintonge et Guyenne, et meit en l'obeïssance du roy plusieurs places, les unes par composition, les autres par force, et si eut plusieurs rencontres d'Anglois. Le roy Jehan d'Espaigne sceut que une bien grande quantité d'Anglois estoyent descendus dedans une isle estant sur la mer prés de la Rochelle, et là les vint assiéger. Cette isle estoit très-peu peuplée et mal garnie de vivres. (Jehan Jouvenel des Ursins. *Hist. de Charles VI.* an 1382.)

[2] Arcère. *Hist. de la Rochelle.* tom. I. p. 263.)

[3] Et tant fut devant eux, que, après qu'il eut gaigné leur navire et que les Anglois eurent défaut de vivres, ils commencèrent

1383. — Cette promesse fut bientôt oubliée. 1383.
Les Anglais ayant, quelques mois après, rassemblé en Gascogne un corps de troupes considérable, mirent en fuite le maréchal de Sancerre qui commandait pour Charles VI sur la
Garonne. Enhardis par· ce succès, ils pénétrèrent
dans la Haute-Saintonge, emportèrent plusieurs
châteaux-forts mal gardés, et s'avancèrent jusqu'à Tonnay-Charente où ils mirent le feu. [1]

Ils éprouvèrent d'autant moins de résistance
que les hommes de ces contrées avaient à repousser d'autres ennemis non moins acharnés
et plus impitoyables encore que les Anglo-Gascons.
Le vieux duc de Berry, oncle du roi, s'était
fait donner le gouvernement général du Languedoc, de la Saintonge et du Poitou. Les tailles
levées dans ces provinces en vertu des édits
royaux ne suffisaient pas à l'excessive cupidité
du prince. Chaque jour de nouvelles mesures
fiscales venaient frapper les habitans des campagnes, si souvent rançonnés déjà par les milices étrangères et les compagnies de routiers.
Ces malheureux, aveuglés par· le désespoir et

à traicter. Et par composition fut ordonné qu'ils s'en iroient tous
désarmés en leur païs, et leur bailla le roy d'Espaigne vaissaux
et promirent de eux non armer pendant trois ans. Et disoit-on
que si le roy d'Espaigne eut encore demeuré par aucun temps,
il les eut eûs en sa voulenté et que par ce très-aisément eut esté
trouvé traicté entre François et Anglois. (Jehan Jouvenel des Ursins.
Hist. de Charles VI. an 1382.)

[1] Villaret. *Hist. de France.* tom. XI. p. 349.

13

1383. imputant leurs maux au baronnage et à la bourgeoisie qui ne partageaient pas leur misérable
condition , se ruèrent avec fureur sur les villes
et les manoirs où ils mirent tout à feu et à
sang.

Cet embrâsement avait fait de grands ravages
avant que le duc de Berry se fût mis en mesure de l'éteindre. Ayant rassemblé la noblesse
de son gouvernement, il marcha contre les *Tuchins*
(ainsi nommait-on les insurgés de la langue-d'oc),
qui se dispersèrent à son approche. On poursuivit sans pitié cette multitude égarée : presque
tous périrent par le fer. [1] Triste condition du
peuple, ruiné par le fisc s'il se taisait, exter-
miné par la force s'il osait se plaindre ! « Toutefois, dit un vieil historien, le prince avait tiré
plus d'or et d'argent de la dépouille et ruine
du pauvre peuple de Languedoc qu'il ne fit de
Saintonge et Poitou , combien qu'il ne trouvât
aucun moyen d'arracher argent des pauvres
Poitevins et Saintongeois dont il n'eut très-ava-
rement usé. » [2]

1384. — Bien qu'au milieu de ces désordres
les barons et chevaliers fussent obligés d'avoir
constamment le heaume en tête et la lance au
poing , ils ne perdaient pas de vue leurs
intérêts matériels et se montraient soigneux de

---

[1] Villaret. *Hist. de France.* tom. XI. p. 351.
[2] Pauli Æmilii Hist. lib. IX. Trad. de Renard. p. 572.

leurs prérogatives féodales même les plus minces. 1384. On lit dans un titre de 1384 que le samedi avant la fête de Saint-Grégoire (1er septembre), Poincy, sieur d'Asnières près Saint-Jean d'Angély, reconnut tenir de noble et puissant homme monseigneur Renault, sire de Pons, un fief, appelé le Breuil-Charlot, *au devoir de deux sous ou d'une anguille, la meilleure qui serait prise en temps d'hiver sur la fuerne du moulin d'Asnières.* [1]

Cependant les ducs de Bourgogne et de Berry s'étaient réunis à Boulogne-sur-Mer au duc de Lancastre et au comte de Buckingham. Ils espéraient conclure une paix durable entre les royaumes de France et d'Angleterre : mais cette entrevue n'eut pas, à beaucoup près, le résultat qu'on s'en était promis. Les princes français demandaient l'évacuation des places fortes que les Anglais occupaient tant en Normandie et en Bretagne que dans le Poitou, la Saintonge et l'Aunis. [2] Ceux-ci, enhardis par les discordes civiles qui déchiraient le royaume, repoussaient avec orgueil une semblable prétention. Les conférences de Boulogne n'aboutirent qu'à une prorogation

[1] *Preuv. de la généalog. de la Maison d'Asnières.* Paris 1827. p. 64.

[2] Les François vouloyent ravoir toutes les forteresces que les Anglois tenoyent à celuy jour delà la mer jusques à la rivière de Garonne, tant en Normandie et en Bretaigne, qu'en Poictou, en Xaintonge et en la Rochelle, laquelle chose n'eussent jamais les Anglois fait. (*Chronique de Jehan Froissart.* tom. II. chap. 146.)

1384. de deux mois (jusqu'au 1er mai 1385) du simulacre de trève que le roi de Castille avait imposé,
trois ans auparavant, aux Anglais bloqués dans
l'île d'Aix. [1]

Après l'extermination des insurgés de la Saintonge et du Poitou, le duc de Berry *s'étant dé-
parti pour aller en Avignon, voir le pape Clément*, le duc de Bourbon, oncle maternel de
Charles VI, et le comte de la Marche s'étaient
mis en campagne à la tête de deux mille cavaliers,
pour délivrer le pays des *larrons* qui le pillaient, *car
il y avait, en Poitou et Saintonge, aucuns forts qui
faisaient moult de dommage.* La prorogation de la
trève ajourna jusqu'à son expiration l'exécution
de ce dessein. [2]

1385. — Mais aussitôt la trève expirée, le duc
de Bourbon convoqua à Niort la noblesse
de l'Auvergne, du Berry, du Poitou, de la
Saintonge, du Rouergue et du Limousin. Là se
rendirent, suivis de leurs chevaliers, écuyers et
gens-d'armes le comte de la Marche, le vicomte
de Tonnerre, messire Henri de Thouars, les
sires de Pons, de Parthenay, de Pousauges et
nombre d'autres barons des marches de Guienne,
de Saintonge et de Poitou. A cette brillante
chevalerie vint se joindre messire Guillaume de

---

[1] Villaret. *Hist. de France.* tom. XI. p. 368. — De Barante.
Hist. des ducs de Bourg. tom. I. p. 325.

[2] *Chronique de Jehan Froissart.* tom. II. chap. 155.

Lignac, sénéchal *de par le roi de France* en 1385. Saintonge. Ce seigneur, accompagné de deux cents gendarmes, prit le chemin de Niort par l'Angoumois où, chemin faisant, il s'empara du château de l'Aigle. Toutes ces forces réunies s'élevèrent, sans compter les *Génevois et gros varlets*, à deux mille combattans parmi lesquels sept cents lances. [1]

Le duc consulta ses capitaines sur la marche qu'il convenait de prendre. Il fut décidé qu'on irait d'abord mettre le siège devant le château de Montlieu, dans la Haute-Saintonge. Cette place, occupée par une faible garnison anglo-gasconne, fut promptement emportée d'assaut. Les *seigneurs de France* descendirent alors vers la Charente, et, traversant ce fleuve sur le pont de Saintes, allèrent planter leurs tentes sous les murs de Taillebourg. Cette forteresse était occupée par une bonne garnison sous le commandement d'un Gascon, appelé Dinandon de la Pérate, *appert homme-d'armes*, lequel *ne fit pas grand compte des Français quand ils vinrent devant Taillebourg.* [2]

---

[1] *Chroniq. de Jehan Froissart.* tom. II. chap. 159.

[2] Adonc jettèrent-ils leur advis quelle part ils tireroyent premièrement ou devant Taillebourg ou devant Montlieu. Tout considéré ils dirent qu'ils iroyent devant Montlieu. Si cheminèrent celle part, et là meirent le siège. Quant les seigneurs de France eurent la possession de Montlieu, s'enviudrent le chemin de Taillebourg sur la Charente, de laquelle forteresce Dinandon de la Pérate, un Gascon, estoit capitaine, appert homme d'armes, et ne fait pas grand compte des François quand ils vindrent devant Taillebourg. (*Chronique de Jehan Froissart.* tom. II. chap. 159.)

1385.   Avant d'attaquer cette place, le duc de Bourbon alla, avec *sa route* (son armée), s'emparer des châteaux d'Archiac et de la Troncette, deux forts de peu d'importance, mais dont les garnisons avaient, durant toute la saison, *moult arrié* (beaucoup ravagé) la contrée et répandu l'alarme jusqu'aux confins du Poitou et du Limousin. Les Anglo-Gascons qui occupaient ces deux postes furent tous passés par les armes, en punition des brigandages qu'ils avaient exercés dans le pays, et les deux manoirs livrés aux gens de la banlieue qui les ruinèrent. [1]

Après cette expédition les Français revinrent devant Taillebourg. Le duc, ayant distribué son armée en quatre *bastides* (quartiers) commença le siège de la place. Le pont bâti sur la Charente, au pied du château, avait été fortifié par les Anglo-Gascons et confié à la garde d'un nombreux détachement. Durant toute l'année, aucun navire descendant du haut-pays ou remontant de l'Océan n'avait pu passer devant la ville, *sinon en grand danger et par truage* (en payant un impôt). Les seigneurs de France résolurent d'attaquer d'abord le pont, afin qu'une fois

---

[1] Le duc de Bourbon et sa route prindrent deux petits forts d'Anglois, les quels, toute la saison, avoyent moult harié les frontières de Poictou et de Limousin, la Troncette et Archac, et furent morts tous ceux qui dedans estoyent et les châteaux rendus à ceux du pays d'environs qui les abattirent tous deux. (*Chron. de Jehan Frois.* tom. II. ch. 159.)

maîtres de ce poste, ils fussent plus à l'aise dans 1385. leurs bastides pour battre le château. [1]

Le duc de Bourbon fit venir de la Rochelle, par la Charente, des galères *tout armées et appareillées* sur lesquelles il mit *grand' foison d'arbalétriers.* Le pont fut alors attaqué en même temps, de la rivière, par les gens des galères, et du rivage, par les archers du prince qui y firent pleuvoir une grêle de traits. *Il y eut là dur assaut,* car les Anglo-Gascons, retranchés derrière leurs barricades, se défendaient *aigrement* contre l'ennemi qui *les assaillait de grand' volonté par terre et par rivière.* [2] Au milieu de l'action, Jean, fils aîné du comte d'Harcourt, fut armé chevalier par le duc de Bourbon, son oncle, et arbora aussitôt sa bannière, brûlant de l'inaugurer par quelque action d'éclat. Le siège du pont de Taillebourg fut *moult beau,* et de

[1] Or fut le siège mis devant le chasteau de Taillebourg et fut assis par quatre bastides. Parmi Taillebourg a un pont qui siet sur la Charente, et l'avoyent, les Anglois et les Gascons qui le tenoyent, fortifié, et toute la saison nuls navires en la Rochelle et en Xaintonge n'avoyent pu passer, sinon en grand danger et par truage. Lors s'advisèrent les seigneurs qu'ils prendroyent le pont pour avoir moins à faire, et se logeroyent plus seurement en leurs bastides. (*Chronique de Jehan Froissart.* tom. II. chap. 159.)

[2] Si feirent venir de la Rochelle galères toutes armées et appareillées contremont la Charente et dedans meirent grand' foison d'arbalestriers et de Genevois, et envoyèrent ces gens escarmoucher à ceux du pont. Là eut dur assaut, car les Anglois et les Gascons avoyent moult bien fortifié le pont. Si se defendoyent aigrement et aussi estoyent assaillis de grand' voulenté par terre et par rivière. (Ibid).

1585. part et d'autre on s'y signala par *mainte appertise.*
d'armes. Les arbalétriers *des nefs* et ceux du pont.
tiraient si roide et si uniment, qu'à peine nul osait
se montrer à défense. Mais enfin le pont fut *conquis*
par bel assaut, et tous ceux qui dedans étaient
furent occis ou noyés : nul n'échappa. [1]

Dinandon et ceux qui étaient avec lui dans
le château, témoins de la défaite et du massacre
de leurs gens, *en furent tout ébahis et cour-*
roucés : bien y avait cause, car ils avaient perdu
le passage de la rivière. Mais quoique la prise
du pont leur ôtât tout espoir de retraite, ils ne
parlaient point de se rendre, *se sentant en forte*
place et attendant du confort de Bordeaux. Le
bruit courait, en effet, que le duc de Lancastre
et le comte de Buckingham, partis de Bordeaux
avec deux mille hommes d'armes et quatre mille
archers, venaient attaquer les Français devant
Taillebourg. *Mais les choses se taillèrent autre-*
ment. [2]

[1] Il fut là fait chevalier à celuy assaut l'aisné fils au comte
de Harcourt, Jehan, et bouta bannière hors, et le feit chevalier
son oncle le duc de Bourbon. Cet assaut du pont de Taillebourg
fut moult beau et y eut faite mainte appertise d'armes, et tiroyent
ces Genevois et ces arbalestriers, qui estoyent és nefs, à ceux du
pont si roide et si uniment, qu'à peine osoit nul se monstrer à
deffense. A quoy vous ferois-je long compte? Par bel assaut le
pont de la rivière fut conquis et tous ceux qui dedans furent
trouvés furent occis et noyés : nul n'en eschapa. (*Chronique de*
Jehan Froissart. tom. II. chap. 159.)

[2] De la prise du pont de Taillebourg furent ceux de dedans,
Dinandon et les autres, tous esbahis et courroucés, et bien y
avoit cause, car ils avoyent perdu le passage de la rivière. Non-

Jean Froissart, à qui sont empruntés les détails 1385. qu'on vient de lire, interrompt ici son récit pour transporter le lecteur à la cour de France où l'on célébrait le mariage de Charles VI avec Isabeau de Bavière (17 juillet 1385.) C'est au milieu de cette grande solennité qu'un héraut-d'armes, envoyé par le duc de Bourbon, vient raconter *comment Taillebourg, pont et chdtel, s'est rendu Français.*[1] Un biographe contemporain, qui parle aussi du siège de Taillebourg, ne nous apprend rien autre chose sinon que *ce fort chdtel fut prins par force.* [2]

Après avoir mis garnison dans la place, le duc alla assiéger un autre château, *appelé le bourg Charente* (Tonnay-Charente), lequel *se rendit pareillement.* [3] Enfin il s'empara successivement de Verteuil, de Mauléon, du Faon et de six autres forteresses occupées par les Anglo-Gascons

obstant ils ne se vouloyent pas rendre, car ils se sentoyent en forte place et si attendoyent confort de Bourdeaux, car on disoit adonc que le duc de Lanclastre et le comte de Bouquinguam, à tout deux mille hommes d'armes et quatre mille archers, vieudroyent de Bourdeaux pour combattre les François. Mais les choses se taillèrent autrement. (*Chronique de Jehan Froissart.* tom. IL. chap. 159.)

[1] Ibid. chap. 164.

[2] Quand le duc de Bourbon fut en Guyenne, il meit le siège devant Taillebourg, qui moult estoit fort chastel, et fut prins par force. (Théod. Godefroy. *Le livre des faits de Jehan le Maingre,* dit *Boucicaut.* 2e partie, chap. XII. ap. Petitot. Coll. tom. VI. p. 407.)

[3] Et pareillement se rendit au duc de Bourbon un autre fort chastel, appelé le bourg Charente. (Ibid).

1386. tant en Saintonge que dans le Limousin et le Poitou. [1]

1386. — Pendant que le duc de Bourbon guerroyait au nord de la Garonne, messire Gaucher de Plassac guerroyait au midi. Après avoir enlevé plusieurs places aux Anglo-Gascons, ce capitaine avait congédié ses hommes d'armes et s'était retiré à Carcassonne. Mais à peine était-il arrivé dans cette ville, qu'il reçut l'ordre de se porter promptement vers le château de Boutteville, sur la lisière méridionale de la Saintonge. Cette forteresse, occupée par une garnison anglaise sous le commandement d'un Gascon, appelé Guillaume de Sainte-Foix, venait d'être investie par un corps de Saintongeois et de Poitevins, commandé par le maréchal Louis de Sancerre, et l'on avait eu avis que Jean de Harpedanne, sénéchal anglais de Bordeaux, rassemblait des gens d'armes à Libourne pour aller au secours des assiégés. Gaucher de Plassac ayant réuni soixante lances et cent arquebusiers génevois, s'empressa d'aller renforcer le camp de Boutteville où il avait été dévancé par les sénéchaux de la Rochelle et de Poitiers. [2]

---

[1] *Chronique de Jehan Froissart.* — Villaret. *Hist. de France.* tom. XI. p. 380.

[2] Entandis qu'il séjournoit là, luy vindrent nouvelles de France et commandement de par le roy qu'il se retrahit devers la garnison de Bouteville en Xaintonge, laquelle garnison un Gascon, nommé Sainte-Foix, tenoit. Et avoit-on entendu que messire Jehan

Les échecs que les Anglo-Normands avaient 1386, essuyés sur le continent depuis l'avènement de Charles VI, donnèrent l'essor à l'ambition de ce prince. Dans son ardeur juvénile il lui semblait que rien ne dût arrêter le cours de ses succès, et la fortune paraissait devoir d'autant mieux favoriser ses desseins, que le royaume d'outre-mer, livré à la fureur des partis, était menacé d'une révolution prochaine. Toutefois, un projet de descente en Angleterre, préparé à grands frais, n'eut point de suites, et Richard en fut quitte pour la peur qu'il éprouva à la nouvelle des apprêts menaçans que le roi de France faisait dans le port de l'Ecluse. [1]

1387. — Mais la cour de Londres, pour pro-téger ses frontières, avait équipé une flotte imposante sous les ordres de Richard, comte d'Arondel, et du jeune comte de Notyngham. Cette escadre, après avoir croisé long-temps près des côtes d'Angleterre, vint jeter l'ancre à l'embouchure de la Tamise. Elle occupait encore

---

Harpedane, seneschal de Bordeaux, faisoit son assemblée de gens d'armes à Libourne sur Dordonne, pour venir lever les bastides que les Poictevins et Xaintongeois avoyent mis devant. Au com-mandement du roy obéit messire Gaucher, et prit sa charge de soixante lances et de cent arbalestriers génevois, et se partit in-continent de Carcassonne et s'envint à Bouteville, et là trouva les seneschaux, celuy de la Rochelle et celuy de Poictou. (*Chro-nique de Jehan Froissart.* tom. III. chap. 21.)

[1] Jouvenel des Ursins. *Hist. de Charles VI.* — *Chronique de Jehan Froissart.* — Le moine de Saint-Denys. *Chronique de Charles VI.* — De Barante. *Hist. des ducs de Bourgogne,* etc.

1387. cette position, lorsque, dans les premiers jours d'avril 1387, un grand nombre de navires flamands, qui étaient venus charger de vins dans les ports de la Saintonge et de l'Aunis, sortirent de la Rochelle pour retourner en Flandre. Après avoir longé les côtes de Bretagne et de Normandie, ils arrivèrent à la hauteur de Calais. Les premiers qui aperçurent l'escadre anglaise donnèrent l'alarme à ceux qui venaient après : *Seigneurs, avisez-vous*, s'écrièrent ils, *car nous aurons bataille avant qu'il soit nuit.* [1]

Parmi les Flamands se trouvait un chevalier, appelé Jean de Burck, amiral du duc de Bourgogne. Il prit le commandement général de la flotte, forte de sept cents voiles, et la rangea promptement en bataille. Le comte d'Arondel avait déjà fait lever les ancres, impatient de saisir la riche proie que le sort lui envoyait. Il vint fondre à toutes voiles sur les Flamands qui le reçurent sans se troubler. Un combat terrible

---

[1] Or gisoyent les nefs Anglesches à l'ancre à l'emboucheure de la Tamise, et attendoyent la flotte des nefs qui, en celle saison, estoyent allées à la Rochelle. Qnant les marchans de Flandres eurent fait tous leurs exploits en la Rochelle et on païs de Xaintonge, et chargé leurs nefs de grand' foison de vins de Xaintonge, et ils veirent qu'ils eurent bon vent, ils se désancrèrent du havre de la Rochelle et se meirent au chemin par mer pour retourner en Flandres. Et costoyèrent la Basse-Bretagne et puis Normandie droitement sur l'emboucque de la Tamise où ces nefs Anglesches estoyent. Les nefs de Flandres aperçeurent comme elles gisoyent là, et dirent ceux qui estoyent eu hautes nefs : « Seigneurs, avisez-vous ! si aurons bataille avant qu'il soit nuict. » (*Chronique de Jehan Froissart.* tom. III. chap. 52.)

s'engagea entre les deux flottes. Plusieurs *nefs* 1387. furent *effondrées* de part et d'autre, et ceux qui les montaient noyés dans les flots. Mais l'avantage resta aux Anglais, aussi nombreux et mieux armés que leurs adversaires. Cinquante-six vaisseaux flamands tombèrent en leur pouvoir. Les autres ayant pris la fuite furent poursuivis par le comte d'Arondel qui les atteignit en vue de l'Ecluse. Là un nouveau combat s'engagea, et soixante-dix autres *nefs* flamandes demeurèrent, avec leurs cargaisons, au pouvoir des Anglais.[1]

Les vainqueurs rentrèrent triomphans dans la Tamise, suivis de cent vingt-six bâtimens capturés, chargés de douze à treize mille *vases* de vin, environ neuf mille tonneaux. *Ils furent reçus à grand' joie, car les bons vins de Saintonge ils avaient en leur compagnie, dont la vinée, toute l'année, en fut plus chère en Flandre, en Hainaut et en Brabant, et à meilleur marché en Angleterre.* Cette abondance inattendue fit tout-à-coup baisser le prix des vins de Saintonge à quatre deniers sterlings au galon. A Leicester notamment, le vin blanc de la Rochelle ne se vendit plus que

---

[1] Puisque combattre les convenoit, ils s'ordonnèrent, et estoyent plus de sept cens. Et avoit là un vaillant chevalier de Flandres, lequel estoit admiral de par le duc de Bourgoigne, et l'appeloit-on messire Jehan Burcq. Aux vaisseaux s'approcha la grosse navire d'Angleterre. Là eut sur mer dure bataille et des nefs effondrées d'une part et d'autre. Et vindrent entre Blanqueberge et l'Ecluse, et là fut la desconfiture. (*Chronique de Jehan Froissart.* tom. III, chap. 52.)

1388. quatre deniers la bouteille. Mais le comte d'A-rondel et nombre de ses gens avaient été fort maltraités et furent retenus long-temps au lit par suite de leurs blessures. [1]

1388. .— Pendant que les habitués des tavernes d'Angleterre se régalaient à peu de frais *des vins blancs de la Rochelle*, Hélion de Lignac, sénéchal de cette ville, était absent de son gouvernement. Le duc de Berry lui avait mandé de mettre ordre aux affaires de sa sénéchaussée et de venir le trouver à Paris. Après avoir désigné, pour commander en son absence, deux chevaliers, appelés Pierro de Taillepié et Pierre

---

[1] Après ce que les Anglois eurent desconfit messire Jehan Burq, ils en eurent grand proffit, et par espécial ils eurent bien neuf mille tonneaux de vin, dont la vinée, toute l'année, en fut plus chère en Flandres, en Hainaut et en Brabant, et à meilleur marché en Angleterre. Et là passèrent jusques à Londres où ils furent reçeus à grand' joye car les bons vins de Xaintonge ils avoyent en leur compaignie. Et feirent ces vins là ravaler à quatre deniers sterlings au galon. (*Chronique de Jehan Froissart.* tom. III. , chapitre 52. — Ricardus , comes de Arondell , associato sibi comite de Notyngamiâ, tunc juniore, circà festum Annuntiationis B. Mariæ, audito quod navigium Flandriæ divérteret se de la Rochel, cum vino, festinato classe exivit in occursum eorum et magnanimiter debellans, in fugam vertit, et cepit sex et quinquaginta naves cum vino : et istis navibus in Angliam transmissis sub custodiâ, ipse cum sociis insequebatur inimicos, et iterùm fortiter pugnavit cum eis, expugnatisque illis , cepit sexaginta decem naves cum vino. Summa navium captarum centum vigenti sex, in quibus æstimabatur de vino de Rochel quasi inter duodecim et tredecim millia vasorum. Interim rediit in Angliam cum sociis suis ad refocillandum se et suos, letaliter pro magnâ parte læsos et vulneratos. Apud Leicestriam vendebatur lagena vini albi de la Rochel pro quatuor denarios. (*Henrici de Knyghton de eventib. Angl.* lib. V).

de Jouy, le sénéchal s'était rendu aux ordres 1388, du prince.

Il allait être chargé d'une mission délicate. Jean, duc de Berry, quoique âgé de plus de soixante ans, était tourmenté du désir de se marier. *Il avait*, dit Froissart, *l'imagination tellement saisie de la passion amoureuse, qu'il ne voulait écouter aucunes remontrances.* Or la fille du comte de Lancastre était l'objet sur lequel le vieux prince avait jeté les yeux, et l'on assurait même que le projet de descente en Angleterre, préparé à si grands frais deux ans auparavant, n'avait échoué que par l'opposition qu'y avait mise le duc de Berry, pour se rendre agréable au prince dont il voulait devenir le gendre. [1]

Le sénéchal de la Rochelle fut chargé d'aller en Gascogne solliciter la main de la princesse. Mais pendant qu'il négociait ce mariage, des ambassadeurs du roi de Castille étant venus à Bayonne faire la même demande pour le fils de leur souverain, le duc de Lancastre aima mieux donner sa fille au jeune héritier d'un royaume qu'à un vieux duc, et pria Hélion de Lignac d'aller remercier son maître. [2]

[1] Voir de Barante. *Histoire des ducs de Bourgogne.* tom. II. p. 36.

[2] *Chronique de Jehan Froissart.* tom. III. chap. 112 et 113. — Le prince ne renonça pas, pour cela, au mariage. Il jeta les yeux, peu de temps après, sur Jeanne, comtesse de Boulogne,

1388.   Pendant que le sénéchal de la Rochelle, messager galant du duc de Berry, *chevauchait sur chemin, allant ou venant, ne sais lequel, de Bayonne en France*, Richard, comte d'Arondel, ayant recouvré la santé, s'était remis en mer et avait croisé, durant *toute la saison*, près des côtes de Bretagne et de Normandie. Voulant tenter quelque nouvelle aventure *pour employer le temps*, il tint conseil avec *les plus grands de son armée*. Ils furent d'avis *de se traire vers la Rochelle et de faire quelque chose en pays rochelais, car ils étaient assez de gens pour attendre sur les champs toute la puissance de Saintonge et de Poitou*. [1]

Ces pays étaient alors dégarnis de gens de guerre dans l'attente d'une trève qui se négociait et qui devait commencer au premier août. Les

---

à peine âgée de douze ans. Le jeune roi Charles VI plaisantait son oncle sur ses amours surannées. — « Bel oncle, lui disait-il, que ferez-vous de cette fillette ? Elle n'a que douze ans et vous en avez soixante : par ma foi c'est grand' folie à vous. — Beau neveu, répondit le duc, si la fille est trop jeunette, je l'épargnerai. — Voire, répliqua le roi, mais elle ne vous épargnera pas. » (Villaret. *Hist. de France.* tom. XI. p. 463).

[1] Je me suis tenu longuement de parler de l'armée de mer dont le comte Richard d'Arondel estoit le chef. Or avoyent ces Anglois, en leurs navires, toute la saison costoyé les bandes de Bretaigne et Normandie. Le comte d'Arondel se trahit au conseil aveques les plus grans de son armée pour savoir quelle part ils se trairoyent pour employer leur saison. Conseil fut là entre eux arresté qu'ils se trairoyent vers la Rochelle et feroyent en Rochellois quelque chose, car ils estoyent assez de gens pour attendre sur les champs toute la puissance de Xaintonge et de Poictou. (*Chronique de Jehan Froissart.* tom. III. chap. 116).

barons, retirés dans leurs manoirs, avaient déposé 1388.
les armes et congédié leurs vassaux. Le comte
d'Arondel et ses gens purent donc effectuer
leur débarquement sans obstacle.

Après avoir longé la côte du Bas-Poitou, l'escadre anglaise vint mouiller à l'embouchure de
la rivière de Marans. Là elle attendit à l'ancre
l'heure de la pleine-mer, et lorsque la marée
eut rempli le canal de la Sèvre, *plus de deux
cents compagnons aventureux* se jetèrent dans
les *barges* et, s'abandonnant au flux, remontèrent
la rivière *jusqu'à la ville de Marans.* [1]

La vigie, placée sur la plus haute tour du
château, ayant vu l'escadre anglaise jeter l'ancre
à l'embouchure de la Sèvre et les barques s'a-
vancer en suivant *le fil de l'eau*, se mit *à corner
et à mener grand'noise* (à sonner du cor et à
faire beaucoup de bruit) pour donner l'éveil
aux gens de la ville et les avertir *de sauver le
leur.* Aussitôt *grand'foison d'hommes et de femmes*
se hâtèrent de transporter *au châtel* leurs effets
les plus précieux, et bien leur en prit, car
sans cette précaution ils eussent tout perdu : et
quand ils virent que les Anglais *leur étaient aux*

[1] De grand' voulenté s'en vindrent ces seigneurs et leurs navires
frontoyant Poictou et Xaintonge, et ancrèrent en la mer de la
Rochelle, voire au lez devers Marans. Et s'arrêtèrent aucuns
compaignons adventureux pour tant que la marée n'estoit pas
encore pleine. Et entrèrent ès barges encore plus de deux cens,
et s'envindrent, avec la mer, jusques en la ville de Marant.
(*Chronique de Jehan Froissart.* tom. III. chap. 116).

1388. *talons,* ils ne songèrent plus qu'à *sauver leurs corps* en se réfugiant dans les bois et les villes voisines. [1]

Les Anglais étant *issus* hors de leurs barques, coururent à la ville où ils mirent tout au pillage : *car pour pillage étaient-ils là venus. Mais petit y trouvèrent, fors que grandes huches vides : tout le bon était retrait au châtel. De blé, de vin, de porc salé et d'autres pourvéances trouvèrent-ils assez, car il y avait plus de quatre cents tonneaux de vin dans la ville.* Ils s'établirent dans le bourg pour garder ces provisions, pensant bien que s'ils s'éloignaient, elles seraient bientôt *retraites au fort* ou emmenées à Fontenay par la Vendée. Ayant donné avis au comte d'Arondel et à ceux qui étaient restés avec lui sur les vaisseaux du motif qui les empêchait de rejoindre la flotte, ils ne pensèrent plus qu'à *se donner du bon temps* et à passer une joyeuse nuit, *car ils étaient là venus à heure de vêpres.* [2]

[1] La guette du chastel de Marant d'amont avoit vu venir la navire d'Angleterre et prendre port au havre, et aussi les barges venir tout le fil de l'eau avèques la marée. Si avoit corné d'amont et mené grand' noise pour réveiller les hommes de la ville et pour sauver le leur. Si qu'hommes et femmes grand' foison sauvèrent de leurs meilleures choses qu'ils portèrent au chastel, et cela leur vint bien à poinct, autrement ils eussent perdu tout. Quant ils veirent que les Anglois leur estoyent aux talons, si entendirent à sauver leurs corps. (*Chron. de Jehan Froissart.* tom. III. ch. 116).

[2] Anglois, archers, et autres qui là estoyent venus et issus hors de leurs barques, entrèrent en la ville et entendirent au pillage, car pour pillage étoient-ils là venus : mais petit y trouvèrent fors que grandes huches vides : tout le bon estoit retrait

Le lendemain, à la pleine-mer, le comte d'A- 1388.
rondel et ses gens ayant mis toutes les barques
à l'eau, y descendirent des vaisseaux les armes,
les tentes et les autres *harnais* de guerre, et
entrèrent dans la Sèvre, laissant à cent hommes
d'armes et à deux cents archers la garde *des
grosses nefs* qui, à cause de leur tirant-d'eau,
ne pouvaient remonter la rivière. Arrivés à Marans,
ils débarquèrent *tout à loisir* et dressèrent leurs
tentes dans la campagne entre le bourg et la
ville de la Rochelle, *laquelle siet à quatre petites
lieues de là.* [1]

Cependant le bruit s'était répandu dans le
pays que les Anglais venaient de débarquer à
Marans au nombre de quatre cents gens d'armes

au chastel. De blé, de vin et de porc salé et d'autres pourveances
trouvèrent-ils assez, car il y avoit plus de quatre cents tonneaux
de vin dans la ville. Si advisèrent qu'ils demoureroyent là pour
garder ces pourveances, car s'ils se départoyent, ils supposoyent
bien que la gaigneur partie seroit retraite à fort ou eslongnée
par la rivière jusques à Fontenoy-le-Comte par les François. Si
demourèrent celle nuict en la ville, car ils estoyent là venus à
heure de vespres, et se donnèrent du bon temps, et mandèrent
leur estat à leurs gens et la cause pourquoy ils estoyent là demourés.
(*Chronique de Jehan Froissart.* tom. III. chap. 116).

[1] Au lendemain, quand la marée commença à retourner, toutes
gens s'appareillèrent et se désancrèrent petits vaisseaux, et furent
mis, des grans vaisseaux dedans les petits, tous les harnois qui
aux armes appartenoyent, et laissèrent là les grosses nefs qui la
rivière de Marant, pour le petit profond, ne pouvoyent passer.
Encores ordonnèrent-ils cent hommes d'armes et deux cens archers
pour garder la navire qui là gisoit à l'ancre : puis ils nagèrent
tant qu'ils vindrent à Marant. Et là prirent-ils terre tout à loisir
et se logèrent tous sur la terre entre Marant et la ville de la Rochelle, laquelle siet à quatre petites lieues de là. (Ibid).

1388. sans compter les archers. Cette nouvelle avait jeté l'effroi dans les villes et les châteaux. Les gens du plat-pays désertaient leurs demeures, emportant ce qu'ils avaient de plus précieux, et cherchaient un asile les uns dans l'épaisseur des forêts, les autres dans les villes closes, à la Rochelle, à Niort et jusqu'à Bressuire. [1]

Si les Anglais avaient eu des chevaux *pour courir à leur aise*, ils auraient pu faire *un grand profit*, car tout le pays rochelais était *dégarni de gens d'armes.* A la vérité les sires de Parthenay, de Pons, de Liniers, de Tonnay-Boutonne et de Montendre, Geoffroy d'Argenton, Aimery de Rochechouart, le vicomte de Thouars et nombre d'autres barons et chevaliers de la Saintonge et du Poitou étaient dans leurs fiefs. Mais n'ayant pu être avertis à temps de l'approche des Anglais, ils se trouvaient sans garnisons dans leurs forts où la surprise ajoutait encore à leurs alarmes. Chacun ne songeait qu'à garder sa terre *et les bonnes gens du plat-pays à moissonner les blés, car il était à l'entrée d'août.* [2]

---

[1] Ces nouvelles s'espandirent sur le païs que les Anglois estoyent arrivés à Marant et estoyent bien quatre cens combattans parmy les archers. Si furent le plat païs, les villes et les chasteaux tout effrayés, et commencèrent des villages à fuir et à retraire leurs biens ès forêts, en Bressuire et ailleurs. (*Chron. de Jehan Froissart.* tom. III. chap. 116 et 117).

[2] Si les Anglois eussent eû chevaux pour courir à leur aise sur les Rochellois, ils eussent bien grandement faict leur proffit, car le païs estoit tout desgarni de gens d'armes. Bien est vérité que le sire de Parthenay, le sire de Pons, etc., et plusieurs

Ajoutez qu'il n'y avait dans le pays *nul chef* 1388. pour *émouvoir* la noblesse et l'appeler aux armes. Le sénéchal de Saintonge était absent : messire Hélion de Lignac, sénéchal de la Rochelle, *était grandement embesogné pour le duc de Berry, allant et retournant sur le chemin de Bayonne en France.* L'absence d'un homme influent enchaînait tous les courages, *car*, dit le chroniqueur, *qui défaut de bons chefs il défaut de bon pied, et qui n'a bon pied il ne peut faire chose qui vaille.* [1]

Il y avait toutefois à la Rochelle Pierre de Taillepié et Pierre de Jouy, *les deux vaillans chevaliers* auxquels Hélion de Lignac, *à son partement*, avait confié le gouvernement de la ville et de la banlieue. Dès qu'ils eurent avis de la descente du comte d'Arondel et de ses gens à Marans, ils se rendirent auprès du corps de ville : — « Il nous faut aller voir le logis des

autres chevaliers et escuyers de Saintonge et de Poictou estoyent on païs : mais c'estoit chacun en son fort, car le païs n'estoit pas advisé de la venue des Anglois. Ceste chose leur vint soubdainement, pourquoy ils en furent plus effraiés. Et mettoit chascun peine à entendre de garder le sien, et les bonnes gens du platpays à moissonner les blés, car il estoit à l'entrée d'aoust. (*Chron. de Jehan Froissart.* tom. III. chap. 116 et 117).

[1] Avecques tout ce il n'y avoit nul chef on païs qui les esmeust. Le seneschal de Xaintonge n'estoit pas en sa seneschaucie. Le seneschal de la Rochelle aussi, Hélion de Lignac, n'estoit pas à la Rochelle n'on païs, mais grandement embesongné pour le duc de Berry en allant et retournant sur le chemin de Bayonne en France. Et par ces raisons le païs en estoit plus foible, car qui défaut de bons chefs il défaut de bon pié, et qui n'a bon pié il ne peut faire chose qui vaille. (Ibid).

1388. Anglais, dirent-ils. Nous voulons querre leur bien-venue : ils nous la paieront ou nous la leur paierons. Et si y a-t-il un point moult bel pour nous : ils n'ont nuls chevaux et nous sommes bien montés. Nous enverrons nos arbalétriers devant qui les iront réveiller. Les Anglais saudront (sortiront) tous dehors, et aurons, nous qui serons sur nos chevaux, grand avantage de leur porter dommage. « *Tous ceux qui ouïrent les chevaliers ainsi parler les tindrent à bien vaillans hommes, et s'accordèrent à ce conseil les arbalétriers et gros varlets, qui étaient bien douze cents.* [1]

Le lendemain, *droit à l'aube du jour,* ces milices furent *appareillées* et rassemblées sur la grande place. Les arbalétriers et gens de pied se mirent aussitôt en chemin vers le camp des Anglais. *Ceux de cheval,* au nombre d'environ trois cents lances, les suivirent de près, ayant à leur tête les deux chevaliers. Il était encore *assez matin* lorsque les arbalétriers arrivèrent *sur le logis des Anglais.* Tout en approchant ils tendirent leurs arbalètes et commencèrent à

---

[1] Vray est qu'en la ville de la Rochelle estoyent, pour ces jours, deux vaillans chevaliers, l'un appeloit-on messire Pierre de Jouy et l'autre messire Taillepié, lesquels messire Hélion de Lignac avoit laissés, à son département, à la Rochelle pour garder le païs. Quand les nouvelles furent venues à la Rochelle que le comte d'Arondel et l'armée de mer avoyent pris terre sous Marant, si dirent à ceux de leur charge et au majeur de la Rochelle : — « Il nous faut aller, etc. » (*Chronique de Jehan Froissart.* tom. III. chap. 117).

traire leurs *viretons* à travers les palissades où 1388.
les gens du comte d'Arondel sommeillaient sur
des *litières d'estraim*. Ceux-ci, *s'émerveillant d'où
ce pouvait venir*, se jetèrent sur leurs armes :
mais il y en eut plusieurs de blessés avant qu'on
sût de quel côté les traits étaient partis. [1]

Quand les archers *eurent trait chacun six coups*,
ils rebroussèrent chemin ainsi qu'ils en avaient
reçu l'ordre. Alors arriva la cavalerie rochelaise
qui tomba, la lance au poing, sur le logis des
Anglais et culbuta tout ce qui s'offrit à ses
coups. Le comte d'Arondel, ses chevaliers et
hommes d'armes sortirent en foule de leurs
tentes, et vinrent *aux champs* pour se ranger
en bataille. Mais dès que les Français virent
l'ost des Anglais s'émouvoir, ils tournèrent bride
et suivirent leurs gens de pied, qui *s'en allaient
si bon pas*, que les premiers *étaient ja moult
près de la Rochelle, pour ce qu'ils doutaient*
(redoutaient) *le trait des Anglais*. [2]

[1] Quand ce vint au matin, droit à l'aube du jour, ils furent
tous appareillés dedans la ville de la Rochelle et s'assemblèrent
en la place. Et se partirent les arbalestriers et les gens de pied,
et se mirent au chemin de bon pas pour venir au logis des Anglois.
Endementiers s'ordonnèrent ceux de cheval, et estoyent bien environ trois cens. Si issirent les hommes de cheval et les deux
chevaliers qui les menoyent devant. Quand les arbalestriers de la
Rochelle vindrent sur le logis des Anglois, il estoit encore assez
matin. Adonc arbalestriers commencèrent à tendre leurs arbalestres
en approchant les Anglois, et puis à traire viretons qui passoyent
parmy les feuilles des logis, dont les Anglois, qui reposoyent sur
litières d'estraim, s'esmerveilloyent d'où ce venoit. Si en y eut
beaucoup de bléciés avant qu'on sceut que ce fussent les François.
(*Chron. de Jehan Froissart.* tom. III. chap. 116 et 117).

[2] Quand ils eurent trait chascun six coups, ils se meirent au

1388. Le comte d'Arondel se mit à leur poursuite avec plus de quatre cents gens d'armes, *chacun son glaive en ses mains.* Malgré la diligence des hommes de pied, il les joignit aux portes de la Rochelle. Il y eut une grande confusion dans ce moment où la foule des arbalêtriers se pressait à l'entrée de la barrière, trop étroite pour recevoir tant de monde à la fois. Les deux chevaliers, restés en arrière pour protéger la retraite de leurs soldats, *ouvrèrent* (travaillèrent) *comme vaillantes gens* et soutinrent seuls, pendant quelque temps, les charges de l'ennemi. Enveloppés de toutes parts, *ils se trouvèrent en grande aventure d'être prins ou morts, car l'assemblée était plus sur eux que sur nuls des autres.* Pierre de Jouy eut son *coursier* tué sous lui, et *à grand'peine fut-il trait dedans la barrière. Messire Pierre Taïllepié fut féru* (frappé) *tout outre la cuisse d'un glaive, et d'une flèche parmi le bassinet jusques dedans la tête, et chut* (tomba) *son bon cheval mort à ses pieds.*[1]

retour ainsy comme ordonné leur estoit. Adonc s'approchèrent les gens d'armes et se meirent entre les logis des Anglois. Lors se commencèrent à esmouvoir chevaliers et escuyers de leurs logis, et venir sur les champs et eux mettre ensemble. Quand les capitaines françois veirent que l'ost s'esmouvoit, si suivirent leurs gens qui s'en ralloyent bon pas, et ja estoyent les premiers moult près de la Rochelle, car ils doubtoyent le trait des Anglois. (*Chroniq. de Jehan Froissart.* tom. III. chap. 117).

[1] Et alors veez-ci venir le comte d'Arondel et plus de quatre cens hommes d'armes qui avoyent poursuyvi le grand pas chascun son glaive en ses mains. Là fut grand l'empeschement des hommes de pié et la presse au retour en la Rochelle. Messire Pierre de

Il y eut *grande occision* dans cette mêlée. Plus 1388. de quarante Rochelais furent tués ou blessés. Mais les Anglais, foudroyés par *les canons et bombardes* placés au sommet de la porte, perdirent aussi beaucoup de monde. Après avoir ainsi *escarmouché* jusqu'à l'heure de none, lé comte d'Arondel fit sonner la retraite. Gens d'armes et archers regagnèrent en bon ordre leurs quartiers où chacun, ayant déposé ses armes, ne songea plus qu'à se restaurer : *et bien avaient de quoi, car de vins et de chairs étaient-ils bien pourvus.* [1]

Ils demeurèrent dans cette position environ quinze jours, *attendant les aventures.* Mais les Rochelais *n'issirent* (ne sortirent) plus de leurs

Jouy et messire Pierre Taillepié ouvrèrent comme vaillans gens, car en deffendant leurs gens ils se meirent derriére, et feirent tant qu'ils vindrent jusques aux barriéres, et tousjours les poursuyvirent les Anglois. Là furent en grande adventure les deux chevaliers d'estre prins ou morts, car l'assemblée estoit plus sur eux que sur nuls des autres. Dont il avint que messire Pierre de Jouy eut mort sous luy son coursier, et à grand' peine fut-il trait dedans les barriéres : et messire Pierre Taillepié fut féru tout outre la cuisse d'un glaive, et d'une flèche parmy le bacinet jusques dedans la teste, et cheut son bon cheval mort dedans la porte à ses pieds. (*Chronique de Jehan Froissart.* tom. III. chap. 117).

[1] Au rentrer dedans la ville y eut grand' occision, et de morts et de blécés plus de quarante. On estoit monté en la porte et jettoit-on canons et bombardes sur les Anglois. Ainsy se porta ceste premiére escarmouche des Rochellois et des Anglois. Quand ils eurent écarmouché jusques à prés de nonne, le comte d'Arondel fit sonner la retraitte. Adonc se retrahirent par bonne maniére gens d'armes et archers jusques à leurs logis. Et là se désarmérent et pensérent d'eux, et bien avoyent de quoy, car de vins et de chairs estoyent-ils bien pourveus. (Ibid).

1388. murs, ayant leurs deux capitaines blessés et pensant bien que les Anglais se tiendraient désormais sur leurs gardes. Après avoir envoyé, par quatre fois, des cavaliers courir autour de la Rochelle et jusqu'aux portes de Bressuire et de Thouars *où ils portèrent grand dommage dont le pays fut tout effrayé*, le comte d'Arondel, voyant que *nul ne venait à l'encontre de lui*, profita d'un vent favorable pour reprendre la mer. Ayant fait charger ses barques de *grand'foison de vins et de chairs fraiches*, il se rembarqua avec tout son monde et regagna ses vaisseaux. Les ancres furent aussitôt levées, les voiles déployées, et l'escadre s'éloigna rapidement de la côte, emportée par un bon vent du sud-est. [1]

Déjà elle avait perdu de vue le rivage du continent, lorsqu'une de ces tempêtes si fréquentes dans le Golfe-d'Aquitaine à l'approche de l'é-

---

[1] Si se tindrent ces seigneurs d'Angleterre là environ Marant plus de quinze jours attendant les armes et les adventures. Mais depuis n'issirent point de la Rochelle nuls gens d'armes pour écarmoucher les Anglois, car ils veeoyent bien que les Anglois se maintenoyent sagement. Et aussy les deux capitaines estoyent blécés, par quoy les autres avoyent bien cause de eux tenir en paix. Le comte d'Arondel envoya, par quatre fois, courir sur le païs rochellois, vers Bressuire et en la terre de Thouars, et y portèrent ceux qui envoyés y furent grand dommage dont le païs fut tout effrayé. Quand l'armée de mer eut séjourné sur le païs de Rochellois environ quinze jours, et ils veirent que nul ne venoit à l'encontre d'eux, et que vent propice leur fut venu, ils se détrahirent vers leurs navires et les rechargèrent de grand' foison de vins et de chairs fraisches. Si se désancrèrent et avalèrent leurs voiles et cinglèrent en esloignant la terre. (*Chronique de Jehan Froissart.* tom. III. chap. 117).

quinoxe d'automne, s'éleva tout-à-coup et se 1388. *bouta* dans la flotte d'Angleterre. Le vent, qui avait changé subitement, soufflait avec tant d'impétuosité, *qu'il n'y avait si hardi marinier qui n'en fût ébahi.* Les vaisseaux furent dispersés, et les patrons, désespérant de pouvoir lutter contre les flots soulevés, jugèrent prudent de regagner la terre. Une partie de l'escadre, au nombre de vingt-sept navires, sur l'un desquels était le comte d'Arondel, fut jetée sur la côte d'Aunis, et vint se réfugier en rade de la Palisse, à deux petites lieues de la Rochelle. Telle était la violence du vent d'ouest qui poussait les vaisseaux contre le rivage, que, dans cette position, nulle puissance humaine n'aurait pu leur faire regagner la haute-mer. [1]

Ce retour subit des Anglais jeta d'abord l'effroi dans la Rochelle. On crut qu'ils revenaient pour attaquer la ville ou rançonner le pays. Les Rochelais se hâtèrent de *clouer* (clore) leurs portes et se tinrent enfermés dans leurs murs pendant un jour et demi. Mais le bruit se ré-

---

[1] Or devez savoir que tousjours, contre la Toussaint, voulentiers fait fort temps et des vents périlleux sur mer. Encores en feit-il adonc un très-grand qui se bouta entre la navire d'Angleterre, et tellement qu'il les esperdit l'un de l'autre durement, et n'y avoit si hardy marinier qui ne fust esbahy du grand vent qu'il faisoit, et tant qu'il convint par force prendre terre. Le comte d'Arondel, luy vingt et septième de vaisseaux, à deux petites lieues de la Rochelle, en un havre qu'on dit la Palisse, ancrèrent, et avoyent le vent si fort sur eux, qu'ils ne pouvoyent partir. (*Chronique de Jehan Froissart.* tom. III. chap. 133).

1388, pandit bientôt que les Anglais n'avaient guère que vingt-deux vaisseaux et que *grand vent et fortune de mer les avaient là boutés.* On apprit, en outre, que le comte d'Arondel, messire Henri de Beaumont, messire Guillaume Helmen et plus de trente chevaliers d'Angleterre étaient sur ces vaisseaux, et qu'il n'était pas en leur pouvoir de regagner le large. A cette nouvelle les Rochelais tinrent conseil et résolurent de mettre à profit l'occasion que le sort leur offrait de venger l'insulte qu'ils avaient reçue.[1]

Le maréchal Louis de Sancerre, Gaucher de Plassac et un grand nombre de chevaliers de Saintonge, de Poitou et de Périgord assiégeaient, comme on l'a dit, le château de Boutteville, défendu par le Gascon Guillaume de Sainte-Foix. Les Rochelais ayant donné avis au maréchal de la position critique où se trouvaient le comte d'Arondel et ses compagnons, il en fut *tout réjoui* et manda à ceux de la Rochelle d'équiper en toute hâte six ou huit galères, promettant de

---

[1] Quand les nouvelles en furent venues à la Rochelle, si se doublèrent de premier les Rochellois que les Anglois venissent là pour leur porter dommage, et clouèrent leurs portes et se tindrent là sans partir et y furent bien un jour et demy. Or vindrent d'autres nouvelles aux Rochellois que les Anglois n'estoyent pas vingt et deux vaisseaux et que grand vent et fortune de mer les avoyent là boutés : et toutefois le comte d'Arondel, messire Henry de Beaumont, messire Guillaume Helmen et plus de trente chevaliers d'Angleterre estoyent là. Si se conseillèrent les Rochellois quelle chose ils feroyent. Tout considéré dirent qu'ils ne s'acquitteroyent pas bien s'ils ne les alloyent écarmoucher. (*Chronique de Jehan Froissart.* tom. III. chap. 133).

se mettre bientôt en marche pour venir attaquer 1388. les Anglais. Il arriva en effet à la Rochelle avec une nombreuse suite de chevaliers, d'écuyers *et de toutes manières de gens*. [1]

Mais le comte d'Arondel eut avis, *je ne sais par quelle inspiration ce fut*, des préparatifs qui se faisaient contre lui. Le vent se trouvant *d'aventure* assez calme et *les ondes de la mer assez avalées* (aplanies), les Anglais levèrent les ancres, hissèrent les voiles et *reprirent la mer si à point*, qu'un peu plus tard *ils eussent été enclos dans le hâvre et pris avec toute leur navire* (leur flotte). A peine avaient-ils mis à la voile, que les galères de la Rochelle arrivèrent à la Palisse, bien appareillées et armées de canons. Elles chassèrent les Anglais jusqu'à deux lieues en mer : mais n'osant s'engager plus avant, elles virèrent bientôt de bord et rentrèrent dans la Rochelle. Le maréchal de Sancerre fut *moult courroucé* contre les Rochelais de ce qu'ils avaient autant tardé à l'avertir, et retourna au camp de

---

[1] En ce temps séoit devant le chastel de Boutteville messire Louis de Sancerre, mareschal de France, et avoit là enclos Guillaume de Sainte-Foix, Gascon, à tout grand' chevalerie de Poictou, de Xaintonge, de la Rochelle et des Basses-Marches. Si advisèrent les Rochellois qu'ils signifieroyent tout ce à messire Louis, ainsi qu'ils le feirent. Sitost qu'il le sceut, il en fut tout resjouy, et manda à ceux de la Rochelle qu'ils armassent six ou huict gallées, car il viendroit combattre les Anglois. Ils le feirent : messire Louis se départit de son siège pour celle besogne. Si s'envint à la Rochelle, et toute manière de gens, chevaliers et escuyers le suyvirent. (*Chron. de Jehan Froissart.* tom. III. chap. 133).

1388. Boutteville , moins joyeux qu'il n'était venu. [1]

Pendant cette guerre d'escarmouches , une trève, depuis long-temps annoncée, fut enfin conclue entre la France et l'Angleterre. Le duc de Lancastre, lieutenant-général du roi Richard en Guienne , délégua, par des lettres données à Bayonne le 28 juillet 1388, pour publier l'armistice dans *le pays entre deux mers*, son chambellan Richard d'Alberbury, Francise, archevêque de Bordeaux, Florimond, sire de Lesparre, et Pellegrin du Fau, docteur en décrets.

Ces commissaires étant venus, le 18 août, à Blaye, sur la limite méridionale de la Haute-Saintonge, publièrent un manifeste par lequel ils déclarèrent accorder à *l'adversaire de France*, [2] ainsi qu'au duc de Berry, gouverneur général

---

[1] Je ne sçay par quelle inspiration ce fut, mais le comte d'Arondel, à la Palisse, fut informé que le mareschal de France le venoit combattre. D'adventure le vent estoit assez avalé et les ondes de mer assez avalées. Le comte tantost feit desancrer ses nefs et prit la mer si à poinct, que s'il eut plus attendu, il eut là esté enclos au havre et là pris avec toute sa navire. Sur ce poinct veez-ci venir les gallées de la Rochelle appareillées et pourveues de canons et d'artillerie, et venoyent droit à la Palisse. Si trouvèrent les Anglois desancrés et s'en alloyent. Si les poursuyvirent ainsi que deux lieues en mer. Toutefois ils ne les osèrent longuement poursuyvir pour les embusches de mer. Si les laissèrent aller et retournèrent. Mais le mareschal de France fut moult courroucé sur ceux de la Rochelle, de ce que si tard ils luy avoyent signifié la venue des Anglois. (*Chronique de Jehan Froissart.* tom. III. chap. 133.)

[2] Depuis l'avènement de Philippe de Valois, les Anglais refusaient aux successeurs de ce prince la qualité de *roi de France* que s'attribuaient les rois d'Angleterre, bien qu'Edward III y eût renoncé par le traité de Brétigny.

des provinces aquitaniques, *bonnes, fermes et* 1388. *loyaux abstinences de guerre* dans tous les pays de la duché de Guienne. L'armistice devait commencer, en Gascogne, Saintonge, Périgord, Angoumois, Poitou, Touraine et Anjou, le mercredi, 26 août, et se prolonger jusqu'au 16 mars suivant, *soleil levant*.

Pendant sa durée devaient cesser *toutes prises de personnes et de forteresses, toutes pilleries, roberies et arsins* (incendies), *toutes démolitions de maisons, abattemens d'arbres portant fruits et autres faits de guerre*. Les hommes de l'une et de l'autre nation eurent la faculté *d'aller, venir et marchander entre eux*, dans les pays susdits, sur toutes sortes de marchandises, sauf les choses prohibées, comme armures, artillerie et autres armes de guerre, et de faire librement tous actes, étant désarmés, hormis d'épées et coutelas. Toutefois il fut interdit d'entrer dans les châteaux gardés, villes closes et autres forteresses, sans la permission des seigneurs ou capitaines de ces forts.

Charles VI profita de la trève pour corriger quelques-uns des abus qui s'étaient introduits dans le royaume à la faveur des dissentions intestines et de la guerre étrangère. Une grande quantité de fausses monnaies, frappées à l'effigie du roi et de très-mauvais titre, avaient été

---

¹ **Rymer.** *Acta publica.* tom. VII. p. 595.

1388. importées du Périgord dans la Saintonge et l'Aunis et répandues à profusion parmi le peuple. Sur l'avis qui lui en fut donné par son procureur en la sénéchaussée de Saintonge, le roi manda au sénéchal de cette province, par des lettres expédiées de Paris le 14 octobre 1388, de rechercher, toute autre affaire cessant, les colporteurs de ces monnaies contrefaites, et de punir sévèrement ceux qui seraient convaincus d'en avoir mis en circulation, afin que leur châtiment servît de leçon aux autres. [1]

1389. — Le 8 septembre de l'année suivante, Charles VI enjoignit au prévôt de la Rochelle de contraindre les chevaliers de Saint-Jean de Jérusalem *hors les murs* à prendre à leur compte les réparations qui avaient été faites à l'hôtel des monnaies de cette ville par le maître particulier de la Monnaie, et à en imputer le montant sur

[1] Charles, etc. Au seneschal de Xaintonge, gouverneur de la Rochelle, salut. Nostre procureur en ladite seneschaucie nous a fait exposer qu'il est venu à sa cognoissance qu'aucunes gens desdictes parties, affin de decevoir nostre menu-peuple, ont porté ou faict apporter du païs de Domme (en Périgord) grans quantitez de faulses monnoyes contrefaictes aux nostres, très-mauvaises et de très-mauvais aloy, et les ont mises et semées parmy les païs de vos jurisdiccions, en quoy nostre dit peuple est grandement endommaigé. Pourquoy nous vous mandons que des choses dessus dictes, vous, toutes autres choses mises arrière, vous informez secrettement à très-grand et bonne diligence, et tous ceulx que vous en touverez coulpables pugnissez bien et duement comme ou cas appartiendra, si que ce soit exemple à tous aultres. Donné à Paris le 14 jour d'octobre l'an 1388. (Laurière. *Ordonnances des rois de France.* tom. VII. p. 767.)

le loyer de cet hôtel qui leur appartenait et
qu'ils louaient au roi moyennant soixante livres
tournois par an. [1]

Onze ans auparavant, au mois de septembre
1378, le roi charles V avait cédé à Tristan,
vicomte de Thouars, et à Pernelle, sa femme, fille
de Jeanne, comtesse de Dreux, les seigneuries
de Benon, en Aunis, et de Frontenay, en Poitou,
en échange des droits héréditaires qu'ils avaient
sur le comté de Dreux, dans le Vexin-Normand. [2]
Le vicomte de Thouars était, de plus, seigneur

[1] Charles, etc. A nos prévost et procureur de nostre ville de
la Rochelle, salut. Les gardes et maistre particulier de nostre Monnoye de la Rochelle nous ont donné entendre que comme ils ayent
faict plusieurs réparacions nécessaires en l'hostel où l'on faict nostre
dicte monnoye, lequel hostel est aux religieux de Sainct-Jehan
dehors les murs de ladicte ville, pour ce que lesdicts religieux estoyent
refusans de faire faire lesdictes réparacions, jaçoit que ledict hostel
nous est loué par eux chascun an soixante livres tournois, lesquels religieux ne veulent prendre en compte lesdites réparacions
sur le loyer dudit hostel on préjudice desdicts gardes et maistre
particulier : si vous mandons que vous faictes commandement de
par nous auxdicts religieux ou à leur procureur que desdites réparacions ils reçoivent le compte et baillent leur quiptance, sur le
loyer dudit hostel, des sommes que lesdictes réparacions monteront.
Donné à Paris le 8 jour de septembre, l'an 1389. (Laurière.
Ordonn. des rois de France. tom. VII. p. 293.)

[2] Charles, etc. Comme par traicté faict entre nous et nos amés
et féaulx Tristan, vicomte de Toars, et Perenelle, nostre cousine,
sa femme, iceux nous ayent délaissé héréditalement les deux
ports de la comté de Dreux, le chastel et ville de Dreux, etc.
Nous, en recompensation, par ces présentes baillons, cédons et
transportons, pour l'eschange d'icelles choses, le chastel et chastellenie de Benaon, en la séneschaulcie de Xaintonge, avec leurs
appartenances et dépendances, et d'aultre part, la terre et chastellenie de Frontenoy-l'Abbatu, etc. Donné à Paris au mois de
septembre l'an de grâce 1378. (*Extr. du registr. de la Chambre
des Comptes de Paris. Trésor des PP. Minimes de Surgères.*)

15

1389. des îles de Ré et de Marans. L'abbé et les religieux de la Grâce-Dieu ayant porté plainte devant ce seigneur contre les prévôts et sergens de Marans et de Benon, qui faisaient saisir et arrêter sans motifs leurs *temporalités*, il fit droit à leurs réclamations par les lettres ci-après, données à Benon le 12 avril 1389.

— « Comme les religieux de la Grâce-Dieu se soient complaints à nous, disant que plusieurs de nos prévôts, sergens et autres officiers s'efforcent de les ajourner, et arrêter leurs temporalités, sans cause raisonnable, à leur grand préjudice et dommage, et sur ce aient requis notre gracieux remède : savoir faisons que, pour honneur et révérence de Dieu, notre seigneur Jésu-Christ, et de la benoîte Vierge-Marie, en l'honneur de qui ladite abbaye est fondée, et pour que le divin service puisse être mieux fait et accompli, voulons et octroyons, par ces présentes, que lesdits religieux ne soient ajournés ni arrêtées leurs temporalités par aucun de nos officiers, si ce n'était par exprès mandement écrit et scellé de nous où de nos sénéchals de Benon ou de Marans. »[1]

1390. — **1393.** — A l'expiration de la trève (16 mars 1389), la guerre avait recommencé au sud de la Loire. Le vicomte de Meaux, après

---

[1] *Mss. Archiv. de l'abb. de la Grâce-Dieu, en Aunis.* — **Textuel sauf l'orthographe du temps.**

s'être emparé, par composition, du château de la Roche-de-Vaudois, en Auvergne, vint en Saintonge avec quelque chevalerie, et se cantonna à Saint-Jean d'Angély pour garder le littoral de l'Océan, où des compagnies de *robeurs* anglo-gascons portaient la dévastation et le pillage. [1]

Après s'être prolongées durant quatre années sans aucun avantage pour l'un ni l'autre parti, les hostilités furent de nouveau suspendues par un événement aussi étrange dans son principe que funeste par ses résultats. Charles VI ayant déclaré la guerre au duc de Bretagne, s'était mis en marche vers cette province à la tête d'une armée. Comme il traversait la forêt du Mans, un inconnu se présenta devant lui, et, saisissant la bride de son cheval, lui adressa des paroles sinistres. Cette bizarre apparition fit sur l'esprit superstitieux du roi une impression terrible, et acheva de troubler le cerveau de ce prince en qui des paroles sans suite et des manières étranges accusaient, depuis quelque temps, une tendance visible à la folie. Sa démence se déclara bientôt par des accès de fureur pendant lesquels il se jetait, l'épée à la main, sur les officiers de sa maison.

---

[1] Le vicomte de Meaux donna congé de retourner en Picardie à une quantité de ses gens, et il s'en alla devers la Rochelle et s'envint loger à Saint-Jehan d'Angély pour garder la frontière, car encores y avoit-il des pillards et robeurs qui couroyent à la fois en Xaintonge lorsqu'ils véeoyent leur plus bel. (*Chronique de Jehan Froissart.* tom. IV. chap. 16.)

1390
à
1393.

Cet événement fit manquer l'expédition de Bretagne. Une partie de l'armée royale fut licenciée : l'autre fut dirigée, sous les ordres du maréchal de Boucicaut, sur la Guienne où les bandes de routiers avaient recommencé leurs excursions. La maladie du roi rendant la paix indispensable, des négociations furent entamées à Amiens, en 1392, sous les auspices des ducs de Bourgogne et de Berry, dont Charles VI avait depuis long-temps secoué la tutelle, mais aux mains de qui sa démence fit retomber les rênes du gouvernement. On parlementa pendant quinze jours sans pouvoir s'entendre. Enfin les conférences ayant été reprises, l'année suivante, à Lalinghem, village appartenant aux Anglais sur la limite des comtés de Boulogne et du Ponthieu, une trève fut signée pour quatre ans.

1394. — Ce nouvel armistice permit à Charles VI, un peu revenu en santé grâce aux soins d'un habile médecin, de continuer les réformes qu'il avait commencées pendant la trève de 1388 et qui avaient été interrompues par la reprise des hostilités. Ce fut encore sur la Rochelle que se fixa d'abord son attention.

Il y avait dans cette ville plusieurs rues qui n'étaient pas pavées, *pour ce qu'elles étaient en lieu où n'y avait que trop peu de maisons et habitations.* Parmi les rues pavées se trouvaient en outre plusieurs emplacemens qui ne l'étaient pas,

et n'étaient que places vides et gâtées et ne savait- 1394.
on à qui elles étaient. Il importait, *pour le bien
de la chose publique*, que le maire et les échevins
prissent des mesures pour le pavement de ces
rues et emplacemens vides, et payâssent au
besoin *ce que coûteraient à faire et construire lesdits
pavés.* Mais le conseil de la commune ayant obtenu
du roi l'autorisation de *faire décréter et vendre*
ces terrains, l'adjudication en fut faite à diverses
personnes le lundi, 23 décembre 1394, *sous les
lettres* de messire Pierre de Vilaine, sieur de
Malicorne, conseiller et chambellan du roi,
*gouverneur et capitaine de la ville, châtellenie
et ressort de la Rochelle*, approuvées par le roi
au mois de mars précédent. Les rues et les places
vides et gâtées furent dès lors pavées aux frais
des adjudicataires. [1]

Il résulte encore d'un mandement adressé,
par le conseil royal, au sénéchal de Saintonge,

[1] Lettres de Pierre de Villaine, sieur de Malicorne, conseiller
et chambellan du roi, gouverneur et capitaine de la ville de la
Rochelle, châtellenie et ressort d'icelle, pour raison de plusieurs
rues sises en ladite ville. Il y avoit plusieurs places au droit des
pavés d'icelles que l'on ne savoit à qui elles estoient, et convenoit
que les maire et eschevins payâssent ce que coustoit à faire et construire
lesdits pavez d'entre lesdites places, et aussi avoit plusieurs rues en la
dite ville qu'il estoit moult nécessaire estre pavées pour le bien de la
chose publique, pour ce que elles estoient en lieu où n'y avoit que
trop peu de maisons et habitations et n'estoient que places vuides et
gastées et ne savoit-on à qui elles estoient. Les maire et eschevins
ayant obtenu du roy permission de les faire décréter et vendre,
l'adjudication s'en feit à diverses personnes sous les lettres dudit
gouverneur le lundi 23 décembre 1394, confirmées par le roy
en mars. (Mss. archiv. de la Maison de Guiton en Normandie,
communiqué par M. l'abbé Videlon, de la Tranche en Montanel.)

1394. gouverneur de la Rochelle, qu'il existait, tant dans l'intérieur de cette ville que dans sa banlieue, *plusieurs maisons et autres édifices, jardins, masures et autres possessions chargées de cens et rentes, qui étaient demeurées en ruine et désert, vagues et sans labeur, tant pour le fait et occasion des guerres, fortifications faites ès villes et châteaux, que pour les mortalités, feux, pestilences, stérilités, trop grandes charges de rentes et plusieurs autres causes.* Charles VI manda au sénéchal de faire vendre ces ruines *par exécution* afin qu'elles fussent *réédifiées*, et le 20 mars 1394, *les cris et publications se firent en la Rochelle aux carrefours de Malconseil et des Changes.*[1]

Enfin les conseillers du roi donnèrent, à la même époque, une autre preuve de l'intérêt qu'ils prenaient à l'accroissement et à la prospérité de la Rochelle. Informés de l'état de *chômage* où se trouvait, depuis quelque temps, la Monnaie de cette ville, tant par l'absence d'un maître particulier que par la *coulpe* (faute) des changeurs et marchands du pays, qui portaient ailleurs leur billon, bien qu'ils fussent tenus de le verser à la Monnaie de la Rochelle, Charles VI résolut de faire cesser un état de choses qui pouvait entraîner la ruine de l'établissement, s'il n'y était porté remède.[2]

---

[1] Procès-verbal de cris et publications du 20 Mars 1394. Mss. *Archiv. de la Maison de Guiton, en Normandie,* communiqué par M. l'abbé Videlon, de la Tranche en Montanel.

[2] Charles, etc. A nostre amé et féal Jehan Hazard, général-

Par des lettres-patentes données à Paris le 8 **1394.**
août 1394, il fut enjoint à messire Jehan Hazard,
général-maître des monnaies du royaume, de se
transporter sur-le-champ à la Rochelle, afin de
pourvoir la Monnaie de cette ville d'un maître
particulier, soit en la donnant à ferme moyennant un prix annuel, comme cela s'était toujours pratiqué, soit en y plaçant, pour le comte
du trésor royal, un homme entendu à cette
sorte de fabrication. [1] Le général-maître eut ordre
de rechercher en outre les changeurs qui auraient porté leur monnaie de cuivre ailleurs
qu'à la fabrique de la Rochelle, d'interdire, *sous de
grosses peines*, le fait de change à ceux qui
seraient reconnus coupables, de les condamner
à de grosses amendes en marcs d'or et d'argent
au profit du trésor, et d'établir à la Rochelle
d'autres changeurs pour le service de la Monnaie. [2]

maistre de nos monnoyes, salut. Il est venú à nostre cognoissance que
nostre Monnoye de la Rochelle a esté et encores est en chomaige, tant
par deffault de maistre particulier comme par la coulpe d'aucuns
changeurs et marchans d'icelle ville, lesquels ont porté et portent
chascun jour leur billon ailleurs que en ladicte Monnoye en laquelle
ilz sont tenuz de la porter. (Laurière. *Ordon. des rois de France.*
tom. VII. p. 655.)

[1] Si vous mandons que vous vous transportiez audit lieu de la
Rochelle pour pourvoir ladicte Monnoye de maître particulier, qui
la praigne à certain pris en la manière accoustumée : et en cas
que vous ne pourrez trouver personne, baillez icelle Monnoye en
nostre main et y commettez de par nouz aucune personne souf-
fisant à faire ledict ouvraige. (Ibid.)

[2] Et oultre informez-vous diligemment de tous les changeurs
de ladicte ville et aultre qui ont porté ledict billon ailleurs que

1396.   1396. — Bien que cette ordonnance eût été rendue au nom de Charles VI, il est impossible de ne pas reconnaître l'ingénieuse cupidité du duc de Berry dans les *grosses amendes en marcs d'or et d'argent* qui y sont infligées aux contre-venans. Ce prince fit toutefois, deux ans après, un acte de désintéressement qui n'était guère dans ses habitudes. Le chevalier Jacques de Sur-gères, seigneur de la Flocelière, avait servi le duc aux voyages de Flandre, de Bourbourg et de l'Ecluse; il avait monté et équipé son fils *selon son état* et avec lui *dix compagnons* pour chaque voyage; il avait défrayé ces dix écuyers et dépensé *grande partie de sa chevance* sans en avoir eu *satisfaction aucune.* [1] En 1396 il adressa des réclamations au duc de Berry qui, par des lettres données le 22 septembre, en son

---

dans ladicte Monnoye de la Rochelle, et tous ceulx que vous trouverez de ce coulpables, deffendez leur le faict de change sur grosses peines et les condamnez envers nouz à grosses amendes ou à mettre en ladicte Monnoye certaines sommes de marcs d'or et d'argent : et establissez en ladicte ville aultres changeurs pour servir ladicte Monnoye. Donné à Paris le 8 jour d'Aoust, l'an 1394. (Laurière. *Ordon. des rois de France.* tom. VII. p. 655).

[1] Jehan, duc de Berry, etc. A nostre amé et féal trésorier gé-néral, Colas Mengin, salut et dilection. Reçu avons la supplication de nostre amé et féal chevalier messire Jacques de Surgières, sire de la Flocellière, contenant que comme és voyages de Flandres, de Bourbourg et de l'Escluse il ait servy monseigneur le roy et nous, monté et armé son fils selon son estat et avec luy dix com-paignons pour chascun desdits voyages, semblablement montés et armés, les queux compaignons et luy il défréya pour les-dits voyages et y mist grand quantité de sa chevance sans ce qu'il en ait eû satisfaction aucune. (Mss. *archiv. du château de la Flocelière.*)

hôtel de Nesle à Paris, fit remise aux habi- 1396.
tans de la Flocelière et de Saint-Pol, vassaux
du sire de Surgères de la somme de quatre-
vingt-sept francs d'or, montant de leur quote-
part dans les tailles qui avaient été levées en Poitou
à l'occasion du mariage de sa *très-chère fille*
Marie de Blois, du *passage d'Angleterre*, du
voyage d'Espagne et de la délivrance des châteaux de Taillebourg, Jarnac et Verteuil. [1]

1397. — 1400. — La trève de Lalinghem était
expirée. Des deux côtés de la Manche on se
préparait à recommencer la guerre, lorsque le
roi Richard sollicita et obtint la main d'Isabelle
de France, fille de Charles VI. A cette occasion
fut conclue une nouvelle trève pour vingt-huit
années, au grand dépit du baronnage d'Angleterre. Ce mariage dont la principale condition
fut l'évacuation des port de Brest et de Cherbourg,
occupés par les Anglais, déchaîna contre Richard
la haine de ses grands vassaux. Ils le déposè-
rent et appelèrent au trône Henri de Lancastre,
son cousin germain.

[1] Et il soit ainsy que ses hommes et subjiez demouranz et ha-
bitanz ès lieux de la Flocellière et de Saint-Pol nous soyent tenuz
à cause des aydes ja piéça mises sus en nostre païs de Poictou,
pour la délivrance du chastel de Berteuil, pour le mariage de
nostre très-chière fille Marie de Bloys, pour le passage d'Angleterre, pour le voyage d'Espaigne et pour la délivrance des chasteaux de Taillebourg et de Jonzac, sçavoir nous faisons que donnons et remettons auxdits habitans la somme de quatrevingts et
sept francs d'or, etc. Donné à Paris en nostre hostel de Neelle le
22 septembre 1396. (*Mss. Archiv. du château de la Flocelière.*)

1397
à
1400.

Cette révolution de palais faisait craindre une prochaine rupture entre les deux royaumes. Les ducs de Bourgogne et de Berry essayèrent d'en profiter pour détacher les Gascons de la couronne d'Angleterre. L'ex-roi Richard était né en Gascogne : il avait toujours montré beaucoup d'affection pour les hommes de cette contrée qui, en retour, affichaient un grand attachement à sa personne. On espérait les amener à repousser l'usurpateur du trône de Richard, et c'était une merveilleuse occasion de conquérir à la France le riche pays d'outre-Garonne.

Le duc de Berry et le connétable Louis de Sancerre furent donc dépêchés par le conseil de Charles VI à Mirambeau, sur la frontière méridionale de la Haute-Saintonge, pour sonder les dispositions des peuples de Dax, de Bayonne et de Bordeaux. Des négociations s'ouvrirent entre ces délégués et les communautés des bonnes villes de Gascogne. Mais les offres de la cour de France, toutes séduisantes qu'elles étaient, furent repoussées au grand étonnement de ceux qui étaient chargés de les notifier.

A entendre les députés gascons, la France était vexée et surchargée d'impôts : on y levait la taille deux ou trois fois l'an : on y extorquait l'argent du pauvre peuple par toutes sortes de vilaines exactions. — « Nous ne sommes pas accoutumés, disaient-ils, à un pareil régime. Si

les Français devenaient nos maîtres, ils nous sou- 1397
mettraient à leurs usages et ne respecteraient à
point nos libertés. Il nous faudrait de plus secouer 1400.
l'obéissance du pape Boniface pour reconnaître
l'anti-pape d'Avignon. [1] Mieux vaut rester aux
Anglais qui nous tiennent en franchise. Que
les gens de Londres aient déposé Richard pour
couronner Henri, peu nous importe. Nous faisons
avec les Anglais un grand commerce de vins,
de laines et de draps, et nous nous entendons
mieux avec eux qu'avec les Français. » [2]

Les choses avaient bien changé depuis le sage
roi *Charles le cinquième*, alors que toute la
Guienne aspirait à devenir française. Mais si la
France, épuisée d'argent, était réduite, dans la
prévision d'une guerre prochaine, à faire des
avances aux riches Gascons, d'un autre côté le
nouveau roi d'Angleterre avait besoin de repos
pour s'affermir sur le trône, et la paix du continent ne fut pas troublée au moins de quelque
temps. Les barons et chevaliers, retirés dans
leurs fiefs, avaient dépouillé le haubert et dé-

---

[1] Depuis seize ans, deux papes, celui de Rome et celui d'Avignon, se partageaient la chrétienté. Ce schisme ne semblait pas
près de finir, puisque le 18 octobre 1389, à la mort du pape
de Rome Urbain VI, les cardinaux de son obéissance lui donnèrent un successeur, du nom de Boniface IX. Le pape d'Avignon, Clément VII, mort le 16 septembre 1394, fut de même
remplacé par l'Aragonais Pedro de Luna qui prit le nom de Be-
noît XIII.

[2] *Chronique de Jehan Froissart.* — De Barante. *Hist. des ducs
de Bourg.* tom. II. p. 369.

posé la lance. Chacun, selon son humeur, charmait les loisirs de la vie seigneuriale et variait la monotone uniformité du manoir.

Mais tandis que les uns, suivis de leurs piqueurs, précédés de leurs bons limiers, allaient *courre la béte* au bruit de l'olifant dans les vastes forêts de leurs domaines, ou se plaisaient, le soir, entourés de leurs *féaux*, à prolonger les merveilleuses causeries de la veillée, d'autres, comme Renault, sire de Pons, et Guillaume, seigneur de Fontorbe, employaient le temps en œuvres moins mondaines. Le premier, se recueillant dans la pensée d'une vie future, fondait, le 12 mai 1400, des messes pour le repos de son âme dans l'église du moutier de Sablonceaux, près de la Seudre : [1] l'autre, à deux genoux devant le même Gérald d'Orfeuille, abbé de Saint-Jean d'Angély, qu'on a déja vu recevoir un pareil hommage de Louis, seigneur de Taillebourg, rendait à ce moine les devoirs de vassalité pour sa seigneurie de Fontorbe : il se reconnaissait de plus obligé d'assister en personne aux obsèques des abbés de Saint-Jean d'Angély, vêtu d'une tunique blanche, ayant des gants de même couleur, et de porter le corps depuis l'abbaye jusqu'au lieu de la sépulture, pourquoi il avait droit à la prébende du défunt. [2]

[1] Reginaldus de Pons missam in ecclesiâ de Sabluncellis fundavit 12 maii 1400. (Gall. Christ. Eccl. Santon. tom. II. p. 1132.)

[2] Guillelmus, dominus de Fontorbe, hominium reddit abbati

1402. — Ce n'était ni par les délassemens du 1402. manoir ni par des œuvres de piété que messire Jehan de Harpedanne, seigneur de Belleville, secouait le poids d'un désœuvrement bien lourd à son humeur active et guerrière. Sénéchal de Bordeaux pour le roi d'Angleterre en 1386, ce capitaine s'était donné à la France après la ré-volution qui avait renversé Richard du trône. Charles VI l'avait fait son sénéchal en Saintonge, et il commandait, en cette qualité, un corps d'observation sur la lisière méridionale de son gou-vernement.

Les chevaliers de la compagnie de Harpedanne, pour se distraire, provoquaient souvent à l'arme courtoise les nobles Anglais des marches de Gascogne, et ces rencontres avaient maintes fois donné occasion à de beaux faits de chevalerie. Les Anglo-Gascons ne voulurent pas être en reste avec leurs voisins d'outre-Garonne. Ils in-formèrent, par un héraut, le sénéchal de Sain-tonge *qu'ils avaient désir de faire armes pour l'amour de leurs dames, et que s'il y avait aucuns Français qui voulussent passer devers eux, ils les recevraient à cette intention.* Les signataires de ce cartel étaient le seigneur de Scales, messire Aymon Cloyet, Jehan Héron, Richard Witevale,

Geraldo, profiteturque se abbatum angeriacensium sepulturæ inte-resse debere cum tunicâ albâ et chirotecis ejusdem coloris, nec-non corpus defuncti abbatis à parte capitis ad locum sepulturæ de-ferre, ideòque sibi abbatis præbendam deberi. (Gall. christ. Eccl. Santon. tom. II. p. 1104.)

1402. Jehan Fleury, Thomas Troys et Robert de Scales, *tous puissans de corps et très usités en armes.*

Le sénéchal de Saintonge, pour donner plus d'éclat à cette lutte chevaleresque, où, de part et d'autre, l'honneur national devait rivaliser de courage et d'habileté, transmit à la cour de France le défi des Anglo - Gascons. Un grand nombre de gentilshommes de la maison du duc d'Orléans, frère du roi, *dressèrent l'oreille* à cette nouvelle, et demandèrent congé au duc pour aller relever le gant des Anglais. Bien que le prince eût confiance en la *valeur et prouesse* de tous ses chevaliers, il désigna de préférence messire Arnault Guillon, seigneur de Barbazan, Guillaume du Chastel, Archambault de Villars, Pierre de Brabant, Guillaume Bataille, sénéchal d'Angoulême, Jehan de Carovis et Jehan de la Champagne, tous vaillans gentilshommes et de grand renom. [1]

[1] En ceste année, un vaillant chevalier estant aux marches de Guyenne, nommé messire Jehan de Harpedenne, seigneur de Belleville, qui estoit pour le roy seneschal de Xaintonge, ès quelles marches souvent y avoit de belles rencontres et faits de guerre, feit savoir à Paris, à la cour du roy, qu'il y avoit certains nobles d'Angleterre ayans dessein de faire armes pour l'amour de leurs dames, et que s'il y avoit aucuns François qui voulussent venir, ils les recevroient à l'intention dessus dicte. Et quant aucuns nobles estans lors à Paris et spécialement à la court du duc d'Orléans, le sceurent, ils levèrent leurs oreilles et vindrent audit duc d'Orléans luy prier à ce qu'il leur donnast congié d'aller résister à l'entreprise des Anglois. Les noms des Anglois estoyent le seigneur de Scales, etc., puissans de corps et usités en armes. Les noms des François estoyent messire Arnauld Guillon, seigneur de Barbasan, etc., qui estoyent tous vaillans gentilshommes. Et

Ils partirent de Paris *bien ordonnés et garnis* 1402. *de harnais*, et s'envinrent trouver Jehan de Harpedanne en Saintonge. Dix chevaliers de la compagnie du sénéchal se joignirent aux sept Parisiens, et autant en firent, de leur part, les Anglo-Gascons. Ceux-ci choisirent pour chef le seigneur de Scales, et les Français le seigneur de Barbazan. On convint que le combat aurait lieu, le 19 mai au matin, sous les murs du château de Montendre, en Saintonge.

Au jour fixé, les dix-sept chevaliers français ayant ouï la messe de grand matin, et *reçu très-dévotement le précieux corps de Notre-Seigneur Jésu-Christ*, s'engagèrent par serment à *bien gœrder leur honneur*. Quant aux Anglo-Gascons, on ne sait ce qu'ils firent, mais aucuns disent qu'en s'apprêtant au combat *ils mangeaient et buvaient très-bien*. Les joûteurs entrèrent au champ *bien ordonnés*, *entalentés de combattre et montrant un fier courage*. les Anglais mettaient surtout leur confiance dans l'épaisseur de leurs *targes* et de leurs *pavois*, en état de résister aux plus vigoureux coups de lances. [1]

leur donna congié ledit duc d'Orléans, soi confiant de leur prouesse et vaillance. (Jehan Jouvenel des Ursins. *Hist. de Charles VI.* An 1402.)

[1] Et s'empartirent de Paris bien ordonnés et garnis de harnois, et s'envindrent bien diligemment en Guyenne vers ledit seneschal de Xaintonge. Et fut chef des dix-sept François le seigneur de Barbasan, et des Anglois le seigneur de Scales. Et feut la

1402.   Tout étant disposé et les deux partis en présence, un héraut, après avoir pris les ordres du sénéchal de Saintonge, *ordonné juge du consentement des parties*, s'écria par trois fois : *que chacun fasse son devoir !* Au troisième signal les combattans prirent du champ de part et d'autre, et fondirent, la lance au poing, sur leurs adversaires. A cette première charge nul ne fut désarçonné : mais chacun jetant aussitôt sa lance, saisit sa hache-d'arme, et la mêlée devint terrible.

Pensant que s'ils parvenaient à se débarrasser d'abord de Guillaume du Chastel, champion vigoureux et de haute stature, ils viendraient ensuite plus aisément à bout des autres, les Anglo-Gascons s'avisèrent de se mettre deux contre lui. De cette manière Archambault de Villars se trouva sans adversaire. Le premier qui s'offrit à ses coups fut Robert de Scales, qui joûtait contre Jehan de Carovis. Il porta à cet Anglais un si furieux coup de hache sur la tête, qu'il fit voler son heaume en éclats et l'envoya rouler, lui-même, à huit pas dans la poussière où il expira soudain. De

journée prise au dix-neuviesme jour de may, auquel jour comparurent les parties bien ordonnées. Et le matin bien devotement ouïrent messe et s'ordonnèrent en grand devotion et receurent chascun le pretieux corps de N. S. Jesu-Christ. Et grandement les enhorta ledit seigneur de Barbasan de bien faire et de garder leur honneur. Et quant aux Anglois, que ils feirent on ne sçait pas bien, mais aucuns dient qu'en leur habillant, ils beuvoyent et mangeoyent très-bien. Et vindrent aux champs entalentez de combattre et estoyent haults et grans, monstrans fier couraige. Et estoyent garnis les Anglois de targes et pavois pour le gect des lances (Jehan Jouvenel des Ursins. *Hist. de Charles VI.* An. 1402.)

son côté, Jehan de la Champagne, ne pouvant 1402. avoir autrement raison de son adversaire, le saisit au corps d'un bras nerveux, l'enleva de la selle, et l'abattant sous lui, le contraignit à crier merci.

Cependant Guillaume du Chastel avait fort à faire contre ses deux Anglais qui, chacun d'un côté, l'assaillaient sans toutefois pouvoir l'atteindre, tant il était prompt à parer leurs coups. Archambault de Villars vint à son secours, et força l'un des Anglais à abandonner du Chastel pour s'en prendre à lui. La lutte devenant alors plus égale, on combattit long-temps avec acharnement, et il y eut des deux côtés de brillans faits d'armes. Mais enfin la victoire demeura aux chevaliers de France : ils eurent tout l'honneur de la journée au dire des seigneurs de Harpedanne et de Duras, juges du camp. [1]

Dans ces sortes de combats en champ-clos les

[1] Et après feut crié par le hérault, par le commandement dudit séneschal de Xaintonge, juge ordonné du consentement des parties, que chacun feit son debvoir. Et s'approchèrent les uns des aultres et gectèrent leurs lances sans porter aucuns effects, et vindrent aux haches. Et pour ce qu'il sembloit aux Anglois que s'ils pouvoyent abattre messire Guillaume du Chastel, qui estoit grand et fort, du demourant plus aisément en deviendroyent à leur intention, ils délibérèrent d'aller deux contre luy. Et tellement que Archambault se trouva seul sans ce qu'aucun luy damandast rien, et vint à celuy qui avoit affaire à Carovis qui estoit le premier qu'il trouva, et lui báilla tel coup de hache sur la teste, qu'il cheut à terre, et estoit ledit Robert de Scales qui y mourut. Et quant est de Champaigne, il se joignit à son homme et l'abattit à la luicte par désoubs luy et se rendit. Archambault alla ayder à messire Guillaume du Chastel qui avoit bien à faire, lequel les Anglois n'approchèrent pas si tôt, et feut l'un contrainct laisser ledict du Chastel et se prendre à Archambault.

16

1402. vaincus demeuraient ordinairement au pouvoir des
vainqueurs, auxquels ils étaient obligés de payer une
rançon pour recouvrer leur liberté. Après le combat
de Montendre, chaque chevalier anglo - gascon ra-
cheta la sienne en donnant à son vainqueur un
anneau d'or enrichi d'un diamant. [1]

La paix, qui régnait sur les mers comme sur
le continent, était favorable aux expéditions
maritimes et donnait l'essor au commerce qui
agrandissait chaque jour le cercle de ses spéculations. Parmi les villes de la France méridionale
que leur position géographique appelait vers la
marine marchande, la Rochelle se signalait par le
nombre et l'importance de ses armemens. Mais les
plus hardis navigateurs, n'osant s'éloigner des
côtes[2], n'avaient encore trafiqué qu'avec les peuples de l'ancien monde, sans soupçonner qu'il exis-
tât d'autres terres que celles qu'ils avaient appris à
connaître.

Un gentilhomme de Normandie, appelé Jean
de Béthencourt, marinier, aussi éclairé qu'intré-

Et y eut des belles armes faictes d'un costé et d'aultre, et se rendirent les Anglois. (Jehan Jouvenel des Ursins. *Histoire de
Charles VI.* an 1402.)

[1] J. Jouvenel des Ursins. *Hist. de Charles VI.* an 1402. —
Mss. de la Bibliot. du roi. N.º 12,297. — Villaret. *Hist. de
France.* tom. XII. p. 367.

[2] La Boussole, dont on attribue l'invention à Flavio Gioia
d'Amalfi, était connue des marins provençaux, sous le nom de
Marinette, dès le XIIᵉ siècle : mais elle ne fut perfectionnée par
les Anglais et adoptée dans toute l'Europe que vers le milieu du
XVᵉ siècle.

pide, fut le premier qui conçut la pensée d'ouvrir 1402.
au commerce européen une voie nouvelle, en
allant à la découverte d'un autre hémisphère
qu'il avait pressenti et dont l'idée le poursuivait.
Parti de la Rochelle avec deux navires équipés
à ses frais, il parcourut l'Atlantique et aborda
aux îles Canaries dans le mois de juillet 1402.
Les discordes civiles qui agitaient le royaume ne
permirent pas qu'on profitât alors de la découverte du navigateur normand. Ce fut long-
temps après que d'autres aventuriers s'élancèrent
sur ses traces[1] et que les trésors du Nouveau-
Monde devinrent la conquête de l'ancien continent.[2]

1404. — Toutefois, quelque sécurité que la
paix eût rendue à la navigation, les expéditions
maritimes ne laissaient pas d'être encore exposées à bien des embûches. Les vieilles rivalités nationales, que les traités n'avaient fait
qu'assoupir, se réveillaient souvent : les pirates
anglais croisaient fréquemment en vue des côtes,
et arrêtaient sans scrupule les navires marchands
qui apportaient les vins du Bordelais à la Rochelle,
ou qui sortaient de cette ville, chargés des vins

[1] Ce ne fut qu'en 1492 que le Génois Christophe Colomb
découvrit l'île de Cuba, et six ans après que le Florentin Americ
Vespuce aborda au continent américain et lui donna son nom.

[2] Amos Barbot. *Inventaire des titres de la Rochelle.* ap. Arcère.
Hist. de la Roch. tom. 1 p. 264. — Villaret. *Hist. de France.*
tom. XIII. p. 71.

1404. de la Saintonge et de l'Aunis. Ils poussèrent même l'audace, au commencement de l'année 1404, jusqu'à faire une descente dans l'île de Ré où ils pillèrent la riche abbaye de Notre-Dame des Chateliers et brûlèrent plusieurs habitations. [1]

Ils en voulaient surtout à la puissante commune maritime de la Rochelle, objet de leur rancune et de leurs regrets. Il n'était pas d'efforts qu'ils ne fissent, de ruses qu'ils n'imaginassent pour recouvrer la possession de cette opulente cité, qu'ils regardaient avec raison comme la clé de l'Aquitaine. Mais, gardée par une nombreuse garnison et surtout par la vigilance de ses habitans, elle n'était pas facile à prendre de force : ils résolurent de l'avoir par surprise en achetant au poids de l'or la trahison de deux bourgeois.

L'un de ces deux hommes, qui avait une maison proche des remparts, promit d'introduire un à un les Anglais dans la ville à la faveur de la nuit, et de les cacher dans sa maison jusqu'à ce qu'ils y fussent rassemblés en assez grand nombre pour opérer un coup de main, pendant qu'une flotte, qui croisait près de la côte, viendrait faire une descente aux portes de la Rochelle. Mais le complot fut découvert. Les deux traîtres ayant été arrêtés, *confessèrent le cas et furent*

[1] Le Religieux de Saint-Denis. *Chronique de Charles VI.* — Laurière. *Ordon. des rois de France.* tom. IX. p. 416. — De Barante. *Ducs de Bourg.* tom. II. p. 449.

décapités.[1] L'escadre anglaise, trompée dans son 1407.
espoir, alla se venger sur la côte de Bretagne
où elle captura un convoi de quarante navires
rochelais, chargés de vins de Saintonge.[2]

1407. — La démence de Charles VI ne lui
laissait que de rares intervalles de raison. Dès
les premières atteintes de cette maladie, Louis,
duc d'Orléans, frère unique du roi, avait voulu
s'emparer de la régence du royaume en dépit de
son oncle Jean, duc de Berry, et de son cousin
Jean-Sans-Peur, duc de Bourgogne. Au milieu
des discordes qu'engendra cette rivalité, Louis
d'Orléans fut assassiné. Charles, son fils, jura de
venger le meurtre de son père dans le sang du duc
de Bourgogne, que la voix publique signalait
comme l'instigateur de ce crime. Le royaume fut
bientôt divisé en deux factions. Mais pendant que
le jeune duc d'Orléans parcourait les provinces

[1] A la Rochelle avoit un marchand logé près des murs, lequel
avoit un frère qui tenoit le party des Anglois et demeuroit devers
Bourdeaux ; lequel par messaige induisit son frère de trouver
moyen de bailler la ville de la Rochelle aux Anglois, et
sondit frère luy accorda. Et de faict ledit Anglois vint oc-
cultement à la Rochelle à l'hostel de son frère, lesquels avoyent
intention de parfaire leur mauvaise voulenté. Et vint à la cognoissance d'un de la ville qui révéla que ledit Anglois estoit en la
maison de son frère. On y alla et tous deux furent prins et mis
en prison. Et tantost furent interrogés, et confessèrent le cas et
furent descapités. (Jehan Jouvenel des Ursins. *Hist. de Charles
VI.* an 1404.)

[2] Le Religieux de Saint-Denis. *Chronique de Charles VI.* —
Jouvenel des Ursins. *Hist. de Charles VI.* — De Barante. *Ducs
de Bourg.* tom. II. p. 449 et tom. III. p. 10.

1407. pour se faire des partisans, les ducs de Berry et de Bourgogne, maîtres du gouvernement, voyaient se presser autour d'eux la foule des courtisans avides d'honneurs et de richesses.

Ce fut peut-être à ce titre, autant qu'à ses loyaux services, que le chevalier Jacques de Surgères dut la haute dignité à laquelle il fut promu. Le 28 février 1407, Charles VI, ou plutôt le conseil de régence, délivra à ce gentilhomme des lettres-patentes ainsi conçues : — « De par le roi : maîtres d'hôtel, et vous maître et contrôleur de notre chambre aux deniers, savoir vous faisons que, pour les bons rapports et témoignages qui faits nous ont été de la personne de notre amé Jacques de Surgères, chevalier, icelui avons retenu et retenons, par ces présentes, pour notre chambellan, aux gages, droits, profits, livraisons et autres émolumens accoutumés. Si vous mandons et à chacun de vous, comme à lui appartiendra, que notre présente retenue vous enregistriez et fassiez enregistrer ès papiers, registres et écrits de notre dite chambre aux deniers avec nos autres chambellans.[1] »

Pendant qu'au nord de la Loire la haine et la vengeance armaient l'une contre l'autre les factions rivales de Bourgogne et d'Orléans, une rivalité plus nationale éclatait sur la frontière

---

[1] Mss. Archiv. du château de la Flocelière. — Textuel sauf l'orthographe.

méridionale de la Saintonge. La trève n'avait pas 1407. été ouvertement rompue : mais il était difficile que le voisinage des hommes d'Angleterre et de France, séparés seulement par la Garonne, n'amenât pas, entre les deux nations, des rixes fréquentes sur l'une ou l'autre rive du fleuve. Chaque jour les Anglo-Gascons de Bordeaux et des autres places du nord de la Gascogne faisaient irruption sur les domaines de ceux des barons du pays qui tenaient pour le roi de France. Ceux-ci finirent par appeler à leur secours le connétable d'Albret, leur compatriote. Ce seigneur s'arrachant à la vie molle et dissolue qu'il menait à la cour de Charles VI, marcha sur la Guienne, vers la fin d'août, à la tête de huit cents lances. Cette petite armée s'accrut, en chemin, d'une partie du baronnage des Hautes-Marches de Saintonge. Les garnisons anglo-gasconnes furent refoulées dans leurs forteresses, dont plusieurs furent investies et emportées d'assaut. Dans le cours de cette campagne, les barons de Saintonge, avec leurs seuls hommes d'armes, s'emparèrent de l'importante citadelle de Mortagne-sur-Mer.[1]

Les hommes de la *basse terre* d'Aunis, plus éloignés des garnisons anglaises que leurs voisins des *Hautes-Marches*, n'étaient pas autant exposés aux irruptions de l'ennemi. Mais la sécurité dont

[1] De Barante. *Hist. des ducs de Bourg.* tom. III. p. 63.

1407. jouissaient la ville de la Rochelle et sa banlieue
ne profitait qu'aux trafiquans et aux navigateurs
du pays qui trouvaient dans les conquêtes du
commerce les élémens d'une prospérité toujours
croissante. *La Communauté de la ville* allait s'ap-
pauvrissant au sein de cette richesse exotique. Ses
revenus étaient si bornés qu'ils ne suffisaient pas
à l'entretien des fortifications de la place et à
la défense du territoire incessamment menacé
par les pirates anglais. Le conseil de la commune,
pressé par une nécessité chaque jour plus impé-
rieuse, prit le parti de s'adresser au roi.

— « Assise sur l'une des frontières du royaume,
disait-il dans sa requête, et possédant un port
de mer, objet d'envie pour les étrangers, la
ville de la Rochelle doit son importance au commerce des vins d'Aunis qui attirent dans son
port des marchands de toutes nations. Néanmoins les profits qu'elle retire de ce commerce
ne suffisent pas pour couvrir les charges dont
elle est grévée par les gardes qu'elle est forcée
d'entretenir nuit et jour pour sa défense, surtout depuis que la mortalité a enlevé une grande
partie de sa population. [1]

[1] Charles , etc. Sçavoir faisons nous avoir receue l'humble supplica-
éton de nos bien amez les maire et eschevins de la ville de la Rochelle,
contenant que ladicte ville est assise ès fins de nostre royaume,
sur notable port de mer faisant frontière à tous nos ennemis , et
est fondée sur faict de marchandises et principalement de vins
d'Aulnis , sans lesquels et sans le port de la dicte ville, qui est
bel et notable, et auquel affluent marchands et marchandises de

« Depuis long-temps on est dans l'usage de 1407.
lever dix sous tournois par tonneau sur tous les
vins récoltés hors de la banlieue qui sont amenés
en ville et chargés dans le port, savoir huit
sous au profit de la commune pour les réparations de la ville, et deux sous au profit du
roi *pour l'entretien du château.* [1] Mais ce subside est loin de suffire aux dépenses publiques,
même avec ce qu'on peut y ajouter d'autre part,
car il est grandement restreint par la fraude
des marchands qui, au lieu d'amener leurs vins
à la Rochelle, les font charger dans les ports
de la banlieue dont les seigneurs n'exigent point
d'impôt : et si, pour accroître son revenu, la commune levait de nouvelles tailles sur les habitans, il
serait à craindre qu'ils n'abandonnassent la ville
pour aller s'établir ailleurs. » [2]

tous païs, ladicte ville ne se pourroit entretenir; attendu mesmement la grant charge des guez et gardes qu'il faut faire chascun
jour, et tant de jour comme de nuict en ladicte ville, et la petite
quantité du peuple qui est en icelle, laquelle ville tant pour lesdites charges comme pour mortalité, est tellement dépeuplée,
qu'elle est en péril d'en encourir grant inconvénient si briefment
n'y est pourveu. (Laurière. *Ordonnances des rois de France.*
tom. IX. p. 265.)

[1] Ce passage est très-remarquable en ce qu'il en résulte, contrairement à l'assertion de Froissart, que le château de la Rochelle
ne fut pas détruit en 1371, après l'expulsion des Anglais de
la ville, ou qu'il fut rebâti postérieurement, bien qu'on eût expressément stipulé qu'il ne serait jamais relevé.

[2] Et combien que nous et lesdicts supplians aions accoustumé
d'ancienneté de prendre pour les réparacions et autres nécessitez de
ladicte ville et de nostre chastel d'icelle, sur tous les vins qui
croissent au dehors de la banlieue de ladicte ville, qui sont ame-
nez en icelle et chargiez audict port, c'est assavoir de chascun

1407. Les auteurs de la requête terminaient en suppliant le roi de permettre au corps de ville de lever, sur les vins qui étaient embarqués dans les ports de la banlieue, le même impôt que sur ceux qui étaient amenés dans l'intérieur de là cité. Charles VI, prit en considération les justes doléances de la commune de la Rochelle. Par des lettres-patentes données à Paris le 23 décembre 1407, il autorisa le maire et les échevins à percevoir désormais, sur tous les vins venant du dehors et chargés dans les ports de la banlieue, une aide de dix sous tournois par tonneau, dont deux sous au profit du trésor royal et huit sous au profit de la commune, ou de cinq sous tournois par pipe, dont quatre sous pour la ville et douze deniers pour le trésor. [1]

tonnel 10 sols tournois dont lesdicts supplians ont 8 sols pour la ville et nouz 2 sols pour nostre dict chastel, etc. Toutesfois ledict ayde ne suffit pas de trop pour satisfaire aux choses dessusdictes avec ce que lesdicts supplians y peuvent mettre d'autre costé, tant pour ce que nouz et eux sommes très-grandement fraudez de l'ayde dessus dicte, en ce que, à trois lieues de ladicte Rochelle, a plusieurs aultres ports d'aultres seigneurs ès quels ne se lieve point ledict ayde, les marchands qui souloyent venir en nostre dicte ville et y chargier leurs vins, font mener de présent iceulx vins et chargier à .iceulx' aultres ports de la banlieue, dont ledit droit et ayde est moult grandement diminué on très-grand préjudice d'icelle ville dont elle a très-grant indigence en ses réparacions, gardes et deffences, et qui chargeroit le peuple plus avant, ils s'en départiroyent et demourroit icelle ville comme vague, se remede n'y estoit mis. (Laurière. *Ordon. des rois de France.* tom. IX. p. 265.)

[1] Requérans humblement nous leur veuillons octroyer pareil ayde qu'ils ont ondict port de la Rochelle sur tous les vins venans de dehors et entrans en ladite banlieue pour chargier auxdicts ports d'icelle banlieue. Pour quoy nous, voulans obvier aux fraudes

1408. — Les habitans de l'île de Ré, plus 1408.
exposés que ceux de la Rochelle aux insultes
des pirates anglais, avaient encore plus besoin
que leurs voisins d'obtenir quelque adoucisse-
ment à leur sort. L'île de Ré était, comme on
l'a dit, sous la suzeraineté de la maison de
Thouars. Pierre d'Amboise, vicomte de Thouars
et comte de Benon, adressa aussi au roi une
très-humble supplique dans laquelle il exposa :
— Que sa baronnie de l'île de Ré était *assise
en la mer*, sur la frontière de la duché de
Guienne, *en la venue et descendue* des Anglais
et autres ennemis du royaume, qui y venaient
souvent aborder : que *depuis peu de temps en çà*,
par le fait des *adversaires d'Angleterre*, l'île et
plusieurs de ses habitations avaient été *arses*
(brûlées), courues, gâtées et rançonnées, tellement que les habitans, obligés chaque jour
d'exposer leurs corps pour se défendre et n'attendant aucun secours ni aide que d'eux seuls,
ne pourraient bientôt plus vivre dans leur île. [1]

dessus dictes, auxdicts supplians octroyons que doresenavant ils
preignent sur tous les vins venans de dehors et entrans en ladicte
banlieue l'ayde qui s'ensuit : c'est assavoir 10 sols tournois pour
tonnel, dont les deux seront nostre profit pour le faict de nostre dict
chastel de la Rochelle, et sur chascune pipe de vin 5 sols tournois dont nous prendrons les 12 deniers et eux les 4 sols, etc.
Donné à Paris le 23 jour de décembre l'an 1407. (Laurière. *Ordon.
des rois de France*. tom. IX. p. 265.)

[1] Charles, etc. Sçavoir faisons de la partie de nostre chier
et féal cousin Pierre, seigneur d'Amboise, vicomte de Thouars,
comte de Benon, seigneur et baron de l'isle de Ré, nous avoir
esté humblement exposé que sa seigneurie et baronnie de l'isle
de Ré est assise en la mer sur la frontière de nostre duchié de

1408. Il ajoutait que, pour ces motifs, lui et ses prédécesseurs avaient toujours tenu cette baronnie franche de toutes redevances féodales, bien que récemment il eût reconnu la tenir du roi à foi et hommage lige et au devoir *d'une maille de Florence* par chaque mutation de vassal : que néanmoins les collecteurs des deniers royaux ne se faisaient pas faute de lever sur les habitans de l'île de Ré, comme sur ceux des autres parties du royaume, les aides qui avaient été décrétées pour les besoins de la guerre, ce qui opprimait ces pauvres insulaires au point que, s'ils n'étaient promptement affranchis de l'impôt commun, ils seraient contraints d'abandonner une terre qui ne leur offrait plus que la misère et la mort. [1]

Guyenne en la venue et descendue des Anglois et autres ennemis de nostre royaume, qui y viennent souvent aborder et descendre, et que par le faict de noz diz adversaires d'Angleterre, depuis peu de temps en ça, ont ladicte isle et plusieurs des habitacions d'icelle esté arses, courues, gastées et rançonnées, et tellement que les habitans n'y peuvent vivre, et fault les habitans de la dicte isle et baronnie de Ré chascun jour exposer leurs corps pour eulx deffendre et sans ce qu'ilz puissent avoir aucun secours ou ayde que d'eux seulement. (Laurière. *Ordon. des rois de France.* tom. IX. p. 416.)

[1] Et jasoit ce que d'ancienneté nostre dict cousin et ses devanciers ayent icelle seigneurie de l'isle de Ré tenue franchement, et depuis peu de temps en ça iceluy nostre cousin, voulant tousjours accroistre notre seigneurie, ait icelle terre de l'isle de Ré advoué à tenir de nouz en foy et hommaige lige à une maille de Florence seulement qu'il nouz en est tenu de faire pour relief et mutacion de vassal pour toutes redevances, néantmoins il se doubte que nos officiers sur le faict des aydes ordonnez pour la guerre ne veullent iceulx habitans de ladicte isle contraindre à payer les aydes qui, és aultres parties de nostre royaume, ont cours pour

Touché de la détresse des habitans de l'île 1410. de Ré, Charles VI, par des lettres données à Paris le 20 mars 1408, les déclara, à la considération *de son chier et féal cousin*, Pierre d'Amboise, francs et quittes à toujours de tous aides, tailles et subsides qui étaient et seraient, à l'avenir, ordonnés pour le fait de guerre. [1]

1410. — Deux ans après, Charles VI ayant donné le duché d'Aquitaine en apanage à Louis, dauphin de Viennois, son fils aîné, le nouveau duc envoya des commissaires en Saintonge pour recevoir l'hommage des barons et des communautés bourgeoises de cette province. Lorsque les délégués du prince vinrent à la Rochelle, le corps de ville refusa de prêter entre leurs mains le serment de féauté. Dans le traité fait en 1371 après l'expulsion des Anglais de la Rochelle, il avait été dit que cette ville et son territoire ne pourraient plus être aliénés du domaine royal par mariages, traités de paix *ni pour quelque autre aventure qui pût advenir au royaume de*

le faict de la guerre, ce que lesdiz povres habitans ne pourroyent supporter, et par ce, leur faudroit du tout délaisser l'abitacion de ladicte isle se iceulx aydes y avoyent cours. (Laurière. *Ordon. des rois de France.* tom. IX. p. 416.)

[1] Pour quoy nouz, eue considéracion à ce que dit est, à iceluy nostre cousin octroions que lesdiz habitans d'icelle terre de l'isle de Ré soyent frans, quittes et exempts perpétuellement et à tousjours-mais, de tous aydes, tailles et subsides qui ordonnez sont pour le faict de la guerre. Si donnons en mandement, etc. Donné à Paris le 20 jour du mois de mars l'an 1408. (Ibid.)

1410. *France.* [1] Les Rochelais ne reconnaissaient donc de seigneur direct que le roi. Le motif de leur refus était péremptoire, aussi fut-il pleinement adopté. Charles VI, par des lettres données à Paris le 27 août 1410, s'empressa de déclarer qu'en cédant au Dauphin la province de Saintonge, il n'avait point entendu y comprendre la ville de la Rochelle ni sa banlieue. [2]

Un fait digne d'être noté comme une singularité du régime féodal, c'est que ce même prince royal, dont les délégués allaient de ville en ville, de castel en castel, recueillant, au nom de leur maître, les sermens du baronnage et de la bourgeoisie, dut se résoudre à prêter serment lui-même entre les mains d'un simple religieux. Jehan d'Orfeuille avait succédé à son frère Gérald dans la direction de l'abbaye de Saint-Jean d'Angély. Au nombre des *mouvances* du monastère se trouvait le fief du Cluseau, appartenant au duc d'Aquitaine, et le prince était, à raison de ce fief, vassal de l'abbé de Saint-Jean d'Angély. Il fit donc foi et hommage à cet abbé par l'organe du capitaine qui commandait pour le roi dans le château de Taillebourg. [3]

[1] *Chronique de Jehan Froissart.* tom. I. chap. 310.

[2] Amos Barbot. *Invent. des titr. de la Rochelle.* ap. Arcère. *Hist. de la Rochelle.* tom. I. p. 267.

[3] Ludovicus, Aquitanorum dux ac delphinus viennensis abbati angeriacensi (Johanni d'Orfeuille, fratri Geraldi) fidem obstrinxit pro dominio de Cluzeau per procuratorem suum, Talleburgi gubernatorem. (Gall. Christ. Eccl. Santon. tom. II. p. 1105.)

Ce château appartenait en propre au roi qui 1410.
l'avait acquis, l'année précédente, avec le fief
du Cluseau, de Jehan de Harpedanne, seigneur
de Belleville. La seigneurie de Taillebourg était
ainsi incorporée au domaine royal. Cette incorporation fut effectuée. — « Sur le motif, dit
Charles VI dans les lettres qui furent données à
cette occasion, que pour le bien, tuition et
défense de notre peuple et l'utilité de la chose
publique de notre royaume, nous avons droit
et nous est loisible, par puissance souveraine
et spéciale prérogative royale, de prendre et
appliquer à notre domaine les terres, châteaux,
ports de mer et autres lieux étant en frontière
de nos ennemis, que nous voyons être nécessaires à la garde générale, tuition et défense
de nos sujets et à la sûreté universelle de notre
royaume, en faisant condigne recompensation
à ceux desquels nous prenons lesdits lieux du
loyal prix et de juste valeur d'iceux. » [1]

1411. — 1413. — Cependant l'horizon politique de la France allait se rembrunissant de
plus en plus. L'animosité des factions d'Orléans
et de Bourgogne s'envenimait chaque jour davantage et le royaume, partagé en deux camps,
était livré à l'anarchie. Le parti bourguignon

[1] Trésor des Chartes. ap. Villaret. *Hist. de France.* tom. XIV.
p. 170. — Les frères de Sainte-Marthe. *Hist. généal. de la
Maison de France.* tom. I. p. 496.

1411
à
1413.

avait pour lui Paris et toutes les bonnes villes situées au nord de la Loire : la France méridionale soutenait le parti d'Orléans auquel s'étaient ralliés, en dernier lieu ; les ducs de Berry et de Bourbon, éloignés du gouvernement par Jean duc de Bourgogne. [1]

Pendant que toute la chevalerie de France était rassemblée sous les bannières rivales des *Bourguignons* et des *Armagnacs*, [2] les provinces méridionales étaient abandonnées sans défense aux insultes de l'étranger. Quelques places fortes des Hautes-Marches de Saintonge tombèrent, malgré les patriotiques efforts de leurs habitans, au pouvoir des Anglais d'outre-Garonne, prompts à tirer parti des discordes civiles qui déchiraient le royaume.

Un simulacre de reconciliation s'étant opéré à Bourges entre les deux partis rivaux, le comte de Clermont, devenu duc de Bourbon par la

[1] Le Religieux de St.-Denis. *Chroniq. de Charles VI.* — *Chron. de Monstrelet.* tom. II. p. 312 et 341. — Mém. de Pierre de Fénin. ap. Petitot. Coll. tom. VII. p. 246. — De Barante. *Ducs de Bourg.* tom. III. p. 275 à 333.

[2] Charles d'Orléans, veuf d'Isabelle de France, ayant épousé Bonne, fille de Bernard, comte d'Armagnac, celui-ci se mit à la tête du parti de son gendre et lui donna son nom. On disait les *Armagnacs* pour désigner la faction des ducs d'Orléans, de Berry et de Bourbon. Leur signe distinctif était une bande de toile blanche passée sur l'épaule droite, comme le chaperon bleu et la croix de Saint-André, avec la fleur-de-lis au milieu, étaient l'emblème du parti de Bourgogne et de la cour. (Voir Mém. de Fénin. ap. Petitot. Coll. tom. VII. p. 246. — De Barante. *Ducs de Bourg.* tom. III. p. 291.)

mort récente de son père, vint, avec quelques 1411
troupes, se cantonner dans le voisinage de Saint- à
Jean d'Angély, pour arrêter les progrès des Anglo- 1413.
Gascons en Saintonge. Ce prince, peu de temps
après, vint mettre le siège devant le château
de Soubise sur Charente, occupé par l'ennemi.
Comme il faisait ses dispositions pour attaquer
la place, *les Anglais saillirent dehors par manière d'escarmouche et très-vaillamment se portèrent : aussi furent vaillamment reboutés en leur
place et y en eut de morts et de prins.* Renault,
sire de Pons, se distingua surtout dans cette
mêlée. [1] Après avoir refoulé les Anglais dans le
donjon, le duc de Bourbon en ordonna le siège.
On combattit, de part et d'autre, avec beaucoup d'ardeur : mais les assaillans, encouragés
par le succès qu'ils venaient d'obtenir, se rendirent promptement maîtres de la place. *Elle fut
prinse d'assaut, et y eut plusieurs Anglais morts
ou prins.* [2]

1414. — Le roi Henri d'Angleterre venait de

[1] Armand Maichin. *Hist. de Saint.* chap. V.

[2] En ce temps le duc de Bourbon estoît contre les Anglois
vers Saint-Jehan d'Angély, lesquels faisoyent forte guerre , et
spécialement d'une place qu'on nommoit Soubise, où y avoit
foison de vaillans Anglois , tant Gascons que autres. Et saillirent
dehors par manière d'escarmouche et très vaillamment se portèrent.
Aussi furent vaillamment reboutés en leur place , et y en eut
de morts et de prins. Et après, par l'ordonnance dudit duc , les
François assaillirent la place, et y fut prinse d'assault, et y
eut plusieurs Anglois morts et prins. (Jehan Jouvenel des Ursins.
Histoire de Charles VI. an 1413).

17

1414. mourir. On dit qu'au bord de la tombe il s'efforça d'inspirer à son fils des scrupules sur la légitimité de ses droits à la couronne de Richard. Mais le jeune prince attendit à peine le dernier soupir de son père pour monter au trône sous le nom de Henri V.

Il conçut, presque aussitôt, le projet de faire voile vers le continent avec une armée. Les conseillers de Charles VI, effrayés de l'orage qui menaçait la France, s'efforcèrent de le conjurer par des négociations. Louis, dauphin de Viennois, duc d'Aquitaine, offrit de restituer l'Agénois, le Périgord, le Rouergue, le Bigorre et toute la partie méridionale de la Saintonge, entre Charente et Gironde, avec l'île d'Oleron.[1] Mais Henri exigea impérieusement l'exécution entière du traité de Brétigny. Forcé d'acheter la paix à tout prix, le Dauphin se résigna, non sans une profonde amertume, au sacrifice des belles provinces du midi comprises dans *la grande paix*, à l'exception toutefois de la Rochelle et du territoire situé entre la Charente et la Sèvre.[2] Cette

---

[1] **Les responses furent faictes à chascun article : au premier, que ledit roy Charles offroit rendre ce qu'il tenoit en Agénois, Perrigord, Bigorre, Rouergue, Xaintonge de là la Charente, Oleron, etc.** (Du Tillet. *Recueil de traités.* tom. II. p. 320).

[2] **Déclaration fut faicte par les ambassadeurs d'Angleterre à ceux dudit sieur Dauphin, que s'ils n'offroyent tout ce qui estoit contenu au traicté de Brétigny, ils n'entendroyent à chose dont ils feissent ouverture. Par quoy lesdits ambassadeurs dudict sieur Dauphin offrirent toutes les terres contenues en ladicte grande paix, fors la Rochelle, Xaintonge par de çà la Charente, etc.** (Ibid. p. 322).

restriction ne convint pas apparemment au roi 1415
d'Angleterre , puisque la guerre fut déclarée à   à
la France.   1422.

1415. — 1422. — Alors commença la période
la plus désastreuse des annales du royaume. Henri
V étant débarqué sur le continent, Charles VI
marcha à sa rencontre à la tête des princes de
sa maison, d'une nombreuse chevalerie et d'une
masse considérable de gens d'armes. Les deux
rois se joignirent à Azincourt, en Picardie, le
25 octobre 1415. Là se renouvelèrent les fautes
et les malheurs de Crécy et de Poitiers. Les
Français, bien supérieurs en nombre, furent mis
dans une déroute complète. Six princes du sang
royal et presque toute la chevalerie restèrent
parmi les morts : le duc Charles d'Orléans demeura aux mains du vainqueur.

Il semblait que tout conspirât contre la France.
Au milieu du désordre qui suivit la journée
d'Azincourt, Louis, duc d'Aquitaine, mourut
empoisonné. Jean, second fils du roi, qui, par
la mort de son frère aîné, devint Dauphin de
France, eut, comme lui, l'Aquitaine en apanage.
Mais il mourut peu de temps après, laissant à
son jeune frère Charles, comte de Ponthieu, le
duché d'Aquitaine avec le titre de Dauphin.[1]

[1] Jean, duc de Berry, mourut dans le même temps, *moult
ancien et plein de jours*, dit Monstrelet, *et sans laisser hoirs
mâles de sa chair.*

1415 à 1422. Pour comble de calamités, les factions de Bourgogne et d'Orléans, qui s'étaient rapprochées à l'aspect du danger commun, se séparèrent de nouveau grâce aux intrigues de l'Angleterre. Jean-Sans-Peur, duc de Bourgogne, s'unit aux Anglais contre le roi, le Dauphin et le parti d'Orléans. Indigne des titres de reine, d'épouse et de mère, Isabeau de Bavière se ligua aussi avec l'ennemi du royaume contre son époux et son fils. Bientôt le faible roi Charles, obsédé par sa femme et le duc de Bourgogne, s'associa lui-même à leurs criminels desseins, et signa, à Troyes, en Champagne, le 21 mai 1420, un traité par lequel on lui fit donner sa fille Marguerite au roi d'Angleterre, et instituer ce roi héritier du trône de France, à l'exclusion du Dauphin. Pour faire tête à la coalition anglo-bourguignonne, il ne restait à la France, envahie par l'étranger, déchirée par la guerre civile, qu'un prince encore enfant et les débris du parti d'Orléans, découragé par la captivité de son chef.

Mais pendant qu'au nord de la Loire, l'Anglais, émerveillé de son triomphe, voyait les peuples, frappés de vertige, immoler à son ambition jusqu'au sentiment de la dignité nationale, une ligue formidable s'organisait dans le midi sous les auspices du Dauphin. Forcé de quitter Paris dont la bourgeoisie était vendue à la reine et

au duc de Bourgogne, le jeune Charles se retira à
Poitiers où il prit le titre de régent du royaume.
Toutes les bonnes villes de la France méridionale se déclarèrent pour lui. Le maréchal de
Rieux , Vignolles de la Hire, Poton de Xain-
trailles, la Trimouille , Barbazan , tous les chevaliers du parti d'Orléans qui avaient échappé
au massacre d'Azincourt vinrent se presser en
foule autour de sa bannière.

Ayant eu avis que le duc de Bretagne, l'un
des chefs du parti bourguignon, marchait sur
l'Aunis avec une armée, Charles partit de Poitiers,
au commencement d'octobre 1422, accompagné
de Guillaume Taveau , baron de Mortemer,
commandant une des compagnies franches du
Poitou, et vint à la Rochelle pour se concerter
avec les barons des hautes et basses marches
de Saintonge. [1] Un singulier accident , qui arriva
dans cette ville pendant le séjour du prince, fit
beaucoup de bruit parmi ses partisans, et les
esprits superstitieux ne manquèrent pas d'en
tirer un heureux augure pour l'avenir de la
France.

Le 11 octobre, pendant que le duc tenait
conseil, avec ses capitaines, dans une chambre
haute de l'hôtel où il était logé, [2] le parquet

---

[1] Regist. de la ville de Poitiers. Ap. Thibaudeau. *Hist. du
Poitou.* tom. III. p. 6.

[2] Cette maison était située à l'angle des rues Chef-de-Ville et
de la Verdière, aujourd'hui rue du Coq. (Arcère. *Hist. de la
Rochelle.* tom. I. p. 269 , en note.

1418
à
1422.
s'affaissa tout-à-coup sous le poids de l'assemblée. Les barons et chevaliers qui entouraient le prince tombèrent pêle-mêle au milieu des débris : quelques-uns périrent dans la chute; les autres furent plus ou moins blessés. Le duc seul, dont le siège se trouvait placé sur un ancien mur de ville qui servait d'appui à la maison, n'eut aucun mal, et vit tout son conseil s'abîmer autour de lui, sans éprouver d'autre commotion que celle de la frayeur dont il fut saisi. [1]

Des mesures furent prises à la Rochelle pour repousser l'ennemi en cas d'attaque. Les murs de la ville furent réparés, les fossés élargis. On fit des approvisionnemens pour un long siège. On convint d'un signal qui, à l'approche du danger, devait rallier les hommes de la banlieue à ceux de la cité. Enfin le corps de ville et la bourgeoisie jurèrent sur l'Évangile *d'être bons, loyaux et obéissans au roi, leur souverain, et à monsieur le Dauphin, leur seigneur naturel, contre tous leurs adversaires.* [2]

Le duc Charles avait à peine quitté la Rochelle, qu'il apprit, presque en même temps, la mort de son père et celle du roi d'Angleterre. Pendant

[1] *Chronique de Monstrelet.* ap. Petitot. coll. tom. VIII. p. 12. — Amos Barbot. *Invent. des titr. de la Rochelle.* ap. Arcère. *Histoire de la Rochelle.* tom. I. p. 269. — Villaret. *Hist. de France.* tom. XIV. p. 160.

[2] Amos Barbot. *loc. cit.* — Mss. *de l'Oratoire de la Rochelle.* ap. Arcère. tom. I. p. 268.

qu'une assemblée de prélats et de barons, tenue à Poitiers le 27 octobre, le saluait roi de France sous le nom de Charles VII[1], le nouveau roi d'Angleterre, Henri VI, à peine âgé de dix ans, était proclamé à Paris par le parti bourguignon. Les Anglais donnaient, par ironie, à l'élu des méridionaux, le nom de *roi de Bourges*[2] : mais il était aisé de prévoir que la nation, s'arrachant à son honteux sommeil, ne tarderait pas de conférer au fils de Charles VI une royauté plus étendue.

Charles n'exerçait encore son pouvoir que sur le Dauphiné, le Languedoc, le Bourbonnais, l'Auvergne, l'Orléanais, la Touraine, le Berry, le Poitou et la Saintonge.[3] Mais du jour de son couronnement à Poitiers, il vit un grand nombre de seigneurs des provinces d'outre-Loire déserter la faction anglo-bourguignonne pour se ranger sous son drapeau.[4] La plupart de ces gentilshommes n'étaient demeurés jusqu'alors dans le parti de la cour que par attachement pour le feu roi, objet de compassion et de respect. Depuis la mort de Charles VI, le parti de Bourgogne n'était plus celui de la France. Les léopards d'Angleterre avaient remplacé l'écu d'azur aux

---

Art de vérifier les dates. tom. I. p. 615. — Villaret. *Hist. de France.* tom. XIV. p. 160. — Coll. Petitot. tom. VIII. p. 12.

[2] Martial d'Auvergne. *Vigile de Charles VII.*

[3] Coll. Petitot. tom. VIII. p. 7.

[4] De Barante. *Hist. des ducs de Bourg.* tom. V. p. 121.

1423 à 1427. fleurs-de-lis d'or. Les Anglais étaient gouverneurs des villes : c'était à eux qu'il fallait obéir, et cette obéissance répugnait à des gentilshommes français, qui d'ailleurs ne pouvaient plus rêver ni gloire ni fortune sous un roi de race étrangère dont l'enfance ne promettait qu'une longue et orageuse minorité.

1423. — 1427. — Toutefois, quelque légitime que fût la cause du roi Charles, de grands revers devaient marquer les premières années de son règne. Pour faire tête à la coalition d'Angleterre et de Bourgogne, il fit alliance avec le duc de Milan et avec Murdoch Stuart, duc d'Albanie, régent d'Ecosse pendant la captivité du roi Jacques, prisonnier des Anglais. Le premier lui envoya cinq cents lances et mille archers lombards, commandés par trois des plus renommés *condottieri* d'Italie. L'autre fit embarquer, sous les ordres de John Stuart, comte de Douglas, un corps de cinq mille fantassins écossais, pauvres, audacieux, avides de périls et de butin. Le comte de Douglas vint prendre terre à la Rochelle, seul port de mer qui, sur toute la côte d'Aquitaine, s'ouvrît aux secours que Charles pouvait recevoir du dehors. [1]

Au moment où ces renforts lui arrivèrent, Charles VII était menacé de tous côtés par les

[1] Buchan. *Rerum scot.* lib. X. p. 349. — Arcére. *Hist. de la Rochelle.* tom. I. p. 270.

Anglo-Bourguignons. Pour comble de malheur 1428. la discorde se mit parmi ses capitaines, jaloux les uns des autres. Le résultat de ces divisions fut la désastreuse journée de Verneuil, où l'élite de l'armée franco-écossaise resta sur le terrain, et qui fut presque aussi funeste au royaume que l'avait été celle d'Azincourt. Ce revers, loin de rallier les serviteurs du prince, ne fit qu'envenimer encore leur animosité et accroître la confusion qui régnait dans leurs rangs.

1428. — Pendant que les chevaliers de France oubliaient le commun danger pour ne songer qu'à leurs rivalités personnelles, le duc de Bedford, *régent de Paris*, et le comte de Salisbury vinrent mettre le siège devant Orléans. La perte de cette place devait entraîner celle de toutes les villes de la Touraine, du Poitou et de la Saintonge, mal fortifiées et dépourvues d'approvisionnemens.

Dans cette extrémité, Charles VII eut recours, pour la seconde fois, aux Ecossais. Par un traité du mois de novembre 1428, le roi Jacques s'obligea de fournir à son allié six mille hommes d'armes. En retour de cette assistance Charles promit de livrer au roi d'Ecosse le comté de Saintonge avec la châtellenie de Rochefort sur Charente, à condition qu'après l'expulsion des Anglais du royaume, il reprendrait la Saintonge

1428. et livrerait en échange le duché de Berry et le comté d'Evreux. C'était payer cher un secours aussi faible: mais il y allait du salut de la France. Par le même traité Charles VII érigea le comté de Saintonge en duché-pairie en faveur de son allié, et ces conventions furent scellées par des accords de mariage entre Louis, dauphin de France, et Marguerite d'Ecosse. [1]

Le roi Jacques tint fidèlement sa promesse en fournissant au roi de France un corps de six mille Ecossais qui ne le quitta plus : mais rien ne constate que Charles ait jamais rempli la sienne, en livrant à son allié le comté de Saintonge et la châtellenie de Rochefort : ce ne fut, de sa part, qu'une combinaison diplomatique, et l'on verra comment la politique adroite et cauteleuse de son successeur éluda les termes du traité pour se dispenser de l'exécuter.

1429. — Cependant Orléans était serré de près par les Anglais. Malgré les secours en vivres et en argent que les assiégés recevaient de Bourges, de Poitiers, de la Rochelle et d'autres bonnes villes du midi, [2] malgré la généreuse opposition de la reine Marie d'Anjou et de la belle Agnès Sorel, maitresse du roi, Charles VII

---

[1] Du Tillet. *Recueil de traités.* ap. Villaret. *Hist. de France.* tom. XIV. p. 369.

[2] Lemaire. *Hist. des antiq. de la ville et du duché d'Orléans.* — Lebrun des Charmettes. *Hist. de la Pucelle.* tom. I. p. 118.

parlait de livrer la place, et la Loire allait 1429.
cesser d'être une barrière entre les deux partis,
lorsqu'un incident, sinon miraculeux, au moins
bien étrange vint sauver la ville assiégée.

Qui ne connaît l'histoire de la vierge de Vau-
couleurs, surnommée la *Pucelle d'Orléans* ! Les
affaires de Charles VII étaient si désespérées, il
y avait quelque chose de si merveilleux dans
la soudaine apparition de cette jeune enthousiaste,
que chacun crut voir en elle un ange libérateur,
envoyé du ciel pour sauver la France. Il n'entre
pas dans le cadre de cette histoire de suivre
l'héroïne d'Orléans à travers l'étonnante péripétie
du grand drame où elle joua le premier rôle.
On sait qu'après avoir refoulé les Anglais loin
des murs d'Orléans, vaincu Talbot à la journée
de Patay, pris Troyes et Chalons, fait sacrer
Charles VII à Rheims, toujours impétueuse dans
l'attaque, humble dans la victoire, terrible encore
dans la retraite, souvent heureuse dans sa témérité, quelquefois blessée mais jamais abattue,
la pieuse amazone tomba enfin, sous les murs
de Compiègne, au pouvoir des Bourguignons
qui la livrèrent lâchement aux Anglais. Mais
le bûcher de Jeanne d'Arc ne servit qu'à éclairer
la fuite de ses bourreaux : le supplice de cette
illustre victime, en excitant l'indignation et la
pitié, ne contribua pas moins à ranimer l'énergie
nationale que n'avait fait sa bannière miraculeuse,

1430. et sa mort tragique fut aussi profitable à la France que l'avait été sa vie extraordinaire. [1]

1430. — Au milieu des orages et des préoccupations de la guerre, les gentilshommes ne laissaient pas de satisfaire aux œuvres de piété dont la pratique formait une partie essentielle des saints devoirs de la chevalerie. Les périls dont ils marchaient environnés étaient, pour eux, un puissant motif de songer incessamment au salut de leur âme, et la pensée de la mort leur causait même une telle perplexité, que plusieurs avaient soin de régler, de leur vivant, les prières et les cérémonies du culte par lesquelles ils voulaient qu'après leur mort l'Église honorât leur mémoire.

Jehan de Harpedanne, seigneur de Belleville, sénéchal de Saintonge et l'un des plus vaillans capitaines de son temps, n'était pas plus exempt que le commun des hommes de cette religieuse sollicitude. Le 22 juin 1430, il entra dans l'église du monastère de Sainte-Marie de la Grâce-Dieu, en Aunis, et déposa sur l'autel une charte ainsi conçue :

— « Sachent tous présens et à venir que, pour la très-grande dévotion que nous avons à Dieu,

---

[1] Voy. *Chronique de la Pucelle.* — Mém. concernant la Pucelle. ap. Petitot. coll. tom. VIII. p. 151 à 267. — Richer. *Hist. de la Pucelle.* Mss. de la Bibl. du roi, n.° 285. — Lebrun des Charmettes, *Hist. de la Pucelle.* tom. II. p. 30 à 72. — Journal du siége d'Orléans. — *Chronique de Monstrelet.* tom. V. p. 211.

à la benoite Vierge-Marie et à l'abbaye de Notre-
Dame de la Grâce-Dieu, au diocèse de Saintes,
et afin que nous, nos père et mère et nos amis
trépassés soient perpétuellement accueillis ès
bienfaits et prières qui en ladite abbaye seront
célébrés, les religieux, prieur et couvent de
ladite abbaye de la Grâce-Dieu seront perpétuellement tenus faire, dire et chanter, c'est
assavoir :

« Par chacun an, deux anniversaires solennels
à diacre et à sous-diacre, ès quels l'abbé doit
être présent et assistant, s'il est en l'abbaye,
et tous les religieux du couvent qui seront, ledit
jour, au moutier. Doit être chanté et célébré
l'un desdits anniversaires le tiers-jour d'octobre,
l'autre le mercredi après Pâques, en cas qu'il
n'y aurait empêchement; et si empêchement y
avait, ils seront tenus les faire le plus prochain
jour. A la fin desdits anniversaires ils chanteront
un *subvenite* audit moutier, bien et solennellement,
avec les collectes *inclina*, *absolve* et *fidelium*,
tous en habits et manières dus et accoutumés.

« Ils feront dire chacun an et perpétuellement,
en chacune messe, à notes de couvent, tant
que nous serons en vie, l'oraison et collecte
concede nos famulos tuos, et après notre trépas,
Deus cui proprium est misereri semper et parcere,
au lieu de ladite collecte *concede nos*. Et seront
tenus lesdits religieux, abbé, prieur et couvent

1430. faire mettre par écrit en leur *marturège* (livre mortuaire) les choses dessus-dites, afin de perpétuelle mémoire. » En retour des prières de l'église, Jehan de Harpedanne donna, par la même charte, aux moines de la Grâce-Dieu, plusieurs fiefs situés dans le voisinage du monastère. [1]

Le chambellan Jacques de Surgères, quoiqu'au déclin de la vie, ne portait pas encore sa pensée au-delà du tombeau et ne se montrait préoccupé que des dangers qui menaçaient sa vieillesse. Dans ces temps de trouble et d'anarchie, il n'était pas rare de voir de riches tenanciers, lorsque les années avaient affaibli leur bras, mettre leur personne et leurs biens sous l'égide tutélaire de la souveraineté royale. Ainsi fit Jacques de Surgères. Il existe des lettres-patentes données à Poitiers, le 5 août 1430, par lesquelles Charles VII, *à la supplication de son amé et féal chevalier et chambellan Jacques de Surgères, sexagénaire*, mande à ses justiciers de mettre sous sa protection et sauve-garde spéciale ce vieillard, sa femme, sa famille et ses possessions, et de le protéger et défendre *contre plusieurs personnes, ses haineux et malveillans, pour certaines vraisemblables présomptions et conjectures.* — « Faites publier, ajoutait le roi, et signifier notre pré-

---

[1] *Mss. Archiv. de l'abbaye de la Grâce-Dieu, en Aunis.* — Cette pièce, à part l'orthographe du temps, est transcrite textuellement du mss. original.

sente sauve-garde par tous les lieux et à toutes 1431.
les personnes qu'il appartiendra, et en signe
d'icelle, mettre nos pannonceaux et bâtons royaux
sur les maisons, possessions et biens quelconques
dudit suppliant. » [1]

1431. — La levée du siège d'Orléans et les
succès dont elle fut suivie ne firent point cesser
les intrigues et les rivalités qui s'agitaient autour
de Charles VII. Une haine mortelle divisait surtout
deux hommes très influens par l'élévation de
leur rang et l'éclat de leur naissance. L'un était
Georges, duc de la Trimouille, ministre et favori
de Charles VII, l'autre, Arthus, comte de Richemont, connétable de France. Celui-ci, banni
de la cour, honorait sa disgrâce en guerroyant
contre les ennemis de l'État, pendant que l'autre,
plus jaloux de son pouvoir que des intérêts du
roi, entretenait la haine et la défiance du faible
prince contre le guerrier qui combattait pour lui.

---

[1] Charles, etc. A la supplication de nostre amé et féal chevalier
et chambellan Jacques de Surgières, seigneur de la Flocellière,
sexagénaire, affermant luy doubter de plusieurs personnes, ses
haineux et malveillans, pour certaines vraisemblables présomptions
et conjectures, nous vous mandons et à chascun de vous, si
comme à luy appartiendra, que ledict suppliant, avec sa femme,
famille, droits, choses, etc., vous prenés et mettés en et soubs
nostre protection et sauve-garde spécial, et le maintenés et gardés
en toutes ses justes possessions, et le défendés et faites défendre
de toutes injures, etc., et en signe d'icelle, mettre nos pannonceaux
et bastons royaux en et sur les maisons, granges, etc., dudit suppliant. Donné à Poictiers le 5 jour d'aoust l'an de grâce 1430.
(*Mss. Archiv. du château de la Flocellière*).

1431. Une série d'événemens étrangers à cette histoire fit bientôt éclater en Saintonge l'animosité
qui divisait ces deux hommes d'état. Louis d'Amboise, vicomte de Thouars, seigneur de l'île
de Ré, de Benon et de Marans, venait, à
l'instigation du duc de la Trimouille et par arrêt
du parlement siégeant à Poitiers, d'être incarcéré
et dépouillé de tous ses biens, sous prétexte
d'un prétendu crime de haute-trahison, mais en
réalité parce qu'il était dévoué au connétable.
La Trimouille, maître de tous les domaines du
vicomte de Thouars, mit des garnisons dans les
forts de l'île de Ré, de Marans, de Benon et
dans les autres châteaux appartenant à son
prisonnier.

Madame de Thouars, chassée de sa ville par
les gens du duc, se réfugia à Mauléon (aujourd'hui
Chatillon-sur-Oint), en Bas-Poitou, et implora
l'appui du connétable. Richemont lui envoya les
sieurs de Beaumanoir et de Rostrénem, gentilshommes bretons, qui attaquèrent les garnisons
de la Trimouille et reprirent les forts de l'île
de Ré, de Benon et de Marans. Mais Charles
VII ayant fait venir de Gascogne un corps de
cavalerie, commandé par le sire d'Albret, Beaumanoir et Rostrénem, battus, à leur tour, par
les gens d'armes du roi, se retirèrent à Fontenay-
le-Comte. Marans et Benon ouvrirent leurs portes
au sire d'Albret, qui s'empara aussi du fort de

Chatelaillon, près la Rochelle, que Charles VII 1431. avait donné à Richemont avec l'épée de connétable.

Cette guerre s'étant prolongée en Saintonge pendant toute l'année, un rapprochement s'opéra entre les deux partis. Charles VII restitua au connétable sa terre de Chatelaillon. Il finit même par lui rendre son amitié et sa confiance à tel point, que Richemont, plein de rancune contre la Trimouille, le fit arrêter, dans le château de Chinon, sous les yeux du roi, qui, las de son ancien favori, le sacrifia sans scrupule à la vengeance du nouveau. Quant au vicomte de Thouars, il recouvra sa liberté; mais l'île de Ré, Marans, Benon et ses autres fiefs ne lui furent rendus que six ans après, en 1438. [1]

[1] Ceulx de Thouars meirent madame de Thouars hors la ville, et s'envint à Mauléon, et supplia monseigneur le connestable qu'il luy plust l'ayder encontre la Trimouille à Marant, et Benon et l'isle de Ré, et y logèrent messeigneurs de Beaumanoir et de Rostrénem. Et fut commencé à faire guerre és places de la Trimouille, puis le roy et toutes les places de Poictou commencèrent guerre contre monseigneur le connestable et à ses places, et y eut forte guerre. Si y vint monseigneur d'Albret qui fut lieutenant du roy et grand nombre de Gascons, et d'une emblée entrèrent en l'isle de Marant. Et s'envinrent messeigneurs de Beaumanoir et de Rostrénem à Fontenoy, et guères ne tint Marant ne Benon, et de là allèrent à la Rochelle. Et leur fut rendu Chatelaillon, dont mondit seigneur le connestable fut bien mal content, et feit coupper la teste à celuy qui avoit rendu ladite place. Et dura celle guerre bien près d'un an. Puis se trouva appoinctement tel quel et fut rendu à mondit seigneur Chatelaillon. Et par ainsy il n'y eut plus de guerre. (Théodore Geoffroy. *Histoire d'Artus, comte de Richemont.* ap. Petitot. Coll. tom. VIII. p. 454). — *Chronique de Monstrelet.* tom. VI. p. 95. — *Annal. de Belleforest.* an 1431. — Villaret. *Histoire de France.* tom. XV. p. 94.

1431. La disgrâce de la Trimouille, dont l'orgueil avait éloigné de Charles VII ses plus fidèles serviteurs , jointe au rappel du connétable et de ses nombreux partisans, acheva de ruiner la faction anglo-bourguignonne, en complétant l'œuvre de régénération nationale si merveilleusement commencée par la Pucelle. Un traité de paix fut signé à Arras par Charles d'Anjou, frère du roi, et Philippe-le-Bon, duc de Bourgogne. Charles VII vit dès-lors tous les partis se fondre autour de lui pour ne former désormais qu'un corps homogène, animé du désir de réparer les désastres du royaume.

1433. — Mais la monarchie n'était pas encore à l'abri de tout danger. Outre les places fortes qu'ils occupaient au nord de la Loire, les Anglais possédaient encore le Bordelais et une grande partie de la Gascogne. Maîtres de la rive gauche de la Gironde, ils faisaient souvent irruption sur la rive droite, et inquiétaient les populations de la Haute-Saintonge, dont ils pillaient les maisons et enlevaient les bestiaux. Un corps d'Anglo-Gascons s'empara même par surprise de Mornac, château situé sur le versant d'une colline dont le pied est baigné par la Seudre. De là ils pouvaient, sans crainte des tempêtes, et en longeant la côte de Saintonge, abritée par l'île d'Oleron, s'avancer en mer jusques dans les eaux de la Rochelle.

Les bourgeois de cette ville résolurent de se 1433. délivrer d'un voisinage aussi dangereux, et de recouvrer l'embouchure de la Seudre qui offrait à leurs mariniers un mouillage aussi commode que sûr. Le 15 mars 1433 ils envoyèrent un grand nombre de petits navires intercepter le passage de la rivière entre Marennes et la Tremblade : puis ils firent partir quatre grandes *barges*, montées par trois cents arbalétriers sous les ordres de deux chevaliers, nommés Régnault Girard et Laurent Poussard. Jacques, sire de Pons, se joignit à cette petite armée avec ses vassaux, et il fut convenu que le baron assiégerait la place du côté des terres, pendant que les Rochelais l'attaqueraient du côté de la Seudre.

Elle était occupée par le maire de Bordeaux et trois cents Anglo-Gascons. A la vue des gens armés qui venaient les assaillir, ils s'apprêtèrent à faire bonne contenance, et l'opiniâtreté des deux partis rendit le siège aussi long que meurtrier. Les Anglais, maîtres de la ville, ne possédaient pas le château. Le capitaine Jean du Gast, renfermé dans ce donjon avec une faible troupe, se défendait vaillamment contre les Anglo-Gascons, assiégeans et assiégés tout à la fois. Mais épuisé de lassitude et manquant de vivres, il était à la veille de capituler, lorsque les Rochelais, pendant une attaque très-vive qui attira sur les murs de la ville toute la garnison anglaise, par-

1433. vinrent à faire passer des provisions dans le château.

Le moyen qu'ils employèrent est aussi singulier qu'ingénieux. Ils lancèrent sur une des tours un *vireton* (petite flèche de neuf à dix pouces de longueur) auquel était attachée une corde légère. Au moyen de ce cordon, le capitaine du Gast tira à lui un câble qu'il fixa à l'un des créneaux de la tour : les Rochelais le fixèrent aussi de leur côté afin qu'il fût bien tendu. Puis, à l'aide d'une corde appliquée le long du câble avec des anneaux, de manière à pouvoir aller et venir, ils firent passer à la garnison de la citadelle plusieurs chevreaux et porcs vivans, du pain et d'autres victuailles au grand dépit des Anglo-Gascons, qui virent passer ces comestibles au-dessus de leurs têtes sans pouvoir les intercepter.[1]

La ville, très maltraitée par les pierriers et mangonneaux des Rochelais et du sire de Pons, se rendit peu de jours après aux assiégeans qui en chassèrent la garnison anglo-gasconne. En commémoration de cette victoire, le corps de ville de la Rochelle arrêta qu'une procession aurait lieu dans l'église de Notre-Dame de Cougnes,

[1] Les Rochellois advisèrent de traire au capitaine Jehan Gast un vireton qui portât un cordeau long, et qu'avec ledict cordeau il halleroit certain cordaige à luy, au long duquel on lui guinderoit des vivres, et que, par un autre cordaige qui se tenoit au premier, et qui alloit et venoit, on envoyeroit audict capitaine chevreaux, gorets vifs, pain et autres victuailles. (Mss. de Conain. ap. Arcère. *Histoire de la Rochelle*. tom. I. p. 273).

et qu'un cierge du poids de vingt-cinq livres serait
allumé devant l'image de la vierge. [1]

1436. — 1440. — Cependant Philippe de Bourgogne ayant réuni ses forces à celles du maréchal
de l'Ile-Adam et du connétable de Richemont,
l'armée combinée marcha sur Paris et s'empara,
presque sans combat, de cette grande cité, tant
les Parisiens étaient las du joug de l'Angleterre.
Charles VII entra bientôt dans sa capitale où
le suivirent l'Université, le Parlement et les autres
grands corps de l'État. Mais la réaction qui s'était
opérée dans les esprits en faveur du fils de Charles
VI, tout en portant le coup mortel à la domination d'outre-mer, ne put effacer immédiatement
les désordres qui d'ordinaire marchent à la suite
des grandes commotions politiques.

L'insoumission régnait dans les villes, et le
brigandage dans les campagnes. A Saint-Jean
d'Angély le menu-peuple s'ameuta contre le maire
Jehan Dorin. Ce magistrat eût été massacré par
la multitude sans l'abbé Louis de Villars qui
parvint à désarmer les factieux. Cet abbé avait
toutes les vertus d'un saint pasteur. Plein de zèle
pour le service religieux, il rétablit dans son

---

[1] Après que messieurs Girard, Poussard, Bazoges et de Faye
furent retournez en la ville, il fut ordonné de faire une procession
générale en l'église de Nostre-Dame de Cougnes, et de mettre
devant l'image de ladite dame une torche de cire du poids de
vingt et cinq livres. (*Le livre de la Poterne.* ap. Arcère. tom.
I. p. 274).

1436
à
1440.
monastère la règle de Saint-Benoit qui était tombée en oubli au milieu des orages politiques. On rapporte que dans les grandes solennités de l'Église, il ceignait la mitre et portait le bâton épiscopal. [1]

Des compagnies *de brigands et d'écorcheurs* désolaient, dans le même temps, la Saintonge et les contrées adjacentes. Il n'était bruit que de meurtres et de pillages. Les châteaux de l'ex-ministre Georges de la Trimouille et de son neveu Jacques, sire de Pons, ceux du seigneur Guy de la Rochefoucault et de plusieurs autres barons du parti de la Trimouille étaient devenus des repaires de bandits. Charles VII préparait alors une grande expédition contre les Anglais de Gascogne. Pendant que ses maréchaux levaient des troupes dans les provinces, il parcourut, avec sa noblesse, le Poitou, la Saintonge et le Limousin, pour dissiper les bandes de malfaiteurs qui infestaient ces contrées. [2]

1444. — Parmi ces voleurs de grands chemins, il n'en était pas de plus redoutés que les trois frères Maurice, Guillaume et Charles Plusqualet, vendus à la politique de l'Angleterre. Retranchés

---

[1] Ludovicus de Villars veré pastor extitit : quippe observantiam regularem, temporum injuriâ labefactatam, restituit, cultûs divini zelantissimus. De quo legitur quod mitrâ et baculo diebus solemnibus uteretur. Anno 1440 concordiam iniit cum majore et civibus Angeriaci. (Gall. Christ. Eccl. Santon. tom. II. p. 1105).

[2] Petitot. Coll. tom. XI. p. 166.

dans le château de Taillebourg et dans quelques 1441.
autres forteresses où ils avaient recruté tous les
vagabonds et gens sans aveu du royaume, ils
fondaient, comme des oiseaux de proie, sur le
plat-pays, et, après avoir rançonné les vilains,
détroussé les passans, retournaient, chargés de
butin, dans leurs forts, dont ils relevaient les
ponts et abattaient les herses.

La terreur qu'inspiraient ces trois gentilshommes
les avait fait maintes fois ajourner devant le
parlement de Paris : mais ils s'étaient bien gardés
de comparaître, et avaient pareillement refusé,
malgré les ordres réitérés de Charles VII, d'é-
vacuer leurs forteresses et d'en remettre les clés
à des officiers délégués à cet effet. ¹ Informés
que le roi marchait contre eux en personne,

¹ Charles, etc. Savoir faisons que comme, pour donner provision
aux grans maux, meurtres, oultraiges, pilleries, etc., que plusieurs
avoyent par très longtemps accoustumé de faire en nos païs de
Poictou, Xaintonge, gouvernement de la Rochelle, Angoumois,
Limosin et païs circonvoisins, et entre les aultres par Morice,
Charles et Guillaume de Plusqualet, frères, et aultres leurs
complices, ès places et forteresses de Taillebourg et autres de
ladite chatellenie et environs, nonobstant plusieurs deffenses et
adjournemens tant en nostre court de parlement et ailleurs pardevant nos juges et officiers, et pour la grant crainte et clameur
notoire que avons continuellement desdits frères, leurs gens et
serviteurs, complices et alliés, nous eussions plusieurs fois mandé
et faict commandement auxdits frères et aultres leurs complices
de cesser lesdites pilleries, exactions, etc., et de vider et partir
lesdites places et icelles mettre en nos mains jusqu'à ce que y
eussions donné provision, et pour régir et gouverner lesdites
places soubs nostre main eussions envoyé certains commissaires
auxquels lesdicts frères et aultres leurs complices eussent esté
refusans d'obéir. (Mss. *Archiv. du château de Taillebourg.*)

1444. ils se hâtèrent de fortifier le château, la ville et le pont de Taillebourg, et s'y renfermèrent avec leurs gens, décidés à se défendre jusqu'à la dernière extrémité.

Charles VII parut bientôt sous les murs de Taillebourg. La résistance opiniâtre des assiégés, jointe à la position avantageuse de la place, rendit le siège aussi long que meurtrier. Un grand nombre de capitaines et de chevaliers de l'armée du roi furent tués ou blessés. Mais la citadelle, attaquée chaque jour avec plus de vigueur, finit par être emportée d'assaut. Les trois frères Plusqualet tombèrent vivans au pouvoir du vainqueur, qui les fit conduire dans les prisons de la Rochelle. Le prince irrité les déclara *coupables de rebellion, forfaiture et crime de lèse-majesté*, et confisqua *leurs corps, possessions, héritages, droits, noms, titres et actions sur la châtellenie de Taillebourg.* Ils furent ainsi déchus de toute existence sociale, et ne conservèrent que le souffle de vie. [1]

---

[1] Pour lesquelles désobéissances et rébellions et autres qui se faisoyent ès dits païs de Poictou et Xaintonge, eussions délibéré de aler en nostre personne ès dits païs. Mais quant ils eurent sceu nostre venue, pour empescher à ce que donnassions provision auxdietes pilleries qu'ils avoyent accoustumé de faire, ils establirent les villes, pont et chastel dudit Taillebourg et autres de ladite chastellenie, et en icelle meirent gens de guerre pour résister à nos voulentés. Tellement que l'an derrenièrement passé nous convint faire mettre le siège d'icelles places, lesquelles lesdits frères tindrent contre nous, et de leur pouvoir résistèrent à nous et aux nostres desquels plusieurs furent bleciés, en telle manière que, par puissance dudit siège, ils furent prins par *force* en ladite place et emmenés prisonniers en nostre ville de la Ro-

1442. — Le 24 septembre de l'année suivante, 1442. Charles VII étant à Marmande sur Garonne, donna les terres de Taillebourg et du Cluseau, confisquées sur les frères Plusqualet, à son amé et féal conseiller et chambellan Prégent de Coëtivy, amiral de France, en récompense de ses bons et loyaux services. Il lui transmit, en conséquence, tous les revenus, profits, émolumens qui appartenaient aux ville, pont, châtel, châtellenie, baronnie et seigneurie de Taillebourg et du Cluseau, tant hommes, hommages, rachats, cens et rentes, que forêts, grains, vins, sels, passages, péages, étangs, bois, rivières, garennes, amendes et confiscations qui pouvaient en dépendre, afin qu'il en fît perpétuellement son plaisir et sa volonté, à la charge seulement d'en faire foi et hommage au roi, son seigneur, ainsi qu'avait coutume de le faire feu Jehan Larchevêque, dernier seigneur de Taillebourg et du Cluseau, avant les transport et vente de ces deux seigneuries. [1]

chelle. Et en ce faisant ayent lesdits frères et chascun d'eux commis crime de lèse-majesté, rébellion et désobéissance et forfait notoirement commis envers nous et justices, avons confisqué leurs corps, héritages, droits, noms et autres choses quelconques, et mesmement les tiltres, droits et actions qu'ils avoyent en ladicte place, terre, seigneurie et baronnie dudit lieu de Taillebourg et du château et de leurs appartenances. (Mss. *Archives du château de Taillebourg*).

[1] Nous, voulans reconnoistre à nostre amé et féal conseiller et chambellan Preigent, seigneur de Coëtivy, admiral de France, plusieurs grans et loyaux services que il nous a faits le temps passé et fait continuellement de jour en jour, à iceluy seigneur

1442.   Par ces libéralités exercées aux dépens des partisans de l'Angleterre, Charles VII voulait, comme il le dit dans l'acte de donation qu'on vient de lire, encourager tous ses sujets à se dévouer corps et biens pour la délivrance du pays. Cette délivrance était alors l'affaire qui l'occupait uniquement. Après avoir dispersé les compagnies de la Saintonge et du Poitou, le prince était entré en Gascogne à la tête d'une armée. Plusieurs places fortes, occupées par les Anglais, furent emportées d'assaut ou rendues par composition. Jacques, sire de Pons, accompagna le roi dans cette campagne, où il combattit vaillamment à la tête de ses vassaux, jaloux de racheter la faute qu'il avait commise, à l'instigation de son oncle Georges de la Trimouille, en s'associant aux bandes de la Saintonge. [1]

1443. — Tout en guerroyant contre les ennemis du royaume, Charles VII continuait de récompenser le dévouement des hommes qui lui

avons donné et donnons, pour luy, ses hoirs et ayans-cause, tout le droit, nom, raison et action que lesdits Morice, Charles et Guillaume de Plusqualet avoient ès dites ville, pont et chastel et seigneurie de Taillebourg et du Cluseau, à nous appartenans à cause de ladite confiscation, pour en jouir et user pleinement comme de sa propre chose, sans rien en retenir fors et excepté les foy et hommage en la forme et manière que feu Jehan Larcevesque, en son-vivant chevalier et seigneur de ladite terre, paravant le transport et vente qu'il fit desdictes baronnies, nous en avoit accoustumé de faire, et à mesme debvoir tant seulement, etc. Donné à Marmande sur Garonne, le 24 jour de septembre l'an 1442. (Mss. *Archiv. du château de Taillebourg*).

[1] Armand Maichin. *Hist. de Saint.* chap. V.

étaient restés fidèles dans l'adversité. Aux uns, 1443.
comme à Prégent de Coëtivy, il donnait des
seigneuries confisquées sur les rebelles; aux
autres il concédait des privilèges qui devaient
étendre leur puissance féodale et ajouter à l'éclat
de leur nom.

Au mois d'octobre 1443, étant à Saumur au
retour de son expédition de Gascogne, il octroya
à son amé et féal Le Gallois de Vieillez, *écuyer
d'écuries* et bailli de Montargis, des lettres-patentes dans lesquelles on voit que ce gentilhomme était seigneur, à cause de Jehanne de
Belleville, sa femme, du lieu de Lanéré, au
gouvernement de la Rochelle, avec justice haute,
moyenne et basse, et *à cause de ce avoit un
très-bel châtel assis au village d'Andilly, à deux
lieues de la Rochelle, bien édifié et aisé à fortifier.* Par ces lettres-patentes Charles VII autorisa Le Gallois de Vieillez *à fortifier sondit châtel
de Lanéré, situé audit village d'Andilly, de tours,
murailles, pals, fossés, échelles et ponts-levis.* [1]

1444. — 1447. — Louis d'Amboise, vicomte
de Thouars, seigneur de l'île de Ré, de Marans
et de Benon, était rentré en grâce auprès de
Charles VII qui, par des lettres données à Tours
au mois de septembre 1438, avait annulé l'arrêt
de confiscation rendu contre lui par le parle-

---

[1] *Mss. archiv. de la Maison de Guiton en Normandie.* Communiqué par M. l'abbé Videlon, de la Tranche en Montanel.

1444 à 1447. ment de Poitiers, et l'avait rétabli dans la possession de ses domaines. Le vicomte de Thouars avait anciennement promis de marier Françoise, sa fille aînée, à Pierre, second fils du duc de Bretagne. Long-temps entravée par les persécutions que Louis d'Amboise avait essuyées de la part de Georges de la Trimouille, cette union fut enfin scellée en 1441. Françoise de Thouars reçut en dot le comté de Benon avec quatre mille livres de rente sur l'île de Ré. Le connétable de Richemont, qui avait négocié le mariage, institua, à cette occasion, pour son héritier, Pierre de Bretagne, son neveu, et lui donna même, de son vivant, la terre de Chatelaillon, en Aunis, et quelques autres seigneuries. [1]

Par ce mariage Antoine de Clermont, héritier du vieux chambellan Jacques de Surgères, était devenu vassal de Pierre de Bretagne pour sa terre de Manderoux, l'une des mouvances du comté de Benon. Ce gentilhomme, par un acte d'aveu tel que le vassal était tenu d'en faire à chaque mutation de seigneur, reconnut, au mois de février 1447, qu'il tenait son hébergement et sa forteresse de Manderoux, sise en la paroisse de Forges, à foi et hommage lige de très-noble et très-puissant seigneur Pierre de

[1] Les frères de Sainte-Marthe. *Hist. généalog. de la Maison de France.* tom. II. p. 499.

Bretagne, comte de Benon, à cause de madame 1447.
sa femme *et au devoir d'un barbotin d'or qué-*
rable chaque année au jour de Saint-Michel. [1]

1447. — Antoine de Clermont en fut quitte
pour remplir, envers son nouveau suzerain, le
devoir de vassalité : mais le passage du comté
de Benon dans de nouvelles mains faillit devenir
funeste aux chanoines aumôniers de Saint-Gilles
de Surgères. Pierre de Bretagne avait, en 1443,
commis à la garde de son château de Benon un
chevalier appelé Pierre Chanion. Ce capitaine
s'avisa d'interdire aux chanoines de l'aumônerie
de Surgères l'exercice des droits d'usage qu'ils
avaient dans la forêt de Benon. Les chanoines
ajournèrent devant le parlement de Paris le comte
de Benon en la personne de Pierre Chanion,
son lieutenant. [2]

[1] Je Antoine de Clermont, seigneur de Surgières, tiens et ad-
voube tenir, à un barbotin d'or quérable du debvoir annuel au
jour Saint-Michel, de très-noble et très-puissant seigneur, monseigneur Pierre, fils du duc de Bretagne, seigneur de Guingand,
château et comté de Benon, à cause de madame sa femme, mon
hebergement et forteresce de Manderoux, situé en la paroisse de
Forges, etc. Donné au mois de février l'an 1447. (*Mss. archiv.*
du château de Benon.)

[2] Carolus, etc. Notum facimus quod, constitutis in nostrâ
parlamenti curiâ dilectis nostris canonicis et capitulo ecclesiæ hælemosinariæ S. Ægidii de Surgeriis et prioratu ipsius ecclesiæ,
contentioso existente in casu excessuum et attemptorum actoribus, et
à Petro Chanion, pro capitaneo castri comitatûs de Benone se ge-
rente, appellantibus, procuratore nostro generali, respectu eorumdem excessuum et attemptorum, cum eis adjuncto ex unâ parte,
et dicto Petro Chanion defensore et appellato ac carissimo nepote
nostro, Petro de Britanniâ, dicti comitatûs de Benone comite, intimato
ex parte alterâ, etc. (*Mss. archiv. des PP. Minimes de Surgères*).

1447. Par l'organe du procureur général du roi il fut exposé, pour le chapitre de Saint-Gilles de Surgères, que cette aumônerie avait été fondée par la duchesse Aliénor d'Aquitaine et par le duc Guillaume, son père, comte du Poitou : que depuis, et en vertu de la charte de fondation, deux grandes messes étaient célébrées chaque jour dans l'église de Saint - Gilles, avec matines, vêpres et autres heures canoniales, vigiles des morts et tout ce qui constituait le service ordinaire des églises cathédrales ou collégiales : qu'en outre, tous les pauvres ou infirmes qui se présentaient à l'aumônerie y étaient reçus, chauffés et nourris conformément à la même charte de fondation. [1]

L'avocat du roi ajouta que, pour subvenir aux frais du service divin, à la nourriture des pauvres et aux autres charges qui leur étaient imposées, l'église et l'aumônerie de Surgères avaient été dotées, par plusieurs princes et seigneurs, et notamment par leurs fondateurs Guil-

---

[1] Pro parte dictorum actorum propositum fuit quod dicta ecclesia et hælemosinaria S. Ægidii per Alienorem reginam et ducissam Aquitaniæ ac patrem suum, vocatum Guillermum, comitem Pictavorum ac Xantonensium ac dominum castri et comitatûs de Benone, fundata extiterit, in ipsâque hælemosinariâ per quemlibet diem de ejus fundatione duæ magnæ missæ matutinæ, vesperæ omnesque horæ canoniales et vigiliæ mortuorum cum omni alio servitio in unâ ecclesiâ cathedrali vel collegiatâ fieri solito celebrabantur et decantabantur, necnon pauperes qui in dictâ hælemosinariâ affluebant in eâ, ex prædictâ ipsius fundatione, recipiebantur, et calefaciebantur et alimentabantur. (*Mss. archiv. des PP. Minimes de Surgères.*)

laume et Aliénor, de plusieurs domaines et 1447.
hameaux avec leurs dépendances, sur lesquels
les religieux de Saint-Gilles avaient droit de juridiction, et de nombre de privilèges, franchises,
libertés, noblesse et prérogatives seigneuriales : [1]
qu'entre autres droits à eux légués, ils avaient
celui de faire pacager leurs bestiaux dans
la forêt du comté de Benon, d'y prendre et
ramasser, faire prendre et faire ramasser tout
le bois nécessaire tant pour le chauffage des
pauvres et l'usage journalier de l'aumônerie, que
pour les constructions et réparations de l'église,
du monastère et des bâtimens qui en dépendaient, droit dont ils avaient joui, dans tous
les temps, sans empêchement ni contradiction
aucune. [2]

Il rappela qu'à l'époque où les officiers royaux
étaient venus tenir les grandes assises à la Ro-

[1] Pro dictis servitio divino, subjectione et alimentatione et aliis one-
ribus, quæ ad factum prædictæ hælemosinariæ necessaria erant, suppor-
tandis, ipsa hælemosinaria pluribus magnis domaniis, hæreditariis et
villagiis cum suis pertinentiis, in quibus prædicti actores jurisdictionem
habebant, ac juribus, privilegiis, etc., quæ eidem ecclesiæ et actoribus, per plures principes et dominos xantonenses et antedicti
comitatûs de Beneone, et præsertim per supradictos Guillermum
et Alienorem concessa extiterant, dotata fuerat. (**Mss.** *archiv. des*
PP. *Minimes de Surgères.*)

[2] Quod dicti actores, inter cætera jura ad eos pertinentia, jus
habebant in forestâ dicti comitatûs de Benone perpetuò explectandi
et in eâ sua animalia pasci faciendi, nec non lignum seu nemus,
tam pro dictorum actorum et pauperum calefactione, quàm pro
dictæ hælemosinariæ ac locorum ab eâ dependentium ædificatione,
capiendi, colligendi, ac de hujus modi juribus, absque aliquibus
impedimento et contradictióne, semper usi et gavisi fuerant. (Ibid.)

1447. chelle, ils avaient fait publier que tous ceux qui prétendaient avoir droit d'usage dans la forêt du comté de Benon, qui alors était incorporé au domaine royal, eussent à produire leurs titres de privilège : que le prieur et le frère aumônier de Saint-Gilles s'étant présentés à la Rochelle devant les délégués du roi, et leur ayant montré les chartes qui constataient leur droit, les officiers, après avoir ouï le procureur en la sénéchaussée de Saintonge ou son substitut, avaient congédié le prieur et l'aumônier avec plein pouvoir d'user de leur privilège : qu'ils en avaient usé, en effet, sans aucun trouble tant que le comté de Benon était demeuré sous la main du roi, comme depuis qu'il avait passé dans celles du vicomte de Thouars. [1]

Le magistrat termina en disant que le vicomte de Thouars ayant donné le comté de Benon à sa fille en la mariant à Pierre de Bretagne, celui-ci, après avoir pris possession de sa nouvelle sei-

[1] Dicebant insuper quod dudùm eo quod officiarii nostri villæ nostræ Rupellæ in prædicto comitatu de Benone, cujus dominium ad nos tunc applicatum existebat, magnas assisias tenuerant, et in eis omnes illi qui jus usagii in dictâ forestâ habere prætendebant, sua privilegia monstrarent et exhiberent eis publicé proclamare fecerant, prior jamdictæ ecclesiæ et hælemosinarius ergà dictos officiarios nostros in dictâ villâ nostrâ Rupellæ se transportaverant ac eis sua dicta privilegia ostenderant : quibus visis iidem officiarii nostri, vocato procuratore nostro in provinciâ nostrâ xantonensi vel ejus substituto, dictis actoribus plenariam liberationem de dicto eorum usagio fecerant, medio cujus liberationis iidem actores de prædicto suo usagio pacificé et quieté gavisi fuerant. (Mss. archiv. des PP. Minimes de Surgères).

gneurie , y avait institué des officiers chargés 1447.
de rendre la justice à ses vassaux : que ces
justiciers ayant, peu de temps après , tenu leurs
assises au chef-lieu du comté, avaient fait mander
près d'eux les religieux de Surgères, ainsi que
tous ceux qui , comme eux, exerçaient des droits
d'usage dans la forêt de Benon , et leur avaient
fait défense d'user davantage de ces droits, jusqu'à ce qu'ils eussent justifié, devant la cour ,
des lettres, titres et autres actes qui leur en
conféraient la jouissance : [1] qu'alors les moines
de Saint-Gilles ayant mis leurs titres de privilège
sous les yeux du juge et du châtelain de Benon ,
ces officiers, après en avoir pris lecture, avaient
pleinement confirmé, par leur sentence, le droit
de l'aumônerie, laquelle avait dès lors continué
d'en jouir paisiblement jusqu'en l'année 1443 :
qu'à cette époque la garde du château de Benon
ayant été confiée à Pierre Chanion, ce capitaine
et ses lieutenans n'avaient cessé de troubler les
religieux de Saint-Gilles dans l'exercice de leur

[1] Prætereà dicebant quod sex anni vel circà erant quod dictus
carissimus consanguineus noster vicecomes de Thoarcio in filiæ suæ
ac antedicti carissimi nepotis nostri Petri de Britanniâ matrimonio
contrahendo , prædictum suum comitatum eidem carissimo nepoti
nostro tradiderat, qui, hoc titulo, officiarios suos ,. pro ejusdem
comitatûs justiciæ exercitio, ordinaverat, et quod, paulò post,
iidem officiarii magnas assisias in dicto comitatu tenuerunt, et
in ipsis præfatis actoribus ac omnibus aliis qui usagium in prædictâ forestâ habere prætendebant, ne ipsi ampliùs in ejus modi
forestâ explectarent, donèc curiam ejusdem comitatûs de suis titulis
informassent, etiam inhiberi fecerant. (Mss. archiv. des PP. Minimes
de Surgères.)

1447. droit et avaient même fini par leur en interdire
absolument l'usage. [1]

Après avoir ainsi exposé leurs griefs par l'organe de l'avocat du roi, les chanoines de Surgères mirent sous les yeux de la cour les titres cons-
titutifs de leurs privilèges. Leur plainte était
trop légitime pour n'être pas accueillie. Ils furent
pleinement réintégrés, par arrêt du 5 septembre
1447, dans l'exercice du droit qu'ils revendiquaient.

1451. — Au retour de sa campagne de Guienne,
en 1444, Charles VII, ayant besoin de réparer
ses forces pour une prochaine expédition, avait
prêté l'oreille à des propositions d'armistice, et
une trève de cinq ans avait été signée à Tours
par les délégués des rois de France et d'Angleterre. A l'expiration de cette trève les hostilités
recommencèrent, en même temps, dans la Normandie et la Gascogne. Les Anglais, attaqués au
nord de la Loire, furent chassés de presque
toutes leurs positions. Rouen, Bayeux, Avranches,
Falaise, Caen ouvrirent successivement leurs portes

---

[1] Iidem actores dictos suos titulos et privilegia ergà judicem et
castellanum dicti comitatûs de Benone transmiserant, quodque judex
et castellanus, visis titulis et privilegiis, dictis actoribus prædictum
suum usagium per suam sententiam plenariè liberaverat : licèt
exindè ipsi actores de eorum usagio usque ad annum 1443 vel
circà gavisi fuissent, nihilominùs præfatus Petrus Chanion
ac cæteri supradicti comitatûs de Benone officiarii eosdem actores
in prædicto suo usagio impedire conati fuerant, etc., etc. Datum
Parisiis in parlamento 5 die septembris anno 1447. (Mss. archiv.
des PP. Minimes de Surgères.)

aux Français, qui achevèrent en moins d'un an **1451**. la conquête de la Normandie.

Laissant au connétable de Richemont et au sénéchal de Brézé la garde du pays conquis, charles VII ramena alors dans le midi son armée victorieuse, et marcha rapidement sur la Guienne, décidé à expulser les hommes d'outre-mer de la seule province qu'ils occupassent encore sur le continent.

Dans les premiers jours de mai 1451 , le comte de Dunois, à la téte de plusieurs milliers de gens d'armes et de francs-archers, entreprit par terre et par eau le siège de l'importante citadelle de Blaye , sur la limite méridionale de la Saintonge. Les bourgeois de Bordeaux s'efforcèrent de secourir cette place ; mais leurs navires furent mis en fuite par les bâtimens français qui occupaient la Gironde. La ville fut d'abord emportée d'assaut par les hommes d'armes de Dunois : la citadelle, où commandaient le maire de Bordeaux et le sire de Lesparre , capitula le 24 mai , et la garnison demeura prisonnière.[1]

Bergerac, en Angoumois, Jonzac, en Saintonge , s'étaient volontairement soumises au roi. Dax ouvrit pareillement ses portes ainsi que plusieurs autres places occupées par les garnisons anglaises sur la rive gauche de la Garonne. Il ne restait plus , au midi de ce fleuve, que

[1] Voyez Henry Martin. *Histoire de France.* tom. VII. p. 241.

1451. Bayonne et Bordeaux qui reconnussent le rôi d'Angleterre. Cette dernière cité se rendit par composition, le 23 juin, au comte de Dunois. Bayonne, assiégée le 6 août par le comte de Foix et le sire d'Albret, capitula le 18 du même mois. Peu de jours après, les députés de Bordeaux, de Bayonne, de Dax et des autres bonnes villes de Gascogne vinrent trouver Charles VII dans le château de Taillebourg, en Saintonge, pour lui faire féauté et ratifier *l'appointement* fait avec ses généraux. — « Ainsi, dit un contemporain, par la grâce et bonté divine, furent réduites en l'obéissance du roi de France les duchés de Normandie et de Guienne, et généralement tout le royaume, excepté les villes de Calais et de Guines, qui demeurèrent seules ès mains des Anglais, anciens ennemis de la France. [1] »

Ainsi finit, au profit de la monarchie capétienne, cette grande lutte anglo-française, qui, depuis trois siècles, remuait les peuples du continent, lutte engagée principalement pour la suprématie politique et territoriale du midi de la Gaule, mais dans laquelle les méridionaux, tantôt Français tantôt Anglais, avaient d'autres intérêts que ceux des rois pour lesquels ils combattaient. Que leur faisaient les querelles des maisons de France et d'Angleterre ? Ce n'était

---

[1] Voyez Henry Martin. *Hist. de France.* tom. VII. p. 246.

pas pour procurer la victoire à l'un ou à l'autre
parti qu'ils se jetaient dans la mêlée, mais bien
plutôt pour se soustraire à la domination de tous
les deux : ils avaient, dans ce procès monarchique,
un intérêt d'autant plus grand, que leur territoire était l'objet du litige, et que, quelle que fût
l'issue du combat, leur nationalité devait rester
sur-le-champ de bataille.

Les Aquitains n'aimaient pas plus les Français
que les Anglo-Normands. On les vit, pendant
long-temps, s'allier tour à tour aux deux partis,
combattre alternativement sous l'une ou l'autre
bannière, et s'efforcer, par cette tactique adroite,
d'affaiblir l'un par l'autre et de maintenir en
équilibre deux pouvoirs qu'ils craignaient et haïs-
saient également. Si, las de soutenir une lutte
désespérée, ils finirent par se donner aux Français, ce fut bien moins par sympathie que par
nécessité. Pressés entre deux puissances ennemies
de leurs libertés, ils ne pouvaient plus subsister
comme nation distincte et indépendante.

Au milieu de cet ébranlement général du
continent, le pays situé entre la Sèvre et la
Gironde dut suivre la fortune du duché d'Aquitaine dont il faisait partie, et passer par la même
alternative de succès et de revers. Mais soit que,
par sa position géographique, il fût plus exposé
que les provinces centrales du midi au contact
des hommes d'outre-mer, soit que sa population,

en grande partie formée de navigateurs, eût contracté, dans la vie aventureuse du marinier, une aversion plus prononcée pour toute domination étrangère, ce fut principalement dans ses îles et ses ports, sur ses côtes battues par l'Océan que se nouèrent les différens actes de la guerre anglo-française, et, dans ce grand drame national, ses habitans furent presque toujours les premiers en scène, aujourd'hui Français, demain Anglais, selon que leur existence politique était attaquée par l'un ou l'autre parti.

Mais un temps vint où le généreux patriotisme des Aquitains dut fléchir devant la fortune de la France. Moins d'un siècle avait suffi pour donner à la royauté franke une supériorité marquée sur cette formidable puissance d'outremer, dont les flottes, partant des ports d'Angleterre, abordaient au continent, chargées de trésors, d'armes et de soldats. La monarchie française trouva son salut dans les événemens même qui semblaient devoir précipiter sa perte. Non seulement elle expulsa les Anglo-Normands des villes et des ports de la Gaule, mais, renversant l'un après l'autre les obstacles qui s'opposaient à son agrandissement, elle s'éleva rapidement à ce haut degré de puissance et de splendeur qui devait bientôt éclipser les premières maisons souveraines de l'Europe.

— « La lutte anglo-française, dit un écrivain

moderne , fortifia, en deçà de la Manche, l'élément populaire , accru de toutes les concessions
municipales que lui prodiguaient à l'envi, pour
l'attirer à eux , les deux rivaux couronnés. En
mettant le jeune pouvoir des communes aux
prises avec la vieille puissance des grands vassaux, ces longues guerres abattirent la féodalité :
mais , comme elles laissaient la royauté sans contrepoids , la royauté s'investit peu à peu de l'autorité
collective des grands barons et , en devenant centre
de force et de gouvernement , elle devint centre
de despotisme et d'arbitraire. Il est permis de
s'indigner quand on considère quel chemin plein
de sang et semé d'injustices de toute espèce
durent suivre les rois de France pour enfermer
violemment le Midi dans le cercle de fer de la
monarchie absolue. La moitié de ce chemin fut
faite en compagnie des Anglais, tantôt les pous-
sant, tantôt poussés par eux. Les anciens monarques du Nord parvinrent enfin à les rejeter
par delà la mer , et le jour où il n'y eut plus
d'Anglais en France, il n'y eut plus d'Aquitains. » [1]

[1] Mary-Lafon. *Tableau de l'Hist. du Midi.* Dans le Journal de
l'Institut Historique. tom. III. p. 49.

LIVRE NEUVIÈME.

1451. — 1483.

Bien qu'il dût ses succès prodigieux au dévouement des hommes dont il était entouré, Charles VII, que la valeur de ses chevaliers a fait surnommer *le Victorieux*, paya souvent leur zèle d'une coupable ingratitude. On l'a vu, esclave de ses flatteurs, poursuivre d'une haine aveugle le connétable de Richemont et ses amis, dans un temps où il avait le plus grand besoin du secours de leur épée : il eut encore le tort de se laisser prévenir contre un homme qui lui avait donné les preuves les plus éclatantes d'un attachement aussi sincère que désintéressé.

1451. — Jacques-Cœur, *argentier de France*, 1451.
faisait un commerce considérable avec les comp-
toirs du Levant. Tel était le résultat de ses spéculations, que le vulgaire, frappé de son immense
fortune, le soupçonnait de posséder un secret
pour faire de l'or. Les coffres de Jacques-Cœur
avaient été ouverts à Charles VII pendant sa
détresse, alors que l'intendant des finances,
messire Régnault de Bouligny, *tant de la pécune*
du roi que de la sienne propre, n'avait en tout
chez lui que quatre écus.[1] Le riche argentier avait,
en outre, avancé de fortes sommes à la plupart
des gentilshommes de la cour. Jouissant, auprès
du roi, d'un crédit proportionné à ses importans services, il devint, pour les autres favoris,
un objet d'envie et de haine dont ils résolurent
de se débarrasser.

A la tête de cette ligue de courtisans étaient
le chambellan Gouffier, l'argentier Castellan et
un ancien chef *d'écorcheurs*, appelé Antoine
de Chabannes, comte de Dammartin. Ils noir-
cirent Jacques-Cœur dans l'esprit du roi, et
allèrent jusqu'à l'accuser d'avoir empoisonné
madame Agnès Sorel, notoirement morte en
couches. Poursuivi par l'animosité de ses ennemis,
Jacques-Cœur prit le parti de s'expatrier. Mais
comme il traversait la Saintonge méridionale
pour aller s'embarquer dans un port de Gas-

[1] Lebrun des Charmettes. *Hist. de la Pucelle*, tom. I. p. 362.

1451. cogne, il fut arrêté à Taillebourg, le 13 juillet
1451, par les gens de l'amiral Prégent de Coëtivy,
et demeura long-temps prisonnier dans une des
tours du château de cette ville. [1]

Dix commissaires ayant enfin été chargés d'instruire son procès, il fut tranféré à Paris, jugé
et condamné à mort le 19 mai 1453, par ses
ennemis personnels formant le conseil de Charles
VII. Ses richesses furent confisquées au profit
du trésor royal. Charles ne retint toutefois pour
lui que quatre cent mille écus d'or, et abandonna le reste à Dammartin, à Gouffier et à ses
autres favoris, qui se partagèrent les dépouilles
de leur victime. Mais comme ils en voulaient
moins à la personne qu'aux biens du condamné,
la peine capitale fut commuée en celle du bannissement. Transféré à Poitiers et exposé sur un
échafaud au milieu de la place publique de cette
ville, Jacques-Cœur fut obligé de faire amende
honorable à Dieu, au roi et à justice, la torche
au poing, sans chaperon ni ceinture, puis chassé
honteusement du royaume. Le malheureux, couvert d'opprobre et dépouillé de tout, se retira
en Italie auprès du pape Nicolas V, qui lui donna
quelques galères et l'envoya dans l'Archipel où

---

[1] Le 13 de juillet 1451, Jacques-Cœur, argentier de France,
fut arresté prisonnier à Taillebourg, en Xaintonge, et luy furent
baillés dix commissaires pour faire son procès. (*Preuves de la préface de Philippe de Comines. Preuv. VII.*)

il trouva une mort glorieuse en combattant contre 1451.
les Mécréans. [1]

Ce fut dans le cours de cette même année
1451 que le souverain pontife autorisa Guy de
Rochechouart, évêque de Saintes [2], à accorder
des indulgences aux fidèles qui contribueraient
de leur bourse aux restaurations et à l'achèvement de l'église épiscopale de cette ville. [3] Ces
restaurations furent une réédification totale de
l'église bâtie, au commencement du XIIe siècle,
par l'évêque Pierre de Confolens. L'ancien édifice,
dont on ne conserva que le magnifique portail,
construit un siècle auparavant, fut ruiné de fond
en comble, et à sa place s'éleva, grâce aux
pieuses offrandes des populations, l'un des plus
beaux monumens religieux du XVe siècle.

1452. — Bien que leur expulsion de la France
méridionale semblât un événement à jamais accompli, les Anglais n'avaient pas renoncé à

---

[1] *Preuves de la préface de Philippe de Comines.* — Les Turks
Ottomans, sous les ordres de Mohamet II, venaient d'envahir
l'empire grec de Constantinople.

[2] Guy de Rochechouart, seigneur de Vassilène, fils d'Aimery
de Mortemart et de Jeanne d'Angle, dame de Montpipeau, était
archidiacre d'Aunis lorsqu'il fut promu à l'évêché de Saintes le 1er
mai 1426. Il se démit, en 1460, en faveur de Louis de Rochechouart, son neveu, et vécut jusqu'en 1466. (Voy. Hugues
du Tems. *Clergé de France.* tom. II. p. 355.)

[3] Sub hoc pontifice (Guidone de Rupecavardi), Nicolaus papa V,
anno 1451, præmia indulgentiarum concessit stipem conferentibus
ad instaurandam perficiendamque santonensem basilicam. (Gall.
Christ. Eccl. Santon. tom. II. p. 1079.)

1452. l'espoir de rentrer dans la possession de ces belles contrées. Revenus de leur premier étourdissement, ils nouèrent bientôt des intelligences avec leurs anciens alliés du continent, et principalement avec les Gascons qui subissaient à contre cœur le joug des Français et regrettaient le gouvernement de l'Angleterre. En comprimant ces répugnances nationales par la violence au lieu de chercher à les désarmer par la modération, Charles VII seconda les projets de ses ennemis, et faillit perdre par son imprudence la riche conquête qu'il devait à la fortune des armes. Une puissante coalition s'organisa, en 1452, sous les auspices de l'Angleterre, entre les sires de Ransan, d'Anglade, de Langeac, de Duras, de Lesparre et autres riches seigneurs de Gascogne, dans le but d'expulser les Français du pays et de rappeler les gouverneurs d'outre-mer.

Lord Talbot, vieillard plus qu'octogénaire, mais encore plein d'ardeur et environné d'une brillante renommée, vint débarquer, au mois d'octobre, sur la côte de Gascogne avec un corps de cinq mille cavaliers. Gentilshommes et bourgeois, Anglais d'habitude et d'inclination, s'insurgèrent à son approche et lui ouvrirent leurs villes et leurs châteaux. Maître du pays bordelais, le vieux général passa la Garonne et entra dans la Saintonge du sud où il prit quelques places occupées par de faibles garnisons.

1453. — Les conseillers de Charles VII, croyant 1453. leur conquête inébranlable, n'avaient pas prévu cette brusque invasion, et ne s'étaient point préparés à la repousser. Ils employèrent huit mois à lever une armée. Enfin le 2 juin 1453, le roi partit en personne de Lusignan, et vint à Saint-Jean d'Angély, suivi de forces imposantes. Chalais, Jonzac, Montendre et les autres places fortes de la Haute-Saintonge, récemment occupées par les Anglo - Gascons, furent recouvrées en peu de jours , et *tous ceux de la langue de Gascogne qu'on y trouva furent décapités comme traitres au roi.* Les Français s'étant portés ensuite sur la Dordogne pour assiéger Castillon, le vieux Talbot vint, avec toutes ses forces, les attaquer sous les murs de cette place : mais il fut massacré avec toute sa cavalerie anglaise , et ceux qui échappèrent au carnage se dispersèrent dans le haut-pays. [1]

Les Bordelais qui, les premiers , avaient ouvert leurs portes aux Anglais, se trouvèrent dans une position critique. Pendant que l'armée royale venait camper sous les murs de la ville, une escadre remonta la Gironde jusqu'au Bec-d'Ambès. L'entrée du port de Bordeaux était défendue par

[1] Audit an 1453, aprés que Charles septiesme eut, tout l'hiver, fait les préparations pour reconquester le païs de Guyenne, le second jour de juin audit an , iceluy roy partit du camp de Luzignent et ala à Sainct-Jehan d'Angély : et le douziesme jour dudit mois fut mis le siège devant Chalais, etc. (Mém. de Jacques du Clerc, sieur de Beauvoir. liv. III. chap. I. ap. Petitot. Coll. tom. II. p. 39.)

1453. une haie de bâtimens gascons : il fallait renverser ce rempart flottant pour attaquer la place de ce côté. Cette mission périlleuse fut confiée aux navigateurs rochelais qui, dès le commencement du siège, étaient entrés dans la Gironde avec seize navires équipés en guerre. Ils chargèrent la flotte bordelaise avec tant de vigueur, qu'elle se rompit et laissa le passage libre aux vaisseaux du roi. Attaquée alors par terre et par mer, la ville fut bientôt forcée de se rendre. Elle paya de ses privilèges et d'une somme de cent mille écus d'or cette malheureuse tentative d'insurrection contre la domination étrangère. [1]

Plus la fortune se montrait favorable au roi de France, plus le vaniteux monarque affichait de hauteur et d'ingratitude envers les vieux serviteurs auxquels il était redevable de ses succès. Jacques de Pons ne s'était pas rendu moins redoutable aux ennemis du royaume que le vaillant Renault, sire de Pons, son frère. Toujours à la suite du roi partout où il y avait des services à rendre, des périls à affronter, il avait équipé à ses frais quatre cents lances pour escorter le prince au voyage du sacre en 1429: dans la première campagne de Guienne, en 1442, il s'était fait remaquer par sa bravoure à la tête de ses vassaux : lors du premier siège de Bordeaux, en 1451, il avait envoyé dans la Gironde plusieurs bâtimens armés

[1] **Mathieu de Coucy.** *Hist. de Charles VII.* p. 653.

à ses frais, et avait combattu en personne sous 1455.
les murs de la place avec un corps de soudoyers :
enfin depuis vingt ans il guerroyait dans l'intérêt
de la royauté et portait sur son corps d'hono-
rables marques de ses services. Pour prix de tant
de zèle et de dévouement, il éprouva le sort de
l'argentier Jacques-Cœur.

Parmi les familiers de Charles VII, le sire de
Villequier et l'amiral Prégent de Coëtivy étaient
ceux en qui le monarque avait le plus de confiance. Ces deux seigneurs ayant tenu des propos
outrageans envers l'ex-ministre Georges de la
Trimouille, Jacques de Pons, neveu de la Trimouille, prit la défense de son oncle et osa donner
un démenti aux deux courtisans. Ceux-ci se
plaignirent au roi qui se crut offensé dans la
personne de ses favoris. Jacques de Pons, pour
échapper à la vengeance royale, se réfugia au-
delà des Pyrénées d'où il ne revint qu'à la mort
de Charles VII. Ses riches domaines furent confisqués et donnés au seigneur de Villequier, son
ennemi, comme les trésors de Jacques-Cœur
l'avaient été à Dammartin et à Gouffier, ses accusateurs et ses juges. [1]

On n'a pas oublié qu'au mois de novembre
1428, Charles VII, réduit à mendier des secours
étrangers, avait fait, avec le roi Jacques d'Écosse,

[1] Armand Maichin. *Hist. de Saint.* chap. V. — *Preuves de
la généalogie de la Maison d'Asnières.* Paris 1827.

1453. un traité d'alliance dont une des clauses était le mariage du dauphin Louis avec Marguerite, fille de Jacques. Ce mariage n'avait pas encore été accompli. Charles VII étant devenu un puissant monarque, le roi d'Écosse réclama instamment l'exécution de cet article du traité, et s'apprêta à envoyer sa fille en France.

Les Anglais ayant eu avis des préparatifs de ce voyage, résolurent de le traverser, et mirent en mer, à cet effet, une flotte qui vint croiser près des côtes de Normandie et de Bretagne. Le vaisseau qui portait la princesse d'Écosse ne pouvait échapper aux croisières anglaises : mais au moment où elles allaient lui barrer le passage, un grand nombre de bâtimens chargés de vins de Saintonge et d'Aunis, venant de la Rochelle et faisant voile pour la Flandre, furent aperçus par les Anglais. Oubliant, à cette vue, la fiancée du dauphin de France pour ne songer qu'à la riche proie que le hasard leur envoyait, ils coururent sus aux Flamands. Pendant que les deux partis étaient aux prises, le vaisseau de Marguerite d'Écosse passa en vue des Anglais qui n'essayèrent point de l'arrêter, et la princesse vint prendre terre dans le port de la Rochelle, d'où elle s'achemina aussitôt vers la capitale de la France. [1]

1454. — Moins préoccupés désormais des grands intérêts politiques du royaume, les hommes du

---

[1] Buchan. *Rerum scotic.* lib. X. p. 368.

pouvoir s'appliquaient à effacer les traces récen- 1454.
tes de l'occupation étrangère et à rendre quelque
énergie au gouvernement des provinces dont les
troubles de la guerre avaient relâché les ressorts.
Mais tout en recherchant les abus pour y remédier, ils prêtaient parfois l'oreille aux sollicitations
intéressées des ambitions locales, et quelques
villes, bien appuyées en cour, profitèrent de la
tendance réformatrice du conseil pour étendre
leurs prérogatives aux dépens de leurs voisines.

La ville de Saintes, ancienne capitale de la province de Saintonge, avait perdu beaucoup de son
importance première depuis que Philippe-Auguste
avait établi le centre de la sénéchaussée à Saint-Jean
d'Angély Sous prétexte de lui rendre une prépondé-
rance qui lui appartenait, Charles VII y transféra,
en 1354, le siège de la justice royale, et la vieille
cité reprit dès-lors le rang et le titre de capitale
de la province, au grand dépit de ceux de Saint-
Jean d'Angély, qui ne conservèrent qu'une justice
prévôtale, créée au mois de juillet 1331 par Philippe de Valois. [1]

1457. — Depuis quelques années le dauphin
Louis ne vivait pas en bonne intelligence avec son
père. Ces dissentions domestiques jetaient parfois
le trouble dans les provinces où le jeune prince,
sombre, inquiet et dévoré d'ambition, enrôlait

[1] Armand Maichin. *Hist. de Saint.* chap. IV. — Guill. Merville. *Recherch. sur Saint-Jean d'Angély.* p. 215 et suiv.

1457. dans son parti tout ce qu'il y avait en France de
mécontens et de gens hostiles au gouvernement.
Les Anglais, spectateurs attentifs de ces discordes
intestines, ne manquèrent pas d'en profiter pour
faire une nouvelle tentative sur le continent. Vers
la mi-octobre 1457, ils mirent en mer une escadre qui vint croiser près de la côte de Bretagne,
attendant un moment favorable pour opérer une
descente.

Pendant que cette flotte stationnait à l'embouchure de la Loire, quelques vaisseaux se déta-
chèrent du gros de l'armée, et cinglant vers la
Rochelle, vinrent mouiller en rade de la Palisse.
Les Rochelais équipèrent aussitôt plusieurs navires, entre autres la *grosse nef* de Pierre Gentil,
l'un des plus riches armateurs de la cité, et
s'avancèrent à pleines voiles vers les Anglais.

La rencontre fut vive. Après plusieurs heures
de combat, rien n'indiquait encore de quel côté
resterait l'avantage, lorsqu'une furieuse tempête
s'éleva tout-à-coup et sépara les combattans. Le
vent, qui soufflait du sud-ouest avec impétuosité, jeta les Rochelais sur les brisans qui bordent
le promontoire de la Repentie. Leur grande nef
se brisa sur les roches de Pampin et une partie
de l'équipage fut engloutie par les vagues. Les
Anglais, plus heureux, échappèrent au naufrage,
et vinrent, le 1.er novembre, prendre terre à

l'île de Ré, d'où ils ne s'éloignèrent qu'après avoir 1458.
livré plusieurs maisons aux flammes. [1]

1458. — Une chose digne de remarque, c'est
que depuis l'avènement de la dynastie de Valois,
les mœurs nationales avaient perdu beaucoup de
leur ancienne austérité. L'instinct religieux n'avait
plus le même empire sur les consciences. On suivait encore, avec une rigoureuse ponctualité,
les pratiques extérieures du culte : mais les infractions aux lois de l'Église n'étaient plus accom-
pagnées d'un égal sentiment de terreur, et un
relâchement général s'était introduit dans les
mœurs publiques comme dans la vie privée. La
mysticité contemplative de Loys-le-Jeune et de
Saint-Loys, la piété chevaleresque de Philippe-
Auguste et de Loys-le-Lion avaient fait place à je
ne sais quelle liberté de parler et d'agir qui, partant des sommités sociales, s'était répandue parmi
la bourgeoisie et le peuple. C'était principalement
depuis les querelles de Philippe-le-Bel et de Boniface
VIII, que le clergé avait vu s'affaiblir progressi-
vement son influence morale. Il y avait loin encore
de ces velléités d'émancipation religieuse à l'esprit
dogmatique et investigateur du XVI.e siècle; mais
dans ces tendances timides et incertaines on ne
saurait se refuser à voir le germe de la grande
révolution intellectuelle qui devait enfanter Luther
et Calvin.

[1] Amos Barbot. *Invent. des titr. de la Rochelle.* ap. Arcére
Hist. de la Roch. tom. 1. p. 276.

1458. Le signe peut-être le plus caractéristique de cet abandon des pieuses traditions du moyen-âge, c'est le libertinage qui avait envahi les palais et les châteaux, c'est l'indulgence qui en tolérait les excès. Le vice avait grandi depuis les scandaleuses turpitudes des trois brus de Philippe-le-Bel : le temps n'était plus où le prestige de la royauté même n'aurait pu faire excuser ses faiblesses. Déjà le roi pouvait avoir une maîtresse avouée et afficher ses déréglemens sans soulever le mépris national. Agnès Sorel et, après elle, madame de Villequier, furent presque aussi honorées que la reine Marie d'Anjou, et les enfans légitimes de Charles VII ne furent guère distingués des fruits de ses amours adultères.

Un de ces derniers, la princesse Marguerite, deuxième fille d'Agnès Sorel, fut élevée dans le château de Taillebourg par l'amiral Prégent de Coëtivy. Lorsqu'elle eut atteint l'âge nubile, elle épousa, le 18 décembre 1458, Olivier de Coëtivy, frère de Prégent, sénéchal de Guienne. Par des lettres données à Vendôme le 18 octobre précédent, Charles VII avait reconnu Marguerite pour sa fille et l'avait autorisée à prendre le nom et les armes de Valois, *en barrant l'écu de famille, ainsi qu'enfans naturels ont accoutumé de le porter.* En faveur de son mariage avec Olivier de Coëtivy, Charles VII donna à sa fille les seigneuries de Mornac et de Royan, en Saintonge. De ce ma-

riage naquirent Charles de Coëtivy, comte de 1459.
Taillebourg, qui épousa Jeanne d'Orléans, tante
de François Ier, et trois filles, dont une, Marguerite de Coëtivy, épousa François de Pons,
premier du nom, comte de Montfort et de Brouage.
Marguerite dite de Valois mourut en 1473.[1]

1459. — Quelque indulgente qu'elle fût pour
les atteintes portées à la religion et à la morale,
l'opinion publique ne laissait pas cependant de
réprouver les unions que l'Eglise n'avait pas
consacrées, et ceux qui en étaient issus avaient
souvent à rougir de l'illégitimité de leur naissance.
La Saintonge avait alors pour sénéchal un chevalier castillan, appelé Martin Henriquez, conseiller
et chambellan de Charles VII. Ce gentilhomme
était fils d'Alphonse Henriquez, comte des Asturies, et d'une fille appelée Marie de Valdès. Bien
que, par son mérite personnel, par les services qu'il
avait rendus au roi pendant la guerre et les sacrifices qu'il continuait de faire dans l'intérêt de la
royauté, Martin Henriquez eût effacé la tache de son
origine[2], les gentilshommes français ne cessaient de
la lui rappeler, sans respect pour le lien naturel qui

[1] Les frères de Sainte-Marthe. *Hist. généalog. de la Maison de
France.* tom. I. p. 525. — Saint-Edme. *Amours et galant. des
rois de France.* tom. I. p. 246.

[2] Attentis pluribus servitiis per ipsum cambellanum nostrum tam
in guerris nostris quàm aliis nobis impensis et quæ dietim im-
pendit, etc. (*Mss. archiv. de M. le comte de Saint-Maure.*)

1459. unissait cet officier au roi de Castille et par suite au roi de France.

Charles VII, pendant un voyage qu'il fit en Anjou au mois de mars 1459, ayant été informé des humiliations qu'éprouvait journellement le sénéchal de Saintonge, s'empressa d'y mettre un terme en légitimant la naissance de Martin Henriquez. — « Le vice de l'origine, dit-il dans les lettres patentes qui furent expédiées à cette occasion, ne déshonore pas le fils illégitime qui se recommande par l'honnêteté de sa vie, car l'éclat des vertus fait disparaître la tache d'une naissance impure et la honte de l'origine est effacée par la pureté des mœurs. C'est pourquoi, bien que notre cher et fidèle conseiller et chambellan Martin Henriquez de Castille, chevalier, sénéchal de Saintonge, fils de feu notre cousin Henriquez, comte des Asturies, et de demoiselle Marie de Valdès, soit issu d'une union illicite, il s'est rendu si recommandable par ses qualités personnelles et l'honnêteté de sa vie, que son mérite et ses vertus doivent suppléer à ce qui lui manque du côté de la naissance. [1] »

---

[1] Carolus, etc. Illegitimè genitos quos vitæ decorat honestas naturæ vitium minimè decolorat : nam decor virtutis abscondit improbæ maculam genituræ et pudicitiâ morum pudor originis aboletur. Licèt dilectus et fidelis conciliarius et cambellanus noster Martinus Henriques de Castelle, miles, senescallus xantonensis, filius defuncti consanguinei nostri Alfonsi Henriques de Castelle, comitis d'Astures, et Mariæ de Valdes, domicellæ, ex illicitâ copulâ traxerit originem, talibus tamen virtutum dono et morum venustate insignitur, quod in ipso suppleant merita et virtutes id

Après ce témoignage honorable, Charles VII', 1460.
par les mêmes lettres, conféra au sénéchal de
Saintonge le bénéfice de la légitimation, afin qu'il
pût exercer tous les droits d'enfant légitime, et
enjoignit tant au sénéchal du Poitou qu'au gou_
verneur de la Rochelle de faire respecter le nom
et la qualité de Martin Henriquez, dans le cas où
ils viendraient à être méconnus. '

1460. — En même temps que les traditions religieuses des siècles précédens allaient s'affaiblissant
sous l'influence des idées nouvelles, l'Eglise s'ef-
forçait, par tous les moyens possibles, de ressaisir
l'empire qui lui échappait. Habile dans l'art de gagner les cœurs en frappant les imaginations, elle
ne dédaignait pas de recourir parfois aux pieuses
manœuvres qui, dans d'autres temps, avaient si
puissamment contribué à étendre son influence
et à affermir son pouvoir.

Il y eut, en 1460, à la Rochelle, sous la mairie
de Jehan Mérichon, un miracle qui fit grand bruit.
Un jeune garçon, appelé Bertrand Leclerc, fils
de l'un des pairs de la commune, avait perdu
l'usage de la parole depuis l'âge de sept ans. Le
curé de Saint-Barthélemy, sa paroisse, répugnait
à lui administrer le sacrement de l'Eucharistie

quod ortus odiosus denigravit. (*Mss. archiv. de M. le comte de
Saint-Maure.*)

' Ipsum cambellanum nostrum de nostræ regiæ potestatis ple-
nitudine auctoritateque regiâ legitimamus legitimationisque titulo
decoramus per præsentes, etc., etc. Datum Chinone in mense Martii
anno 1459. (Ibid).

1460. *parce qu'il ne pouvait donner son cas à entendre en confession.* Enfin *damoiselle* Perrette du Château, sa mère, ayant témoigné, *avec prières et larmes*, que son fils *était sans péché mortel*, le prêtre se laissa fléchir.

Le jour de Pâques, *heure de dix heures du matin*, le jeune Bertrand fut conduit à l'église. A peine eut-il reçu la sainte hostie des mains de l'officiant, qu'il recouvra miraculeusement la parole et dit: *Adjutorium nostrum in nomine Domini.* L'enfant dès-lors *usa très-bien de sa langue.* Ce prodige, accompli à la vue d'une grande affluence de peuple, ranima la ferveur religieuse dans beaucoup d'âmes tièdes, et l'Eglise en a consacré la mémoire par une messe qui est encore célébrée, le lundi de Pâques, dans la cathédrale de la Rochelle, ci-devant paroisse de Saint-Barthélemy. [1]

A l'autre extrémité de la Saintonge, un riche monastère luttait aussi, non pour disputer l'au-

---

[1] En l'année 1460 et mairie de Jehan Mérichon, advint, le jour de Pasques, heure de dix heures au matin, un merveilleux miracle en l'église de Saint-Barthélemy, c'est à savoir que Bertrand Leclerc, fils du maitre Jehan Leclerc, pair de ladite ville (la Rochelle), et de Perrette du Château, damoiselle, apres avoir eu la communion que le curé de ladite église luy avoit tousjours refusée et à peine luy octroya, ne la voulant bailler pour quelques prières et larmes de ladite du Chasteau, sa mère, et d'iceluy Bertrand, si non que sa mère témoigna et print à sa charge que ledit Bertrand estoit sans péché mortel, combien qu'il eut perdu l'usage de parler et de pouvoir donner son cas à entendre en confession, iceluy Leclerc, après ladite communion dit: *Adjutorium nostrum in nomine Domini*, et dès lors usa très-bien de sa langue et parole, qu'il avoit perdu depuis l'âge de sept ans jusqu'alors. (*Biblioth. de la Rochelle. Mss. de Conain.*)

torité spirituelle de l'Eglise à l'envahissement des 1460.
idées mondaines, mais pour défendre ses biens
temporels contre l'usurpation du pouvoir séculier. Messire Régnault Chabot, chevalier, seigneur
de Jarnac, en Angoumois, s'attribuait le droit de
châtellenie avec justice haute, moyenne et basse
sur toute l'étendue de sa seigneurie, et prétendait
dès-lors avoir droit de juridiction sur les hommes
de l'abbaye de Bassac qui, bien que située en
Saintonge, étendait ses possessions jusques dans la
circonscription féodale des seigneurs de Jarnac.
Régnault Chabot soutenait que lui seul était fondé,
d'après la coutume du pays, à avoir deux juges,
l'un sénéchal pour tenir ses grandes assises, l'autre
prévotal pour exercer sa justice du second degré :
il concluait en affirmant que l'abbé et les religieux de Bassac ne pouvaient tenir ni grandes ni
petites assises dans aucun de leurs fiefs relevant
de son château de Jarnac ni connaître d'aucun
crime commis sur ces fiefs. [1]

[1] Nicolas Acton, lieutenant général du païs et sénéchaussée
d'Angoulême, arbitre élu pour connoître des procès et débats meus
entre noble et puissant seigneur messire Régnaut Chabot, chevalier, seigneur de Jarnac, et révérend père en Dieu, messire Henry de Courbon,
abbé de Bassac, et les religieux et couvent dudit lieu ; ledit seigneur de Jarnac proposoit qu'à cause de sadite seigneurie, il avoit
droit de chatellenie, haute justice, moyenne et basse, et à cause
de ce avoit droit d'avoir deux juges, l'un seneschal pour tenir ses
grandes assises, l'autre juge chastelain ou prevoustal pour tenir
son assise chastelaine ou prévostale, prétendant que lesdits religieux de Bassac ni ledit abbé seul ne devoyent faire tenir audit
lieu de Bassac ni ailleurs, au-dedans de ladite seigneurie de Jarnac,
grandes ou petites assises, ne entreprendre court ne connoissance
d'aucun cas de crimes ou délits, etc. (*Cartul. orig. de l'abb. de
Bassac.* f° 70.)

1460.   Révérend père en Dieu, messire Henri de Courbon, abbé de Bassac, persuadé, au contraire, qu'il avait droit de haute juridiction sur toutes les terres de son abbaye, quelque part qu'elles fussent situées, était bien loin de reconnaître la suprématie que voulait s'attribuer le sire de Jarnac, et continuait de faire tenir, dans le bourg de Bassac, ses grandes et petites assises par deux juges qui prenaient l'un la qualité de sénéchal l'autre celle de prévôt. [1]

Ces débats qui duraient depuis long-temps, se fussent prolongés long-temps encore, si un incident n'en eût provoqué la solution. Une rixe s'étant engagée entre quelques manans sur un fief relevant de la seigneurie de Jarnac mais appartenant au monastère de Bassac, Henri de Courbon évoqua l'affaire qui fut portée au criminel devant le prévôt de l'abbaye. Régnault Chabot se pourvut auprès du sénéchal du Poitou contre les religieux de Bassac qui furent obligés d'aller plaider devant cet officier. [2]

— « L'abbaye de Bassac, dirent-ils, est un noble

---

[1] Le sieur abbé avoit fait tenir cependant, au lieu de Bassac, ses grandes et petites assises par manière de prévousté et par deux juges, l'un qui se disoit seneschal et l'autre juge commun. (*Cartul. orig. de l'abb. de Bassac.* f° 70.)

[2] Ledit abbé voulut entreprendre la connoissance de tous cas de crimes et avoir droit de chastelain. Il en fit l'exercice à l'égard de quelques hommes qui s'estoyent battus. L'affaire fut portée au criminel devant le juge de l'abbé. Le seigneur de Jarnac en porta sa plainte devant le seneschal de Poictou à Poitiers. (Ibid).

monastère de l'ordre de Saint-Benoit, dont la 1460.
fondation remonte à des temps très-reculés et qui
fut doté, à sa naissance, de grandes temporalités,
domaines et héritages, entre autres du droit
de justice haute et basse. Le bourg de Bassac
était anciennement une ville enceinte de murailles
et de fossés, peuplée de trois à quatre cents
habitans. Bien qu'elle ait été ruinée par les
Anglais, elle est encore en partie close de remparts
et de portes, et défendue presque de tous côtés,
par des fossés profonds. [1]

« Nos prédécesseurs y ont eu, dans tous les
temps, un sénéchal, un juge prévôt et autres
officiers de justice : ils tenaient leur ville, leurs
paroisses, territoire et justice en franche aumône
et franc aleu de monseigneur le comte de Poitiers, et ressortissaient, en appel et souveraineté,
au sénéchal du Poitou en ses assises de Niort, qui
était le siège le plus voisin. D'où il suit qu'ils
étaient seigneurs souverains de la ville et des paroisses, fiefs et territoire de Bassac en franc

---

[1] Les religieux disoyent que l'abbaye de Bassac estoit noble
abbaye de grande ancienneté, fondée de l'ordre de Saint-Benoist
et dotée de grande temporalité, domaines et héritages, haute justice et jurisdiction et autres droits : et estoit ledit lieu de Bassac
ville qui souloit estre clouse d'ancienneté de belles murailles et
foussés, et combien qu'elle eust esté outrefois destruite par les
Anglois, encores estoit-elle en partie clouse de murailles et pour-
taux et, en la plus grande partie, de grans foussés, et y souloit
avoir de trois à quatre cens habitans ou plus. (*Cartul. origin.
de l'abb. de Bassac.* f° 70.)

1460. aleu noble, et avaient haute, moyenne et basse justice dans ledit lieu. [1] »

Le sénéchal du Poitou, après avoir ouï les parties, sursit à statuer au fond, et ordonna que les dires de l'une et de l'autre seraient libellés en forme de requète. Mais pendant le sursis, le baron et l'abbé s'étant réunis devant monseigneur Jean, comte d'Angoulême, consentirent, sur l'invitation du prince, à remettre leur différend à l'arbitrage de maître Nicolas Acton, lieutenant-général en la sénéchaussée d'Angoumois. Cet officier ayant examiné les titres de l'abbaye, décida, le 7 avril 1460, que les prétentions du seigneur de Jarnac étaient inadmissibles, et maintint les religieux de Bassac dans leur droit de justice haute, moyenne et basse sur tous les fiefs appartenant à leur monastère. [2]

[1] Que leurs prédécesseurs y avoyent eu d'ancienneté un seneschal ou haut juge et aussi bas juge et autres officiers et que ladite ville, territoire, justice et jurisdiction susdites iceux religieux avoyent accoustumé tenir en franche aumosne et franc alleu, sous la seigneurie du comte de Poictou, ressortissant, en cas d'appel, du seneschal de Poictou en ses assises de Niort ; dont s'ensuivoit que lesdits religieux estoyent seigneurs de ladite ville, fief et territoire de Bassac en franc alleu noble, et estoyent fondés de ladicte justice et jurisdiction haute, moyenne et basse. (*Cartul. origin. de l'abb. de Bassac.* f° 70.

[2] Sur quoy les parties oues par le seneschal de Poictou, avoyent esté appoinctées à escrire leurs causes, faits et raisons par articles. Pendant ce temps-là, les parties, de leur consentement et en présence de très-haut et très-puissant prince monseigneur Jehan, comte d'Angoulesme, éleurent pour arbitre de tous leurs débats maître Nicolle Acton, lieutenant général du païs d'Angoulesme ; ledit arbitre juge, sur le vu des pièces des religieux, que ledit procés n'estoit pas soustenable pour ledit seigneur de

1461. — Cependant la santé de Charles VII, 1461.
usée par l'abus des plaisirs bien plus que par les
soins du gouvernement, allait déclinant de jour en
jour. S'imaginant avoir été empoisonné, il conçut
une telle défiance de tout ce qui l'approchait,
qu'il finit par s'enfermer et refuser toute nourriture. L'indifférence de son fils aîné, qu'il n'avait
pas vu depuis quinze ans, accrut encore cet état
d'hypocondrie et contribua sensiblement à abréger
les jours du malheureux roi. Il mourut de faim
et de mélancolie, le 21 juillet 1461, à Meung-
sur-Yèvres, là où, trente-neuf ans auparavant, il
avait appris la mort non moins pitoyable de son
père.

Le dauphin Louis qui, pendant les dernières
années du roi, s'était retiré à la cour de Philippe-
le-Bon, duc de Bourgogne, revint aussitôt en
France et fit son entrée dans Paris avec un
cortège de douze mille chevaux. Les solliciteurs
arrivèrent bientôt en foule des provinces : jamais
on n'avait vu pareille affluence de prélats, de barons, d'hommes de tous états. Les uns venaient
demander la conservation des charges qu'ils avaient
obtenues sous le dernier règne : d'autres accou-
raient se plaindre des injustices qu'ils avaient
éprouvées et accusaient d'autant plus hautement

Jarnac, et décide, en faveur des religieux, qu'ils soyent main-
tenuz en leur possession de jurisdiction moyenne et basse, en la
dite ville, fief et territoire de Bassac. Fait à Angoulesme le
27 avril 1459. (*Cartul. orig. de l'abb. de Bassac.* f° 70.)

1461. les conseillers du feu roi, qu'ils les voyaient en disgrâce.

Jacques de Pons s'empressa de repasser les Pyrénées et vint protester contre l'arrêt de confiscation qui l'avait dépouillé, huit ans auparavant, de ses domaines paternels. Il eut beaucoup de peine à se les faire restituer par le sieur de Villequier, qui soutenait en être légitime propriétaire. Il ne fallut pas moins qu'un mandement exprès du roi au sénéchal de Saintonge, messire Guillaume d'Estuel, pour réintégrer Jacques de Pons dant l'héritage de ses pères. [1]

Louis XI, dès le commencement de son règne, affecta de censurer et réformer tout ce qu'avait fait son père. Il révoqua les anciens officiers de la couronne et donna leurs charges aux hommes qui l'avaient servi dans sa rébellion. — « Il se retira, dit un annaliste, de la fréquentation des princes et gens de son sang, défendit et prohiba toute chasse et vénerie, disant que c'était cas pendable de tenir chiens, oiseaux, rets et filets, et courir après bêtes rousses et noires, fors par sa permission, licence et congé. [2] »

Il caressa les bourgeois et *gens de petit état* parmi lesquels il prit ses conseillers , voulant opposer l'élément démocratique à l'influence des barons dont le pouvoir lui faisait ombrage. — «Je

[1] Armand Maichin. *Hist. de Saint.* chap. V.
[2] Jean Bouchet. *Annal. d'Aquit.* IVᵉ partie.

n'ai rien tant à cœur, disait-il, que de faire cesser 1462.
toutes exactions et de rendre à mon peuple ses
anciennes libertés. Quand je suis entré dans mon
royaume, j'ai vu des maisons en ruines, des champs
sans labourage, des hommes et des femmes en
guenilles, des visages amaigris et défaits. C'est
grande pitié et j'en ai l'âme nâvrée. Tout mon
désir est d'y porter remède, et avec l'aide de Dieu
nous en viendrons à bout. ¹ »

1462. — Les Anglais qui, depuis 1457, n'avaient
pas reparu près des côtes de la France méridionale, reprirent les armes après la mort de Charles
VII, enhardis par le mécontentement que les
manières bourgeoises et les vues réformatrices du
nouveau roi excitaient parmi ses grands vassaux.
Une flotte de soixante-dix voiles vint croiser, en
1462, dans les eaux de la Rochelle à dessein de
surprendre cette ville. Mais un cordon de milices
communales, protégé par des batteries habilement
placées, fut bientôt échelonné sur toute la côte
pour en défendre l'approche. Déconcertés à la vue
de ces dispositions, les Anglais n'osèrent aborder au
continent : mais ils allèrent, selon leur coutume,
se venger sur l'île de Ré, qu'ils mirent à contribution
et où ils incendièrent le vieux monastère de Sainte-
Marie des Chateliers, monument de la piété des
Mauléon, anciens seigneurs de l'île. Telle fut

¹ Amelgard.

1463. la dernière tentative des Anglais sur la terre d'Aunis. [1]

1463. — Louis XI vint à la Rochelle au commencement de l'année suivante. Pendant son séjour dans cette ville, il affecta une grande simplicité, refusa les honneurs que la commune voulut lui rendre et s'appliqua à gagner la multitude par des manières affables et populaires. Voulant prolonger son voyage jusqu'à Bayonne où il avait à régler quelques différends avec Don Juan, roi d'Aragon et de Navarre, touchant la limite des deux royaumes, il expédia de la Rochelle, le 11 janvier 1463, des lettres-patentes par lesquelles il institua gouverneurs de Paris, pendant son absence, Bertrand de Beauveau, président de la Cour des Comptes, et Charles de Melun, sieur de Landes. [2]

Le monarque était accompagné, dans ce voyage, de sa mère la reine Marie d'Anjou. Cette princesse avait eu pour douaire le baillage d'Aunis, et elle venait faire achever le dénombrement des mouvances de son fief, lequel, commencé en 1461, avait été depuis interrompu. Mais étant décédée, peu de temps après, dans l'abbaye des Chateliers, en Poitou, au retour d'un pélerinage à Saint-Jacques

[1] Amos Barbot. *Invent. des titr. de la Rochelle.* ap. Arcère. *Hist. de la Roch.* tom. I. p. 276.

[2] Don Lobineau. *Hist. de Paris.* tom. III. p. 561.

de Compostelle, elle laissa vacant le baillage 1463. d'Aunis qui retourna au domaine de la couronne. [1]

Ce fut pendant son voyage en Guienne, le 10 juin 1463, que Louis XI institua à Bordeaux le troisième parlement du royaume, à la place du conseil des jurats et notables de la cité, ancienne juridiction communale qui avait été épargnée par les Anglo-Normands. La création du parlement de Bordeaux est un événement notable dans les annales de la Saintonge et de l'Aunis, en ce qu'elle rendit plus saillante la ligne de démarcation qui séparait les deux pays. Le nouveau parlement étendit d'abord sa juridiction sur tout le territoire entre Sèvre et Gironde : mais bientôt après le baillage d'Aunis fut distrait du ressort de cette cour, et les appellations du pays situé entre la Sèvre et la Charente continuèrent, comme par le passé, d'être portées au parlement de Paris, tandis que celles du pays renfermé entre la Charente et la Gironde le furent au parlement de Bordeaux. [2]

1464. — 1466. — En même temps qu'il se rendait agréable aux communautés bourgeoises et aux ordres parlementaires, Louis XI accumulait

[1] Duclos. *Hist. de Louis XI.* tom. I. p. 179. — Amos Barbot. ap. Arcère. *Hist. de la Rochelle.* tom. I. p. 277.

[2] Voy. Valin. *Comment. sur la coutume de la Roch.* — Armand Maichin. *Sur la cout. de Saint-Jean d'Angély.* — Cosme Béchet. *Sur l'Usance de Saintes.* — Amédée Thierry. *Résumé de l'Hist. de Guienne.* p. 190.

contre lui les haines du baronnage et de la chevalerie. Le jeune Charles de Valois, duc de Berry,
irrité du peu de cas qu'on faisait de sa personne,
alors que les hommes les plus obscurs siégeaient
au conseil du roi, se ligua avec François, duc de
Bretagne, Charles, duc de Bourbon, et le fougueux comte de Charolais, si célèbre depuis sous
le nom de Charles-le-Téméraire. Cette coalition
aristocratique, dans laquelle entrèrent les comtes
de Dunois et d'Armagnac, les sires d'Albret, de
Dammartin et de Beuil, le maréchal de Lohéac et
nombre d'autres illustres mécontens, s'intitula
ligue du bien public, quoiqu'elle ne fût conçue
que dans l'intérêt du baronnage dépossédé de sa
suprématie politique. Le résultat de cette levée de
boucliers fut la sanglante et bizarre journée de
Montlhéri, où les deux partis, également maltraités, s'attribuèrent chacun les honneurs de la
victoire. (16 juillet 1465.)

Louis XI ne voulant plus courir la chance d'un
pareil succès, signa, peu de temps après, le traité
de Conflans, par lequel il octroya aux membres
de la confédération apanages, villes et domaines,
comptant bien révoquer toutes ces concessions dès
que ses ennemis seraient séparés. Il donna même
à madame Antoinette de Maignelais, maîtresse du
duc de Bretagne, l'île d'Oleron et la seigneurie de
Chatelaillon, en Aunis, bien qu'elle eût excité son
amant à prendre les armes, et eût vendu jusqu'à
ses joyaux pour subvenir aux frais de la guerre.

1467. — Telle était la position du roi Louis, 1467. lorsque des députés de Jacques II, roi d'Ecosse, vinrent lui réclamer le comté de Saintonge et la châtellenie de Rochefort sur Charente, en vertu du traité conclu, au mois de novembre 1428[1], entre Jacques I.er et Charles VII. On sait que par ce traité il avait été convenu que le roi d'Ecosse fournirait six mille archers au roi de France et que celui-ci livrerait à son allié le comté de Saintonge et la seigneurie de Rochefort. Bien que Jacques I.er eût rempli sa promesse, Louis ne voulut point tenir celle de son père, et congédia les députés écossais en éludant les termes d'un contrat qui, pour être onéreux, n'en existait pas moins. [1]

Par le traité de Conflans, il avait cédé à Charles de Valois, son frère, déjà duc de Berry, le duché de Normandie. Il le lui retira l'année suivante, et, pour donner plus d'authenticité à cette révocation, il la fit confirmer par les trois états du royaume qui furent convoqués à Tours. Ce n'était pas chose nouvelle que ce concours des trois ordres de la nation aux actes du gouvernement. Mais dans ces simulacres de représentation nationale le *tiers-état* n'avait jamais figuré que pour mémoire et comme matière imposable. Il n'en fut pas ainsi en 1467. La bourgeoisie, forte de la sympathie du prince, marcha de pair avec les

[1] Duclos. *Hist. de Louis XI.* liv. III.

1467. ordres privilégiés, et, toute fière de sa nouvelle importance, comprit qu'elle avait un grand rôle à jouer.

Les états provinciaux ou assemblées électorales furent convoqués, dans chaque sénéchaussée ou baillage, avec une solennité inaccoutumée. Le corps électoral de la sénéchaussée de Saintonge s'assembla à Saintes, celui du baillage d'Aunis à la Rochelle. Ils élurent chacun trois députés qui eurent séance et voix délibérative aux états de Tours avec ceux des autres provinces. Les députés de la Rochelle furent Jehan Mérichon, maire de la ville, Guillaume de Combes et Jehan Jouhet. Il est à remarquer que la ville de Saint-Jean d'Angély qui, depuis la translation du siège de la justice royale à Saintes, avait perdu une grande partie de son importance politique, tint néanmoins à part son assemblée électorale et envoya aux états généraux ses trois députés qui siégèrent avec ceux de Saintes.

Pendant que la bourgeoisie, secouant peu à peu le rôle passif qui lui avait été imposé par la monarchie féodale, marchait à grands pas dans la voie du progrès social, le clergé, stationnaire au milieu de ce mouvement ascensionnel des esprits, conservait invariablement les pratiques séculaires et les us traditionnels de l'Eglise. Parmi les reliques que

---

[1] Amos Barbot. ap. Arcère. *Hist. de la Rochelle.* tom. I. p. 278. — Armand Maichin. *Hist. de Saint.* chap. IV. — Guill. Merville. *Recherches sur Saint-Jean d'Angély.* p. 217.

possédait l'abbaye de Saint-Jean d'Angély, se trou- **1467.**
vait *une belle et notable partie* du bras de Saint-
Macut ou Saint-Macou, évêque et confesseur. Ce
bienheureux, malgré la vénération attachée à son
nom, occupait, dans la hiérarchie céleste, un rang
inférieur à celui des saints du premier ordre :
aussi le précieux lambeau, enfoui dans le trésor
du monastère, n'avait-il jamais été offert à l'ado-
ration et aux libéralités des fidèles, tant la piété
publique était absorbée par la contemplation des
reliques plus illustres dont le couvent se glorifiait.

Dans le temps où l'abbé titulaire de Saint-
Jean d'Angély, le célèbre Jean la Balue, poursuivait sa rapide carrière d'ambition, de fortune et
de disgrâce¹, Charles de Saint-Gelais, abbé de Montierneuf de Poitiers, ayant reçu en pur don des
moines de Saint-Jean d'Angély le bras de Saint-
Macou, obtint de Jean du Bellay, évêque de
Poitiers, la permission d'exposer cette relique à la
vénération des peuples de son diocèse. Voici les
lettres épiscopales qui furent expédiées, à cette

¹ Jean Balue ou La Balue, fils d'un obscur artisan du Poitou,
successivement abbé de Fécamp, de Lagny, de Saint-Ouen de
Rouen, de Saint-Thierry, de Bourgueil, évêque d'Evreux et d'Angers
enfin cardinal et premier ministre de Louis XI, fut abbé de Saint-
Jean d'Angély en 1465, titre qu'il conserva jusqu'en 1471, malgré
les hautes dignités ecclésiastiques et politiques dont il était revêtu.
Il mourut en 1491. (Voy. Hugues du Tems. *Clergé de France.*
tom. II. p. 368.) — On peut voir, sur la vie extraordinaire du
cardinal La Balue, une notice biographique très-savante de M.
le Bᵒⁿ Bourgnon de Layre, conseiller à la cour royale de Poitiers,
dans les *Mém. de la société des Antiquaires de l'Ouest.* tom. II.
p. 378 et suiv.

1467. occasion, le 25 mars 1467, par les vicaires-géné-
raux du diocèse de Poitiers.

— « Celui-là se rend participant à l'éternelle
récompense qui prête son appui à la pratique des
bonnes œuvres. Comme il nous a été exposé de la
part du révérend père en Jésu-Christ, messire
Charles, abbé du monastère de Montierneuf, ordre
de Cluny, dans l'évêché de Poitiers, qu'une belle et
notable partie du bras de Saint-Macou, évêque et confesseur, a été extraite des châsses des sacrées reliques
du monastère de Saint-Jean d'Angély, au diocèse
de Saintes, par les religieux et vénérables hommes
dudit monastère de Saint-Jean, et par eux donnée
gratuitement au seigneur abbé de Montierneuf de
Poitiers, pour être exaltée honorablement, dé-
cemment et honnêtement, à la gloire de Dieu
et dudit Saint, laquelle relique ledit seigneur abbé
a fait apporter à son monastère [1] : nous à tous et
chacun les chapelains, nos subordonnés, mandons
et enjoignons de publier et notifier la relique de
Saint-Macou aux fidèles de Jésu-Christ, et d'exciter, tant par la parole que par l'exemple, les

[1] Vicarii generales pictaviensis episcopi' universis Christi fideli-
bus salutem in Domino. Cùm, sicut accepimus et nobis extitit
expositum, quod una notabilis et pulchra pars brachii S. Macuti,
episcopi et confessoris, à capsis sacrarum reliquiarum monasterii
S. Johannis angellacensis, xanton. diœcesis, per venerabiles et
religiosos viros conventûs prædicti monasterii extracta fuit, et per
eosdem domino abbati Monasterii - Novi pictaviensis gratis data,
ut honorificè, decenter et honesté ad Dei laudem et ejusdem sancti
exaltetur, quam quidèm partem præfatus dominus abbas ad dictum
suum monasterium apportari fecit. (*Mss. archiv. de l'abb. de
Montierneuf de Poitiers.*)

peuples confiés à leur ministère à visiter ladite 1468.
relique, en quelque lieu qu'elle parvienne, soit
dans ledit monastère soit dans les chapelles en
dépendant, au diocèse de Poitiers seulement, afin
que les hommages qu'ils lui rendront par l'inspiration de Dieu, leur fassent obtenir les jours de
la félicité éternelle. [1] »

1468. — La guerre engagée entre le baronnage
et la royauté n'était qu'assoupie. Avare ou pro-
digue de concessions, selon que les conjonctures
se montraient favorables ou contraires, flattant,
menaçant tour-à-tour ses vassaux conjurés, et
s'efforçant de les enlacer dans les mille réseaux de
sa politique ombrageuse et sournoise, Louis XI
luttait de toute la puissance de son génie contre
ses trois redoutables adversaires, Charles, comte de
Charolais, devenu duc de Bourgogne par la mort
récente du vieux Philippe-le-Bon, son père, François, duc de Bretagne, et Charles de Valois, duc de
Berry. Ce dernier, fort de l'appui de ses deux
alliés, réclamait hautement la Champagne et la
Brie que le roi, son frère, alors prisonnier de

---

[1] Idcircò nos omnibus et singulis capellanis nobis subditis præ-
cipimus et mandamus quatenùs hujus modi reliquias Christi fide-
libus publicent, insinuent et notificent, et ad visitandum dictas
reliquias S. Macuti, ubicumque fuerint transportatæ, in dicto monasterio aut capellis à dicto monasterio deppendentibus duntaxat
et in diœcesi pictaviensi existentibus, ipsum populum sibi com-
missum inducant verbo pariter et exemplo ut per hæc veagia et
bona quæ ipsi fecerint, inspirante Domino, ad æternæ felicitatis
gaudia mereantur pervenire. Datum Pictavis 26 die martii anno
Domini 1466. (Mss. archiv. de l'abb. de Montierneuf de Poitiers).

1468. Charles-le-Téméraire, s'était obligé à lui céder par le traité de Péronne. Mais le monarque avait oublié sa promesse en recouvrant sa liberté. Il savait trop combien de nouveaux orages il amasserait sur sa tête, s'il livrait jamais à son frère un territoire aussi voisin de la Bourgogne où régnait son plus mortel ennemi.

Voulant au contraire isoler le jeune prince du fougueux vassal dont il appréhendait le plus l'influence, il imagina un expédient qui avait le double avantage de satisfaire sa politique et de le délier de son engagement. Il fit offrir au duc de Berry la Guienne en échange de la Champagne et de la Brie. Dans cet accommodement tout l'avantage était pour le prince : mais le faible Charles craignait, en l'acceptant, de s'aliéner le duc de Bourgogne et de se priver ainsi d'un allié puissant, dans le cas où de nouveaux démêlés viendraient à éclater entre lui et le roi son frère.

1469. — Toutefois, par l'entremise d'Odet d'Aydie, sire de Lescun, favori du duc de Berry, que le roi sut mettre dans ses intérêts en faisant son frère comte de Comminges, l'échange fut accepté au grand dépit du duc de Bourgogne qui n'épargna rien pour en entraver la conclusion. Par un édit donné à Amboise au mois d'avril 1469, Louis transporta la Guienne à son frère,

qui prit dès-lors les titres *de duc de Guïenne*, 1469.
comte de Saintonge et seigneur de la Rochelle.[1]

Cet accord de famille excita parmi les Rochelais un vif mécontentement, car il portait une
atteinte grave aux privilèges de leur commune
dont ils s'étaient toujours montrés si jaloux. Le
nouveau duc de Guienne envoya bientôt dans la
Saintonge et l'Aunis Odet d'Aydie, sire de Lescun,
et Louis de Crussol, sénéchal du Poitou, pour
prendre, en son nom, possession de son apanage.
Le 11 mai, lorsque ces commissaires vinrent à la
Rochelle, Guillaume de Combes, maire de cette
ville, alla, suivi du corps des échevins, les attendre à la porte de Cougnes. — « Notre ville, dit-il en
les abordant, est inaliénable de la couronne de France, suivant traité fait en 1371 avec le feu roi Charles V. Partant nous ne reconnaissons pour seigneur
que le roi, et ne devons qu'à lui l'hommage de
féauté. »

Les délégués du prince s'en retournèrent fort
mécontens. Guillaume de Combes, appréhendant
quelques surprises, fit renforcer la garde des
portes, et il agit sagement, car, peu de jours
après, un corps de cavaliers, commandé par
Jacques de Crussol, fils du sénéchal de Poitou,
parut sous les murs de la ville et essaya d'y

---

[1] Mém. de Philip. de Comines. liv. II. chap. XV. ap. Petitot.
Coll. tom. XI. p. 517. — Amos Barbot. ap. Arcère. *Hist. de
la Rochelle.* tom. I. p. 279.

469. pénétrer : mais repoussé par les avant-postes, il fut contraint de se replier sur Marans. [1]

Louis XI était alors à Beaugé, en Anjou. La commune de la Rochelle lui députa neuf des plus notables bourgeois de la cité, chargés de faire au roi de respectueuses remontrances sur l'infraction apportée, par l'édit d'Amboise, aux privilèges que leurs concitoyens tenaient de la munificence de son bisaïeul. Louis leur signifia sa volonté déguisée sous d'imposantes considérations d'intérêt public. Force fut d'obéir.

Les commissaires du prince revinrent, le 24 mai, à la Rochelle. Le maire, suivi d'un nombreux cortège, alla les recevoir à l'hospice des lépreux, dit la *Loge des Ladres*, dans le faubourg Saint-Eloi. Puis on se dirigea vers la porte de Cougnes, dont la herse était abattue, et en travers de laquelle était tendu un cordon de soie. Le sire de Crussol, après avoir remis ses pouvoirs au maire et fait au corps-de-ville les sommations d'usage, jura, au nom du duc de Guienne, de garder les privilèges et statuts de la commune. Le maire, de son côté, déclara, au nom de ses concitoyens, reconnaître très-excellent prince Charles de Valois, duc de Guienne, pour son très-haut, très-puissant et très-redouté seigneur. Alors le cordon de soie fut rompu, la herse fut levée, et Guil-

---

[1] Amos Barbot. ap. Arcère. *Hist. de la Rochelle.* tom. I. p. 280.

laume de Combes, prenant par la main Odet d'Aydie, **1469.**
le fit entrer dans la ville. A la seconde enceinte
de murs, les mêmes sermens furent prêtés, sur
l'image du Christ, par les délégués du prince,
qui les répétèrent sur la patène dans l'église de
Notre-Dame de Cougnes, où une messe fut célébrée en grande solennité.[1]

Deux jours après (26 mai), messire Thierry
de Lénoncourt, nommé gouverneur de la Rochelle par le duc de Guienne, vint prendre
possession de son gouvernement, et annonça la
prochaine arrivée de son maître. Le prince ne
vint toutefois qu'au mois de juillet visiter son
nouvel apanage, et reçut partout de ses vassaux
l'accueil le plus affectueux. Il fit son entrée à
la Rochelle, le 6 juillet, par la porte Saint-
Nicolas. Il était vêtu d'une robe courte en damas
blanc fourré de martres, et montait un cheval
bayard.[2]

Il lui fallut subir l'inévitable cérémonial du
cordon de soie et des sermens : mais il fut
dédommagé de cet ennui par la fête magnifique
qui lui fut donnée. Toute la noblesse du pays,
montée sur de superbes palefrois, tout le clergé
séculier et régulier, paré de ses plus riches
ornemens, allèrent attendre le prince au faubourg

[1] Amos Barbot. ap. Arcère. *Histoire de la Rochelle.* tom. I.
p. 280.
[2] *Regist. orig. du gouvernem. de la Rochelle.* ibid. p. 282.

1469 de Tasdon. Il fut reçu, à son entrée dans la ville, sous un dais magnifique. A la seconde enceinte *descendit d'amont une belle pucelle, bien parée et aornée, laquelle présenta à mondit seigneur un cœur : par laquelle pucelle était figurée la Rochelle qui offrait son cœur à mondit seigneur.*[1] Au pont Saint-Sauveur, un groupe de jolis enfans, montés sur un élégant amphithéâtre, *disaient noël* et chantaient des hymnes à la louange du prince. Enfin, arrivé au canton du Change, le duc fut complimenté par un essaim de jeunes filles, habillées en nymphes et d'une grande beauté, qui, se partageant en plusieurs groupes, exécutèrent diverses danses avec beaucoup de grâce et de précision. Marchant ainsi de surprise en surprise, Charles de Valois arriva à l'église Saint-Barthélemy où fut chanté un *Te Deum.*[2]

Quelques jours après, Louis XI étant parti de Tours, vint à la Rochelle et de là à Saintes. Ce fut dans l'hôtel épiscopal de cette dernière ville que Charles de Valois lui fit, le 19 août, l'hommage de vassalité pour son duché de Guienne, en jurant sur *la vraie Croix de Dieu*, dite Croix *de Saint-Lô-lez-Angiers*, apportée exprès d'Angers à Saintes par deux prêtres de l'église de Saint-Lô, en Anjou.[3] Cette croix

---

[1] Mss. de l'Oratoire de la Rochelle. ap. Arcère. tom. I. p. 282.
[2] Amos Barbot. *Invent. des titr. de la Rochelle.* ibid.
[3] Le samedi, dix-neuvieme jour d'aoust, l'an mil quatre cent

l'emportait en sainteté sur toutes les reliques du royaume, même sur celles si révérées du grand Saint-Martin. Louis XI répugnait à jurer sur la croix de Saint-Lô, prétendant que c'était profaner ce signe vénérable du salut : mais il ne se faisait point scrupule d'y faire jurer les autres, parce que, disait-on, ceux qui violaient les sermens faits sur cette relique mouraient infailliblement dans l'année. [1]

On peut juger au reste de la confiance que les deux frères avaient l'un en l'autre par la formule du serment que le duc de Guienne prêta sur la croix de Saint-Lô. — « Je jure, dit-il, sur la vraie croix ci-présente, que, tant que je vivrai, je ne prendrai ni ferai prendre, ni serai consentant ou participant de prendre la personne de monsieur le roi Louis, mon frère, ni de le tuer, etc. [2] » Ainsi, dit un contemporain qui ne voyait que l'écorce des événemens politiques de son temps, *moyennant la grâce de Dieu et de la benoîte Vierge Marie, les deux frères furent réunis en bonne paix et amour l'un de l'autre,*

1469.

soixante-neuf, monsieur Charles, duc de Guienne, estant en la ville de Xaintes et en l'hostel épiscopal d'icelle, a fait le serment sur la vraie croix de Dieu, nommée de Saint-Lô-lez-Angiers, portée audit lieu de Xaintes par deux prestres de Saint-Lô. (Certificat du secrétaire du roi. ap. Bourré. *Preuv. des Mém. de Comines.* tom. III. p. 107.) — Voyez aussi Jehan de Troyes. *Chronique de Louis XI.* ap. Petitot. Coll. tom. XIII. p. 391. — *Mém. de Philip. de Comines.* ibid. tom. XI. p. 517.

[1] Villaret. *Hist. de France.* tom. XVII. p. 342.

[2] Ibid.

1469. *dont moult grand' joie fut épandue par tout le royaume.* [1]

Cette paix, cet amour n'étaient qu'apparens. Le roi de France et le duc de Guienne se connaissaient trop bien pour demeurer long-temps unis. Charles entretenait secrètement des intelligences avec les ducs de Bretagne et de Bourgogne. Le soupçonneux Louis n'ignorait pas les intrigues qui se machinaient contre lui. A force de caresses il gagna le duc de Bourbon, et s'en servit pour détacher le duc de Guienne de la confédération. L'émissaire n'eut pas de peine à persuader ce prince faible, qui n'était redoutable au roi que par son extrême facilité à se faire l'instrument des passions et de la politique d'autrui. Charles de Valois consentit à avoir une entrevue avec son frère. Le rendez-vous fut fixé au passage du Braud, sur la Sèvre, entre Charron et Marans. La Sèvre était la limite séparative du duché de Guienne et du domaine royal. On jeta sur la rivière un pont de bateaux, au milieu duquel on construisit une loge séparée en deux pièces par une grille en fer. [2] Ce fut au travers

---

[1] Jehan de Troyes. *Chronique de Louis XI.* ap. Petitot. Coll. tom. XIII. p. 391.

[2] Audit an 69 (1469), le 8 de septembre, le roy Louis de France et monsieur Charles, son frère, s'accordèrent ensemble; et pour eux trouver et parler ensemble, fut faict un pont sur la rivière de Broil (du Braud) à l'endroit du chastel de Charon, on lieu que l'on dit le port du Bron (Braud) (*Ancien récit, dans les mém. de Comines,* tom. III. édit. in 4°) — Voy. Arcère. *Hist. de la Rochelle.* tom. I. p. 284 et 611.

de ce grillage que se virent et se parlèrent 1469.
deux frères qui venaient pour s'embrasser, mais
dont la haine et la défiance n'étaient que trop
bien révélées par ces précautions étranges.

Le 7 septembre, vers six heures du soir, les
deux princes vinrent au rendez-vous, suivis
chacun de neuf gentilshommes *sans dagues ni
épées*. Quatre archers écossais, *sans arcs et
sans trousses*, formaient toute l'escorte du roi.
En apercevant son frère, le duc de Guienne
se découvrit et se prosterna par trois fois.
Louis l'accueillit avec les démonstrations de la
plus vive tendresse. *Soyez le bien-venu*, lui dit-
il, *et sachez qu'une des choses que je désirais
le plus au monde était de vous voir.* [1] Après une
conférence qui dura environ une demi-heure,
et dans laquelle Louis XI épuisa toutes les ressources de son esprit pour émouvoir le cœur
de son frère et le détacher à jamais de ses ennemis, les deux princes se séparèrent. [2]

Pendant cette entrevue, on remarqua que la
marée qui, ce jour-là, devait être une des plus
fortes de l'année, à l'approche de l'équinoxe
d'Automne, fut cependant une des plus faibles,
et que le reflux s'opéra plutôt que de coutume.
Les flatteurs du roi ne manquèrent pas de lui

[1] Villaret. *Hist. de France*. tom. XVII. p. 345 et suiv.

[2] Bourré. *Preuv. des Mém. de Comines*. tom. III. p. 107.

1469. présenter comme un signe certain de la faveur céleste un phénomène qui, bien que peu commun, n'avait pourtant rien de surnaturel. [1]

Louis alla coucher au château de Puyraveau, sur la rive droite et près l'embouchure de la Sèvre. Il écrivit, le soir même, à Jehan Jouvenel des Ursins, son chancelier. — « Dieu merci et à Notre-Dame, aujourd'hui, à six heures après midi, le duc de Guienne s'est venu rendre devers nous au port de *Férauld* (Béraud ou Braud), ainsi qu'il avait été appointé (convenu) : et pour ce qu'il y avait aucunes barrières fortes entre nous deux, il nous a requis faire tout rompre incontinent, et s'est venu, lui dixième, et nous a fait la plus grande et ample obéissance qu'il était possible de faire, et nous devons encore demain nous trouver ensemble. En notre assemblée est advenue une chose que les mariniers et autres à ce connaissans disent être merveilleuse : car la marée, qui devait être cejourd'hui la plus grande de l'année, s'est trouvée la moindre de beaucoup qu'on ne vit de mémoire d'homme, et si s'est retirée quatre heures plutôt qu'on ne cuidait (croyait), dont Dieu et Notre-Dame en soient loués. Donné à *Puis-Rançeau* (Puy-Raveau), le septième jour de septembre. [2] »

[1] Voy. Arcére. *Hist. de la Roch.* tom. I. p 285 et 613.
[2] *Lettre orig. de Louis XI.* ap. Duclos. *Hist. de Louis XI.* tom. III. p. 302.

Le lendemain, la conférence fut reprise, et 1469. cette fois le grillage avait disparu. Ce ne fut, entre les deux frères, que tendres épanchemens d'amitié, que protestations d'une union indissoluble. Les témoins de cette comédie, croyant de bonne foi à la sincérité d'une réconciliation en apparence si cordiale, fondaient en larmes et frappaient l'air de leurs acclamations. [1]

Peu de jours après, le duc de Guienne, suivi d'un nombreux cortège de gentilshommes, alla visiter le roi à son château du Montils-lez-Tours, où se trouvaient la reine Charlotte de Savoie, madame de Bourbon, et plusieurs autres nobles dames. On fit bonne chère dans ce château royal jusqu'aux fêtes de Noël : après quoi Charles de Valois revint en Saintonge, et séjourna successivement à la Rochelle, à Saintes, à Saint-Jean d'Angély, pour tenir ses états et régler plusieurs affaires concernant les intérêts de la province. [2]

1470. — L'accord des deux frères ne fut pas de longue durée. Le duc de Guienne n'avait pas

[1] Voy. Arcére. *Hist. de la Rochelle.* tom. I. p. 284.
[2] Et demourèrent depuis le roy, monsieur de Guyenne, la royne, madame de Bourbon et aultres de ladicte compaignie audict chasteau de Montiz, faisans illec de moult grans chières et jusques à Noël. Et après, mondict seigneur de Guyenne s'enpartit et print congié du roy et de toute sa compaignie, et retourna à la Rochelle, à Sainct-Jehan d'Angély et aultres ses païs voisins, pour illec tenir ses estats et appoincter de ses offices et aultres affaires de sondict païs et duchié de Guyenne. (Jehan de Troyes. *Chronique de Louis XI.* ap. Petitot. Coll. tom. XIII. p. 382.)

22

1470. tardé à renouer ses anciennes liaisons avec les ducs de Bretagne et de Bourgogne. Il alla même jusqu'à demander à ce dernier la main de Marie de Bourgogne, sa fille unique. Les conseillers de Charles de Valois pressaient la conclusion de ce mariage afin d'inquiéter Louis XI. Ils espéraient devenir alors nécessaires au roi, que la paix rendait trop puissant, et le contraindre ainsi à les ménager. Louis, informé de ces nouvelles intrigues, mit tout en œuvre pour les faire échouer. Le duc de Guienne se vengea en se liguant ouvertement contre le roi avec les ducs de Bourgogne et de Bretagne, les comtes de Foix et d'Armagnac et plusieurs autres hauts-barons des provinces aquitaniques. Louis prévint cette coalition en faisant avancer sur la frontière de la Guienne des troupes commandées par Taneguy du Châtel, vicomte de Bellièvre et gouverneur du Roussillon. [1]

Le monarque écrivit, en même temps, le 11 octobre 1470, à Jacques de Beaumont, sieur de Bressuire, son lieutenant-général en Poitou, Saintonge et Aunis : — « Monsieur de Bressuire, j'ai été averti que les forces de mon *beau* frère de Guienne s'apprêtent pour entrer en nos pays, ce que Dieu ne veuille. Mais quand ainsi serait, je vous prie qu'en toute diligence vous fassiez

[1] Guyot des Fontaines. *Hist. des ducs de Bretagne.* tom. II. p. 105.

la résistance possible en attendant de mes nou- 1471.
velles pour y donner la provision , si je ne vais
à vous. ¹ »

1471. — Les Anglais , sans prendre une part
ostensible à ces préparatifs de guerre, n'y étaient
cependant pas étrangers. Retranchés derrière une
apparente neutralité, ils semblaient rester spectateurs indifférens de la lutte qui allait s'engager:
mais ils en attendaient l'issue avec impatience,
prêts à profiter des conjonctures pour recouvrer,
s'il était possible, leurs anciennes possessions
du continent.

Louis XI n'ignorait pas les dispositions hostiles
de ses voisins d'outre-mer : aussi prenait-il des
mesures pour repousser toute agression de leur
part, en recommandant toutefois à ses officiers
d'éviter soigneusement tout ce qui pourrait la
provoquer. — « J'ai été averti, écrivait - il au
sieur de Bressuire, le 22 janvier 1471, que
depuis naguères les Anglais ont arrêté le navire
de monsieur de Bordes, et pour ce il se faut
donner garde d'eux et en avertir partout où
vous verrez être à faire, tant par mer que par
terre, même à la Rochelle, à Saint-Jean d'Angély, à Saintes et ailleurs où besoin sera, sans
entreprendre sur eux ni leur faire la guerre. Et
aussi que l'on se donne garde que les marchands

¹ *Lettre orig. de Louis XI.* ap. Brantôme. *Hommes illustres
de France. Charles VIII. in fine.*

1471. d'Angleterre ne manient quelques pratiques sous ombre de leurs marchandises : s'ils prennent quelque chose, qu'on prenne autant sur eux, mais qu'on ne commence pas. [1] »

Voyant que ni les traités ni les démonstrations d'amitié n'en imposaient à son frère, Louis XI résolut d'ôter à ce prince tout moyen de lui nuire, en le dépouillant de son apanage. Quelques-uns disent même qu'il conçut dès-lors le dessein de le faire périr. [2] Ce qu'il y a de certain, c'est que, peu de temps après, une mort étrange vint enlever le duc de Guienne, et délivrer le roi des orages qui le menaçaient.

Charles de Valois avait pour maîtresse l'Angevine Nicolle de Chambes, fille du seigneur de Montsoreau, et veuve, en second mariage, de Louis d'Amboise, vicomte de Thouars. [3] « Il l'aimait, dit un annaliste, plus pour ses grâces et sa vertu que pour sa beauté, car elle savait éloquemment parler et écrire en prose et en rithme, voire jouer de tous instrumens musicaux. [4] »

Un jour, [5] madame de Thouars donnait une collation au duc de Guienne dans son château de Saint-Séver. Frère Jordan Favre de Vercors,

[1] *Lettre de Louis XI.* ap. Brantôme. *Disc. sur Charles VIII.* in fine.
[2] *Lettre de Charles, duc de Bourgogne.* ap. Petitot. Coll. tom. XII. p. 64.
[3] Mss. de Joach. Legrand
[4] Jean Bouchet. *Annal. d'Aquit.* 2e part.
[5] Octobre 1471.

abbé de Saint-Jean d'Angély [1] et confesseur du prince, offrit à la vicomtesse une pêche qu'elle partagea, *pour boire*, avec son amant. [2] Tous les deux furent aussitôt saisis de coliques violentes. Madame de Thouars mourut presque subitement. Le duc, d'une complexion plus robuste, fut seulement atteint d'une maladie qui lui fit perdre, en peu de jours, les dents, les ongles et les cheveux, [3] et durant laquelle ses membres se contractèrent d'une façon horrible. [4]

Le bruit se répandit bientôt que le duc de Guienne et la vicomtesse de Thouars avaient été empoisonnés par l'abbé de Saint-Jean d'Angély. Pour donner plus de vraisemblance à cette imputation, on raçontait que des officiers de la maison du prince, jaloux de l'empire que madame de Thouars exerçait sur l'esprit de leur maître, s'étaient secrètement ligués contre elle, et avaient mis l'abbé Favre dans leurs intérêts. [5] Toutefois

1471.

---

[1] Jordan Favre de Vercors , connu aussi sous les noms de Jourdain Faure de Bérçols, de Versois ou Versoris, religieux du Dauphiné, aumônier et confesseur de Charles, duc de Guienne, fut élu abbé de Saint-Jean d'Angély au commencement de l'année 1471 , en remplacement du cardinal de La Balue. (Voy. Hugues du Tems. 2e partie. *Clergé de France*. tom. II. p. 368.)

[2] Jean Bouchet. *Annal. d'Aquit.* — Le comte de Boulainvilliers. *Hist. de France*. tom. IV. p. 229.

[3] Guyot des Fontaines. *Hist. des ducs de Bretagne*. tom. II. p. 115.

[4] Les frères de Sainte-Marthe. *Hist. généalog. de la Maison de France*. tom. I. p. 565.)

[5] *Mém. de Richemont.* ap. Petitot. Coll. tom. VIII. p. 454 et tom. XII. p. 64 à 68.

1472. ces bruits, après avoir circulé sourdement, s'assoupirent : Jordan Favre fut même nommé l'un des exécuteurs testamentaires de la vicomtesse de Thouars, et demeura en faveur auprès du duc de Guienne, qui s'était fait transporter à Saint-Jean d'Angély. [1]

1472. — Louis XI, comptant sur la mort prochaine de son frère, se préparait à occuper la Guienne. De son côté, Charles de Valois expédiait message sur message au duc de Bourgogne, au duc de Bretagne et à ses autres alliés, pour les exhorter à prendre les armes, leur mandant que le roi de France était entré aux champs, et que ses gens marchaient sur Saint-Jean d'Angély et Saintes. [2] Mais le roi Louis, qui ne craignait rien tant que l'arrivée du duc de Bourgogne, avait déjà expédié des députés à ce prince pour l'amuser par des propositions de paix. N'osant rien entreprendre qu'il ne fût débarrassé de cet ennemi redoutable, il se décida, quoique à regret, à faire faire halte à ses troupes, en attendant des nouvelles de ses députés.

[1] *Lettre de Louis XI.* ap. Petitot. Coll. tom. XII. p. 64.
[2] *En ce temps estoit le duc de Guyenne un peu malade. Les uns le disoient en grand dangier de mort, les autres disoient que ce n'estoit rien. Ses gens pressoient le duc de Bourgogne de se mettre aux champs car la saison y estoit propre. Ils disoient que le roy avoit armé aux champs, et estoient ses gens devant Sainct-Jehan d'Angély ou à Xainctes 'ou ès environs. (Mém: de Philippe de Comines. liv. III. chap. 8 et 9. ap. Petitot. Coll. tom. XII. p. 169.)*

Il écrivit donc, le 8 mai 1472, de son châ- 1472.
teau du Plessis du Parc-lez-Tours, à Taneguy
du Châtel, son lieutenant-général sur la frontière de Guienne: — « Je vous prie que vous
vous teniez à Niort, et n'en bougiez jusqu'à
ce que ayez nouvelles de moi : et n'entreprenez
rien sur la Rochelle, Saintes ni Saint-Jean, car
je n'ai point encore eu de nouvelles de mes ambassadeurs de Bourgogne. Pour quoi, s'ils avaient
prins une trève, il faudrait rendre les places,
et serait une grande honte et moquerie s'il fallait
rien rendre. [1] »

Mais ayant réussi à endormir le Bourguignon
par l'abandon qu'il lui fit des villes d'Ancenis
et de Saint-Quentin, [2] le monarque n'eut pas
plutôt reçu la nouvelle du traité, qu'il expédia
au gouverneur et au sénéchal du Poitou l'ordre
de marcher en avant. — « Il est vrai, leur
écrivit-il le 14 mai, que je vous mandai que
vous vous retirissiez : mais depuis je vous ai
mandé que vous assemblissiez ensemble toutes
les compagnies, et que vous gardissiez bien que
personne ne entrât dedans la Rochelle. J'ai envoyé Guérin-le-Grouing faire tirer l'artillerie de
Niort, et pour ce, envoyez-en quérir tant que
vous voudrez : et incontinent que vous me

[1] *Lettre orig. de Louis XI.* ap. Duclos. *Hist. de Louis XI.*
tom. III. p. 325.

[2] Les frères de Sainte-Marthe. *Hist. généalog. de la Maison de
France.* tom. I. p. 565.

472. manderez pour la Rochelle, je monterai à cheval et m'y en irai en toute diligence.[1] »

La Guienne fut bientôt envahie par les troupes du roi. Louis XI, ayant quitté son château du Plessis-lez-Tours, s'achemina à Niort, d'où il entra en Aunis, précédé de toute son artillerie et escorté par les compagnies des francs-archers du Poitou. Le malheureux duc de Guienne, craignant plus que tout au monde de tomber au pouvoir de son frère, se fit transporter, presque mourant, de Saint-Jean d'Angély à Bordeaux. Alors tous ses vassaux, tant hauts-barons que simples gentilshommes, oubliant la sainteté du serment qui les liait à leur seigneur, coururent faire leur soumission au roi et se ranger sous sa bannière.

Les habitans de Saint-Jean d'Angély ne reculèrent pas devant un pareil acte de félonie. Apprenant que Louis XI venait d'arriver à Surgères, ils lui envoyèrent des députés pour l'assurer de leur obéissance et lui demander la confirmation de leurs privilèges. Fidèle à son grand système de politique intérieure, consistant à étendre les prérogatives de la bourgeoisie des villes pour s'en faire un appui contre l'aristocratie des châteaux, Louis s'empressa d'imprimer le sceau de son autorité royale aux anciennes franchises et

[1] *Lettre de Louis XI.* ap. Duclos. tom! III. p. 326,

immunités de la commune de Saint-Jean d'An- 1472.
gély, et lui en octroya même de nouvelles. [1]

Les bourgeois de Saintes suivirent de près
l'exemple de leurs voisins : mais ceux de la Rochelle ne montrèrent pas autant d'empressement
à reconnaître la suzeraineté du roi de France.
Louis XI, qui avait des intelligences dans la
ville, [2] fit sommer les magistrats de lui envoyer
des députés pour traiter de leur soumission.
Trois notables de la cité furent dépêchés, le 23
mai, vers le monarque qui était à Bourgneuf,
près la Rochelle. Louis leur déclara qu'il avait
résolu de réincorporer cette ville au domaine
de sa couronne, motivant sa résolution sur la
conduite déloyale de son frère envers lui. Les
députés lui représentèrent qu'attachés au duc de
Guienne par la religion du serment, ils ne pouvaient, sans félonie, se donner à un autre
seigneur : ils le supplièrent de leur laisser au
moins le temps de faire connaître au prince
l'extrémité où ils se trouvaient, et de se faire
relever par lui de la foi qu'ils lui avaient jurée.

Louis XI, irrité, prétendit être reçu, le jour
même, dans la Rochelle, et menaça de faire

[1] Mss. de Joach. Legrand. ap. Guill. Merville. *Recherch. sur
Saint-Jean d'Angély.* p. 288.

[2] L'armée du roy estoit ès environs de la Rochelle et avoit
grande intelligence dedans : et marchandoient fort ceux de la
ville tant pour le bruit de paix que pour la maladie qu'avoit ce
duc (de Guienne.) (*Mém. de Philip. de Comines.* liv. III. chap. 9.
ap. Petitot. Coll. tom. XII. p. 70.)

1472. saccager la ville si elle faisait la moindre résistance. Mais il réprima soudain ce mouvement d'humeur, et, pour aplanir toute difficulté, il expédia, sur-le-champ, des lettres-patentes, par lesquelles, révoquant le don qu'il prétendait avoir fait de la Rochelle à Charles de Valois, il délia les bourgeois de cette ville du devoir de vassalité envers le prince, et déclara la réincorporer irrévocablement au domaine royal.[1] Il oubliait que le duc de Guienne ne tenait pas la Rochelle de sa pure libéralité, qu'il la possédait en vertu d'un contrat d'échange qui ne pouvait être résolu que du consentement des deux parties : mais Louis était peu scrupuleux sur le respect dû à la foi des traités.

Quoiqu'il en soit, après quelques heures d'une tumultueuse hésitation, les Rochelais se décidèrent à ouvrir leurs portes au roi. Il fit son entrée dans la ville le lendemain, 24 mai, suivi d'une nombreuse escorte de gentilshommes et de gens d'armes. L'hypocrite monarque, à deux

---

[1] Amos Barbot. ap. Arcére. *Hist. de la Rochelle.* tom. I. p. 287. — Le roy ayant, par partage et apanage, baillé et transporté, entre autres choses, au feu duc de Guyenne, son frère, la ville et gouvernement de la Rochelle, nonobstant les remontrances des maire, eschevins, conseillers et pers de ladite ville, disant que d'ancienneté ceste ville avoit esté et estoit chambre de roy, unie inséparablement à la couronne par les priviléges des rois, ses prédécesseurs, que sa majesté avoit confirmez, ores il la réunit à ladite couronne de France à Bourgneuf, prés la Rochelle, le 23 May 1472. (Mss. *archiv. de la Maison de Guiton, en Normandie*, communiqué par M. l'abbé Videlon, de la Tranche en Montanel.)

genoux sur le pont-levis de la porte de Cougnes, 1472.
tenant d'une main un crucifix, posant l'autre
sur le livre des Evangiles, jura, avec toutes
les démonstrations d'une profonde piété, de
garder, maintenir et respecter les privilèges,
franchises et libertés de la commune.

Sa première pensée, après son entrée dans la
place, fut d'aller dans l'église de Notre-Dame
de Cougnes se prosterner devant l'autel de la
Vierge où il demeura long-temps en oraison.
Puis il remonta à cheval et alla visiter, avec
une minutieuse attention, les différens quartiers
de la ville. Arrivé à l'entrée du port, défendue
par les deux grosses tours de Saint-Nicolas et
de la Chaîne, il monta sur la plate-forme qui
couronne la première, et, de ce point élevé,
dominant toute la ville, il en examina atten-
tivement la position avantageuse et les fortifications. Frappé sans doute de son importance,
et ne pouvant contenir un premier mouvement
d'admiration, il traça sur une vitre, avec le
brillant qu'il portait au doigt, ces mots: *Oh !
la grande folie !* Quelqu'un de sa suite lui demanda l'explication de ces caractères ; — « C'est,
répondit-il, que j'avais fait une grande faute en
abandonnant une position aussi favorable : mais
je la tiens, et elle ne m'échappera plus. ¹ »

¹ Amos Barbot. ap. Arcère. *Histoire de la Rochelle.* tom. I,
p. 289.

1473.   Avant de quitter les Rochelais, Louis XI voulut leur laisser un gage de l'intérêt qu'il prenait à l'accroissement et à la prospérité de leur commerce. Par des lettres-patentes données à la Rochelle, il permit aux navigateurs étrangers de venir trafiquer, même en temps de guerre, avec les marchands de cette ville, et à ceux-ci d'étendre leurs spéculations jusqu'en pays ennemi : [1] concession impolitique dont le monarque ne calcula pas les conséquences, et qui tendait à former une puissance neutre, une république indépendante au sein de la monarchie·

Toutefois il se fiait si peu à la fidélité des Rochelais, qu'il voulut avoir, dans leur ville, une maison à lui, pour y établir un agent occulte, chargé d'observer tout ce qui se ferait et de lui en rendre compte. Afin de mieux atteindre le but qu'il se proposait, il ne voulut point que la maison fût acquise en son nom, et recommanda bien que cette négociation fût traitée avec le plus grand mystère. — « Je vous prie, écrivait-il, le 20 mai, à Jacques de Beaumont, sieur de Bressuire, que vous sachiez de Mérichon [2] s'il voudrait vendre son hôtel de la Rochelle : car je le voudrais bien avoir pour moi ou aucun

---

[1] Arcère. *Hist. de la Rochelle.* tom. I. p. 290.

[2] Jehan Mérichon, ex-maire de la Rochelle et chambellan de Louis XI Ce fut lui, dit-on, qui fit bâtir le château d'Auzances, près Poitiers. (Voy. *Mém. de la société des Antiquaires de l'Ouest.* tom. I. p. 47.)

des miens, pour être plus près d'eux (des Ro- 1472.
chelais) et leur voisin, *et les faire tenir du
pied.* Je ne veux point de ses terres ni autres
choses, mais seulement ledit hôtel. Et besognez
si secrètement qu'il ne s'en aperçoive point
qu'il vienne de moi ni que je le veuille avoir. »
Et comme si cette dernière recommandation
n'eût pas été assez expresse, le monarque ajoutait
par *post-scriptum :* — « Monsieur de Bressuire,
de ce que je vous prie qu'il soit si secrètement,
qu'il n'en soit nulles nouvelles. [1] »

Quatre jours après l'entrée du roi dans la
Rochelle, [2] le malheureux duc de Guienne,
abandonné de ses alliés, trahi par ses vassaux,
dépouillé de son héritage, consumé, à la fois,
par les souffrances du corps et les peines de
l'esprit, expira à Bordeaux, à l'âge de vingt-
six ans. La fin misérable de ce jeune prince
excita la compassion de ses ennemis eux-mêmes,
et réveilla les soupçons d'empoisonnement qui
planaient sur l'abbé de Saint-Jean d'Angély.
La clameur publique signala hautement ce religieux comme l'auteur de la mort du prince.
Quelques personnes, mieux informées ou plus
hardies, ne craignirent même pas de répandre que

[1] *Lettre de Louis XI.* ap. Brantôme. *Disc. sur Charles. VIII.*
in fine.

[2] Le 28 mai 1472, près de huit mois après l'empoisonnement.

1472. le moine n'avait été, dans cette occasion, que l'instrument docile de la politique du roi.[1]

Ce qui donnerait quelque vraisemblance à cette dernière assertion, c'est que, pendant que le duc de Guienne luttait, à Saint-Jean d'Angély et à Bordeaux, contre les atteintes d'une mort prochaine, l'abbé Jordan, qui avait toute sa confiance, qui disait ses heures avec lui, faisait régulièrement connaître à Louis XI, par de secrets messages, les progrès lents mais infaillibles du mal.

— « Monsieur le grand-maître, disait le roi dans une de ses lettres au sieur de Dammartin,[2] depuis les dernières que je vous ai écrites, j'ai eu nouvelles que monsieur de Guienne se meurt, qu'il n'y a point de remède en son fait; et me le fait savoir un de ses plus privés qu'il ait avec lui, par homme exprès, et ne croit pas, ainsi qu'il dit, qu'il soit vif à quinze jours d'ici. Et afin que soyez assuré de celui qui m'a fait savoir les nouvelles, c'est le moine qui dit ses heures avec monsieur de Guienne, dont je me suis fort ébahi, et m'en suis signé depuis la tête jusqu'aux pieds. »[3]

---

[1] Voy. Jean Bouchet. *Annal. d'Aquit.* 2ᵉ part. — Les frères de Sainte-Marthe. *Hist. généal. de la Maison de France.* tom. I. p. 566. — Brantôme. *Disc. sur Charles VIII.* — Duclos. *Hist. de Louis XI.* tom. III. — D'Argentré. *Hist. de Bretagne.* — Guyot des Fontaines. *Histoire des ducs de Bretagne.* tom. II. p. 105 à 122.

[2] Le 18 mai 1472.

[3] *Lettre de Louis XI.* ap. Petitot. Coll. tom. XII. p. 64 à 68.

Louis XI ne tarda pas à savoir que la mort **1472.** de son frère faisait planer sur lui les plus graves soupçons. Il crut les détourner en s'armant d'une apparente rigueur contre les hommes que l'opinion publique signalait comme les instrumens du crime. A cet effet, il envoya à Odet d'Aydie, sire de Lescun, l'ordre d'arrêter et d'amener en son château du Plessis-lez-Tours l'abbé de Saint-Jean d'Angély et Henri de la Roche, officier de cuisine du feu duc de Guienne.

Odet d'Aydie, ami et fidèle serviteur de ce prince, craignant d'être arrêté lui-même s'il se rendait auprès du roi, exigea du monarque le serment sur la croix de Saint-Lô qu'il ne lui serait fait aucune violence. Louis répugnait à prêter ce redoutable serment. — « Monsieur de Lescun, écrivit-il de Poitiers, le 13 novembre, à Taneguy du Châtel, me veut faire jurer sur la vraie croix de Saint-Lô pour venir devers moi : mais je voudrais bien, avant, être assuré que ne fissiez point faire d'embûches sur le chemin, car je ne voudrais point être en danger de ce serment-là, vu l'exemple que j'en ai eu, cette année, de monsieur de Guienne. »[1]

Enfin le superstitieux monarque ne put se résoudre à faire un serment qu'il ne se sentait pas apparemment la force de tenir. Odet d'Aydie, jaloux de venger la mort de son maître, et ne

[1] *Lettre de Louis XI.* ap. Duclos. *Hist. de Louis XI.* tom. III. p. 319.

1472. voulant pas confier ses meurtriers à la justice suspecte du roi, prit sur lui d'arrêter l'abbé Jordan Favre et le maître d'hôtel Henri de la Roche; puis, s'embarquant avec ses prisonniers, il les conduisit en Bretagne et les livra au duc François II.

— « En vengeance, lui dit-il, de monsieur le duc de Guienne, et de vous, monsieur mon maître, qui avez perdu votre très-cher ami, je vous amène les meurtriers de leur maître et seigneur pour être punis : lequel duc trépassé était indigne d'icelui méfait, et requiert que justice soit faite. Si prie Dieu qu'il lui doint grâce d'ouvrir ses yeux à voir ce que j'ai fait à mon pouvoir, touchant sa vengeance. »

— « Ils auront, répondit le duc, le loyer (le salaire) qu'ils ont mérité; et voudrais que je tinsse aussi bien en mes mains ceux qui leur ont fait faire : car je ne les laisserais point aller sans pleiger (donner caution), et crois qu'il n'y a homme en chrétienté qui les sût pleiger (cautionner). » [1]

L'empoisonnement du duc de Guienne et de la vicomtesse de Thouars n'était pas le seul crime dont l'abbé de Saint-Jean d'Angély fût accusé. Bien d'autres méfaits lui étaient reprochés par la juridiction canonique. Aussi, dès que le bruit public l'eut signalé comme auteur ou complice

---

[1] Voyez Petitot. Coll. tom. XII. p. 64 à 68.

de la mort du prince, l'archevêque de Bordeaux, 1472.
Arthur de Montauban, fut délégué par le pape
Sixte IV pour examiner la vie de ce moine.
Jordan Favre, ayant refusé de comparaître devant
l'archevêque, fut déposé comme contumace, et,
l'année suivante, Louis d'Amboise, évêque d'Alby,
fut institué à sa place dans l'abbaye de Saint-Jean
d'Angély.[1] Mais le nouvel abbé n'était pas non
plus sans reproches : ses moines l'accusèrent de
les faire mourir de faim par son excessive avarice.
S'il faut en croire un écrivain presque contemporain, l'abbé s'attribuait une si forte part des
revenus du monastère, qu'il laissa une fortune
de dix mille livres de rente à ses neveux de la
maison de Ferrières, en Périgord.[2]

1473. — La guerre ayant éclaté entre le roi
de France et le duc de Bretagne, ni l'un ni

[1] Jordanus Fabri, Caroli, ducis Aquitaniæ, fratris Ludovici XI
elemosinarius, Angeriaco præerat anno 1471. Is autem, plurium
criminum insimulatus, ab Arturo de Montauban, burdigalensi
archipræsule, bullâ Sixti papæ IV, datâ 12 kal. februarii, pon-
tificatûs anno II, in cognitione vitæ et morum dicti abbatis dele-
gato, deponitur ob contumaciam quâ venire in conspectum ejus
denegaverat. Ludovicus d'Amboise, episcopus albiensis, subroga-
tur ab eodem archiepiscopo anno 1473. (Gall. Christ. tom. II.
p. 1106.)

[2] Ainsy que j'ay ouï raconter d'un abbé de Saint-Jehan d'Angély de ce temps, qui le fut après la mort de celuy qui empoi-
sonna monsieur de Guyenne, qui, faisant mourir ses moines de
faim la plupart du temps, espargna et s'enrichit si bien, qu'il
en fit ses nepveux tous riches, et fit leur maison de Ferrières,
en Périgord, si opulente de dix mille livres de rente, qu'elle est
aujourd'huy réputée pour telle encore. (Brantôme, *Hommes illust.
de France. Disc. sur François I.er*)

23

1473. l'autre ne songèrent plus, tant qu'elle dura, à l'abbé Favre et à son complice. Ce ne fut qu'après le traité conclu entre le suzerain et le vassal, vers la fin de novembre 1473, que François II, par respect pour la mémoire du feu duc de Guienne, et Louis XI, en apparence pour le même motif, mais en réalité pour se réhabiliter dans l'opinion publique, s'occupèrent enfin de faire statuer sur le sort des deux prisonniers.

L'archevêque de Tours, l'évêque de Lombez, maître Jehan de Poupincourt, président au parlement de Paris, Bernard Lauret, premier président du parlement de Toulouse, et Pierre Gruel, président au parlement de Grenoble, eurent ordre de s'assembler à Nantes, pour *besogner* le procès des deux accusés. [1] Les interrogatoires subis par ces derniers ont disparu : mais, s'il faut en croire une lettre du duc de Bourgogne, du 16 juillet 1472, témoin fort suspect dans l'occurrence, ils avaient déclaré précédemment devant frère Roland de Croisec, inquisiteur de la foi, que c'était le roi de France qui leur avait ordonné d'ôter la vie au duc de Guienne, *par poison, maléfices, sortilèges et invocations diaboliques*, et leur avait promis *dons, états, offices et bénéfices, pour consommer cet exécrable parricide.* [2]

[1] Voy. Petitot. Coll. tom. XII. p. 64 à 68.
[2] Nous avons esté adverty par nostre frère de Bretagne et autres, monsieur de Guyenne n'avoir pas seulement esté destitué de

Un annaliste, d'ordinaire peu scrupuleux sur 1473.
le choix de ses anecdotes, raconte qu'un jour
Louis XI étant en oraison devant le grand autel
de l'église de Notre-Dame de Cléry, à qui il
avait une dévotion particulière, et dont il portait toujours l'image attachée à son chaperon,
pria la Vierge de lui faire trouver grâce devant
Dieu pour le meurtre du duc de Guienne.

— « Ah! ma bonne dame, disait-il, ma petite
maîtresse, ma grande amie, en qui j'ai eu toujours mon reconfort, je te prie de supplier Dieu
pour moi, et être mon avocate envers lui, qu'il
me pardonne la mort de mon frère *que j'ai fait
empoisonner par ce méchant abbé de Saint-Jean.*
Je m'en confesse à toi comme à ma bonne pa-
trone et maîtresse. Mais aussi qu'eussé-je su
faire? Il ne faisait que me troubler mon royaume.
Fais-moi donc pardonner, ma bonne dame, et je
sais bien ce que je te donnerai. » [1]

Cette prière fut entendue par le *fol* du roi,

sa duchié de Guyenne, mais aussi de sa vie par poison, maléfices, sortiléges et invocations diaboliques, ainsi que frère Jordan
Favre, de Vercors, religieux de Saint-Benoist, aumônier et conseiller de feu monsieur de Guyenne, et Henry de la Roche,
escuyer de cuisine d'iceluy feu seigneur, l'ont cogneu et confessé
au lieu de Bordeaux par devant frère Roland de Croisec, inquisiteur de la foy, en déclarant, par leur déposition, avoir faict
si détestable crime par l'ordonnance dudit roy qui leur avoit promis
grans dons, estats, offices et bénéfices, pour consommer cet exécrable parricide (*Lettre du duc de Bourgogne.* ap. Petitot.
Coll. tom. XII. p. 64 à 68).

[1] Brantôme. *Homm. illust. de France. Disc. sur Charles VIII.
in fine.*

1475. qui , à table et devant toute la cour , lui reprocha le meurtre de son frère. Peu de jours après, le fou paya de sa vie son indiscrétion : *il passa le pas comme les autres.* [1]

La commission chargée d'instruire et de juger le procès de l'abbé Favre et de son complice ne rendit aucun arrêt. On assure que le secrétaire de l'évêque d'Angers, nommé Sacierge, faisant , auprès de la commission, l'office de greffier , livra à Louis XI toutes les pièces de la procédure , et que cette complaisance fut la source de la grande fortune que fit depuis cet officier. [2]

On n'a jamais su positivement de quelle manière finirent les deux accusés. On raconte que le geôlier , André Perrault , qui visitait souvent l'abbé Favre dans la tour du Bouffai où il était détenu, priait instamment le duc de Bretagne et les juges de hâter le procès de ce moine : « Car , disait-il , depuis qu'il est sous les verroux, des spectres horribles apparaissent chaque nuit dans la prison, et je tremble d'être enlevé par eux avec le coupable. » [3]

Une nuit, s'il faut en croire de vieux annalistes , la grande tour du Bouffai fut ébranlée jusques dans ses fondemens par un orage mêlé

---

[1] Brantôme. *Homm. illust, de France.* Disc. sur Charles **VIII.** *in fine.*

[2] Jehan Bouchet. *Annal. d'Aquit.* 2ᵉ partie.

[3] Ibid. — Duplex. *Invent. de l'Hist. de France.* Louis. **XI.**

de coups de vent, de tonnerre et d'éclairs, et 1473.
le lendemain au matin, on trouva l'abbé Favre
étendu mort sur les carreaux, ayant le visage
noir comme charbon, les traits contractés par
des convulsions horribles, et la langue sortie
de la bouche *d'un demi-pied de long.* [1] D'autres
assurent, avec plus de vraisemblance, que ce
moine fut trouvé étranglé dans la prison. [2] Quant
à Henri de la Roche, on ignore absolument ce
qu'il devint.

Ainsi cette affaire fut étouffée au lieu d'être
jugée, et le mystère impénétrable dont on eut
soin de l'environner ne fit que confirmer les
soupçons de parricide qui pesaient sur le roi de
France. [3] Il s'efforça toutefois de démentir cette
accusation en affichant une douleur profonde :
il fit des neuvaines publiques en l'honneur de
son frère ; et comme ce prince était mort au
coucher du soleil, il institua, dit-on l'*Angelus*
du soir à cette occasion.

Charles de Valois n'ayant laissé que des enfans naturels, le duché de Guienne rentra dans
le domaine de la couronne pour n'en plus sortir.
Maître de la Rochelle, de Saintes, de Saint-Jean
d'Angély et de toutes les places fortes de la
Saintonge et de l'Aunis, Louis XI y plaça des

[1] Jean Bouchet. *Annal. d'Aquit.* 2ᵉ part. — *Invent. de l'Hist.
de France.* Louis XI.

[2] D'Argentré. *Histoire de Bretagne.*

[3] Voy. Petitot. Coll. tom. XII. p. 64 à 68. 160 et suiv.

1475. verneurs et des justiciers investis de sa confiance. Pierre de Bourbon, comte de Beaujeu, son gendre, eut le commandement général de la Guienne. [1]

1475. — Le moyen odieux dont le roi Louis s'était servi pour recouvrer la possession du duché de Guienne avait fait une impression fâcheuse sur l'esprit des hommes de cette contrée, sans distinction de naissance ni de rang. Jugeant qu'il importait à sa politique de s'attacher les anciens vassaux de son frère, il n'épargna rien pour y parvenir, et répandit bientôt ses faveurs sur les villes et les châteaux du midi, où la mort déplorable du jeune prince avait gravé son souvenir dans les cœurs.

Olivier de Coëtivy, seigneur de Taillebourg et de Saujon, capitaine de la ville et du pont de Saintes, l'un des hommes les plus influens du pays, et, de plus, ancien serviteur de Charles VII, devait avoir part, le premier, aux libéralités du roi, particulièrement intéressé à le ménager. Prenant en considération que *audit lieu de Saujon est une belle et ancienne châtellenie, assise au pays et comté de Saintonge,*

---

[1] Le roy, après les nouvelles de la mort de mondit seigneur de Guyenne, son frère, se partit du Plessis du Parc-lez-Tours, et s'en tira audit païs de Guyenne, la Rochelle, Saint-Jean d'Angély, Bourdeaux et aultres lieux voisins, et y mist officiers nouveaux de par luy. Et d'icelle duchié de Guyenne establit gouverneur monseigneur de Beaujeu, frère de monseigneur le duc de Bourbon. (Jehan de Troyes. *Chronique de Louis XI.* ap. Petitot. Coll. tom. XIII. p. 415.)

sur la rivière de Seudre, entre les rivières de 1475.
*Gironde et de Charente, à deux lieues de la
mer et où y refoule ladite mer deux fois le jour,
soulait anciennement avoir ville close de murailles,
forte et défensable, mais qu'elle fut ja piéça dé-
molie et abattue par les Anglais;* Louis XI, par
des lettres données à Amiens au mois de mai
1475, permit à son amé et féal chevalier Olivier
de Coëtivy *de faire reclore et fortifier sa ville,
et aussi de faire faire en icelle ou ailleurs, en
ladite châtellenie, un châtel et place-forte pour
soi loger et retraire.*

1476. — Ce fut sur la ville de Saintes que se porta
ensuite la munificence royale. Louis XI étant à
Saint - Martin de Cande, au mois de mars de
l'année suivante, expédia de cette ville des lettres-
patentes qui méritent d'être reproduites textuellement.

— « Nous avons reçu, dit-il, l'humble supplication de nos bien-amés les bourgeois et habitans de notre ville et cité de Saintes, contenant que ladite ville est capitale de notre pays
et comté de Saintonge, et que, pour cette
cause, elle a eu, le temps passé, corps, collége
et communauté, c'est à savoir maire, pairs et
échevins, qui, par aucun temps, ont eu la
police et gouvernement, la garde des clés et des

---

¹ Mss. *Archiv. de la Maison de Guiton, en Normandie;* communiqué par M. l'abbé Videlon de la Tranche en Montanel.

1476. portes de ladite ville de nuit et de jour, jusqu'à ce qu'au moyen des grandes guerres qui, le temps passé, ont eu cours audit pays, la ville et pays d'environ ont été dépeuplés et dénués d'habitans.

« Pour laquelle cause furent ja piéça, au lieu du maire, ordonnés certains jurés qui, depuis, ont eu semblable autorité qu'avait ledit maire, lesquels, tant par nous que par nos prédécesseurs, rois de France, ont été confirmés, et ont eu la garde des clés et le gouvernement de la ville, sans qu'en icelle, durant le temps d'iceux jurés, y ait eu corps et collége ni nombre d'échevins et pairs, qui est chose très-nécessaire et convenable pour mieux et plus sûrement traiter et entretenir le fait de police de ladite ville.

« Nous requérant humblement lesdits supplians qu'il nous plaise leur octroyer qu'ils puissent avoir dorénavant et à toujours, audit lieu de Saintes, corps, collége et communauté au nombre de pairs et d'échevins suffisant, par lesquels la police et affaires communes de ladite ville soient conduites, traitées et gouvernées aux bien entretenement, garde et défense d'icelle, et sur le tout leur pourvoir de notre grâce et libéralité.

« Nous, ce considéré, inclinant favorablement à la requête desdits supplians, et afin qu'ils soient plus enclins et curieux de garder et entretenir

eux et notre dite ville de Saintes en notre obéis- 1476.
sance, avons, de notre grâce spéciale, pleine
puissance et autorité royale, donné et octroyé,
donnons et octroyons, pour eux et leurs successeurs demeurant en ladite ville, corps, collége
et communauté en icelle. Voulons et octroyons
que , pour la fondation et entretenement d'iceux,
ils puissent élire et choisir entre eux jusqu'au
nombre de vingt-cinq échevins et pairs, au
nombre desquels seront compris les deux jurés,
qui seront élus par lesdits pairs et échevins par
chacun an, jour de la vigile de la fête de
Toussaint, ainsi qu'il a été accoutumé, ou autre
jour qui par eux sera avisé, lesquels deux jurés
ainsi élus feront le serment accoutumé à notre
sénéchal de Saintonge, son lieutenant ou assesseur au lieu et siège de Saintes.

« Voulons que lesdits jurés , élus et reçus
comme dit est, aient autorité, prééminence et
prérogative en ladite ville et faubourgs d'icelle,
la garde des clés tant de nuit que de jour, et
qu'ils puissent faire, par l'avis desdits échevins,
statuts, ordonnances, cris et proclamations,
inhibitions et défenses publiques en ladite ville
et faubourgs, touchant le bien , police et gouvernement d'icelle : que lesdits pairs et échevins
soient perpétuels et immuables, fors seulement
par mort ou forfaiture par eux commise envers
nous ou ledit corps, collége et communauté,
déclaration sur ce préalablement faite par notre

1476. sénéchal de Saintonge ou son lieutenant : que lesdits jurés aient toute contrainte et *cohertion* sur les habitans de ladite ville de Saintes touchant les guets, garde, réparations d'icelle et autres affaires, négoces et police, et toute connaissance sur les denrées et marchandises vendues et exposées en vente en icelle ville et faubourgs et de *mulcter*, quand besoin sera, jusqu'à la somme de soixante sous tournois et au-dessous, lesquelles *mulctes* seront appliquées aux profit et affaires communes de ladite ville.

« Avons octroyé et octroyons que lesdits jurés, échevins et pairs, qui sont et seront au temps à venir, soient perpétuellement exempts et déchargés de toutes commissions publiques, en faveur et considération des charges qu'ils auront touchant les affaires de la ville : que pour la sûreté et tuition de ladite ville, des habitans d'icelle et du pays circonvoisin, lesdits jurés puissent faire faire les portes, *portaux*, ponts, *closures*, murailles et autres choses nécessaires à ladite ville, ainsi qu'ils verront être à faire pour le mieux, sous pareille contrainte et *cohertion* que dessus.

« Pour ce que nous avons toujours désiré et désirons que notre ville soit bien peuplée et habitée, auxdits jurés et habitans avons, en outre, octroyé et octroyons, de notredite grâce et autorité, que nul étranger ni autre qui ne soit

desdites ville et communauté ne puisse tenir ni 1476.
exposer en vente à détail, en ladite ville ni
ès faubourgs d'icelle, aucunes denrées et marchandises quelconques, fors en gros, ès jours
de foire seulement : et pareillement que le receveur des deniers communs de ladite ville sera
tenu de rendre compte du revenu desdits deniers
une fois l'an auxdits jurés, échevins et pairs
d'icelle notre ville et cité de Saintes; que iceux
jurés, échevins et pairs et leurs commis puissent ouir, clore, arrêter et fermer les comptes
desdits deniers communs, aussi des deniers des
guets dus à ladite ville, lesquels nous voulons
être pris, levés et amassés dorénavant par lesdits jurés, pairs et échevins, sur les habitans
des paroisses à ce sujettes, et que, pour ce faire
et accomplir, ils puissent user de toutes con-
traintes et *cohertions* en tel cas accoutumées,
pour par eux être fait et disposé comme des
autres affaires communes de ladite ville.

« Pour mieux et plus convenablement réparer
et entretenir icelle ville, qui est moult ancienne,
ruineuse et caduque, leur avons donné et donnons, de notre grâce et autorité, la faculté de
prendre, lever et percevoir, sur toutes denrées
et marchandises qui entreront et passeront par
ladite ville, sous les ponts et par la rivière d'icelle
à une lieue autour, tant par eau que par terre,
jusqu'au terme de dix ans prochainement venant,
pour chacune denrée et marchandise, tel aide,

1476. *treu* et subside qu'autrefois leur fut octroyé par feu notre très-cher seigneur et père , que Dieu absolve , et selon le contenu desdites lettres d'octroi.

« Pour l'entretenement desdits jurés , échevins et pairs , et afin qu'ils soient toujours plus enclins de garder , mettre et entretenir ladite ville en bon état de réparation , nous leur avons en outre et à leurs successeurs demeurant en icelle ville, octroyé et octroyons qu'ils et chacun d'eux puissent acquérir fiefs et choses nobles de gens nobles ou autres , sans que pour ce ils soient aucunement tenus de payer à nous ou à nos successeurs rois de France aucunes finances ou indemnités : voulant en outre que iceux jurés et pairs jouissent de tous leurs autres droits , octrois, dons et privilèges auxquels n'entendons aucunement déroger , les avons , en tant que besoin serait , ratifiés et homologués , ratifions et homologuons par ces présentes.

« Donnons en mandement au sénéchal de Saintonge et à tous nos autres justiciers et à leurs lieutenans présens et à venir que lesdits jurés, échevins, pairs et habitans d'icelle ville et communauté de Saintes et leurs successeurs ils laissent et fassent jouir et user pleinement et paisiblement de nos présentes grâces, volontés et octrois : et afin que ce soit chose ferme et stable à toujours, nous avons fait mettre notre scel à ces présentes, sauf, en autres choses, notre droit 1476. et l'autrui. Donné à Saint-Martin de Cande, au mois de mars, l'an de grâce 1476. »[1]

L'extension des libertés populaires ne menaçait pas seulement la féodalité dans l'enceinte des bonnes villes, où se concentraient les confréries bourgeoises et les corps de métiers ; elle allait troubler le baronnage jusques dans les campagnes, où des idées confuses d'affranchissement commençaient à s'infiltrer parmi les vilains. Le 11 juillet 1476, messire Louis Chabot de Jarnac, seigneur d'Apremont et de Matha, l'un des plus riches barons de la Saintonge et de l'Angoumois, manda au bourg de Matha, près Saint-Jean d'Angély, tous les manans de sa banlieue. Les ayant fait assembler devant la maison de maître Pierre Colas, prévôt du lieu, il s'y transporta, assisté de deux tabellions, et interpella ses tenanciers en ces termes :

— « Bonnes gens, vous savez que, par arrêt baillé de par le roi, notre sire, j'ai eu les terrages de la terre et seigneurie de Matha, et qu'il vous a été fait commandement, de par ledit roi, notre sire, que dorénavant vous me bailliez et payiez tous les cens, rentes, terrages et agriers appartenant à la seigneurie et terre dudit lieu de Matha. Or m'a été dit, par mes serviteurs,

[1] Mss. *Archiv. de l'abb. de Saint-Jean d'Angély.* — Textuel sauf l'orthographe du temps.

1476. que vous ne voulez plus *séger* (scier le blé, de *seges*, moisson) lesdits terrages ne les amener à ma grange, ainsi qu'aviez accoutumé de le faire à monsieur le vicomte, mon beau-père, et à mon frère le vicomte, son fils. Est-il vrai ? »

A quoi les vilains, se regardant les uns les autres, ne surent d'abord que répondre, retenus par une vieille habitude de crainte et de respect. Enfin l'un deux, appelé Jehan Mandron, plus hardi que les autres, prit la parole pour tous et répondit :

— « Messire, jamais ne accoutumâmes à séger lesdits terrages ne les amener à la grange.

— « Long-temps y a, répliqua le baron, que vous le faites, et mêmement l'année passée.

— « Messire, il est vrai que nous l'avons fait, mais ça été par la force et violence que monsieur votre frère nous faisait.

— « Si par force et violence il vous le faisait faire, que n'y mîtes-vous provision par justice dès la première année, au lieu de le souffrir. Mais ne crois pas que si ne l'eussiez dû faire, il vous y eût contraints, et croyez que vous les ségerez à moi comme à lui.

— « D'ailleurs, reprit Mandron après un moment de silence, monsieur d'Aunay nous l'a défendu et mandé par homme exprès que nous ne le fissions point. S'il ne nous l'eût point

mandé, nous n'eussions point eu débat avec vous, 1476.
et eussions fait votre vouloir, tellement que
eussiez été content de nous. Pour ce, messire,
vous nous baillerez terme de parler à lui, et
vous apporterons demain certification comme il
nous a défendu de séger point ne mener lesdits
terrages.

— « Si m'apportez certification signée de sa
main, répondit le baron, je m'aviserai comme
je devrai besogner. »

Et s'adressant aux autres manans :

— « Bonnes gens, leur dit-il, avouez-vous ce
que cet homme vient de dire ? »

Tous ensemble *firent pour réponse que oui*. Alors
le noble seigneur requit acte des dires et déclarations de ses vassaux, et les deux tabellions
en dressèrent acte en bonne et due forme. [1]

1477. — Ce fut à la petite noblesse de sa
souveraineté féodale que s'attaqua, l'année suivante, le puissant baron de Jarnac. Le 4 février 1477 il se fit céder par Jehan de Champdenier, écuyer, demeurant à la Rochelle, les
châtel, terre et seigneurie de Beaulieu, situés
dans la paroisse de Vaignezeaulx, dépendant de
la baronnie de Matha, avec droit de justice
haute, moyenne et basse. Il lui donna, en échange,
le fief de Besse, situé dans le ressort du château
de Jarnac, à la charge de tenir ce fief à foi et

---

[1] *Mss. du Cabinet de M. le comte de Saint-Maure.*

1477. hommage de lui et de ses héritiers, et de payer les rentes dont il était grévé tant au profit des sires de Jarnac, que du chapitre de Saintes et de l'abbé de Saint-Surin. [1]

Douze jours après (16 février), Jehan de Champdenier consentit, sur tous ses domaines, au profit du baron de Jarnac, une rente de vingt livres tournois, payable chaque année aux fêtes de Noël, moyennant la somme de deux cents livres tournois que Chabot de Jarnac lui compta *en beaux écus d'or tout neufs, au coin du roi, valant chacun trente-deux sous un denier.* Il fut convenu que le vassal pourrait éteindre cette redevance, en restituant au baron le fief de Besse qu'il avait reçu de lui en échange de la châtellenie de Beaulieu.

Ces arrangemens, que les contractans *jurèrent aux Saints Évangiles notre Seigneur tenir et garder perpétuellement,* étaient tout à l'avantage de Chabot de Jarnac : car, pour le mince sacrifice de deux

---

[1] Loys, etc. Au seneschal de Xaintonge, salut. L'humble supplication de nostre amé Jehan de Champdenier, escuyer, avons reçue, contenant que, puis aucun temps en ça, Loys Chabot, chevalier, seigneur de Jarnac, désirant avoir le lieu, terre et seigneurie de Beaulieu près Mastas, appartenant audit suppliant, feist requérir audict suppliant qu'il voulsist luy bailler icelle terre et seigneurie de Beaulieu, et que, en recompance d'icelle, il luy baillera le fié. de Besse o ses appartenances, assis en la châtellenie dudit Jarnac, et que icelluy suppliant, pour faire plaisir audict seigneur de Jarnac, fut content de permuter, et de fait icelles parties permutèrent, etc. (Mss. *du Cabinet de M. le comte de Saint-Maure.*)

cents livres tournois, il acquérait la terre de Beaulieu, et devait recouvrer, en outre, son fief de Besse, quand Champdenier serait las de lui payer la rente de vingt livres. Mais un accord si profitable ne suffit pas à l'avidité du baron : il s'arrangea de façon à empêcher l'écuyer de prendre possession du fief de Besse et d'en percevoir les revenus. Vainement Champdenier lui fit-il itératives sommations ou de le laisser jouir du fief ou de lui rendre sa terre de Beaulieu : Jarnac, *par sa puissance et volonté désordonnée*, demeura sourd aux réclamations de son vassal. [1]

1478. — Jehan de Champdenier prit enfin le parti de s'adresser au roi. Louis XI estima que *piteuse chose serait et contre toute disposition de droit*, si le seigneur de Jarnac jouissait, en même temps, de la châtellenie de Beaulieu et du fief de Besse, après l'échange qui avait été fait de ces deux terres. Par des lettres données à Libourne, le 21 novembre 1478, il manda au sénéchal de Saintonge d'annuler le traité d'é-

---

[1] Et à ce tiltre et moyen ledit Chabot s'est très-bien emparé dudit lieu, terre et seigneurie de Beaulieu, sans vouloir souffrir que ledit suppliant preigne possession dudit fié de Besse ; et combien que ledit suppliant ait, par plusieurs fois, sommé et requis ledit seigneur de Jarnac de luy rendre sadite terre et seigneurie de Beaulieu, ou de le souffrir jouir dudit fié de Besse, toutesfois icelluy seigneur de Jarnac, par sa puissance et volonté désordonnée, ne veut délaisser audit suppliant sadite terre de Beaulieu ne ledit fié de Besse. (Mss. *Cabinet de M. le comte de Saint-Maure.*)

1478. change, de contraindre le baron de Jarnac à restituer la châtellenie de Beaulieu avec les fruits perçus depuis le jour du traité, et d'affranchir l'écuyer Champdenier de l'hommage qu'il avait promis, *pourvu que desdits foi et serment il eût dispensation de son prélat.* [1]

Le roi Louis fit, lui-même, peu de temps après, un échange avec messire Olivier de Coëtivy, seigneur de Taillebourg, devenu son chambellan. Il lui céda la châtellenie de Rochefort sur Charente, qu'il détacha, à cet effet, de son domaine, en échange des terres de Royan et de Mornac, que Charles VII avait données en dot à Marguerite de Valois, sa fille naturelle, en la mariant à Olivier de Coëtivy au mois de décembre 1458. [2]

1481. — Louis XI, bien qu'engagé dans une guerre sérieuse contre l'archiduc, ne laissait pas, au milieu des préoccupations de la politique ex-

---

[1] Pour quoy, nous, ces choses considérées, et que piteuse chouse seroit et contre toute disposition de droit, que ledit seigneur de Jarnac jouist de ladite seigneurie de Beaulieu, et non mie ledit suppliant dudit fié de Besse, vous mandons que, parties présentes ou appelées par devant vous, cassez lesdits contraiz de permutation, en contraignant ledit seigneur de Jarnac à laisser et souffrir jouir ledit suppliant de ladite terre de Beaulieu avecques ses appartenances, et à luy rendre et restituer les fruits qu'il en a prins et levés depuis ledit contraict ainsi passé, pourvu que ledit suppliant des foy et serment ait dispensation de son prélat. Donné à Libourne le 29 jour de Novembre l'an de grâce 1478. (Mss. *Archiv. de M. le comte de Saint-Maurs*).]

[2] Les frères de Sainte-Marthe. *Hist. généalog. de la Maison de France.* tom. I. p. 525 et suiv.

térieure, de poursuivre son plan d'émancipa- 1481.
tion populaire, en relevant la condition des
classes bourgeoises pour agrandir leur sphère
d'action. En Saintonge, la ville de Saint-Jean d'Angély reçut, à son tour, des preuves non équi-
voques de la sympathie royale.

— « De tout temps et d'ancienneté, dit Louis
XI dans des lettres données en son château du
Plessis du Parc-lez-Tours au mois de septembre
1481, nos chers et bien-amés les maire, échevins,
conseillers et pairs de notre ville de Saint-Jean
d'Angély ont été bons et loyaux envers nos
prédécesseurs, nous et la couronne de France,
et pour eux acquitter et montrer leur dite loyauté,
ils ont, par plusieurs fois, porté et soutenu de
grands dommages.

« Mêmement en l'an 1346 que le comte d'Alby
(de Derby), avec grande armée d'Angleterre,
mit le siège devant ladite ville et, par force
d'artillerie, fit abattre la plupart de la muraille
d'icelle et tint le siège pendant un bien long-
temps : mais lesdits habitans, qui lors étaient en
si grande nécessité qu'ils n'avaient de quoi vivre
et eux entretenir, pour quelque mal, pertes,
dommages, dangers, menaces ne promesses que
leur firent lesdits Anglais, ne leur voulurent
rendre ni bailler ladite ville, et la tindrent tant
qu'ils purent, jusqu'à ce que, par faute de secours,
elle fût prise d'assaut, la plupart des habitans

1481.- navrés et tués, les autres pris prisonniers et tous leurs biens brûlés, pillés et emportés.

« Mais certain temps après, aucuns desdits habitans, qui étaient demeurés ou qui retournèrent dans ladite ville, persistant toujours en leur bonne loyauté, la remirent sous l'obéissance de nosdits prédécesseurs et de la couronne de France, en laquelle elle demeura jusqu'à ce que, par le traité fait à Calais (à Brétigny), ladite ville et tout le pays de Guienne fut de rechef mise en l'obéissance desdits Anglais.

« Et nonobstant, en l'an 1371, les habitans de ladite ville, connaissant les grands maux et entreprises que lesdits Anglais s'efforçaient lors faire à l'encontre de notre royaume, désirant toujours demeurer en l'obéissance de nos prédécesseurs, mirent de rechef ladite ville en celle de Charles cinquième, de bonne mémoire, notre bisaïeul : lequel, en reconnaissance des grands et agréables services que lesdits habitans avaient faits tant à lui qu'à ses prédécesseurs, confirma toutes leurs libertés et outre leur donna, et à leurs successeurs habitant en ladite ville, plusieurs beaux et notables privilèges qu'avaient et ont ceux d'Abbeville et de la Rochelle, lesquels leur ont depuis été confirmés par nosdits prédécesseurs et pareillement les leur confirmâmes à notre avènement à la couronne.

« Après le trépas de notre frère Charles, duc de Guienne, auquel nous avions baillé ledit

duché et comté de Saintonge pour partie de 1481.
son apanage, considérant qu'ils ont libéralement
mis eux et ladite ville en notre obéissance, avons,
par autres lettres, de rechef confirmé leurs priviléges, franchises et libertés. Mais lesdits maire,
échevins, conseillers et pairs nous ont fait dire
que, combien que nosdits prédécesseurs leur
aient donné tels et semblables priviléges comme
ils ont fait à ceux de la ville de la Rochelle,
néanmoins les maire et vingt-cinq échevins de
ladite ville, entre autres choses sont anoblis, jouissent des priviléges de noblesse, et peuvent semblablement les conseillers et pairs d'icelle acquérir
fiefs nobles sans payer finance ni indemnité, et
que raisonnablement ils en doivent semblablement
jouir, nous requérant humblement que sur ce
leur veuillons impartir notre grâce et provision.

« Nous, considérant les grands et louables
services que lesdits supplians et leurs prédécesseurs ont faits à nous et à la couronne de France,
afin qu'eux et leurs successeurs soient toujours de
plus en plus enclins à nous être bons et loyaux,
avons, de notre pleine puissance, grâce spéciale et
autorité royale, donné et octroyé auxdits maire
et échevins, conseillers et pairs de ladite ville
qu'ils soient nobles, eux et leur postérité née
et à naître de loyal mariage, et leur avons donné
et donnons pouvoir d'acquérir et tenir à perpétuité tous fiefs et juridictions nobles par tout

1481. notre royaume sans, pour ce ni pour ladite no-
bilitation, payer à nous ou à nos successeurs
aucune finance ni indemnité.

« Voulons que lesdits maire, vingt-cinq échevins et pairs et leur postérité soient tenus et
réputés nobles, et jouissent de tous droits, honneurs, prééminences et prérogatives qui appar-
tiennent au privilège de noblesse; qu'ils puissent
obtenir l'ordre de chevalerie si bon leur semble,
tout ainsi que s'ils étaient nés et procréés de
noble lignée, et que desdites grâces ils jouissent
ainsi que font les maire et échevins de la Rochelle.
Auxdits maire et échevins, conseillers et pairs
octroyons qu'ils soient dorénavant et à toujours
exempts de toutes commissions et charges publiques : et avec ce, que ladite ville est près de la
mer et en pays de frontière, avons, de notre
dite grâce, octroyé auxdits maire, échevins et
conseillers que dorénavant ils soient exempts
d'aller à nos osts et armées, soit par ban et
arrière-ban ou autrement, et qu'ils demeurent
en ladite ville pour la garde et défense d'icelle
tout ainsi que font ceux de ladite ville de la
Rochelle. Donné à Plessis du Parc, au mois de
septembre, l'an de grâce 1481. » [1]

1482. — Les communes de la Rochelle et de
Saint-Jean d'Angély se trouvaient dès lors assises
sur des bases pareilles et décorées des mêmes

Mss. Archiv. de l'abb. de Saint-Jean d'Angély.

prérogatives. Mais la municipalité de Saintes, **1482.**
bien que dotée récemment de beaux privilèges,
n'avait pas encore le lustre de ses deux voisines.
Elle n'était formée que de deux jurés et de
vingt-cinq échevins, et ses membres ne jouissaient pas du privilège de noblesse, quoiqu'ils
eussent la faculté d'acquérir fiefs et choses nobles
sans payer finance ni indemnité. Cette inégalité
de conditions piqua d'émulation les municipaux
de Saintes. Ils adressèrent, en 1482, une requête
au roi, tendant à être élevés au même rang que
leurs voisins de la Rochelle et de Saint-Jean
d'Angély, sans parler toutefois du privilège de
noblesse, dont l'octroi devait rester une faveur
spontanée de la munificence royale. [1]

La réponse de Louis XI ne se fit pas attendre.
Il expédia, de Saint-Germain-en-Laye, des lettres-
patentes dans lesquelles, entre autres choses,
on lit ce qui suit : — « Ayant égard à la bonne
et louable volonté que lesdits supplians nous
démontrèrent en notre ville de Saintes, en ce
qu'ils nous firent savoir aucunes mauvaises entreprises, machinations et conspirations qui avaient
été faites à l'encontre d'eux, d'icelle ville et de
nos pays et duché de Guienne, et en l'assis-

---

[1] Et à cette cause nous ont lesdits supplians humblement requis
que notre plaisir soit changer lesdits deux jurés en office de maire,
et que chacun an ils le puissent élire le jour où bon leur semblera
qui aura la charge, police et gouvernement de ladite ville, avec
justice et juridiction sur les manans et habitans d'icelle et faubourgs. (*Mss. Archiv. de l'abb. de Saint-Jean d'Angély.*)

1482. tance qu'ils donnèrent contre ceux qui condui,
saient et machinaient lesdits entreprises :

« Auxdits supplians octroyons qu'au lieu des
deux jurés qui sont de présent en ladite ville
de Saintes, ils puissent, par chacun an, faire
un maire à tel jour que bon leur semblera,
tenir corps, collége et communauté en ladite
ville, et que ledit maire ait la totale *cohertion* et
première connaissance de justice sur tous les
manans et habitans en ladite ville et faubourgs de
Saintes, tout ainsi que font et ont les maires,
échevins, conseillers et pairs de nos villes de
Saint-Jean d'Angély et la Rochelle. » [1]

Par les mêmes lettres, Louis XI déclara que
les maire, échevins, conseillers et pairs de la
commune de Saintes ne seraient plus tenus, à
l'avenir, *d'aller ni envoyer pour eux aux ban et
arrière-ban, montres, revues, cris et proclamations, qui seraient faites sur le fait de guerre,*
et qu'ils resteraient dans la ville pour la garder
et défendre : il n'y est point fait mention du
privilège de noblesse, et ce fut la seule différence qui subsista entre les prérogatives du
corps - de - ville de Saintes et celles des municipaux de la Rochelle et de Saint-Jean d'Angély.

En même temps que les institutions communales grandissaient sous la tutelle intéressée du
pouvoir, les corps parlementaires, déclarés ina-

---

[1] *Mss. Archiv. de l'abb. de Saint-Jean d'Angély.*

movibles par un édit de 1467, acquéraient une 1482.
importance sociale de plus en plus grande. Formés,
à leur naissance, de légistes vendus à la politique
de Philippe-le-Bel, ils avaient peu à peu secoué
le patronage de la monarchie pour se faire, eux-
mêmes, les patrons des intérêts nationaux, et
jetaient déjà les fondemens de cette magistrature
frondeuse et puissante qui devait bientôt con-
trôler les actes et entraver l'essor de l'absolutisme
royal par d'audacieuses mais salutaires remontrances.

Un fait qui démontre à quel degré d'indépendance le pouvoir judiciaire était déjà parvenu, se passa, à cette époque, dans le diocèse
de Saintes. Louis de Rochechouart, évèque de
cette ville, [1] avait été condamné, en 1479, à
une amende au profit de l'Hôtel-Dieu de Paris,
de l'ordre des Chartreux et de quelques autres
monastères. Ceux qui devaient profiter de cette
amende réclamaient, depuis trois ans, l'exécution
de l'arrêt qui la prononçait : mais le prélat, se

[1] Louis de Rochechouart, fils de Jean, seigneur de Mortemart
et de Tonnay-Charente, chambellan de Charles VII, et de Jeanne
de Torsay de Lezay, était archidiacre d'Aunis lorsqu'il fut appelé,
en 1460, au siège de Saintes par la démission de Guy de Rochechouart, son oncle. Il se démit lui-même, le 10 juin 1492, en
faveur de son neveu Pierre de Rochechouart, doyen de Saint-Hilaire-le-Grand, de Poitiers, et mourut à Paris en 1505, après
avoir légué ses biens à l'église de Saintes. Cette libéralité fit naître,
entre le chapitre de Saintes et la famille du prélat, un procès
qui fut réglé par transaction le 6 juillet 1509. (Voy. Hugues du
Tems. *Clergé de France.* tom. II. p. 356.)

1482. fiant à l'inviolabilité de son caractère sacré, ne se pressait pas de payer.

Enfin, en 1482, une plainte fut portée contre lui devant le parlement de Bordeaux qui, sur les conclusions conformes du procureur général du roi, condamna l'évêque à l'emprisonnement. Ce qu'il y a de plus fort, c'est que l'arrêt fut exécuté, et que le prélat ne sortit de prison qu'après avoir satisfait à la première condamnation. [1]

1483. — Atteint d'un mal incurable et poursuivi par de sombres terreurs, le roi Louis languissait, depuis plusieurs mois, dans son château du Plessis du Parc-lez-Tours. — « Pour prolonger sa vie, dit un vieux auteur, furent trouvées plusieurs inventions de passe-temps de chambre, comme chasses de rats et petits chiens, chantres et musiciens et aussi petits pasteurs avec leurs flageolets. Et voulut avoir femmes dévotes et religieux de nouvel ordre pour prier Dieu avec lui : et si eut plusieurs images en sa chambre et fit faire plusieurs pélerinages. » [2]

Le vieux roi, devenu hypocondriaque, s'entourait d'astrologues, d'empiriques et de moines, s'efforçant, au lit de mort, d'apaiser, par les pratiques superstitieuses de la nécromancie et de la dévotion, les remords d'une conscience

[1] Duclos. *Hist. de Louis XI.* — Garnier. Contin. de Velly et Villaret. tom. XIX: p. 68.
[2] Jean Bouchet. *Annal. d'Aquit.* 2ᵉ partie.

chargée de violences et d'injustices. Il expira le
30 août 1483, couvert de reliques et de sca-
pulaires et tourmenté, jusqu'à son dernier soupir,
par de lugubres visions. Ce monarque qui acheva
d'écraser la féodalité, qui fit tant de réglemens
favorables à la bourgeoisie et traita si familière-
ment *les gens de petit état*, n'en était pas moins
généralement impopulaire, parce que son naturel sombre et cruel, son esprit perfide et vindi-
catif inspiraient plus de terreur que de confiance
à ceux mêmes dont il améliora la condition.

LIVRE DIXIÈME.

DEPUIS LA RÉHABILITATION DE LA MAISON DE LA TRÉMOUILLE,
JUSQU'A L'INSURRECTION DES TAVERNIERS DE SAINTES CONTRE
LE DROIT DE SOUCHET OU APPÉTISSEMENT.

1483. — 1547.

LES historiens du XVe siècle sont si peu d'accord sur les qualités et les défauts de Louis XI, que le caractère de ce prince est et demeurera peut-être une énigme pour la postérité. En présence de jugemens si contradictoires, il serait difficile de ramener à un type unique ce bizarre assemblage des passions les plus opposées, des inclinations les moins compatibles. Mais une vérité ressort de ce cahos, c'est que, pour opérer les grandes choses qui illustrèrent son règne, Louis XI dut soulever bien des haines en froissant bien des intérêts: ceci explique suffisamment les imprécations qui le poursuivirent dans la tombe.

L'aristocratie humiliée l'abhorrait à bon droit : la bourgeoisie et le peuple, qu'il avait pressurés

en les caressant, lui reprochaient avec amertume 1483.
d'avoir plus que quadruplé les tailles. Mais il s'était
surtout fait de nombreux ennemis dans les parlemens et les autres corps de judicature, qui jouissaient d'une réputation méritée d'indépendance et
de probité. Les parlementaires ne lui pardon-
naient pas son mépris des formes légales, ses
habitudes de justice expéditive, ses commissions
arbitraires et ses instrumens de torture. Ils lui reprochaient surtout les odieuses persécutions qu'il
avait exercées envers plusieurs familles illustres
du royaume, pour les dépouiller à son profit.

1483. — Les derniers jours du vieux roi furent
signalés par la réparation tardive mais éclatante
de l'une de ces grandes iniquités, dont sa conscience ne s'était nullement inquiétée tant qu'il
avait joui de l'existence, mais dont le souvenir
accusateur vint se mêler aux sinistres visions qui
assiégeaient son lit de mort. Il faut ici remonter
de plusieurs années le cours des temps.

On se rappelle qu'après avoir été en butte à
la haine et aux persécutions de Georges de la Trimouille, favori de Charles VII, après avoir vu
tous ses fiefs confisqués au profit de la couronne
de France, Louis d'Amboise, vicomte de Thouars,
comte de Benon, seigneur de l'île de Ré et de
Marans, réintégré dans tous ses titres et domaines
par la disgrâce de la Trimouille, avait donné en
dot à Françoise de Thouars, sa fille, en la ma-

1483. riant à Pierre de Bretagne, le comté de Benon avec quatre mille livres de rente sur l'île de Ré.

Les tribulations du vicomte de Thouars n'étaient pas finies. Charles VII était à peine descendu dans la tombe, que déjà son successeur méditait de s'approprier la vicomté de Thouars et toutes les seigneuries qui en dépendaient. La jeune comtesse de Benon étant devenue veuve peu d'années après son mariage, avait fait vœu de ne pas former d'autres nœuds. Louis XI, informé de cette résolution, en profita pour arriver, par un chemin détourné, au but qu'il se proposait. Il fit dire au vicomte de Thouars qu'il désirait marier la veuve de Pierre de Bretagne au duc Philippe de Savoie, frère de la reine. Louis d'Amboise, connaissant l'inflexibilité du roi, fit auprès de sa fille tous les efforts imaginables pour la faire consentir à cette nouvelle union : mais la jeune femme fut inébranlable.

Louis XI ayant appris le refus obstiné de la comtesse de Benon, s'en réjouit intérieurement : mais feignant un grand courroux, il s'emporta violemment contre le vicomte de Thouars, lui reprochant de s'entendre avec sa fille pour traverser ses projets. Louis d'Amboise, au désespoir, se regardait comme un homme perdu, lorsque Louis XI, le voyant tombé dans un abattement profond, dépêcha vers lui des gens affidés qui lui insinuèrent que le seul moyen de désarmer la colère du roi était de lui abandonner sa vicomté

de Thouars avec les seigneuries de Marans et de 1483.
l'île de Ré. Le vicomte se résigna à un sacrifice
qui sauvait sa tête en consommant sa ruine.
L'acte de cession fut signé le 25 janvier 1461 :
mais le roi ne prit point immédiatement possession des domaines de son vassal.

Le vicomte de Thouars avait marié sa seconde
fille, Marguerite, à Louis de la Trimouille, fils
de son ancien persécuteur : car toute la vie de
ce malheureux gentilhomme ne fut qu'un en-
chaînement de vicissitudes bizarres. Françoise
de Thouars, comtesse douairière de Benon, voulant renoncer au monde, se démit, le 24 février
1468, en faveur de son neveu, le jeune Louis
de la Trimouille, fils aîné de Marguerite, de
toutes ses prétentions à la succession du vicomte
de Thouars. Celui-ci étant mort l'année suivante,
Louis de la Trimouille, son gendre, s'apprêtait à exercer les droits de ses enfans mineurs
sur l'héritage de leur aïeul, lorsque Jacques de
Beaumont, sieur de Bressuire, vint, en exécution de l'acte du 25 janvier 1461, prendre possession, au nom du roi, de la vicomté de Thouars,
des seigneuries de Marans et de l'île de Ré,
en un mot de toutes les terres de Louis d'Amboise.

La Trimouille, au nom de ses enfans, attaqua
devant le parlement de Paris cette prise de possession. L'acte de 1461 avait été arraché au

1483. malheureux Louis d'Amboise avec trop de violence pour n'être pas combattu victorieusement. Philippes de Comines, qui avait conduit toute cette intrigue, vint encore en aide au roi dans cette conjoncture embarrassante. Il imagina, pour repousser l'action de la Trimouille, d'exhumer des archives du parlement de Poitiers [1] l'arrêt par lequel Louis d'Amboise avait été condamné, en 1430, à la peine capitale et à la confiscation de tous ses biens au profit de la couronne de France. Armé de cet arrêt qui, chose étrange! avait été rendu à l'instigation du père de Louis de la Trimouille, il soutint à ce dernier que toutes les terres du vicomte de Thouars appartenaient au roi.

Louis de la Trimouille avait un moyen victorieux de repousser cette étrange prétention : c'était de produire, à son tour, les lettres-patentes par lesquelles Charles VII avait, en 1438, annulé l'arrêt de confiscation et réintégré le vicomte de Thouars dans la possession de tous ses biens. Mais une machination infernale vint enlever aux petits-fils de Louis d'Amboise le seul moyen qui leur restât de recouvrer l'héritage de leur aïeul. Philippe de Comines savait que l'original des lettres de réhabilitation était dans

[1] C'est-à-dire du parlement de Paris, temporairement transféré à Poitiers par le dauphin Charles, régent du royaume. Le parlement de Poitiers n'existait pas encore en 1430, puisqu'il ne fut institué qu'en 1523 par François Ier.

les archives du château de Thouars. Il n'y avait 1483.
rien de plus facile que de le faire disparaître,
puisque le château était occupé par les gens du
roi. Ces lettres furent bientôt apportées à Louis
XI qui était à Saint-Martin de Cande. Il les reçut
avec une joie farouche et les jeta au feu après
avoir fait jurer à ses confidens de ne jamais révéler
cet affreux secret.

Le monarque expédia aussitôt à Paris le sieur
de Chambon avec ordre de hâter la décision
du parlement. — « Ah ! sire, s'écria le loyal gentilhomme, c'est grand charge de conscience d'a-
voir fait ardoir les lettres qui servaient, en cette
matière ; aux pauvres enfans de la Trimouille !
— Ne vous en chaille, répliqua le roi ; faut y
aller, et ne m'en parlez plus. » Chambon partit
à contre-cœur, et peu de temps après, la vicomté de Thouars, la comté de Benon, les seigneuries de Marans et de l'île de Ré furent
solennellement adjugées à la couronne de France.

Le parlement de Paris laissa néanmoins aux
enfans de la Trimouille quelques châtellenies
situées en Bas-Poitou. Louis XI ayant appris
que ces terres, voisines de la principauté de
Talmont qu'il avait donnée à Philippe de Comines,
plaisaient à son favori, fit offrir à la Trimouille
les seigneuries de Marans, l'île de Ré, Mauléon
et la Chaise-le-Vicomte en échange de ses châtellenies du Bas-Poitou. La Trimouille eut l'âme

25

1483. assez grande pour repousser cette offre quelque
avantageuse qu'elle fût : mais il eut plus tard la
douleur de voir ses malheureux enfans forcés de
se soumettre aux impérieuses exigences du roi.
Les seigneuries de l'île de Ré et de Marans revinrent
donc, par cet échange, dans la maison de la
Trimouille.

Louis de la Trimouille, dévoré de chagrins,
mourut en 1482, à la veille d'obtenir une justice
éclatante. Le vieux roi qui avait dépouillé ses enfans
se tordait dans les angoisses d'un mal sans remède,
en proie aux sombres terreurs qui assiégeaient
son esprit superstitieux. Le cardinal Elie de Bour-
deilles, archevêque de Tours, eut le courage de
lui rappeler la spoliation des héritiers de Louis
d'Amboise, et de lui remontrer qu'ayant peu de
temps à vivre, il devait songer à mettre son
âme en paix en restituant, avant de mourir,
un bien si mal acquis. Le moribond se résigna,
non sans un vif regret, à annuler l'acte du 25
janvier 1461 et toutes les procédures qui en
avaient été la suite, recommandant au dauphin
Charles de rendre à la maison de la Trimouille
tous les biens qu'il lui avait si injustement ravis.

Cet acte de dernière volonté, quoique verbal,
fut religieusement exécuté par le nouveau roi
Charles VIII : mais ce ne fut qu'après avoir soutenu de nombreux procès contre les favoris qui
s'étaient partagé leurs dépouilles, que Louis II

de la Trimouille et ses trois frères Jean, Jacques 1485. et Georges rentrèrent enfin en possession de leur patrimoine.[1]

Les sires de la Trimouille ayant recouvré leur ancienne opulence, purent prétendre dès lors à l'alliance des premières familles du royaume. La maison royale de France, elle-même, ne dédaigna pas de s'unir à eux. Louis de la Trimouille, vicomte de Thouars, comte de Benon, seigneur de Marans et de l'île de Ré, surnommé depuis *le Chevalier-sans-reproche*, épousa la princesse Gabrielle, fille de Louis de Bourbon, duc de Montpensier.[2] De ce mariage naquit Charles de la Trimouille, qui épousa, dans la suite, Louise de Coëtivy, comtesse de Taillebourg, fille de Charles de Coëtivy et de Jeanne d'Orléans, et petite-fille d'Olivier de Coëtivy et de Marguerite de Valois, fille naturelle de Charles VII.[3]

Du mariage d'Olivier de Coëtivy et de Marguerite de Valois étaient encore issues trois filles, dont une, Marguerite de Coëtivy, avait épousé François de Pons, premier du nom, comte de Montfort et de Brouage. Elle donna le jour à François II de Pons, comte de Marennes, et à Jacques de Pons, baron

[1] Mss. *Archiv. du château de Thouars.* ap. Thibaudeau. *Hist. du Poitou.* tom. III. p. 208 à 228.

[2] Les frères de Sainte-Marthe. *Hist. généal. de la Maison de France.* tom. II. p. 69.

[3] Ibid.—Jean Bouchet. *Panégyrique du Chevalier sans reproche.* ap. Petitot. Coll. tom. XIV. p. 452.

. 1483. de Mirambeau. Par ces alliances successives la maison de Thouars fut unie à celle de Taillebourg, et celle-ci à la maison de Pons, déjà alliée, depuis long-temps, à celle de Thouars par le mariage de Renault VII de Pons avec Marguerite, fille de Georges de la Trimouille. [1]

La maison de Pons ne le cédait à ses deux alliées ni en noblesse ni en richesse territoriale. Telle était son opulence, qu'elle n'avait pas besoin des redevances en argent de ses vassaux, et que la plupart des fiefs qui en dépendaient ne soumettaient leurs tenanciers qu'à des droits purement honorifiques. Les uns ne rendaient au sire de Pons que le devoir de *deux sous ou une anguille* ; d'autres n'étaient assujétis, envers le suzerain, qu'à l'hommage lige et au devoir de *quatre chapons blancs.* [2]

Cette dernière redevance était très-commune dans les domaines des sires de Pons, si l'on en juge par une de ces coutumes bizarres que les barons, au moyen-âge, avaient établies dans leurs fiefs, pour égayer, aux dépens de leurs vassaux, la monotonie de la vie seigneuriale. Celle-ci, qui se pratiquait dans la ville même de Pons, pourrait être appelée *la guerre aux coqs.*

[1] Les frères de Sainte-Marthe. *Hist. généal. de la Maison de France.* tom. I. p. 526 et tom. II. p. 776.

[2] *Preuv. de la généalog. de la Maison d'Asnières.* Paris 1827. p. 18.

Tous les ans , le lundi de Pâques , le prévôt 1483. de la justice de Pons célébrait le renouvellement de l'année en traitant les officiers de son ressort. La noblesse des deux sexes était invitée à ce banquet. Tous les convives devaient se tenir debout à l'exception des sergens de la prévôté qui avaient le privilège d'être assis à une table particulière , dressée exprès pour eux. Vers midi , toute la compagnie, hommes et femmes, montait à cheval. Chacun était armé d'un rameau de houx. Nul cavalier ne devait avoir d'éperons et la queue des haquenées devait être pendante, le tout à peine d'amende.

Cette cavalcade, ayant monsieur le prévôt en tête, parcourait successivement tous les quartiers de la ville. Chaque vassal du sire de Pons, après avoir été interpellé trois fois, était obligé de fournir un coq vivant, auquel il ne devait manquer aucune plume, sous peine d'amende. Lorsque tous les coqs étaient ainsi recueillis, le prévôt, ou telle personne à laquelle il voulait faire honneur, les lançait en l'air l'un après l'autre, et les sergens étaient obligés de les poursuivre, jusqu'à ce qu'ils fussent parvenus à s'en emparer. Si d'autres personnes se fussent avisées de courir après ou seulement d'y toucher, elles auraient été punies de la prison ou tout au moins d'une forte amende.

Les sergens, à pied et vêtus de lourdes casaques, avaient bien de la peine, car les coqs,

1483. effarouchés par la présence et les acclamations de la multitude, volaient sur les maisons, dans les jardins et passaient quelquefois la rivière. Aussi les courses, les efforts souvent trompés des acteurs de cette scène bizarre amusaient-ils beaucoup la foule des spectateurs. Lorsque les coqs volaient par delà la Seugne, les sergens étaient obligés de les suivre sur l'autre bord en passant par le pont des Aires. On les en dispensa plus tard; mais en revanche ils furent tenus, dans ce cas, de mettre une jambe dans la rivière et de jeter trois fois de l'eau sur le pont avec une casserole, en criant de toutes leurs forces : *De la part de monseigneur de Pons !* Si, pendant cette cérémonie, quelqu'un avait son chapeau sur la tête, les sergens devaient l'arroser.

Lorsque tous les coqs étaient pris, on se rendait dans *l'aire* de Saint-Martin. Là on mettait le feu à un tas de fagots de brande, fournis aussi par les manans, puis toute la chevauchée retournait au château. Le soir, les sergens se régalaient en mangeant les coqs, et l'on dressait du tout un procès-verbal en forme.[1]

1484. — Mais ces joyeux anniversaires qui, au temps de la féodalité pure, étaient salués avec tant d'enthousiasme et célébrés avec tant de solennité, allaient s'effaçant de jour en jour

[1] Lettre de M. Jouyneau des Loges, *dans les Mém. de la Société royale des Antiquaires de France.* tom. I. p. 416.

avec la naïve simplicité des mœurs populaires. 1484.
Déjà il fallait au peuple d'autres spectacles et
d'autres divertissemens, parce que de nouveaux
goûts et de nouvelles idées commençaient à
s'infiltrer dans les masses. Des habitudes plus
graves et plus réfléchies avaient remplacé les
puériles bouffonneries du moyen-âge : un besoin
vague, mais impérieux, d'innovation préoccupait
les têtes les moins sérieuses : la société en travail
se préparait à un long et douloureux enfantement.

C'était principalement dans les idées religieuses
que se manifestaient ces tendances réformatrices.
De monstrueux abus s'étaient introduits dans
l'Eglise qui, pour comble d'opprobre, allait avoir
pour chef l'infâme Alexandre Borgia. Les âmes
pieuses reconnaissaient avec effroi combien étaient
interverties les relations naturelles de l'Eglise avec
le siècle. — « Le siècle croissait en savoir, en
raison, en facultés morales et intellectuelles, à
mesure que la Cour de Rome, perdant la haute
direction de la société, était livrée à des chefs
plus pervers. Le vicariat de Jésu-Christ était
vendu à l'encan dans des conclaves simoniaques,
tandis qu'un formidable esprit de discussion et
d'examen s'éveillait en tous lieux. [1] »

L'opinion s'élevait chaque jour plus menaçante
contre les déréglemens du clergé, sans pouvoir
arracher les puissans de l'Eglise à leurs vanités.

[1] Henry Martin. *Hist de France.* tom. IX. p. 265.

1484. mondaines. Loin de comprimer ce goût du faste et ces habitudes de somptuosité qui faisaient invasion jusques dans le sanctuaire, et mêlaient leurs frivoles ornemens aux augustes solennités du culte, la Cour de Rome les tolérait avec une aveugle complaisance, croyant rendre à l'Église son ancien prestige en l'environnant d'un éclat inaccoutumé. Voici un bref du pape Sixte IV qui résume assez nettement les vaniteuses prétentions qui s'étaient fait jour dans les moindres cloîtres.

— « Sixte évêque, serviteur des serviteurs de Dieu, à notre cher fils Nicolas Mérichon, abbé, et aux religieux de la bienheureuse Marie de la Grâce-Dieu, ordre de Citeaux, au diocèse de Saintes, salut et bénédiction apostolique. La sincérité de votre dévotion réclame et l'honneur de la religion exige que nous environnions d'un lustre convenable et votre monastère et vous-mèmes, à qui nous avons voué une particulière affection. C'est pourquoi, à la sollicitation de notre cher fils Jean de Chassaignes, président de la cour de parlement de Bordeaux, député vers nous, lequel nous assure avoir une singulière dévotion à votre monastère, nous voulons bien incliner à votre humble supplique. [1]

---

[1] Sixtus episcopus servus servorum Dei, dilectis filiis Nicolao Merichon, abbati, et conventui monasterii B. Mariæ Gratiæ-Dei, cisterciensis ordinis, xantonensis diœcesis, salutem et apostolicam benedictionem. Exposcit vestræ devotionis sinceritas et religionis promeretur honestas ut tam vos, quos speciali devotione

« En conséquence, à toi, abbé, notre fils, 1484.
et aux abbés, tes successeurs, qui seront au
temps à venir, nous permettons d'user librement
de la mitre, de l'anneau et des autres insignes
pontificaux, comme aussi d'administrer la bénédiction solennelle après les cérémonies de la
messe, des vêpres et des matines, soit dans
votre monastère et les prieurés qui en dépendent,
soit dans les paroisses et autres églises à vous
appartenant en propre ou en communauté, pourvu
toutefois qu'aucun évêque ou légat du siège
apostolique ne soit présent à ces bénédictions.[1]

« En vertu de notre grâce spéciale et autorité
pontificale, nonobstant toutes constitutions contraires, même celle de notre prédécesseur d'heureuse mémoire le pape Alexandre IV, commençant
par *abbates*, nous vous autorisons, par ces présentes, à bénir les chappes, chasubles et autres
ornemens ecclésiastiques qui ont coutume d'être

prosequimur, quàm monasterium vestrum congruis honoribus attol-
lamus. Hinc est quod nos dilecti filii, Johannis de Chassaignes,
curiæ parlamenti burdigalensis præsidentis, ad nos destinati, asse-
rentis se ad monasterium vestrum singularem gerere devotionis af-
fectum, ac vestris, in hâc parte, supplicationibus inclinati, etc.
(Mss. *Archiv. du château de Benon.*)

[1] Ut tu fili, abbas, et successores tui abbates monasterii pro
tempore existentes, mitrâ, annulo et aliis pontificalibus insigniis
liberè uti, nec non in dicto monasterio ac prioratibus eidem monasterio subjectis, necnon parrochialibus et aliis ecclesiis ad
vos communiter vel divisim pertinentibus, benedictionem solemnem,
post missarum, vesperarum et matutinarum solemnia, dummodò
in benedictione hujus modi aliquis antistes vel apostolicæ sedis
legatus præsens non fuerit, elargiri, etc. (Ibid.)

484. bénis, et à purifier les cimetières de votre dépendance qui auront été pollués par l'effusion
du sang ou par des actes de prostitution, pourvu
que préalablement l'eau ait été consacrée par
un prélat catholique ayant grâce et communion
du Saint-Siège. [1]

« Que nul homme ne prétende donc, par une
téméraire audace, enfreindre ou contredire cette
expression de notre libéralité. Si quelqu'un osait
l'entreprendre, qu'il soit châtié par la colère de
Dieu tout puissant et des bienheureux apôtres
Pierre et Paul. Donné à Rome, en l'église de
Saint-Pierre, aux ides de mai (15 mai) l'an de
l'Incarnation du Seigneur 1484. [2] »

1485. — 1488. — Terrassée par le génie puissant
et la volonté de fer de Louis XI, la grande
ligue féodale se releva au commencement du
nouveau règne. Louis avait, en mourant, légué

---

[1] Pallas quoque, paramenta et alia ornamenta ecclesiastica, quæ
benedici consueverunt, benedicere, ac cimiteria vobis subjecta san-
guinis vel seminis effusione polluta, aquâ tamen priùs per aliquem
catholicum antistitem, gratiam et communionem dictæ sedis ha-
bentem, benedictâ, reconciliare possis et possint. felicis recordationis Alexandri papæ IV, prædecessoris nostri, quæ incipit *abbates*,
et quibuscumque constitutionibus in contrarium editis nequaquàm
obstantibus, tibi et eisdem successoribus auctoritate apostolicâ
tenore præsentium de speciali gratiâ indulgemus. (Mss. *Archiv.*
du château de Benon.)

[2] Nulli ergò omninò hominum liceat hanc paginam nostræ con-
cessionis infringere vel ei ausu temerario contraire. Si quis autem hoc
tentare præsumpserit, indignationem omnipotentis Dei et B. Petri
et Pauli apostolorum se noverit incursurum. Datum Româ apud
S. Petrum anno Incarnationis dominicæ 1484, idûs maii. (Ibid).

à Pierre de Bourbon, comte de Beaujeu, son
gendre, ou plutôt à sa femme l'altière Anne de
France, la tutelle du jeune Charles VIII, prince
aussi faible d'esprit que de corps. Avec toute
l'astuce et l'opiniâtre tenacité de son père, Anne
avait hérité de sa haute intelligence et de ses
grandes vues politiques. Le duc Louis d'Orléans,
premier prince du sang royal, jaloux du pouvoir
de madame de Beaujeu, quitta la cour et se
retira en Bretagne auprès du duc François II,
ce vieil ennemi de la couronne de France. Bientôt
s'unirent à lui les ducs de Bourbon, d'Alençon
et de Lorraine, les comtes de Dunois, d'Angoulème, de Foix et de Comminges, le sire
d'Albret et tous les hauts-barons dont l'orgueil
avait été si long-temps froissé par les combinaisons
gouvernementales et les sympathies bourgeoises
de Louis XI.

Au nombre des nouveaux confédérés se trouvaient quelques gentilshommes du pays de Saintonge, jaloux peut-être des *beaux privilèges* qui
avaient été octroyés par le dernier roi aux
communes de Saintes et de Saint-Jean d'Angély,
et de l'empressement qu'avaient mis les conseillers
de Charles VIII à sanctionner ces franchises
municipales.[1] Le sire de Pons s'arma, l'un des
premiers, en faveur du parti d'Orléans, et alla

[1] Les privilèges de la ville de Saint-Jean d'Angély furent confirmés par Charles VIII au mois de juillet 1483, et ceux de la
ville de Saintes au mois de décembre 1484. (Mss. *Archiv. de l'abb.
de Saint-Jean d'Angély*.)

1485.
à
1488.

se ranger, à la tête de ses vassaux, sous la bannière du comte d'Angoulême. [1]

Madame de Beaujeu ne voulut pas laisser aux confédérés le temps de développer leur plan d'insurrection dans le midi, où les princes dominaient de la Charente aux Pyrénées par le comte de Comminges, le comte d'Angoulême et les puissantes maisons d'Albret et de Foix. Elle passa la Loire, dans les premiers jours de février 1487, avec le jeune roi Charles VIII, le comte de Beaujeu, les ducs de Montpensier et de Vendôme et des forces considérables.

L'host du roi se porta rapidement de Poitiers sur Saintes où se tenait Odet d'Aydie, sire de Lescun, sénéchal de Carcassonne, avec la compagnie d'ordonnance du comte de Comminges, son frère. Ce capitaine voulut attendre l'ennemi : mais la plupart de ses soldats, quoique Gascons et Béarnais, refusèrent de guerroyer contre *le sire roi*, et Odet d'Aydie, forcé d'évacuer Saintes, alla s'enfermer dans la citadelle de Blaye où l'armée royale vint bientôt l'assiéger.

Les bonnes villes du midi n'avaient aucun intérêt dans cette guerre de gentilshommes : plusieurs même étaient hostiles au parti des princes et seigneurs confédérés. Odet d'Aydie, ne trouvant aucun appui dans la bourgeoisie,

[1] Les frères de Sainte-Marthe. *Hist. généal. de la Maison de France.* tom. I. p. 542.

fut contraint de rendre non seulement le châ- 1485
teau de Blaye, mais encore toutes les places à
qu'il tenait, entre Charente et Gironde, pour 1488.
le comte, son frère, qui était en Bretagne auprès
du duc Louis d'Orléans. Le comte d'Angoulême,
qui s'était fortifié dans Cognac, fut si effrayé
des progrès de l'armée royale, qu'il se soumit
sans attendre aucune sommation. Les autres insurgés d'Aquitaine suivirent son exemple.

Charles VIII étant entré, le 7 mars, dans
Bordeaux, rétablit le comte de Beaujeu, son
beau-frère, dans le gouvernement de la Guienne,
après quoi il repassa la Garonne et s'achemina
en Bretagne par l'Anjou et le Maine. La victoire
décisive de Saint-Aubin du Cormier, remportée
sur les confédérés, le 27 juillet 1488, par Louis
de la Trimouille, le *Chevalier-sans-reproche*, et
dans laquelle le duc Louis d'Orléans et nombre
de ses partisans tombèrent au pouvoir du roi,
mit fin à cette guerre féodale et rompit la coalition des princes contre la cour. [1]

1490. — Pendant que le baronnage et la royauté
débattaient, les armes à la main, les grands
intérêts de la politique et du pouvoir, une que-
relle moins sérieuse mais non moins passionnée
jetait la discorde dans le riche monastère de
Saint-Jean d'Angély. Le prieur et les moines de

[1] Voy. Henry Martin. *Hist. de France.* tom. IX. p. 141 à 151.

1490. cette abbaye étaient en insurrection contre leur abbé commandataire, maître Martial Fournier, clerc du diocèse de Limoges. Il s'agissait de la collation des offices, de la réception et ordination des moines et de divers autres points de discipline claustrale, questions irritantes dont la discussion allait s'envenimant de jour en jour. Des amis communs étant intervenus, réussirent pourtant à assoupir ces funestes dissidences et à rapprocher les deux partis. Un concordat fut rédigé en ces termes : [1]

— « L'abbé commandataire, en vertu des pouvoirs apostoliques dont il est revêtu, pourra, comme le ferait un abbé en titre, portant l'habit de l'ordre, infliger des peines et corrections aux moines pour les fautes de discipline par eux commises, ou déléguer, à cet effet, un vicaire choisi parmi les religieux du monastère et non

---

[1] Innocentius, etc. Pro parte dilectorum filiorum magistri Martialis Fornerii, clerici lemovicensis diœcesis, qui monasterium S. Johannis angeliacensis ex concessione et dispensatione sedis apostolicæ in commendam obtinuit, ac prioris et conventûs ejusdem monasterii nobis nuper exhibita petitio continebat quod, cùm alias inter Martialem commendatarium ac priorem et conventum prædictos, tam super collatione officiorum dicti monasterii et prioratuum ab illo dependentium quàm receptione monachorum in eodem monasterio et nonnullis aliis rebus graves dissentiones et discordiæ exortæ fuissent ac majores exoriri formidarentur, ad obviandum litibus sedendumque discordias et dissentiones, prædictus Martialis ac prior et conventus prædicti, intervenientibus nonnullis probis viris, eorum amicis communibus, ad compositionem et concordiam infrà scriptas devenerunt. (Bulle mss. d'Innocent VIII. *Archiv. de l'abb. de Saint-Jean d'Angély.*)

ailleurs, auquel les moines seront tenus d'obéir 1490. comme à l'abbé commandataire lui-même. [1]

« L'abbé, pendant sa vie ou pendant la durée de sa commande, et ceux qui, après lui, auront la direction temporaire de l'abbaye, ne pourront plus conférer les offices claustraux vacans, par mort ou autrement, qu'aux religieux du monastère ou aux prieurs des obédiences qui en dépendent : quant aux prieurés vacans dans la dépendance de l'abbaye, l'abbé commandataire pourra les conférer alternativement, savoir, le premier vacant, à un religieux du monastère, habitant ou non le couvent, et le second à qui bon lui semblera, sans néanmoins déroger aux privilèges de l'abbaye, qui veulent que les offices, prieurés et bénéfices ne soient jamais conférés qu'à des religieux ordonnés dans le monastère. [2]

[1] Videlicèt quod præfatus Martialis commendatarius extunc deinceps in propriâ personâ posset facere punitiones et correctiones religiosorum dicti monasterii cùm delinquerent, perindé ac si esset verus abbas dicti monasterii et religiosus deferens habitum dicti ordinis, juxtà formam quarumdam litterarum sibi per sedem apostolicam concessarum, vel quod ipse posset deputare vicarium, religiosum dicti monasterii et non alterius, ad id faciendum, cui vicario sic deputato præfati religiosi tenerentur obedire. (Mss. *Archiv. de l'abb. de Saint-Jean d'Angély.*

[2] Quod nec ipse Martialis, ejus vitâ durante aut quandiù etiam commenda hujus modi duraverit, nec successores sui possent deinceps conferre aliqua officia claustralia dicti monasterii, vacantia per obitum vel alias, nisi ejusdem monasterii religiosis aut prioribus prioratuum dependentium ab eodem monasterio, quibus et non aliis teneretur conferre hujus modi officia, cùm vacarent; et quod ipse Martialis posset conferre prioratus dependentes ab eodem monasterio alternis vicibus, videlicèt primum prioratum vacantem uni religioso dicti monasterii, sivé in eodem monasterio resideret sivé

490. « L'abbé commandataire, en vertu des pouvoirs qu'il tient du siège apostolique, pourra, chaque fois qu'il le jugera convenable, célébrer les divins offices avec la mitre et le bâton pastoral, comme les abbés en titre de Saint-Jean d'Angély ont coutume de le faire : lorsqu'il voudra officier ainsi pontificalement, le prieur et les moines seront tenus de lui présenter la mitre et le bâton et de l'assister pendant la cérémonie. [1]

« Les collations, régulières d'ailleurs quant à la forme, qui ont été faites jusqu'à ce jour par l'abbé Martial à d'autres que des religieux du monastère, seront valables et donneront à ceux qui les ont obtenues le droit d'en jouir sans contradiction. Ainsi, frère Guy Sapiens, qui, contrairement aux statuts de l'abbaye, a été ordonné moine bien qu'il n'eût pas accompli sa quatorzième année, restera moine ; ainsi les frères Jean de Grimon, Jean d'Ouvectan et Jean Palet, qui ont été pourvus d'offices et de bénéfices, bien qu'à l'époque de ces collations ils

---

non, et alium cui sibi placeret, siné tamen præjudicio et derogatione privilegiorum dicti monasterii, ex quibus præfatus Martialis et successores sui deberent conferre officia , prioratus et beneficia à dicto monasterio dependentia religiosis creatis in eodem monasterio et non aliis. (*Mss. Archiv. de l'abb. Saint-Jean d'Angély.*)

[1] Præfatus Martialis posset deinceps, juxtà privilegium sibi super hoc ab apostolicâ sede concessum, celebrare divina officia cum mythrâ et baculo pastorali quotiés sibi videretur, quemadmodùm abbates dicti monasterii facere consueverant, et quotiés ipse divina hujus modi in pontificali celebrare vellet, præfati prior et conventus tenerentur sibi dare et consignare mythram et baculum et sibi in divina assistere. (Ibid.)

ne fussent pas religieux du monastère, en con-   1490.
serveront la jouissance, sans néanmoins que cette
tolérance puisse préjudicier aux privilèges de la
maison, qui portent que nul ne sera reçu moine
s'il n'a quatorze ans révolus, et que nul ne sera
pourvu de bénéfices s'il n'est moine de l'abbaye. [1]

« Chaque religieux nouvellement ordonné sera
tenu, à son entrée dans le monastère, d'avoir
un psautier à l'usage de la maison, un lit convenablement garni, une tasse d'argent pesant
un marc, et de donner aux religieux un dîner
et un souper solennels, le tout selon l'usage
approuvé et suivi de temps immémorial dans
l'abbaye. [2] Pour le renouvellement des chappes,

---

[1] Collationes per præfatum Martialem alii quàm religiosis dicti
monasterii, aliàs tamen ritè jam factæ, essent validæ et efficaces,
ità quod illi quibus collationes ipsæ factæ essent, possent ipsa beneficia
retinere et pacificè possidere ; et quod si dilectus filius Guido
Sapiens, quem præfatus Martialis, contra privilegia, in mona-
chum dicti monasterii receperat, non obstante quod decimum
quartum suæ ætatis annum transcenderet, remaneret verus religiosus
dicti monasterii ; quodque dilecti filii Johannes de Grimon, etc,
quibus præfatus Martialis aliqua beneficia et officia dicti monasterii con-
tulerat, non obstante quod ipsi, tempore collationum, non essent religiosi dicti monasterii, remanerent veri religiosi dicti monasterii
absque tamen præjudicio dictorum privilegiorum ; et quod nec Martialis
nec successores possent aliquem transcendentem quartum decimum
ætatis annum in religiosum dicti monasterii recipere, nec religiosum
alterius monasterii receptari absque consensu dictorum religiosorum.
(Mss. *Archiv. de l'abb. de St.-Jean d'Angély.*)

[2] Quilibet de novo receptus religiosus in suo ingressu teneretur
secum deferre unum psalterium ad usum dicti monasterii, ac etiam
unum lectum convenienter munitum, necnon unam tassiam ar-
genteam ponderis unius marcæ argenti ; ipsisque conventui et religiosis ministrare et præparare unum solemne prandium et unam

26

1490. vêtemens et ornemens ecclésiastiques du monastère, chaque nouvel abbé, le jour de son
élection, sera tenu de donner à l'église une
chappe ou une chasuble et des dalmatiques
jusqu'à la valeur ou estimation de cent écus d'or
ayant cours : enfin chaque prieur ou religieux de
l'abbaye qui aura été pourvu d'un office ou bénéfice devenu vacant, donnera pareillement une
chappe ou d'autres ornemens ecclésiastiques à
l'usage de la fabrique du monastère, dont la
valeur sera arbitrée par les moines résidans, eu
égard aux émolumens de l'office ou du bénéfice
conféré. [1] »

Au moyen de ce traité, la concorde fut rétablie dans le couvent des Bénédictins de Saint-
Jean d'Angély, et afin d'en assurer l'exécution,
le souverain pontife Innocent VIII y attacha le
sceau de son autorité apostolique par une bulle
qui fut donnée à Rome, en l'église de Saint-
Pierre, le 16 des calendes de mai (16 avril) 1490. [2]

cœnam secundùm antiquam consuetudinem dicti monasterii legitimè
approbatam et ab immemoriali tempore observatam. (Mss. *Archiv.
de l'abb. de Saint-Jean d'Angély.*)

[1] Prætereà, pro manutentione capparum et vestimentorum ac
ornamentorum ecclesiasticorum dicti monasterii, quilibet abbas suo
tempore instituendus seu admittendus, pro suo ingressu de novo
ad dictum monasterium, teneretur dare unam cappam seu casulam
et dalmaticos usque ad valorem seu æstimationem centum scutorum
auri cursum habentium : et in quantùm concernit officiarios seu
priores instituendos, vel cui provideretur de officio seu beneficio
vacante, teneretur dare unam cappam seu alia ornamenta ecclesiastica ad usum fabricæ dicti monasterii usque ad valorem à religiosis dicti monasterii residentibus moderandam, habito respecta
ad facultates officii seu beneficii. (Ibid).

[2] Hujus modi supplicationibus inclinati, statuta et ordinationes

1491. — Peu de temps après la bataille de 1491.
Saint-Aubin du Cormier, où succomba le parti
d'Orléans, le duc François de Bretagne, qui était
l'âme de la confédération, étant mort sans héritiers mâles, la paix fut cimentée, le 16 décembre
1491, par le mariage de Charles VIII avec Anne
de Bretagne, fille aînée de François II. Henri
Tudor, comte de Richemont, descendant des
anciens chefs kimris du pays de Galles, occupait,
depuis six ans, sous le nom de Henri VII, le
trône d'Angleterre, où il ne s'était élevé qu'après
avoir vaincu et tué, à la journée de Bosworth,
le fameux Richard de Glocester, meurtrier de
ses neveux, les enfans d'Edward IV. Henri, allié
des Bretons pendant l'insurrection des vassaux de
Charles VIII, ne vit pas sans regret un mariage
qui, en incorporant la Bretagne au domaine de
la couronne de France, lui enlevait d'intrépides
auxiliaires et agrandissait la puissance territoriale
de son voisin d'outre-mer. Dans son dépit il
lança sur l'Océan une flotte considérable qui
vint bientôt croiser en vue des côtes de France.

Les villes maritimes de la Saintonge et de l'Aunis
se mirent promptement en état de repousser cette

---

præfata authoritate apostolicâ tenore præsentium approbamus et
confirmamus. Nulli ergò hominum liceat hanc paginam nostræ
approbationis infringere vel ei ausu temerario contraire : si quis
autem hoc attentare præsumpserit, indignationem omnipotentis Dei
ac B. Petri et Pauli apostolorum se noverit incursurum. Datum
Romæ ap. S. Petrum anno Incarnationis dominicæ 1490, 16 kal.
maii. (*Mss. Archiv. de l'abb. de Saint-Saint d'Angély.*)

1491. escadre dans le cas où elle tenterait d'aborder au continent. La Rochelle, comme la plus exposée, fit surtout de grands préparatifs de défense. Les murs de la ville furent réparés avec soin et fortifiés de nouveaux ouvrages. On fait remonter à cette époque les meurtrières qui sont pratiquées dans les murs des tours de la Chaine et de Saint-Nicolas. [1]

Charles VIII dirigea sur l'Aunis un corps de chevalerie commandé par Gaston de Foix, comte de Candale, lieutenant-général au gouvernement de Guienne et nommé depuis gouverneur de la Rochelle et du pays d'Aunis. On raconte que ce prince ayant voulu passer en revue dans la ville une de ses compagnies d'ordonnance, le maire, gardien inflexible des privilèges de son ordre, s'y opposa en qualité de capitaine perpétuel des milices de la commune, et que les cavaliers du roi furent obligés d'aller manœuvrer hors des murs. [2]

Au milieu de ces préparatifs de guerre, suggérés par une appréhension que l'événement ne justifia point, les plaisirs publics n'étaient pas interrompus; plaisirs empreints d'une naïveté burlesque, et qui pourtant accusaient déjà un progrès sensible dans l'éducation populaire. Sur un théâtre en plein-vent, dressé au milieu de la grande place

[1] Amos Barbot. ap. Arcère. *Hist. de la Rochelle.* tom. I. p. 292.
[2] Ibid.

de la Rochelle , dite *Place du Château* , on re- 1491.
présentait, le soir, des *mystères* ou *moralités* ,
sorte de drames mystiques dans lesquels le Père
Éternel, la Vierge et les Saints figuraient pêle-
mêle avec le diable , les divinités du paganisme
et divers autres personnages allégoriques. C'était
toujours une scène de l'ancien ou du nouveau
testament, dialoguée en langage vulgaire et terminée par une pieuse instruction. — « Il fut joué,
dit un contemporain, la passion la plus triomphante
qu'on eût encore vue. [1] » Ces farces dramatiques ,
qui commençaient à se répandre dans les provinces à l'instar de la bonne ville de Paris , avaient
tout l'attrait de la nouveauté et faisaient une
vive impression sur la multitude qui fondait en
larmes et applaudissait avec transport. [2]

1495. — Voyant son royaume en paix et son
pouvoir respecté de ses ennemis, Charles VIII
s'était imaginé d'aller *conquéter* la couronne de
Naples à laquelle ses généalogistes lui avaient persuadé qu'il avait des droits. Comme il revenait
victorieux de cette expédition chevaleresque, dans
laquelle la plupart des gentilshommes du pays de
Saintonge se signalèrent sous les ordres de Charles
de la Trimouille , comte de Taillebourg, le roi
fut averti qu'une embuscade de Lombards et de

[1] Mss. de Conain, ap. Arcère. *Histoire de la Rochelle.* tom. I,
p. 293.
[2] Ibid.

1495. Milanais l'attendait à la descente des Alpes. Une lutte sanglante s'engagea : mais Charles VIII, après avoir couru de grands dangers, demeura maître du champ de bataille.

Au moment de l'action il avait choisi parmi sa noblesse, pour combattre à ses côtés, neuf preux chevaliers qui se firent massacrer en le défendant. De ce nombre était le seigneur d'Archiac, en Saintonge, aïeul de madame de Bourdeille, belle-sœur du sire de Brantôme. — « Je les ai vus tous, dit cet annaliste, pourtraits et peints au naturel dans une salle d'une de ses maisons en Saintonge, ensemble la forme du combat et eux auprès de leur roi avec une contenance de visage très-assurée et hardie. Depuis, la vieillesse a effacé et ruiné tout ce beau et la salle pareillement, dont est grand dommage, car la vue en était très-plaisante. [1] »

Peu de temps après son retour d'Italie, d'où les vainqueurs ne rapportèrent d'autre fruit de leurs hauts-faits que le mal vénérien jusqu'alors inconnu en France [2], Charles VIII, craignant quelque

---

[1] Brantôme. *Homm. illust. de France.* Disc. sur Charles VIII.

[2] Les équipages de Christophe Colomb, revenu le 15 mars 1493 de son premier voyage aux Antilles, avaient apporté en Espagne le mal-vénérien que l'Amérique, près d'expirer sous le fer et le feu des barbares Espagnols, envoyait à l'Europe pour toute vengeance. On sait avec quelle effrayante rapidité se propagea cette maladie alors si terrible. Les Français et les Italiens s'accusèrent réciproquement, avec une égale injustice, d'avoir communiqué cette nouvelle espèce de lèpre que les premiers qualifièrent de *mal Napolitain*, les autres de *mal Français*. Le nom de *mal Espagnol* lui eût mieux convenu. (Henry Martin. *Hist. de France.* tom. IX. p. 185.)

tentative du roi d'Angleterre sur la côte de 1495.
Saintonge, conçut le dessein de fortifier le petit
port de Brouage, en y entretenant un certain
nombre de vaisseaux. Situé au centre du Golfe-
d'Aquitaine et presque à l'embouchure de la Seudre, ce poste pouvait offrir de grandes ressources
pour la défense du littoral et des îles de l'Océan.
Mais le projet échoua contre les réclamations des
bourgeois de la Rochelle. Le port de Brouage,
disaient-ils, une fois occupé par les bâtimens du
roi, serait abandonné des navigateurs du nord qui
venaient y charger de sel et apportaient dans le
pays de grandes richesses. Le véritable motif
de l'opposition des Rochelais, c'est qu'ils appré-
hendaient de voir s'élever dans leur voisinage un
établissement maritime rival de leur opulente cité.
Leurs réclamations furent appuyées dans le conseil royal par Louis de la Trimouille, que Charles
VIII affectionnait beaucoup depuis son éclatante
victoire de Saint-Aubin du Cormier. [1]

1496. — L'ambition d'un moine de Saintonge
donna lieu, l'année suivante, à une mémorable
exécution dans laquelle l'honneur de la magistrature était gravement intéressé, et qui justifie,
par la rigueur qui y fut déployée, à quel degré
de susceptibilité était parvenue l'austérité des
mœurs parlementaires. Louis de Rochechouart,
évêque de Saintes, s'était démis, le 10 août 1492,

---

[1] Amos Barbot. ap. Arcère. *Hist. de la Rochelle.* tom. I. p. 294.

1496. de sa dignité épiscopale en faveur de Pierre de Rochechouart, son neveu. [1] Mais Pierre trouva un compétiteur dans Guy de Tourestes ou de Torrelles, doyen du chapitre de Saintes, qui fut porté à l'épiscopat par le suffrage de quelques chanoines.

Cette élection ne pouvant être validée que par le consentement de l'ancien évêque, Guy de Tourestes eut recours au crime pour y suppléer. Il s'entendit avec un conseiller-clerc au parlement de Paris, nommé Claude de Chanvreux, qui fit fabriquer une fausse procuration dans laquelle Louis de Rochechouart déclarait résigner ses fonctions, non plus en faveur de son neveu, mais en faveur de Guy de Tourestes. Cette coupable manœuvre ayant été découverte, Claude de Chanvreux fut condamné, en 1496, par le corps même dont il faisait partie, à la dégradation et au bannissement.

Revêtu des insignes de son ordre, de la robe écarlate et du chaperon fourré d'hermine, il fut amené, la veille de Noël, au parquet de la cour pour entendre la lecture de sa sentence. On le fit mettre à genoux, la tête nue, et Jean de la Vacquerie, premier président, en présence de

---

[1] Pierre de Rochechouart, seigneur de Vouillé, doyen de Saint-Hilaire-le-Grand et prieur commandataire de Saint-Nicolas de Poitiers, était fils de Jean, baron de Mortemart, seigneur de Vivône, et de Marguerite d'Amboise, sœur du cardinal de ce nom. Il mourut en 1503, deux ans avant son oncle Louis de Rochechouart qu'il avait remplacé sur le siège de Saintes. (Voy. Hugues du Tems. *Clergé de France.* tom. II. p. 356.)

toutes les chambres réunies, prononça l'arrêt par 1496. lequel *pour plusieurs faussetés et subornations de notaires, commises à l'encontre de l'évêque de Saintes*, Claude de Chanvreux était déclaré déchu de sa charge de conseiller et de tous autres offices de judicature.

Les huissiers le conduisirent ensuite près de la table de marbre, dans la grande salle du Palais, et l'ayant dépouillé de sa robe, de sa ceinture, de son chaperon, attributs de son ancienne dignité, le revêtirent d'une robe de pénitent et le ramenèrent au parquet, tête et pieds nus et portant à la main une torche ardente du poids de quatre livres. Là il s'agenouilla de nouveau et fit amende honorable à Dieu, au roi, à justice et aux parties lésées, et la pièce fausse fut lacérée en sa présence.

Ramené dans la cour du Palais, le condamné fut livré à l'exécuteur des hautes-œuvres qui le fit monter dans un tombereau et le conduisit au Châtelet où son arrêt fut publié à son de trompe. De là on le mena sur la place du Pilori où on lui fit faire trois tours de roue au milieu des huées et des imprécations de la populace. Enfin il fut marqué au front d'une fleur-de-lis avec un fer rouge, puis conduit à la porte Saint-Martin et emmené en exil hors du royaume. [1]

Quant au doyen Guy de Tourestes, instigateur du crime dont il devait recueillir le fruit, il ne

[1] Regist. du Parlem. de Paris. ap. Don Lobineau. *Hist. de Paris.* tom. II. p. 892.

1496. partagea point le châtiment du conseiller Claude de Chanvreux, bien qu'il fût son complice. Rien n'indique même qu'il ait été impliqué dans la procédure, et il en fut quitte pour renoncer à ses prétentions sur le siège épiscopal de Saintes. Pierre de Rochechouart demeura paisible possesseur de ce siège, sur lequel il fut remplacé, en 1503, époque de sa mort, par le célèbre Raimond Pérault, cardinal de Gurck, fils d'un simple artisan de Surgères, et qui, de la condition la plus obscure, s'éleva, par ses intrigues et ses talens, aux plus éminentes dignités de l'Eglise. [1]

1498. — La mort venait d'enlever subitement le roi Charles VIII, *ce prince de petit sens et peu entendu, mais si bon qu'il n'était pas possible de voir meilleure créature.* Le douaire de sa veuve Anne de Bretagne, fut assigné, en grande partie, sur le baillage d'Aunis et le gouvernement de la Rochelle, et elle reçut en outre, au même titre, le produit annuel de la taxe imposée sur les blés et les vins qui descendaient de la Haute-Saintonge et de l'Angoumois par la Charente, impôt connu alors sous la dénomination de *traite de Saintonge.*[2]

Charles VIII étant mort, *sans hoirs mâles,* la couronne passa dans la branche collatérale de France, et fut dévolue à Louis de Valois, duc d'Or-

---

[1] Hugues du Tems. *Clergé de France.* tom. II. p. 356 et suivantes.

[2] Amos Barbot. ap. Arcère. *Hist. de la Rochelle.* tom. I. p. 295.

léans, descendant en ligne directe de Charles V. 1498. Ce prince, dont l'âge avait mûri le caractère vaniteux, étourdi et avide de plaisirs bruyans, sut mériter et conserver jusqu'au tombeau le doux nom de *Père du Peuple.* Ce fut au comte de Benon, au seigneur de Marans et de l'île de Ré, à ce preux chevalier Louis de la Trimouille, qui l'avait autrefois vaincu à la journée de Saint-Aubin et qui n'osait se présenter devant lui, que le nouveau roi adressa ce mot connu : *le roi de France ne venge point les querelles du duc d'Orléans.*

Aucun événement mémorable ne se passa en Saintonge sous Louis XII : on ne trouverait même, dans les annales de cette province, aucun monument du règne de ce prince, si, l'année même de son couronnement, il n'eût, par des lettres données à Paris au mois de juillet, confirmé, selon l'usage, les *beaux et grands privilèges* de la commune de Saint-Jean d'Angély, en considération de *la grande loyauté* que les bourgeois de cette ville *avaient toujours eue envers ses prédécesseurs comme bons et loyaux sujets, et des grandes et extrêmes dépenses qu'ils avaient à supporter, tant pour la fortification de leur ville qu'autres urgentes affaires.* [1]

La France, possédée du démon des conquêtes, était alors comme jetée hors d'elle-même, et ses guerriers allaient chercher au loin des périls et

[1] *Mss. Archiv. de l'abb. de Saint-Jean d'Angély.*

1500
à
1515.
des succès que la paix du royaume refusait à leur ambition et à leur courage.

1500. — 1515. — Cette paix si favorable au développement de la richesse matérielle et du progrès social, eût porté des fruits précieux, si, pendant presque toute la durée du nouveau règne, le royaume n'eût été désolé par un fléau plus terrible encore que la guerre. Une épidémie qui n'avait d'exemple que dans la *peste-noire* de 1347, dévora un tiers de la population de la France. Les hommes se fuyaient : les villes et les châteaux étaient déserts. Les pays riverains de l'Océan, plus exposés que ceux du centre à l'invasion de la maladie, furent les premiers atteints et les plus cruellement affligés.

Dans la Saintonge et l'Aunis la mortalité fut si grande pendant quinze années, que jamais on n'avait vu une pareille calamité. Les affaires étaient suspendues, le commerce anéanti. On craignait de trouver le principe du mal dans les choses les plus nécessaires à la vie. A Saint-Jean d'Angély la perception de l'impôt sur les comestibles éprouva une baisse si considérable, que le corps-de-ville fut obligé de faire remise aux fermiers d'une grande partie du prix de leur ferme.[1] A la Rochelle, presque tous les officiers de la commune avaient pris la fuite : le mal fit des progrès d'autant plus

[1] *Trésor de la ville de Saint-Jean d'Angély.* 12ᵉ liasse, nᵒ 9. ap. Guill. Merville. *Recherch. sur Saint-Jean d'Angély.* p. 290.

rapides dans cette populeuse cité, qu'aucune 1500
mesure n'était prise pour arrêter la contagion. à
Le maire fut forcé d'user de contrainte pour ra- 1515.
mener à leur poste les magistrats que la terreur
en avait éloignés. [1]

Aux horreurs de la peste se joignirent bientôt
celles de la famine, sa compagne obligée. La récolte
manqua entièrement faute de bras pour labourer
et ensemencer les terres. Dans l'Aunis, le prix du
froment monta à dix et onze sous le boisseau
de Marans, ce qui était un prix excessif. Déjà
depuis long-temps le peuple mourait de faim et
de misère, lorsque huit navires chargés de blé
pour l'Espagne vinrent relâcher dans la rade de
la Palisse. Le maire de la Rochelle les fit arrêter
et conduire dans le port. Les capitaines furent
contraints de vendre leur cargaison à la commune
pour alimenter la ville et la banlieue. [2]

1515. — Le bon roi Louis XII venait, à cin-
quante-trois ans, d'épouser la princesse Marie,
sœur du roi d'Angleterre, à peine âgée de seize
ans. Le désir d'avoir un fils put seul porter ce
prince valétudinaire à former une union si dispro-
portionnée. *Il voulut faire du gentil compagnon,*
et changea toutes ses habitudes pour plaire à sa
jeune épousée. *Où il soulait dîner à huit heures,*

[1] Amos Barbot. ap. Arcère. *Hist. de la Rochelle.* tom. I. p. 307.
[2] Mss. *de l'Oratoire de la Rochelle.* ap. Arcère. *Hist. de la*
Rochelle. tom. I. p. 307.

1515. *convenait qu'il dînât à midi ; où il se soulait cou-*
cher à six heures, souvent se couchait à minuit.
Un pareil régime acheva de ruiner la santé mala-
dive du prince. Au bout de deux mois de mariage
il mourut sans espoir de postérité.

« Lorsque les *clocheteurs des trépassés* allèrent
par les rues de Paris, avec *leurs campanes* (cloches), sonnant et criant : *le bon roi Loys, père du*
peuple, est mort! ce fut une désolation telle qu'on
n'en avait jamais vue au *trépassement* d'aucun
roi. Le *pauvre peuple* avait raison de pleurer! Le
roi des bourgeois et des paysans, le roi sage et
économe du bien de ses sujets était descendu tout
entier dans la tombe. Sur son trône allait s'asseoir
le roi *des gentilshommes*, autour duquel se pressait déjà toute cette noblesse qui saluait ouvertement le retour des profusions et des folies rui-
neuses. [1] »

A défaut d'héritier direct, la couronne fut
déférée au jeune et brillant François, comte
d'Angoulême, né à Cognac, en Saintonge, le 12
septembre 1494. [2]

---

[1] Henry Martin. *Hist. de France.* tom. IX. p. 372.

[2] On sait que Louise de Savoie, comtesse d'Angoulême, ayant
été surprise par les douleurs de l'enfantement au retour d'une
promenade près de Cognac, n'eut pas le temps d'aller jusqu'au
château, et donna le jour à François Ier au pied d'un orme. On
construisit autour de cet arbre historique une enceinte de maçon-
nerie dont on voit encore des vestiges à quelque distance du parc.
Cet orme est mort de vétusté ; mais un de ses rejetons appelé
l'*Oum-Till*, dans le patois du pays, perpétue le souvenir de l'é-
vénement dans la mémoire du peuple.

1517. — Deux ans après son avènement au trône, 1517. François Iᵉʳ, par des lettres-patentes données à Amboise, au mois de décembre, confirma les priviléges et franchises de *ses chers et bien amés les maire, jurés, échevins, bourgeois, manans et habitans de sa ville, cité et faubourgs de Saintes.*[1] Ces ratifications périodiques des franchises municipales n'étaient pas une vaine formalité. Souvent, après la mort d'un roi, si les immunités des villes n'étaient pas sanctionnées par le nouveau souverain, les agens du fisc méconnaissaient les anciennes concessions de la couronne, et mettaient à contribution échevins et conseillers, bourgeois et manans, sans s'inquiéter de leurs vieilles lettres d'exemption.

C'est ce qui arriva au corps-de-ville de Saint-Jean d'Angély. Louis était à peine descendu dans la tombe, que déjà le procureur du roi *sur le fait des Aides en l'Élection de Saintonge* avait fait injonction aux maire, échevins et pairs de Saint-Jean d'Angély de contribuer, comme la masse des citoyens, aux tailles à la charge de la commune. « Sur quoi se mut procès pardevant les élus sur le fait de la justice des Aides en ladite Élection, où tellement fut procédé, que le maire et les échevins obtinrent sentence à leur profit le dix-neuvième de mars l'an 1517. » Mais le procureur du roi *se porta pour appelant* contre cette sentence *pardevant les conseillers-généraux sur le fait de la justice des Aides à Paris.*

[1] *Mss. Archiv. de l'abb. de Saint-Jean d'Angély.*

1517.　　Les municipaux de Saint-Jean d'Angély s'étant pourvus, de leur côté, devant le conseil royal, obtinrent de François Ier des lettres de ratification de leurs privilèges, franchises et libertés. Alors ils dépêchèrent à Paris un homme chargé de présenter ces lettres aux conseillers-généraux sur le fait des Aides, pensant qu'elles aplaniraient toutes difficultés. Mais soit que les lettres royales, qui n'étaient pas adressées directement à la Cour des Aides, n'eussent pas été mises sous les yeux des conseillers, soit qu'elles eussent été égarées par le mandataire chargé de les produire, *elles disparurent par malice, négligence ou autrement*, et ne revinrent plus dans les mains des magistrats de Saint-Jean d'Angély. [1]

1518. — 1520. — Le 13 août 1518 la Cour des Aides rendit un arrêt par lequel ces officiers furent condamnés à contribuer aux tailles de la commune faute d'avoir produit et fait vérifier leurs lettres de franchise. Mais ils appelèrent, à leur tour, de cet arrêt devant le conseil du roi. François Ier, pendant un voyage qu'il fit en Saintonge au commencement de l'année suivante, étant venu à Saint-Jean d'Angély, les municipaux de cette ville lui exposèrent les tracasseries qui leur étaient suscitées par les agens du fisc, *le requirent humblement sur ce les pourvoir de sa*

[1] Mss. Lettres-patentes de François Ier. *Archiv. de l'abb. de Saint-Jean d'Angély.*

grâce. De nouvelles lettres-patentes, *scellées à* double queue pendant en cire verte, avec lacs de soie rouge et vert, furent expédiées de Saint-Jean d'Angély au mois de février 1519, par lesquelles le roi rétablit le corps-de-ville dans la jouissance de ses privilèges et immunités.

Plus d'un an après, le 16 novembre 1520, ces lettres royales ayant été lues et enregistrées en la Cour des Aides de Paris, la Cour, sur les conclusions du procureur-général du roi, rapporta son premier arrêt et en rendit un nouveau par lequel le maire, les vingt-cinq échevins et conseillers et les soixante-quinze pairs de la commune de Saint-Jean d'Angély furent reconnus exempts des tailles et des aides *quant aux choses par eux vendues de leur crû, hormis le sel si aucuns en ont, durant le temps que lesdits maire, échevins et conseillers seront et demeureront ès dits offices, les exerceront en personne et feront résidence en ladite ville de Saint-Jean d'Angély.* [1]

Pendant ces débats, qui ne durèrent pas moins de quatre années, la Saintonge, à peine délivrée de la peste et de la famine, qui avaient moissonné un tiers de sa population, fut désolée par un fléau presque aussi funeste. Le 10 août 1518, un ouragan tel que, de mémoire d'homme, on n'en avait pas vu de semblable souleva les flots de l'Océan à une si prodigieuse hauteur, que la mer,

1518
à
1520.

[1] *Mss. Archiv. de l'abb. de Saint-Jean d'Angély.*

franchissant ses limites, se précipita dans les campagnes. Les habitations furent renversées, les bestiaux entraînés, les récoltes submergées. Tout le pays fut de nouveau plongé dans la désolation.[1]

Ce fut pendant l'hiver qui suivit ce désastre que François I.ᵉʳ fit en Saintonge le voyage dont on a parlé plus haut. Lorsqu'il vint à la Rochelle, cette ville était encore frappée de stupeur. Toutefois, malgré la consternation universelle, on voulut faire au roi une réception digne de lui.

Le corps-de-ville de la Rochelle et l'évêque de Saintes, à la tête du clergé et des notables de la cité, allèrent à la porte de Cougnes recevoir le prince qui était accompagné de Louise de Savoie, comtesse d'Angoulême, sa mère, et de sa femme, Éléonore d'Autriche. Le maire, après avoir complimenté le roi, lui présenta les clés de la ville. Il les reçut des mains du magistrat et les remit dans celles de d'Aubigny, capitaine de sa garde écossaise.

François I.ᵉʳ entra dans la Rochelle sous un dais de brocard d'argent semé de fleurs-de-lis d'or, au bruit des décharges de l'artillerie et des acclamations de la multitude. Au moment où il approchait de la seconde enceinte de murs, Séguin Gentil arrêta sa haquenée et le supplia de jurer le maintien des franchises de la commune. Le prince fit ce qu'on lui demandait et continua sa marche.

[1] Amos Barbot. ap. Arcère. *Histoire de la Rochelle.* tom. I. p. 308.

Lorsque le cortège eut passé le dernier pont, un 1520.
groupe d'enfans, richement habillés et montés sur
un amphithéâtre, chanta en chœur des vers à la
louange du roi, en agitant de petits pannonceaux
d'azur blasonnés aux armes de France.

Le roi, suivi des deux princesses, qui cheminaient sous un dais de velours brodé d'argent,
traversa ainsi la ville pour gagner l'hôtel qui lui
avait été préparé. Pendant le séjour qu'ils firent à
la Rochelle, François Ier et les deux reines furent
fêtés avec tant d'effusion et de magnificence, qu'à
peine s'aperçurent-ils du deuil qui contristait encore tous les cœurs.[1]

1520. — C'était le temps où le conseil s'occupait
de la révision des anciennes coutume du royaume.
A part les provinces de *la langue d'oc*, où le
droit romain avait conservé une partie de son
ancienne autorité, et qu'on appelait, pour cette
raison, *pays de droit écrit*, les grandes circons-
criptions territoriales de la Gaule, quoique rame-
nées à l'unité de gouvernement politique par les
conquêtes successives de la monarchie, étaient
encore régies par les vieux *us* seigneuriaux, con-
servés d'âge en âge dans la mémoire des officiers
de justice et des praticiens. Ces antiques usages,
dont la plupart remontaient aux premiers temps
de la conquête germanique, étaient empreints

---

[1] Amos Barbot. — Mss. de Bruneau. ap. Arcère. *Hist. de la
Rochelle.* tom. I. p. 308.

1520. de la barbarie des siècles où ils avaient pris naissance, et ne se trouvaient plus en rapport avec les idées et les besoins qu'avait amenés la marche progressive de la civilisation.

François I.er voulut que toutes les coutumes et usances du royaume, après avoir été recueillies, discutées et réformées, dans chaque province, par des hommes spéciaux, fussent rédigées par écrit, afin que les corps judiciaires ne connussent plus, à l'avenir, d'autres règles de leurs décisions que le texte de ces nouveaux codes. A cet effet il choisit, dans chacun des trois parlemens, des officiers qui furent chargés de visiter successivement toutes les sénéchaussées de leur ressort, de réunir, dans chacune, les hommes de probité, de science et de pratique, et de réviser avec eux les coutumes locales, pour en faire un corps de lois systématique et régulier.

Déjà, quelques années auparavant, le vicomte de Rochechouart, sénéchal de Saintonge, avait commencé, de concert avec les praticiens de son siège, à fixer les points controversés et à concilier les contradictions réelles ou apparentes de la coutume de Saint-Jean d'Angély. Mais cette entreprise avait été interrompue par la mésintelligence qui s'était glissée parmi ses auteurs, et depuis il n'en avait plus été question.

François 1er., par des lettres données à Romorentin le 17 janvier 1520, commit Nicolas

Bouyer, troisième président au parlement de 1520. Bordeaux, Geoffroy de Chassaignes, conseiller, et Thomas Cousinier, avocat général en la même cour, pour venir à Saint-Jean d'Angély recueillir, réformer et rédiger les coutumes du pays de Saintonge. Il conféra à ces délégués le pouvoir de convoquer les comtes, barons, châtelains, seigneurs hauts-justiciers, prélats, abbés, chapitres, officiers royaux, avocats, praticiens, et autres bons et notables bourgeois du pays, pour les assister dans ce travail. Il les autorisa même à sévir contre ceux qui refuseraient d'obéir, savoir, les clercs par la saisie de leur temporel, les laïques nobles ou bourgeois par la confiscation de leurs biens meubles et immeubles. Ils devaient, au surplus, déférer au parlement de Bordeaux toutes les difficultés sérieuses qui s'élèveraient dans le cours de l'opération et qui ne pourraient être vidées par l'assemblée.

Les trois commissaires arrivèrent à Saint-Jean d'Angély le 25 janvier, et descendirent au logis *où pendait pour enseigne le Lion - d'or.* Dès le lendemain ils convoquèrent les trois ordres de la province qui se réunirent dans le réfectoire du couvent des Jacobins et siégèrent plusieurs jours consécutifs. Là vinrent, *pour l'état de l'Eglise*, maître Charles Gommard, archidiacre d'Aunis, prieur de Soubise et de Trizay, frère Foulques Girauld, prieur de Saint-Savinien, pour

1520. la noblesse , messire Adrien de Monbéron , chevalier, baron de Matha et d'Archiac , François de Malmont, baron de Tonnay-Boutonne , Jean Gommard , écuyer , seigneur d'Echillais , François Bouchard , écuyer , seigneur de Saint-Martin de la Coudre , Jean du Chesne , seigneur du Clusau , Antoine du Chesne , seigneur de Roumefort près Matha ; pour la bourgeoisie , maître Pesnau , licencié ès lois , lieutenant particulier au siège de Saint-Jean d'Angély , sire Jean Oudet, maire et capitaine de la ville, François le Breton, avocat du roi, Laurent Pitard , substitut du procureur du roi , Jean Brosset , élu du roi en Saintonge , Jacques Thibault , juge , Hélie Malat, juge prévotal , Jean Gasche , licencié ès lois , avocat , et nombre d'autres , tant d'église que laïques et praticiens.

Le 8 février , la coutume , rédigée par écrit , fut lue et publiée à son de trompe en présence des trois états de la province , et défense fut faite , de par le roi et *sous peines d'amendes arbitraires* , d'invoquer désormais des coutumes et usages contraires au texte révisé, dont trois expéditions authentiques furent déposées l'une au greffe du parlement de Bordeaux, l'autre au siège de la sénéchaussée de Saintes , la troisième au siège prévotal de Saint-Jean d'Angély.

Une chose digne de remarque , c'est que les intérêts provinciaux furent représentés , à ces

assemblées, par une bien plus grande masse de 1250.
bourgeois que de nobles et de clercs. Les premiers avaient tout à gagner et les autres tout à
perdre aux réformes qui tendaient à introduire
dans l'ordre social un régime légal et protecteur
des intérêts de tous. Là où la bourgeoisie acquérait des droits, la noblesse et le clergé voyaient
s'écrouler leurs privilèges, et l'aristocratie per-
dait en despotisme ce que le peuple gagnait en
liberté.

Aussi le *tiers* accourut-il en foule aux séances
de l'assemblée des trois ordres de la province,
tandis que la plupart des gentilshommes et des
clercs se contentèrent de s'y faire représenter
par procureurs, afin d'éviter la saisie de leurs
biens ou de leur temporel. Ainsi firent, entre
plusieurs autres, le doyen et les chanoines du
chapitre de Saintes, ceux du chapitre de Taillebourg, maître Jean de Reilhac, abbé commandataire de Saint-Jean d'Angély, l'abbé de Tonnay-
Charente, madame de Soubise, messire Antoine
d'Auton, son mari, madame de Brisambourg,
Jeanne de Rochechouart, dame de Tonnay-Charente, Jeanne d'Orléans, comtesse de Taillebourg,
tante du roi. D'autres ne daignèrent pas même
envoyer leurs procureurs à l'assemblée et se
laissèrent condamner par défaut à la confiscation. [1]

---

[1] Procès-verbal de la réform. de la cout. de Saint-Jean d'Angély. ap.
Armand Maichin. *Comment. sur cette coutum. in princip.*

1523. La province de Saintonge, ressortissant du parlement de Bordeaux, fut dès lors régie par une loi écrite qui prit le nom de *Coutume de Saint-Jean d'Angély*, du lieu où elle avait été rédigée, bien que son empire s'étendît sur toute la sénéchaussée de Saintonge, dont le siège était à Saintes. Cette dernière ville conserva néanmoins, pour son territoire, une *usance* particulière, qui ne reçut jamais le sceau de l'authenticité. [1] Quant au baillage d'Aunis, dont le siège était à la Rochelle et qui ressortissait du parlement de Paris, il avait aussi son usance, mais qui ne fut révisée et rédigée que beaucoup plus tard sous le titre de *Coutume de la Rochelle et du pays d'Aunis*. [2]

1523. — Trois ans après fut instituée, dans le pays entre Loire et Garonne, une nouvelle juridiction souveraine dont la proximité améliora beaucoup la condition des justiciables de l'Aunis. Un voyage à Paris était alors un événement rare dans la vie des hommes qui habitaient les provinces riveraines de l'Océan. Tels étaient les obstacles et les dangers même d'un pareil voyage, que souvent les plaideurs aimaient mieux faire le sacrifice de leur droit que d'aller le défendre en appel devant le parlement de Paris.

[1] Cosme Béchet. *Comment. sur l'Usance de Saintes.*
[2] René Josué Valin. *Comment. sur la Cout. de la Rochelle.*

Déjà, en 1496, Charles VIII, frappé de ces 1523.
considérations, mu aussi, dit-on, par un sentiment de rancune contre les Parisiens qui lui
avaient refusé de l'argent pour son expédition
de Naples, avait conçu le projet de créer à Poitiers un quatrième parlement, dont le ressort
aurait été formé des sénéchaussées de Poitou,
d'Anjou, de Touraine, du Maine, de la Marche,
de l'Angoumois et du baillage d'Aunis, détachés
de celui du parlement de Paris.

Ce projet, abandonné sur les représentations
du chancelier Robert Brissonnet, fut repris
en 1523. François I.er, par des lettres-patentes
données à Tours le 21 juin, institua le parlement de Poitiers, à la grande satisfaction des
peuples de l'Aunis et des autres provinces comprises dans la circonscription judiciaire de la
nouvelle cour souveraine. [1]

1525. — 1530. — La joie que cette salutaire
institution répandit dans l'Aunis et particulièrement à la Rochelle fut bientôt troublée par les
orages qui, peu de temps après, éclatèrent sur
cette importante cité. On peut faire remonter
à cette époque l'origine des malheurs de la
Rochelle. Alors finirent pour elle les jours de
paix et de concorde auxquels elle devait sa pros-

[1] Jean Bouchet. *Annal. d'Aquit.* IVe partie. — Thibaudeau.
Hist. du Poitou. tom. III. p. 63.

périté : alors aussi commença à se développer en elle cette roideur de caractère et cette inflexibilité de principes qui, après s'être exercées dans l'arène des dissentions intestines, devaient défier la royauté même et se briser sous la main de fer du pouvoir.

Les premiers troubles avant-coureurs de cette longue série de calamités éclatèrent en 1527, à l'occasion de certain impôt communal, appelé *droit de souchet*, que la municipalité levait à son profit sur les vins vendus en détail dans les tavernes de la ville et dont les débitans prétendaient s'affranchir. Les magistrats se montrant résolus à soutenir leur droit par la force, le peuple et une partie de la bourgeoisie se soulevèrent contre le corps-de-ville. La multitude s'attroupa dans les rues et les carrefours en criant : *exemption ! liberté !* En vain les municipaux se flattèrent-ils d'en imposer aux mutins par une contenance ferme. Ils furent insultés publiquement et poursuivis jusques à leurs demeures. La populace, enhardie par l'impuissance du pouvoir, ne connut bientôt plus de frein et menaça de se porter aux derniers excès.

Ces désordres devinrent si graves, que le conseil royal dut intervenir. A la fin d'avril 1530, François I.er dépêcha à la Rochelle le maître des requêtes Jean de Langeac, évêque d'Avranches, avec pouvoir de prononcer en dernier ressort sur les démêlés de la magistrature et du peuple. Après avoir ouï les griefs des deux partis, ce commissaire proposa, le 4 mai, un accommodement qui fut accepté. Mais le corps-de-ville et la bourgeoisie étaient trop irrités l'un contre l'autre pour qu'il fût possible de les réconcilier. [1]

Au milieu de cette lutte de passions et d'intérêts, un seul homme restait impassible, ou s'il prenait part à l'émotion générale, c'était pour l'exploiter au profit de son ambition. Cet homme était messire Charles Chabot, baron de Jarnac, gouverneur de la Rochelle. Retranché dans une sorte de neutralité et, spectateur, en apparence, indifférent de la lutte, il flattait tour à tour la magistrature et le peuple, et évitait de compromettre son autorité en l'interposant.

Mais dès qu'il vit le calme succéder à l'orage, Jarnac se montra soudain enflammé d'un beau zèle pour le bien public. Il expédia à la cour message sur message. A l'entendre, la scission du corps-de-ville et de la bourgeoisie ne devait cesser que lorsque des réformes indispensables auraient été opérées dans la constitution du régime communal de la Rochelle. — « Le pouvoir, trop divisé pour être fort, a besoin, disait-il, d'être concentré dans une seule main, et le corps-de-ville, composé de cent échevins, conseillers et

---

[1] Mss. du cabinet de M. de Clairambault. — Amos Barbot. ap. Arcéré. *Hist. de la Rochelle.* tom. I. p. 310.

1525 à 1530. pairs, présente une trop grande divergence d'opinions pour qu'il y ait jamais, dans le conseil cette homogénéité de pensée et cette unité d'action qui seules peuvent lui donner de la force et de la stabilité. »

Ces insinuations, habilement présentées et appuyées sur des appréhensions exagérées à dessein, firent une telle impression sur le conseil royal, que François I.er, par des lettres-patentes données à la Fère, au mois de juillet 1530, perpétua, dans les mains de Jarnac lui-même, l'ancienne mairie élective de la Rochelle, dont il supprima les soixante-quinze conseillers et pairs, et, ne conservant que les vingt-cinq échevins, ordonna que ces officiers, auparavant inamovibles, seraient renouvelés tous les deux ans. [1]

1531. — 1537. — On eût dit que les élémens conspiraient avec les passions humaines pour affliger le pays. Au milieu de l'irritation qui divisait les esprits, un désastre pareil à celui qui, au mois d'août 1518, avait désolé le territoire de la Rochelle vint, en 1537, à la même époque de l'année (22 août), jeter la consternation dans la cité et la banlieue. Ce fut principalement contre l'île de Ré que se déchaîna, cette fois, la fureur de l'ouragan. Les habitations furent renversées, les arbres déracinés, les campagnes balayées par

[1] Lettres-patentes de François Ier ap. Arcère. *Hist. de la Rochelle.* tom. I. p. 311.

une épouvantable rafale. Les vagues de l'Océan, 1531
soulevées à une prodigieuse hauteur, furent à
poussées contre les rivages de l'île avec tant d'im- 1537.
pétuosité, que les falaises en furent ébranlées,
et que d'énormes quartiers de roches furent détachés et entraînés par la force du ressac. Battue
violemment, au nord et au sud, par les flots
mugissans des deux pertuis, toute la pointe méridionale de l'île fut submergée, et la mer, faisant irruption dans les terres, y porta la ruine
et la désolation. [1]

L'aspect de ces désastres accrut encore le sentiment d'amertume que les Rochelais éprouvaient
depuis la suppression de leur magistrature élective. En voyant leurs vingt-cinq échevins tem-
poraires s'effacer devant l'autorité perpétuelle et
souveraine du nouveau maire, dont le pouvoir
illimité se trouvait sans contrepoids, ils compre-
naient toute l'étendue de leur perte. Les odieuses
manœuvres auxquelles Chabot de Jarnac avait
éu recours pour se faire déférer l'espèce de dic-
tature dont il était armé, lui avaient attiré la
haine et le mépris de la bourgeoisie et du peuple.
En vain, pour effacer la tâche originelle de son
pouvoir, affectait-il une grande courtoisie envers
les moindres citoyens : le mécontement universel
éclatait en murmures à chacun de ses actes, et
les répugnances populaires lui suscitaient chaque

[1] Amos Barbot. ap. Arcére. *Hist. de la Rochelle.* tom. I. p. 308.

1541. jour des obstacles qui entravaient la marche de son gouvernement.

1541. — Craignant que le ressentiment qui couvait dans les cœurs ne dégénérât en révolte ouverte, Jarnac imagina, pour distraire la multitude et détourner de l'objet irritant dont elle était préoccupée, de ressusciter une vieille fête populaire tombée depuis long-temps en désuétude, et qui avait été fort accréditée, aux temps féodaux, sous le nom de *Banquet de la pelotte du roi.*

Le lundi, 20 février 1541, tous les époux mariés à la Rochelle dans le courant de l'année furent condamnés, par sentence de monsieur le bailli, à contribuer au banquet de la pelotte du roi, en versant *ès mains de deux entremetteurs,* ou commissaires chargés des apprêts de la fête, une taxe de deux, trois ou quatre écus, arbitrée, selon les facultés de chacun, par monsieur le lieutenant-général. En conséquence de ce jugement fut décerné, le lendemain, *contre tous nobles et praticiens nouvellement mariés,* un exécution portant contrainte *par saisie de leurs biens meubles et immeubles, prise et détention de leur personne,* pour le paiement de la taxe, *comme étant des propres deniers du roi.* Chaque époux fut tenu, en outre, de fournir trois pelottes, dont une *armoriée à l'écu de*

France, et de les apporter en un lieu convenu , 1541.
pour être courues au plaisir du roi ou de ses officiers.

— « Ledit jour , vingt-et-un février, porte le
procès - verbal de cette solennité , jour accoutumé pour recevoir le devoir que tous les nouveaux mariés sont tenus de payer au roi, notre
sire , les officiers de la ville et gouvernement
de la Rochelle se sont, après proclamation faite,
transportés au carrefour de Mauconseil, lieu ordinaire à faire l'assemblée, et de là au pré nommé
les Corderies, joignant la porte des Deux-Moulins,
pour recevoir l'hommage dû au roi, notre souverain seigneur, par les nouveaux mariés de
l'année.

« Auquel lieu a été procédé à la réception
desdits hommage et devoir comme il suit : premièrement monsieur Mathurin Torquèze, l'un
des nouveaux mariés de l'année, a présenté trois
pelottes, l'une figurée des armoiries dudit seigneur roi, et les deux autres blanches, pour
icelles être courues au plaisir dudit seigneur,
si présent était , sinon de ses officiers , etc. »

Après avoir reçu dans un chapeau les trois
pelottes de chacun des nouveaux mariés , le lieutenant du gouvernement distribua aux autres
officiers du roi présens à la cérémonie, celles
qui étaient blasonnées aux armes de France,
puis il abandonna les blanches à qui en voulut.
Ces dernières furent alors lancées, l'une après

1541. l'autre, à travers la prairie. La multitude se rua de tous côtés pour s'en saisir, non sans force culbutes, ce qui divertit beaucoup le bon peuple, et lui fit, un moment, oublier ses maux et son ressentiment. Le soir un banquet fut servi, aux frais des nouveaux mariés, à ceux qui avaient remporté les prix de la course. [1]

Mais ce n'était pas la restauration des pratiques surannées de la féodalité qui pouvait consoler les Rochelais de la perte de leur mairie élective. Chabot de Jarnac, en dépit des efforts qu'il faisait pour gagner la confiance des citoyens, leur devenait de plus en plus odieux, et l'aversion qu'ils éprouvaient pour le nouveau gouvernement rejaillissait, par contre-coup, sur la royauté qui, au mépris des statuts de l'ancienne commune, leur avait imposé ce régime impopulaire. Le ressentiment universel n'attendait qu'une occasion pour éclater. Elle se présenta bientôt.

[1] Registr. du gouvern. de la Rochelle. Proc.-verb. des 20 et 21 février 1541. f° 30. Dans les Mém. de la société royale des Antiq. de France, tom. I. p. 432 et dans les *Affiches de la Rochelle,* 22 février et 15 mars 1771. tom. VIII. — Un usage semblable se pratiquait à Taillebourg, avec cette différence que les vainqueurs obtenaient, pour prix de leur agilité, le passage gratuit, pendant un an, pour eux et tout ce qui leur appartenait, sur le pont de cette ville, où l'on percevait un péage au profit du Seigneur. (Ibid). On remarque, au surplus, l'analogie qui existait entre l'usage du *Banquet de la pelotte du roi* et celui de la *Guerre aux coqs,* qui se pratiquait à Pons et qu'on a rapporté plus haut. Ici c'étaient des coqs, là des pelottes qui étaient le prix de la course, et chacune des deux cérémonies était terminée par un banquet servi aux vainqueurs.

1542. — François Ier, pour satisfaire à ses ha- 1542.
bitudes de luxe et aux dépenses énormes que
lui imposait sa désastreuse guerre contre Charles-
Quint, pressurait sans pitié les peuples du royaume.
Ce fut au milieu des fêtes somptueuses qui furent célébrées à Chatellerault, à l'occasion du
mariage du duc de Clèves et de la princesse de
Navarre, qu'il publia son fameux édit sur les
salines des pays maritimes de l'Ouest.

— « Auparavant, dit un vieux annaliste, la
forme accoutumée de lever les droits du roi sur
le sel était qu'il faisait lever, par ses officiers,
le droit de *gabelle* en tout son royaume, fors
en Poitou, Saintonge, ville et gouvernement
de la Rochelle, îles de Ré et de Marans, où il
prenait seulement *le quart-denier* de la vente,
qui était cinq sous pour livre. Lequel droit,
tant qu'il y a eu douaire pour reines douairières
de France, leur était baillé pour partie de l'as-
signation de leur douaire, et était affermé à
gens qui levaient icelui droit : et depuis que
madame Marie d'Angleterre, veuve du feu roi
Louis douzième, fut décédé, le roi a fait lever
ledit droit par receveurs et contrôleurs à ce
par lui établis. Et certain temps par après il
avait augmenté ledit droit de deux sous six
deniers par livre, et appelait-on le tout *droit de
quart-et-demi* ès dits pays : et avait ordonné que
les deniers procédant de la crue desdits droits de

1542. sel seraient employés au paiement des présidens, conseillers et officiers des cours de parlement de son royaume.

« La manière de lever lesdits droits était qu'il y avait certaines villes et sièges où l'on vendait du sel, et en vendait ès dits lieux qui voulait en payant le droit de quart et demi. Et allaient les marchands ès îles et marais acheter le sel, et icelui faisaient passer par certains passages où y avait officiers pour le roi : et pour connaître des défauts qu'on commettait, y avait juge qu'on appelait *conservateur du quart-sel*, greffier, procureur pour le roi, chevaucheurs et sergens. »[1]

Par son édit de Chatellerault, François I.er étendit aux pays maritimes de l'Ouest qui, ainsi qu'on vient de le voir, n'avaient payé, jusqu'alors, que le droit de *quart-et-demi*, l'impôt onéreux de la *gabelle*, qui s'élevait, par muid de sel, à trente livres tournois. Mais lorsque le roi voulut *faire prendre, saisir et mettre en sa main tout le sel étant ès salines, par certains commissaires à ce députés, pour établir un bon ordre, statut, ordonnance et déclaration de son vouloir sur ce*, une explosion universelle de menaces et d'imprécations éclata sur tout le littoral de l'Océan contre la nouvelle mesure fiscale qui venait frapper la plus importante et presque l'unique

---

[1] Jean Bouchet. *Annal. d'Aquit.* IV.e partie.

industrie de ces contrées maritimes. *Ceux de* 1542. *Poitou, Saintonge, gouvernement de la Rochelle et des îles y adjacentes furent mal-contens, voire contredisans d'obéir auxdites ordonnances, disant que le sel leur coûtait presque deux fois autant qu'il avait accoutumé.* [1]

François I.er, pour faire rentrer les mutins dans le devoir, dépêcha en Saintonge quelque cavalerie sous les ordres du général Boyer et de François de la Trimouille, vicomte de Thouars, gouverneur du Poitou. Mais la vue de ces troupes, loin d'intimider les insurgés, acheva de les exaspérer. « Les manans et habitans des îles de Marennes, Oleron, Saint-Fort, Saint-Jean d'Angle, Saint-Just, Bourg, Libourne, Bordeaux et autres prindrent les armes contre les officiers et commissaires du roi, en grand' assemblée de gens, au moyen de quoi le roi fit assembler son ban et arrière-ban du Poitou pour contraindre les habitans des lieux susdits à obéir : mais ils n'en tindrent grand compte. » [2]

Au milieu de cette irritation générale, le maire perpétuel de la Rochelle, le baron Chabot de Jarnac avait peine à contenir sa jubilation. Il allait enfin se venger de la haine et du mépris des Rochelais ! Ravi de trouver une aussi belle occasion de satisfaire son ressentiment, tout en

[1] Jean Bouchet. *Annal. d'Aquit.* IVᵉ partie.
[2] Ibid.

1542. acquérant de nouveaux titres à la faveur royale ; il la saisit avec avidité. Dès le commencement des troubles de l'Aunis, ses messagers étaient partis chargés d'amples dépêches. — « La révolte, écrivait-il, prend une attitude effrayante et il est urgent de la réprimer. Mais je ne réponds pas de contenir les factieux, si l'on ne met à ma disposition des forces imposantes.» François I.er qui était à Montpellier, manda à Jarnac de faire arrêter et transférer les plus mutins dans les prisons de Limoges. En même temps un corps de trois cents volontaires de la compagnie du duc d'Orléans fut dirigé vers la Rochelle, sous les ordres de Gaspard de Saulx, sieur de Tavannes. [1]

A l'approche des troupes royales le peuple de la Rochelle s'insurgea et ferma les portes de la ville. Le sieur de Tavannes parvint toutefois à s'introduire secrètement dans la place avec bon nombre de ses gens qu'il fit cacher dans une maison où le baron de Jarnac avait fait déposer des armes. Se montrant alors brusquement à la tête de ses soldats, au nombre de cent cuirasses, Tavannes déclara que, mort ou vif, il resterait dans la ville, dût-il y mettre le feu et s'ensevelir sous les cendres. Le peuple courut aux armes, et une action sanglante allait

[1] Mém. de Martin du Bellay. — Aug. Galland. *Disc. au roi*, etc. p. 106 et 119. — Mss. de Couain. ap. Arcère. *Hist. de la Rochelle.* tom. I. p. 311.

s'engager, lorsque l'arrivée d'un corps de huit 1542.
cents arquebusiers intimida les bourgeois, et les
fit renoncer à une résistance dont l'issue semblait
aussi incertaine que la cause en était criminelle.
Il fut convenu que les citoyens déposeraient
les armes entre les mains du maire, et entre-
tiendraient à leurs frais la compagnie du duc
d'Orléans et la moitié du corps d'arquebusiers
jusqu'à nouvel ordre du roi. [1]

Ces milices étrangères, en grande partie com-
posées de volontaires et d'aventuriers, étaient
assez mal disciplinées. Le baron de Jarnac, soit
par nécessité soit par un secret sentiment de
vengeance, les fit loger chez les bourgeois de
la cité et du faubourg Saint-Nicolas. Cette mesure imprudente eut les conséquences les plus
funestes. Pendant plusieurs jours il y eut, dans
différens quartiers de la ville, des rixes sanglantes entre les habitans et les gendarmes du
roi. Un soir, comme les gardiens des portes de
la ville portaient, selon l'usage, les clés de la
place chez le maire, des soldats voulurent s'en
emparer. Aux cris des portiers, le peuple s'attroupa et tomba, à coups de pierres et de bâtons,
sur les soudoyers qui, moins nombreux que leurs
agresseurs, prirent la fuite. Mais la multitude

[1] Mém. de Gaspard de Saulx, sieur de Tavannes. ap. Petitot.
Coll tom. XXIII. p. 320.

1542. les poursuivit jusqu'à leurs logis où plusieurs furent massacrés. [1]

Craignant que la bourgeoisie, exaspérée par la présence de ces étrangers, ne se portât envers eux à de plus graves excès, le baron de Jarnac prit le parti de les congédier. Mais il se vengea du mauvais vouloir des Rochelais en députant vers le roi le chevalier d'Ambleville avec des dépêches dans lesquelles il rejetait sur les bourgeois tous les désordres qui avaient affligé la ville, et les peignit comme des factieux contre lesquels il était urgent de sévir avec la dernière rigueur.

François Ier reçut à Montpellier l'envoyé du baron de Jarnac. Il s'achemina à Angoulème d'où il manda aux Rochelais de se tenir prêts à lui rendre compte incessamment de leur conduite. Au ton sévère de la dépêche royale, les bourgeois comprirent que le prince était vivement irrité. Dans l'espoir d'apaiser son courroux, ils lui députèrent quelques-uns d'entre eux, chargés de l'éclairer sur les véritables causes du tumulte qui avait éclaté à la Rochelle. Mais les envoyés ne purent obtenir une audience du roi et revinrent faire connaître à leurs concitoyens le triste résultat de leur mission. Toute la ville fut plongée dans la douleur. Des prières et des

---

[1] Jean Bouchet. *Annal. d'Aquit.* IVe partie. — Amos Barbot. ap. Arcère. *Hist. de la Rochelle.* tom. I. p. 312.

jeûnes publics furent ordonnés pour implorer 1542.
l'assistance du ciel, et la masse des citoyens
attendit, dans la plus vive anxiété, les terribles
effets de la justice royale.

Pendant que le bailli et ses lieutenans infor-
maient contre les promoteurs de la révolte, le
baron de Jarnac, à la tête de cinquante cavaliers et deux cents fantassins de la compagnie
du marquis de Rottelin, nouvellement arrivée
à la Rochelle, faisait placer des canons et bombardes dans les principaux quartiers de la ville,
ordonnait aux citoyens, *sous peine de la hart*,
de porter toutes leurs armes, même les couteaux
et les bâtons, dans la tour de la Chaîne, et
leur défendait de sortir de leurs maisons avant
sept heures du matin et de rester hors de chez
eux après sept heures du soir. A la vue de ces
dispositions formidables, les bourgeois, frappés
de terreur, s'abandonnaient aux plus sinistres
appréhensions sur le châtiment qui leur était
réservé, et multipliaient *les processions, jeûnes
et prières à Dieu pour qu'il lui plût mitiger l'ire
du roi.* [1]

On était alors au commencement de décembre.
—François I.er, par des lettres datées de Chizay,
ordonna que vingt-cinq des plus notables bourgeois de la Rochelle comparaîtraient devant lui,

---

[1] Jean Bouchet. *Annal. d'Aquit.* IVe partie. — Amos Barbot.
ap. Arcère *Hist. de la Rochelle.* tom. I. p. 314.

1542. dans cette ville, le dernier jour du mois. A cet effet il fit notifier, par un huissier du baillage, le décret d'ajournement au domicile de chacun d'eux.

Le roi vint, peu de jours après, à la Rochelle, accompagné d'une nombreuse cour et escorté d'un régiment de lansquenets sous les ordres du colonel Ludovic. Il refusa les honneurs qu'on voulut lui rendre. Le baron de Jarnac seul alla le recevoir *entre les deux porteaux de la porte de Cougnes*. Par son ordre, les habitans des îles de Ré, d'Oleron et de Marennes, signalés comme instigateurs de la révolte contre l'édit de Chatellerault, furent amenés, *liés et enferrés*, à la Rochelle par les archers de la Garde, et enfermés dans la tour de la Lanterne. « Le lendemain, qui fut un dimanche, dernier jour dudit mois de décembre, le roi alla voir le hâvre et port de ladite ville, garni de beaux et grands navires : et, en retournant à son logis, trouva une troupe de petits enfans lesquels à haute-voix criaient : *sire, miséricorde !* dont le roi, qui est de bénigne nature, eut pitié. » [1]

1543. — Le premier janvier, après avoir ouï la messe à Saint-Barthélemy, François I.er revint à son hôtel où avait été dressée une estrade en forme de tribunal. « Environ une heure après

[1] **Mém.** de Martin du Bellay. liv. IX. ap. Petitot. Coll. tom. XIX. p. 398. — Jean Bouchet. *Annal. d'Aquit.* IV.e partie.

midi, le roi, par une galerie de son logis, entra 1543.
audit théâtre richement paré et ordonné, et
s'assit en sa chaire royale, ayant à son côté
dextre monseigneur le duc d'Orléans, le comte
de Saint-Pol et autres princes : au côté sénestre
messeigneurs les cardinaux de Lorraine, de Ferrare
et de Tournon : aux pieds du roi, en une chaire,
monsieur Montholon, garde-des-sceaux, et par
derrière la chaire du roi, monsieur le chancelier
d'Alençon, monsieur Raymond, avocat général,
le général Bayard et autres du conseil du roi.
Au pied dudit théâtre étaient les accusés qui
eurent leurs avocats, savoir est les habitans des
iles, maître Guillaume Leblanc, avocat en la
cour du parlement de Bordeaux, et les Rochelais
maître Etienne Noyau, lieutenant particulier et
assesseur en la ville et gouvernement de la Rochelle. » [1]

Le garde-des-sceaux Montholon, après avoir
longuement exposé les faits et déduit les preuves
de la révolte, conclut à la peine capitale contre
tous les accusés. Après lui les deux défenseurs
prirent successivement la parole, et, dans des
harangues aussi prétentieuses que diffuses, selon
les formes pédentesques du temps, s'efforcèrent
bien moins de justifier leurs cliens que d'appeler
sur eux la clémence royale. Mais le prince
fut bien moins ému sans doute par les périodes

---

[1] Jean Bouchet. *Annal. d'Aquit.* IVe partie.

1543. oratoires des deux avocats que par l'attitude suppliante. et les touchantes lamentations des accusés. « Les pauvres habitans, qui étaient de genoux, se prindrent tous à crier à haute-voix, les mains tendues : *miséricorde !* comme aussi firent les Rochelais qui étaient de l'autre côté, aussi à genoux et les têtes nues, qui fut chose lacrymable et piteuse à voir. » [1]

François I.er, ayant fait imposer silence à cette foule désolée, prit, à son tour, la parole.

— « Point ne suis ici venu, dit-il d'une voix émue, pour vous dire l'ennui que je reçus, quand, moi étant empêché en personne pour l'augmentation et tuition de mon royaume, les nouvelles me furent apportées de la rébellion que vous confessez; mais bien pour vous dire, mes amis (car amis vous puis-je appeler, maintenant que vous êtes retournés à la reconnaissance de votre offense), que le mal que vous avez fait quand vous avez oublié l'office de sujets envers votre prince, est un crime si grand, qu'il ne pourrait l'être plus pour les inconvéniens qui s'en en suivent.

« Tout état bien institué ne consiste qu'en deux points, au juste commandement des princes et à la loyale obéissance des sujets. Si l'un des deux faut, c'est comme, en la vie de l'homme,

[1] Mém. de Martin du Bellay. liv. IX. ap. Petitot. Coll. tom. XIX. p. 398. — Jean Bouchet. *Annal. d'Aquit.* IVe partie.

la séparation du corps et de l'âme, laquelle vie 1543.
dure seulement autant que l'âme commande et
le corps obéit. Dieu me doint grâce de ne faillir
au commandement qu'il m'a donné sur vous,
comme chose de laquelle il me faut rendre compte :
et combien qu'en ce commandement soit com-
prise la punition de la désobéissance, il me
semble n'être moins convenable à un prince de
recevoir, après la confession de la coulpe, son
peuple se répentant, qu'il n'est équitable au
peuple d'obéir à son prince.

« Je sais que la miséricorde pourrait corrompre
un peuple de mauvaise volonté : mais je sais
aussi que vous êtes enfans de bons pères, desquels la fidélité a été expérimentée par tant de
mes prédécesseurs, que j'aime mieux oublier ce
méfait que vos anciens bienfaits. Que les autres
exercent rigoureusement leur puissance ! Je serai
toujours, tant qu'il me sera possible, pour la
pitié. J'espère que ma clémence confirmera vos
courages, en sorte que, de loyaux sujets que
vous avez été par le passé, pour l'avenir serez
encore meilleurs. Je vous prie oublier cette offense, et, de ma part, il ne m'en souviendra
de ma vie. » [1]

Rien ne pourrait rendre l'effet produit par
ces paroles royales. La multitude, fondant en

---

[1] Mém. de Martin du Bellay. liv. IX. ap. Petitot. Coll. tom.
XIX. p. 398.

1543. larmes, passa subitement de la plus poignante anxiété à la joie la plus vive. « Le peuple criait : *vive le roi !* priant notre seigneur lui donner bonne vie et longue, et continuant toujours jusqu'à ce que le roi dit davantage : — Je veux que tous les prisonniers soient délivrés présentement, que les clés de votre ville vous soient rendues, que les garnisons de gens s'en aillent, que soyez réintégrés totalement en vos priviléges et votre liberté. Je veux aujourd'hui demeurer en votre garde, et, pour la congratulation, je veux que vous sonniez vos cloches, tiriez votre artillerie, fassiez feux de joie, en rendant grâce à Dieu pour cette bonne étrenne. » [1]

Le reste de la journée se passa en divertissemens. *On fit sonner, en jubilation, toutes les cloches de la ville qui n'avaient été sonnées depuis le samedi précédent.* Le peuple, dans l'ivresse de la joie, inondait les rues et les places publiques. Les chants d'allégresse se mariaient aux carillons des campaniles et aux décharges de l'artillerie qui annonçait au loin cet heureux dénouement d'un drame dont l'exposition avait été si lugubre. Le soir toutes les maisons furent

[1] Mém. de Martin du Bellay. liv. IX. ap. Petitot. Coll. tom. XIX. p. 398. — Le mot *étrenne* ne saurait se rapporter ici au 1.er janvier comme premier jour de l'an, puisque l'année commençait encore à Pâques, et que le renouvellement de l'année ne fut fixé au 1.er janvier que par une ordonnance de Charles IX de l'année 1564.

illuminées et des feux de joie furent allumés 1543.
dans tous les quartiers de la ville. *Il y en avait
tant*, dit un contemporain, *qu'il semblait être
en plein-jour.* [1]

Un souper magnifique fut préparé pour le
roi dans la grande salle Saint-Michel. « Il voulut,
dit l'annaliste Bouchet, souper avec les citadins
de ladite ville, et fut conduit par trente des
plus apparens d'icelle, richement vêtus et portant
chacun une torche ardente en main. Il voulut,
à ce souper, être servi par eux. [2] — Grande
fut la liesse, ajoute un autre écrivain du temps,
en voyant que le roi ne voulait qu'autre le servît
que les Rochelais, fiant sa vie entre leurs mains
et souffrant qu'ils fissent la crédance de son
boire et de son manger. [3] » Le souper fut suivi
d'un bal où le roi dansa, ainsi que les princes
et seigneurs de sa maison. [4]

François Ier partit le lendemain avec toute
sa suite, au grand regret des Rochelais dont il
était devenu l'idole. Au moment de se séparer
du corps-de-ville : — « Je pense, dit-il, avoir
gaigné vos cœurs ; et foi de gentilhomme, je
vous assure que vous avez *gaigné* le mien. [5] »

---

[1] Amos Barbot. ap. Arcère. *Histoire de la Rochelle.* tom. I.
p. 319.
[2] Jean Bouchet. *Annal. d'Aquit.* IVe partie.
[3] Belleforest. *Annal.* tom. II. p. 1514.
[4] Aug. Galland. *Disc. au roi.*, etc., ap. Arcère. *loc. cit.*
[5] Amos Barbot. Ibid.

1544. Quelque temps après, le roi, craignant que la présence du baron de Jarnac, dont il avait démêlé les intrigues et jugé le caractère, n'occasionnât de nouveaux troubles dans la Rochelle, sacrifia ce favori à la paix publique. Jean de Daillon, comte du Lude, vint le remplacer dans la mairie de la ville et dans le gouvernement civil et militaire de l'Aunis. [1]

1544. — La Rochelle avait à peine recouvré la tranquillité, qu'un événement affreux la replongea dans le deuil. Deux navires génois, chargés de munitions de guerre, vinrent mouiller dans le port de cette ville vers la fin de juin 1544. Ils se rendaient au Havre d'où une armée de mer se préparait à aller assiéger Boulogne, occupé par les Anglais. Un de ces bâtimens ayant échoué, il fallut le décharger pour le remettre à flot, et l'on déposa dans un magasin les poudres qu'il contenait.

Un accident ayant mis le feu à ces poudres, toute la ville fut ébranlée par une horrible explosion. La commotion fut si violente, que les ruines même des maisons les plus voisines disparurent, et qu'à une grande distance, des débris épars marquaient la place de plusieurs édifices que la secousse avait renversés. On trouva à plus d'une lieue dans la campagne des fragmens

[1] Amos Barbot. ap. Acére. *Histoire de la Rochelle.* tom. I. p. 321.

de poutres à demi brûlés, et la détonation se [1544]. fit entendre jusqu'à Soubise et Marennes.

Cent-vingt personnes furent victimes de ce desastre. Au milieu du trouble qui régnait dans la ville, un spectacle attendrissant arracha des larmes de tous les yeux. Pendant qu'on déblayait les emplacemens couverts de débris, on trouva, parmi les décombres, un petit enfant collé au cadavre sanglant de sa mère dont il pressait le sein, s'efforçant d'éveiller par ses cris la pauvre femme qui ne l'entendait plus. [1]

1545. — 1547. — Les scènes de désordre qui, trois ans auparavant, avaient agité la Rochelle faillirent se renouveler, en 1545, dans la ville de Saintes. Cette ville *étant limitrophe de la mer océane, exposée aux descentes des ennemis et de petit revenu*, François Ier avait, *pour l'entretenement des murailles, ceintures et fortifications d'icelle*, octroyé à la commune le *droit de souchet ou appétissement sur le vin vendu en détail en la ville et faubourgs, à la raison de quinze sols tournois pour chacun tonneau de vin.* — « Mais les hôteliers, taverniers et cabaretiers sujets à payer ledit droit et devoir, cachaient et latitaient leurs vins, ne voulant pas souffrir ni permettre que visitation, inventaire et description fussent faites, et faisaient telle déclaration que bon leur

---

[1] Amos Barbot. ap. Arcère. *Histoire de la Rochelle.* tom. I. p. 322.

semblait de leurs vaisseaux à vins, dont s'en ensuivait plusieurs abus et parjuremens, et ne venait la moitié du droit à lumière. »

Craignant d'exciter parmi les débiteurs et consommateurs une émeute pareille à celle qui avait éclaté à la Rochelle en 1527, les magistrats de Saintes s'étaient abstenus, jusqu'alors, de toutes mesures rigoureuses, se contentant des déclarations que voulaient bien faire les hôteliers et taverniers. Mais, en 1545, les fermiers de l'impôt ayant voulu user de leur droit, les débitans s'opposèrent formellement à ce que leurs celliers fussent visités, et menacèrent de repousser par la force les délégués de la commune.

Le corps-de-ville, résolu à faire cesser un pareil état de choses, se pourvut devant le conseil royal. Il fallut, pour assurer la perception légale de l'impôt et remédier aux fraudes qui se commettaient journellement, que François I.er, par des lettres données à Saint-Germain en Laye le 5 février, chargeât ses élus sur le fait des aides et tailles de la province de Saintonge et du gouvernement de la Rochelle, de faire, au lieu et place de la commune de Saintes, *les visitations, inventaires et descriptions des vaisseaux enrochés ès caves et celliers desdits taverniers et cabaretiers,* et, en cas d'opposition, de les contraindre, par toutes les voies de rigueur, ainsi que cela était pratiqué dans la commune de Saint-Jean d'Angély, qui jouissait du même privilège. [1]

Ces oppositions du menu-peuple aux mesures fiscales, ces résistances aux édits royaux, qui commençaient à se multiplier dans les provinces, n'avaient pas seulement leur source dans le malaise des classes inférieures. Enlacées dans les chaînes des corporations et maîtrises, organisation étroite et jalouse qui rendait presque impossible à l'immense majorité des citoyens l'accès des professions lucratives; dévorées par le monopole des hommes riches et puissans; privées de toute liberté industrielle, et renfermées dans un cercle de prohibitions que ni le talent éclairé ni le courage persévérant n'avaient la permission de franchir, les masses populaires n'étaient pas seulement poussées à la révolte par l'excès de leurs souffrances: des idées confuses mais vivaces d'affranchissement social s'étaient infiltrées dans les classes bourgeoises, depuis le citadin jusqu'au manant, et tel était surtout le principe de cette vague inquiétude qui commençait à travailler les esprits. C'est que, depuis trois siècles, l'instinct populaire avait grandi avec le pouvoir. La royauté n'avait pu s'élever au degré de puissance où elle était parvenue sans entraîner les masses dans sa marche ascendante, et sans développer le sentiment des

[1] Edit. de François Ier. Mss. Archiv. de l'abb. de Saint-Je d'Angély.

29

intérêts nationaux qui avaient servi de base à son propre développement.

Commencée par les conquêtes de Philippe-Auguste et de Saint-Loys, continuée par le génie de Charles V et l'épée de du Guesclin, achevée, sous les murs d'Orléans, par la lance des chevaliers de Charles VII et la bannière miraculeuse de la Pucelle, cimentée enfin par la politique profonde et cauteleuse de Louis XI, cette immense révolution monarchique était arrivée, à travers une longue série de guerres et de paix, de succès et de revers, au pied du trône de François I.er, après avoir, dans son essor régénérateur, renversé les donjons féodaux et organisé les communautés bourgeoises, accéléré le progrès intellectuel de la nation en complétant l'œuvre civilisatrice des Croisades, éteint les rivalités de races en fondant dans un même corps politique les élémens divers de la vieille société gallo-franke, et édifié, sur les ruines de tant de nationalités détruites, la grande unité gouvernementale de l'absolutisme royal.

Mais en cherchant un appui dans les masses populaires contre le torrent des prétentions aristocratiques dont elle était débordée, en répandant à pleines mains franchises et privilèges sur les municipalités des villes, la royauté s'était préparé de nouveaux embarras. Ces concessions produisirent sur la bourgeoisie l'effet qu'elles

avaient produit anciennement sur la noblésse :
elles la firent raisonneuse, jalouse, exigeante,
en même temps que le pouvoir, marchant désormais appuyé sur lui-même, se montrait ou-
blieux dés services passés et se détachait peu-
à-peu des élémens démocratiques auxquels il
devait sa force et ses succès. Un temps vint où
les gens de petit état s'émancipèrent jusqu'à con-
trôler les actes du gouvernement, à lui demander
compte de l'emploi des deniers publics, à vouloir
que l'édifice des libertés nationales reposât sur
d'autres bases que des chartes octroyées ; et la
monarchie eut bientôt à lutter contre le peuple,
comme autréfois elle avait lutté contre les barons.

Le peuple n'avait pas entendu vainement ré-
sonner à ses oreilles ces mots, nouveaux pour
lui, de *liberté chrétienne*, *d'égalité devant Dieu*,
qui circulaient de ville en ville, de hameau en
hameau, colportés par les agens occultes, répétés
par les échos mystérieux de la réforme religieuse.
Appliquant, sans les comprendre, ces abstractions
métaphysiques à ses souffrances matérielles, il
en exagérait les conséquences et rêvait l'abolition
de toute inégalité sociale.

Hostile au pouvoir temporel dans les masses
pauvres et ignorantes, ce besoin d'émancipation
avait un autre but dans les classes riches et
éclairées. Celles-ci menaçaient surtout le pouvoir
spirituel dont les débordemens ne justifiaient que

trop la déconsidération où il était tombé, et qui, tout entier à ses habitudes de mollesse et de somptuosité, n'entendait pas la tempête formidable dont les retentissemens ébranlaient déjà l'Église. « L'heure terrible prédite avec effroi depuis trois cents ans. par les plus sages des docteurs chrétiens, l'heure de scission et de déchirement était arrivée. En vain mille voix prophétiques avaient crié malheur dans les universités, dans les conciles, dans le Sacré-Collége même : en vain, pendant le cours du XV.e siècle, un cardinal avait écrit à un pape (Cesarini à Eugène IV) ces lugubres paroles : — Les esprits des hommes sont dans l'attente de ce qui adviendra : la coignée est à la racine, l'arbre penche, et, au lieu de le soutenir pendant que nous le pourrions encore, nous précipitons sa chute. Dieu nous ôte la vue de nos péchés : le feu est allumé devant nous et nous y courons ! — Rien n'avait pu arracher les puissans de l'Église à leurs vices ni à leurs vanités mondaines. Les papes n'avaient point voulu de réforme pacifique dans la discipline, la hiérarchie et la constitution du clergé : ils eurent une révolution qui attaqua successivement la forme et le fond, la règle et le dogme, et s'en prit à l'essence même du catholicisme. [1] »

Ces tendances réformatrices qui se manifestaient

[1] Henry Martin. *Hist. de France.* tom. IX. p. 440 et suiv.

dans les classes éclairées de la société étaient merveilleusement secondées par la grande ré- volution morale qui s'accomplissait alors en Eu- rope. D'étonnantes découvertes avaient reculé les limites de la pensée humaine et agrandi le commerce des nations. L'imprimerie, ce puissant instrument de propagation intellectuelle, avait été inventée à Mayence vers l'an 1450. Armés de la boussole, cette autre merveille du XV.ᵉ siècle, le Génois Christophe Colomb, en 1492, le Portugais Vasco de Gama, en 1497, avaient, le premier, découvert un monde dont l'ancien hémisphère ne soupçonnait pas même l'existence, le second, pénétré, par le Cap de Bonne-Es- pérance, dans ces splendides régions lévantines dont les merveilles traditionnelles fascinaient toutes les imaginations. Déjà, en 1453, la prise de Constantinople par Mohamed, sultan des Turks Othomans, avait fait refluer en Occident les lettres et les arts de la Grèce. Recueillis à Rome par Léon X, par les Médicis à Florence, en France par François I.ᵉʳ, ces débris de la vieille civilisation jetèrent en Europe un éclat aussi vif que rapide. L'étude des lettres classiques donna l'essor à la pensée, perfectionna le goût, hâta le développement de l'intelligence et tourna les esprits vers la méditation.

Ainsi miné de toutes parts, le vieil édifice du moyen-âge tombait pierre à pierre. Tour-

mentée d'un besoin progressif de changement,
la société européenne marchait à grands pas vers
sa régénération politique et religieuse. Dans les
cabinets des princes, dans le tumulte des cités,
dans le silence des cloitres et des écoles s'élaborait
lentement cette grande œuvre de rénovation sociale. La tendance de la France vers l'unité faisait
chaque jour de nouveaux progrès, et la nation, plus
forte matériellement comme intellectuellement,
semblait se recueillir à l'approche de ce drame
immense du XVI.ᵉ siècle, dont la Réforme devait
ensanglanter les pages et dont le midi et l'ouest
de la France allaient devenir le principal théâtre.

FIN DU TOME DEUXIÈME,
ET DE LA DEUXIÈME PÉRIODE.

NOTES ET DISSERTATIONS.

I.

Page 117, ligne 10. — *Les Rochelais qui, ainsi qu'ils l'avaient promis, n'obéissaient au roi d'Angleterre que des lèvres, s'excusèrent disant qu'ils n'étaient pas exercés à combattre en mer, surtout contre les Espagnols, et qu'ils avaient leur ville à garder.*

L'annaliste anglais Polydor Vergile, qui paraît assez mal informé des circonstances de la guerre du continent, puisqu'il fait assiéger la Rochelle par du Guesclin et le duc de Berry, pendant que les Anglais et les Castillans se battent dans le golfe de cette ville, prête aux Rochelais des sentimens bien différens pour le roi d'Angleterre.

— « Sur ces entrefaites, dit-il, du Guesclin marcha secrètement vers la Rochelle où se rendit aussi Jean, duc de Berry, et tous deux, après avoir réuni leurs forces, assiégèrent la ville. Les Rochelais, bien qu'ils n'attendissent aucun secours, soutinrent néanmoins le siège avec courage.[1] »

Et plus loin il ajoute :

— « Le duc de Lancastre, après avoir loué les Rochelais en général, et rendu grâce, par écrit, à leurs chefs pour leur fidélité à la foi jurée, après avoir distribué des récompenses à toute la garnison, s'appliqua à contenir les autres peuples dans le devoir. »[2]

---

[1] His actis, Guesquinus furtim Rupellam petit, quò etiam Johannes, Biturigum dux, adfuit, qui simul, juncto exercitu, oppidum obsident. Rupellani interim, desperatis auxiliis, nihilominùs oppugnationem acriter tolerabant. (Polydor Vergil. de Event. Angliæ. lib. XIX.)

[2] Lancastrius, collaudatis generatim Rupellanis, ac eorum sigillatim principibus actis gratiis pro servatâ fide, remuneratoque præmiis toto præsidio, relictos populos in officio continere studet. (Ibid.)

II.

Page 135, ligne 12. — *Jehan Chauldrier, maire de la ville, imagina un singulier stratagème pour secouer le joug anglo-normand.*

Nous trouvons dans un journal publié à la Rochelle, la *Charente-Inférieure*, sur le véritable nom de cet illustre Rochelais, des recherches curieuses qu'on nous saura gré de reproduire ici.

« *Jehan Chauderer, Chaudrier* ou *Chauldrier* fut maire en 1359, 1362, 1366 et 1370 : c'est *Pierre Boudré* qui l'était en 1372, lorsque la Rochelle se remit aux mains de *du Guesclin*, par suite d'un traité conclu au *Treuil-au-Secret*, traité qui confirma tous les anciens privilèges de la commune, en y ajoutant le droit de banlieue, le droit de frapper les monnaies d'or et d'argent et la noblesse héréditaire pour tous les maires et échevins ; mais ce fut bien *Jehan Chauldrier* qui inventa la ruse et qui, par sa haute influence, poussa le maire à la pratiquer.

Quel était le véritable nom de ce courageux citoyen ? Chacun des historiens qui en ont parlé lui en a donné un différent ; mais puisque les historiens, ces hommes en qui l'on doit avoir foi, ne sont pas ici d'accord, cherchons dans les traditions du pays, dans nos vieux titres ou dans des actes qui semblent souvent étrangers au sujet, quelques données qui nous mènent à la vérité.

Et d'abord, la rue de la *Chaudellerie* tient certes son nom de l'homme qui rattacha pour toujours à la France la Rochelle qu'en avait détachée le honteux traité de *Brétigny*.

Après s'être appelée rue du *Conseil* elle prit le nom de rue des *Chauldriers*, de la *Chaulderie*, et enfin de la *Chaudellerie* : ce changement de terminaison était fort commun autrefois ; les rues de la *Blatterie* (des Blattiers ou marchands de blé)[1], de la *Charretterie* (des Charretiers)[2], de la *Cordoanerie* (des Cordouaniers ou des Cordonniers)[3], de la *Chaudronnerie* (des Chaudronniers)[4],

---

[1] Rue de la *Blatterie*.
[2] Rue du *Minage*.
[3] Rue du *Cordouan*. (cuir).
[4] Rue des *Cloutiers*.

de la *Broutterie* (des Brouttiers ou Brouettiers) [1], etc.,
etc., indiquent assez comment s'est effectué ce changement de nom, et la rue de la *Chaudellerie* ou des
Chauldriers, tient certainement son nom de notre vieux
Rochelais : elle s'étendait de la place du *Château* à la
fontaine des *Petits-Bancs*, et la maison de famille devait
être située au coin de la rue des *Augustins*, si j'en crois
un manuscrit sans date, mais qui paraît très-vieux et
dans lequel j'ai retrouvé une veuve *Chauldrier* qui devait
une rente à l'une des églises de la ville, sur sa maison
sise au coin de la rue de *Baillac;* nom que portait jadis
la rue des *Augustins*, de celui d'un maire de la Rochelle,
maître Pierre *Baillac* (1282).

Ce qui vient encore confirmer mon opinion, ce sont
les vers ci-après de *Pierre Ronsard*, né en 1524, vers
cités par le père *Arcère*, et dans lesquels cet ancien *Prince
des poètes*, vantant son origine, dit :

« Du côté maternel j'ai tiré mon lignage
« De ceux de la *Trimouille* et de ceux de *Bouchage*
« Et de ceux de *Reaux* et de ceux de *Chaudriers*
« Qui furent en tous temps si vertueux guerriers
« Que leur noble vertu, que Mars rend éternelle,
« Reprind (reprit) sur les Anglois les murs de la Rochelle,
« Où *l'un de mes ayeux* fut si preux, qu'aujourd'hui
« *Une rue*, à son los (à sa louange) *porte le nom de lui!* »

En effet, suivant *Morery*, la mère de Ronsard se nommait Jeanne *Chaudrier*.

Or si, dans un temps où l'origine d'un homme était
chose si importante, *Ronsard*, poète favori de *Charles* IX,
fils d'un chevalier de St.-Michel, *Ronsard* qui, je crois,
assistait au siège de 1573, a dit que son aïeul se nommait
Chauldrier; qu'il délivra la Rochelle et qu'une rue y portait son nom, tous mes doutes sont levés et, fort des
vieux manuscrits de la bibliothèque qui parlent de la rue
des *Chauldriers* et d'une veuve *Chauldrier;* fort de *Ronsard*,
dont la famille conservait sans doute avec grand soin les
preuves d'une généalogie qui ne remontait pas à moins de deux

[1] Rue *Gargouillaud*.

siècles et devait plaire au roi de France; fort de l'orthographe adoptée par le savant et consciencieux père *Arcère*, je crois pouvoir assurer que le véritable nom du libérateur de la Rochelle est *Jehan Chauldrier*.　　　Z.

III.

Page 140, ligne 4. — *Que les Rochelais seraient rétablis dans le droit d'avoir coins pour forger florins et monnaie blanche et noire, de même forme et aloi que ceux du roi.*

Le chroniqueur Jean Froissart et tous ceux qui ont écrit d'après lui ne font dater que de cette époque l'établissement d'une fabrique de monnaie à la Rochelle. L'origine de cette fabrique remonte à un temps bien plus reculé. Elle avait pu subir, au milieu des guerres du continent, une interruption temporaire : mais Charles V ne fit que la remettre en vigueur ou en renouveler le privilège. C'est ce qui résulte évidemment du droit qui avait été octroyé, dès l'an 1360, par Edward, roi d'Angleterre, aux Rochelais, de prélever à leur profit la moitié de toute la monnaie qui serait frappée, à l'avenir, dans leur ville : *Quòd burgenses Rupellæ capiant medietatem monetæ aureæ, argenteæ et nigræ in prædictá villá fabricandæ.* [1] C'est ce qui résulte encore des lettres-patentes de Charles V, du 25 novembre 1372, par lesquelles ce prince, en confirmant aux Rochelais le droit de battre monnaie, reconnaît que ce droit existait sous le roi Jean, son père : *comme la ville de la Rochelle, en laquelle, pour le temps qu'elle estoit en obéissance de nostre très-cher seigneur et père, l'en avoit accoustumé faire monnoye, etc.* [2] Si la fabrique de monnaie de la Rochelle était en pleine activité sous le roi Jean, il est à croire que son établissement datait déjà de plusieurs années.

IV.

Page 140, ligne 15. — *Lorsque les députés, de retour parmi leurs concitoyens, eurent déployé les lettres-patentes*

[1] Rymer. *Acta publica.* tom. VI. p. 217.

[2] Laurière, *Ordon. des rois de France.* tom. V. p. 543.

*revêtues du sceau royal, chacun travailla à démolir le grand
et fort châtel de la Rochelle, qui fut bientôt ruiné de fond
en comble.*

Une tradition qui n'est appuyée sur aucun document
authentique attribue à Henri II, roi d'Angleterre, duc
de Normandie et d'Aquitaine, la fondation de l'ancien
château de la Rochelle. Ce qu'il y a de certain, c'est
que le XII.° siècle fut l'époque à laquelle l'architecture
militaire eut, en Occident, son plus grand développement.
— « La multiplication des châteaux, déjà grande au XI.°
siècle, dit M. de Caumont, était devenue tellement considérable au XII.°, qu'on a peine à se faire, par la pensée,
un tableau véritable de l'état du pays. Quiconque pouvait
construire un château, le faisait, de sorte que la terre
de Normandie, l'Anjou, la Touraine, le Poitou et les
autres provinces de France étaient véritablement hérissées
de forteresses. [1] » Henri II en fit, pour sa part, construire
ou réparer un très-grand nombre tant en Angleterre qu'en
Normandie, en Aquitaine, dans l'Anjou, le Maine et la
Touraine. [2]

Le château de la Rochelle occupait l'espace qui forme
aujourd'hui la place d'armes, laquelle a conservé le nom
de *Place du Château*. Le pied de ses murailles était baigné
par les eaux de l'ancien port qui occupait, à l'ouest, le
terrain où sont creusés les fossés de la ville, du côté de la
Porte-Neuve. Du temps de la Popelinière, qui écrivait à
la fin du XVI.° siècle, il existait encore quelques débris
de cette citadelle. Il y a peu d'années, on apercevait
quelques vestiges de ses fondemens à fleur de terre, en
face du grand portail de la cathédrale; mais ils furent
couverts en 1830, lorsqu'on fit des travaux de terrasse-
ment à la place d'armes pour la niveler.

On croit que les matériaux provenant de la démolition
du château servirent à la construction des tours de la

[1] De Caumont. *Cours d'Antiq. monum.* 5° partie, p. 282.
[2] Non solùm in Normaniâ, sed in regno Angliæ, ducatu Aquitaniæ, comitatu Andegaviæ, Cænomaniæ, Turonensi, castella,
mansiones regias vel nova ædificavit, vel vetera emendavit. (Ro-
berti de Monte, Append. ad Sigebertum, ap. *Script. rer. franc.*
tom. XIII. p. 805.)

Lanterne, de la Chaine et de Saint-Nicolas. Les deux
dernières, qui avaient été bâties long-temps auparavant,
pour défendre l'entrée du nouveau port, furent recons-
truites en entier, savoir la tour de Saint-Nicolas en
1382 et celle de la Chaine en 1476. Quant à la tour
de la Lanterne, elle fut commencée en 1445, sous la
mairie de Pierre Brager, sieur de Montroi, reprise
en 1468 sous la mairie de Jean Mérichon, et achevée
en 1476. [1]

V.

Page 173, ligne 7. — *Le duc de Berry, offensé d'une
telle audace, fit ajourner, le 25 Mai 1378, son vassal de
Surgères en sa cour de parlement, séant à Poitiers.*

Voici le texte du mandement donné par le duc de
Berry à l'huissier chargé de notifier l'ajournement au
seigneur de Surgères.

« Jean, fils de Roy de France, duc de Berry et d'Auvergne, comte de Poitou, et per de France, au premier
nôtre sergent qui sur ce sera requis, salut. A la publication
et requeste de messire Loys de Granges, chevalier,
contenant que comme il soit noble et de noble gouvernement, de nom et d'armes anciennes, cognuès,
notoîres et publiques on royaume de France et ailleurs,
mesmement' ès pays de Poitou, de Xaintonge et environ, qui sont à un escu de gules, fretté d'argent et
d'azure de deux en trois et de trois en deux, et un
chiep d'or par-dessus, et trois lambeaux de sable, lesquelles armes lui et ses prédécesseurs ont accoustumé
à avoir et porter ès pays dessusdits, et l'escu aux armes
dessusdites marqué mettre et tenir ès lieux publiques,
tant en église que dehors, ainsi comme les nobles et
de noble gouvernement dudit royaume et autres desdits
pays ont accoustumé à avoir, faire et tenir sans nul con-
dredit ou empeschement, et des droits desdites armes
à avoir et porter publiquement, et de l'escu aux armes
dessusdites marqué mettre et tenir par la manière que

---

[1] (Mss. de Beaudoin. — Amos Barbot. *Invent. des titr. de la
Rochelle.* ap. Arcére. *Hist. de la Rochelle.* tom. II. p. 582.

dessus est dit, ledit messire Loys est en saisine et possession et les prédécesseurs de luy, desquex il a droit et cause, ont esté par eux ou par autres en leurs noms, eux ayans ferme et estable, par tant de temps qu'il n'est mémoire du contraire, que que soit, par tant de temps qui puet et doit suffire quant à bonne saisine et possession avoir acquise, et droit de porter et avoir tieulx armes, comme dessus est dit, et de l'escu aux armes dessusdites marqué mettre et tenir ès lieux et places dessusdits, partant comme mestier et de le dire sans nul contredit ou empeschement, lequel messire Loys par soy ou par autre en son nom, lui ayans ferme et estable et le fait agréable, entr'autres armes de plusieurs nobles du pays du Poitou, avoit fait mettre et appouser son escu marqué de ses armes dessusdites en l'église des Frères Prescheurs de Fontenay-le-Comte et de leur consentement et voulenté. Néantmoins messire Jacques de Surgères chevalier vint en ladite église, et l'escu des dites armes et les signes d'icèlles depessa et gita par terre, disèns que le dit messire Loys n'avoit droit de porter tieuls armes, ja ce soit que la vérité fut au contraire : lesquelles choses ont esté faites en grand grief, injure, préjudice et domage et diminution des droits de l'honneur et estat dudit suppliant, si come il dit, requerans iceluy suppliant à lui sur ce estre pourveu de remede gracieux et convenable : pour ce est il que nous te mandons et enjoignons, n'onobstant qu'il ne soit en ton pouvoir ou bailliage, que tu adjornes pardevant nous en nostre ville de Poitiers à certain jour et coméptant et duquel sera requis, le dit messire Jacques, pour repondre au dit messire Loys aux fins qu'il voudra conclure contre le dit messire Jacques, et pour cause des choses dessusdites et qui les touche et puet toucher, et les circonstances et dépendances d'icelles, auxquelles le dit messire Loys pourra et devra estre reçû selon raison, l'usage et la coustume du pays, avec certaines protestations et sauvations qu'il entent à faire et declarer plus à plain, si et en tant come mestier li sera, et faire proceder et aller avant en outre ainsi que de raison sera : en deffendant de par nous au dit messire Jacques, sur les peines que envers nous puest encoorre en ces cas, qu'il ne actente, innove ou aggreve aucune chose indehuement contre le dit messire Loys, de sur et pour cause des chouses devant dites, ne en préjudice d'icelles, et de tout ce que sur les choses dessusdites et chacune d'icelles fera, nous certifie suffisamment dedans le dit jour; de ce faire te donnons plein pouvoir et auctorité, mandons et commandons à tous nos subjets que à toy, en ce faisant, obeissent et entendent diligentement. Donné en nostre ville de Fontenay-le-Comte sous nostre scel le 25 jour de mai l'an 1378. [1]

VI.

Page 240, Ligne 5. — *Au troisième signal les combattans prirent du champ de part et d'autre, et fondirent, la lance au poing, sur leurs adversaires.*

On s'est principalement servi, pour le récit du combat de Montendre, de la version de Jean Jouvenel des Ursins. Voici, sur le même fait d'armes, une autre relation contemporaine, qui s'écarte peu de celle de l'historien de Charles VI. Elle est extraite d'un Mss. de la Bibliothèque royale, n.° 12,297, et rapportée dans la *Revue anglo-française*, tom. III. p. 286.

— « Et pour ce que lesditz Angloix avoient autrefoiz veu à l'espreuve messire Guillaume du Chastel, en pareil affaire, et que il leur estoit advis que si ilz en pouvoient venir à chef de bonne heure peu devoient estimer les autres, se délibérèrent de ordonner à deux des plus puissans d'entre eulx pour, à l'arrivée, assaillir ledict du Chastel, dont le grant Floury fut l'un. Et quant il pleut ausdictz juges fut crié par ledict hérault que chascun fist son debvoir, atant aprochèrent les uags des aultres et gectarent leurs langes (lances) de toutes pars sans porter aulcun effect, fors celle dudict du Chastel, qui de telle roideur fut gectée entre ses adversaires, que elle entra si avant ondict champ, que tant comme la bataille dura, elle y demoura toute plantée là dernière plus de quatre piedz loing de terre.

[1] *Mss. Archiv. du château de la Flocelière.*

« Puis vindrent aux haches, et à l'assemblée qu'ilz feirent, où eust maint grant coup donné, ledict Floury et son compaignon assaillirent tout à ung coup messire Guillaume du Chastel, ainsy que entreprins estoit, pourquoy de la part des Francoys ledict Champaigne se trouva seul, sans que aulcun luy demandast riens, et demoura, voyant ses compaignons combattre, sans se mouvoir, jusques à ce qu'il apperçeut messire Guillaume Bataille abatu par le seigneur Destalles, et lors se délibéra de l'aller revencher, ce que il fist, et tellement se y porta, que à la parfin il abatit ledict seigneur Destalles et puis le tua. Et pendant ledict messire Guillaume Bataille se releva tout estonné du coup que il avoit reçeu et apperçeut ledit du Chastel et lesdictz deux Angloix qui encoures ensembles se combatoient, lors s'adressa à eulx, et cuydant frapper sur l'ung de ses adversaires, il frappa ledict du Chastel, lequel après avoir reçeu le coup luy escrya : *aux aultres, frère, aux aultres !* Et quant ledict Bataille eut ce ouy, il s'adressa à l'ung desdictz deux Angloyx : par luy ledict du Chastel se délivra en peu de temps dudict Floury le fort, et le batit en telle façon, que jusques à la bataille finie, ne se releva.

« Et lors se eschauffa l'affaire d'une part et d'aultre, faisans de tous coustez merveilleux faiz d'armes, et à la fin Dieu donna la victoire aux Francoys, et se rendirent les Angloix à eulx, les ungs abbatus les aultres sur piedz, dont par le jugement commun desdictz juges furent les six Angloix vifs mis hors du champ et le mort avec eulx emporté, et les Françoys furent puis après en grant honneur menez à la maitresse église de Pontz, rendre grâces à Dieu de leur victoire. Et s'en retournarent à Paris où ilz furent du roy et de leur maitre honnorablement recueilliz et bien receuz. »

Pour compléter cette note il nous reste à reproduire ici un fragment d'une relation du combat de Montendre, écrite par M. Moreau, de Saintes, et insérée dans la *Revue anglo-française*, tom. III. p. 274.

— « Sur un sol composé de sable et de poudingue ferrugineux s'élèvent six mamelons, sorte de dunes diluviennes, où la matière arénacée que le temps avait consolidée est redevenue meuble par le soc du laboureur. *L'Andronis* domine sur les collines environnantes, comme le mont Capitolin sur les six collines de Rome. C'était sur ce Mont-Andronis, élevé de huit cents pieds au-dessus du niveau de la mer, qu'était le *castrum*, le géant de la Marche de Guienne : et c'est à l'opposite, sur le sable du monticule de l'ouest, que coula le sang des combattans. C'était alors un goût général chez les deux nations que les combats singuliers. Celui de Montandre ne fut pas de ces joûtes futiles, inventées pour le plaisir des dames, où de simples rubans étaient le prix de la victoire : mais un combat opiniâtre ou l'honneur du preux n'était pas séparé de celui de l'État.

« Les deux armées se placèrent dans la plaine : les compagnies françaises qui tenaient Mirambeau, Saint-Maigrin, Archiac, se rendirent sur la marche de Guienne, et vinrent occuper les sables de Montandre sous les ordres d'Harpedane, qui se trouvait avec Rutland dans l'Andronis, tandis que les troupes anglaises, arrivant des bords de la Gironde, se rangèrent dans la même plaine vis-à-vis les premières. Ainsi les armées rivales, s'étendant au pied du *castrum*, formèrent un vaste cercle de lances autour d'un tertre destiné à être foulé par des braves.

« Jean Harpedane, vicomte d'Aunay, alors sénéchal de Saintonge, fit tout préparer pour le combat. Il présidait la bataille au nom de Charles VI qu'il représentait. Le roi d'Angleterre Henri avait, de son côté, député le comte Rutland pour le même objet. Les Français qui devaient combattre, tous réputés preux, parurent à Montandre : ils avaient à leur tête Guillaume de Barbazan. Marchaient à la suite Guillaume Duchâtel, de Basse-Normandie, Archambeau de Villars, Colinet du Brabant, Guillaume Bataille, Caronis et Champagne. Les Anglais avaient pour chef Scales : les six autres se nommaient Aimar Clouet, Jean Héron, Richard Witevalle, Jean Fleury, Thomas Trays et Robert Scales. Tous étaient armés de la lance et de la hache, et portaient au bras le bouclier carré.

« L'heure du combat arrive. Les sept Français sortant du temple de la prière, se dirigent sur le champ de bataille où leurs adversaires les attendaient. Les preux sont en présence sur la hauteur qui fait face à l'Andronis. Barbazan exhorte les siens à combattre pour l'honneur de la France. Le sénéchal Harpedane donne le signal. Un héraut s'écrie : *que chacun fasse son devoir !* Les guerriers alors s'avancent les uns contre les autres pour combattre à la lance.

« Barbazan attaque, le premier, le chevalier de Scales. Chacun choisit son adversaire : les armes se croisent, se choquent, se brisent ; et, après ces premiers faits à la lance, les combattans jettent cette arme, saisissent la hache, et se disposent à se porter de plus rudes coups.

« Le plus redoutable des Français était Duchâtel, qu'une haute stature, qu'une force prodigieuse rendaient un puissant athlète : aucun Anglais n'osait se mesurer avec lui. Cependant le combat à la hache s'engage ; chaque Français est aux prises avec un Anglais. Toutefois deux de ces derniers se précipitent, en même temps, sur Duchâtel : son bras adroit et nerveux tint bon contre ses ennemis qui attachaient à sa défaite l'espoir de la victoire.

« Cependant Archambeau, demeuré sans adversaire, tombe sur Robert de Scales qui en était aux mains avec Caronis, et, le frappant à la tête d'un violent coup de hache, l'étend mort à ses pieds. S'élançant aussitôt vers Duchâtel, il rend le combat égal. Champagne, de son côté, combattait avec ardeur. Ce jeune chevalier n'avait encore essayé ses forces dans aucune rencontre. Le premier il s'était présenté pour être un des champions de Montandre ; mais le duc d'Orléans, dont il était aimé, craignant pour son inexpérience, n'avait consenti qu'avec peine à le laisser partir. Néanmoins ce jeune guerrier prouva par ses essais, qu'il ne cédait en rien aux héros ses compagnons d'armes : il terrassa son adversaire et le força de lui demander quartier. Les Français avaient l'avantage sur tous les points, excepté là où combattait Guillaume Bataille. Le malheureux fut abattu par son ennemi. Cependant

30

les siens viennent à son secours, et bientôt tous les Anglais sont vaincus.

« Telle fut l'issue de ce combat célèbre, livré en présence de deux armées et devant les hauts-barons de Saintonge, châtelains de Saint-Maigrin, Archiac, Pons, Matha. Le sénéchal de Saintonge ramena les Français victorieux auprès du monarque. Barbazan, leur chef, fut appelé *chevalier sans reproche* : le roi fit graver ce titre sur l'épée d'honneur dont il lui fit présent, y ajoutant cette devise : *Ut lapsu graviore ruant*. Ce combat, raconté de plusieurs sortes par les historiens, rendit célèbre le château de Montandre. Néanmoins la tradition n'en a pas conservé le souvenir, et l'on ignorerait ces faits d'armes, si l'histoire ne les eût fixés dans ses pages. »[1]

VII.

Page 281, ligne 1. — *Le 24 septembre de l'année suivante*, Charles VII *étant à Marmande sur Garonne, donna les terres de Taillebourg et du Cluseau, confisquées sur les frères Plusqualet, à son amé et féal conseiller et chambellan Prégent, seigneur de Coëtivy, amiral de France.*

La charge d'amiral de France avait été conférée en 1439 à Prégent de Coëtivy, alors gouverneur de la Rochelle. Voici, sur cette promotion, un document inédit extrait des archives de la maison de Guiton en Normandie.

— « Le 16 décembre 1439 les advocat et procureur du roy ont dit en la chambre que ils avoient veu les

---

[1] Voici, dit l'auteur de la relation qu'on vient de lire, des vers écrits dans le même siècle que l'événement.

« Après, dit-il, je vis sept nobles preux
Armés à blanc, ayant au poing la hache,
Qui défirent sept arrogans Anglois,
Où pas un d'eux si ne se montra lasche :
Car si très-bien firent sans s'espargner,
Qu'assez en peut Montandre tesmoigner,
Chasteau cogneu où fut l'emprinse faicte
Et des Anglois honteuse la défaicte. »

lettres du don de l'office d'admiral de France faict par le roy au sieur de Coëtivy, gouverneur de la Rochelle, au lieu du sieur de Lohéac, à présent mareschal de France, avec autres lettres par lesquelles est mandé le recevoir à serment par procureur. Et combien que ledit office d'admiral et gouverneur soient incompatibles, et que les lettres n'estoient en forme scellées, et que toutes fois, attendu le temps tel qu'il court et l'autorité que ledit de Coëtivy a de présent près du roy, que la cour peut recevoir le serment dudit procureur en certaine manière qu'ils disoient : la cour a ordonné que ledit procureur sera reçu à faire le serment, et à luy enjoint rescrire audit seigneur de Coëtivy que dans un an il vienne faire le serment en ladite cour en personne. Cependant face recevoir les lettres et que son nom propre et surnom y soient mis avec l'adresse à ladite cour et que lesdits offices soient incompatibles, afin qu'il y pourvoye et qu'en ce faisant, etc. » (Communiqué par M. l'abbé Videlon, de la Tranche en Montanel).

VIII.

Page 284, ligne 17. — *Par ce mariage, Antoine de Clermont, héritier du vieux chambellan Jacques de Surgères, était devenu vassal de Pierre de Bretagne pour sa terre de Manderoux, l'une des mouvances du comté de Benon.*

Le nouveau seigneur de Surgères ne le cédait point en piété à ses prédécesseurs, et voici un document inédit qui témoigne de sa sympathie pour les ordres monastiques.

« Anthoine de Clermont, chevalier, seigneur de Surgières, savoir faisons à tous ceux qui ces présentes lettres verront que nous, ayans regard et considération au mérite du divin service qui continuellement, tant de nuict que de jour, est faict et célébré on monstier et abbaye de Sainct-Jehan d'Angély, et espérans d'estre mieulx participans ès prières et oraisons des religieux, abbé et convent dudict monstier qui sont de présent et qui seront on temps à venir en continuant tousjours

les aumônes, dons et charitez faicz on temps passé
par noz prédécesseurs, seigneurs dudict lieu de Surgières, et par nouz audict monstier et abbaye, en
honneur et révérence de Dieu et de monsieur Sainct-
Jehan Baptiste ;

« Avons donné et octroyé à iceulx religieux, abbé
et convent et à leurs successeurs de ladite abbaye, et
par la teneur de ces présentes donnons et octroyons
congié et licence de achapter, acquérir ou acquester
en toutes noz terres, seigneuries et jurisdicions, par
contraiz raisonnables et licites ou aultrement deuement
rentes et héritaiges jusques à la somme, valeur et quantité
de vingt livres de rente par une foiz tant seullement,
ensemble ou en particularitez, en fié noble ou rous-
turier, tout ainsi que bon leur semblera faire, et sans
payer à nouz ny à noz successeurs ou qui de nouz auront
cause on temps à venir, pour cause desdits acquets jusques
à la susdite somme, aucune chose pour finances, pour
ventes ou admortimens, et sans ce que nouz, nos héritiers et successeurs leur puissions faire ny faire faire
par noz officiers aucuns commandemens de mettre ou
vider hors de leurs mains ladicte rente ou acquisicions,
ainsy qu'il est accoustumé de faire en tiel cas ; lesquels
finances ou admortimens qui, pour cause de ce nouz
pourroient appartenir ou estre deuz par manière de
indempnité ou aultrement de nostre bon gré et voulenté
nouz leur avons donné et donnons, pour occasion des
choses susdictes, congié et quiptance.

« Et leur promettons en bonne foy que desdicts acquets
qui par eulx seront faiz en nos dictes terres et seigneuries
jusques à la somme susdicte, par tant que mestier en
sera, nouz les en vestirons et expédierons tout ainsy
qu'il appartiendra en tel cas et sans riens leur demander
ny prendre d'eulx à cause desdictes finances ou in-
dempnitez ou aultrement, et avecques ce avons voulu
et voulons, tant pour nouz que pour noz héritiers et
successeurs et qui cause auront de nouz, que icelles
vingt livres de rente ou aultres possessions ils puissent
tenir perpétuellement, eulx et leurs successeurs et qui
cause auront d'eulx franchement et quictement, o paiant

à nouz ou à ceulz à qui il appartiendra les debvoirs, services ou charges anciennes, si aucunes en y a, et qui, par avant, auront accoustumé estre paiées et rendues tant seullement.

« En tesmoing desqu'elles chouses nouz avons signé ces présentes de nostre propre main et scellées de nostre propre scel, le vingt et huictiesme jour du moys de novembre, l'an mil quatre cens trente et huict. *Signé* Anthoine de Clermont. (Mss. orig. *Archiv. de l'abb. de Saint-Jean d'Angély*).

IX.

Page 299, ligne 3. — Ce fut dans le cours de cette même année 1451 que le souverain pontife autorisa Guy de Rochechouart, évêque de Saintes, à accorder des indulgences aux fidèles qui contribueraient de leur bourse aux restaurations et à l'achèvement de l'église épiscopale de cette ville.

Quelque opulens que fussent, à cette époque, les chapitres et les monastères, toutes leurs richesses n'auraient pas suffi à la construction ou même aux réparations des vastes édifices religieux dont ils ont couvert le sol de la France, si la ferveur des populations ne fût venue à leur secours. La foi chrétienne, au moyen-âge, était une source inépuisable d'enthousiasme, et tel était le zèle dont elle enflammait tous les cœurs, que partout où il s'agissait de bâtir une église ou une chapelle, on voyait accourir en masse les habitans des villes et des campagnes voisines, jaloux de gagner le ciel en travaillant à la maison du Seigneur.

On connaît la lettre remarquable qu'écrivait, en 1145, Haimon, abbé de Saint-Pierre sur Dive, aux moines de l'abbaye de Tuttebery, en Angleterre. — « C'est un prodige inoui, disait-il, que de voir des hommes puissans, fiers de leur naissance et de leurs richesses, accoutumés à une vie molle et volupteusese, s'attacher à un char avec des traits et voiturer les pierres, la chaux, le bois et tous les matériaux nécessaires pour la construction de l'édifice sacré. Quelquefois mille personnes, hommes et femmes, sont attelées au même char (tant la charge est considérable), et cependant il règne un si grand

silence, qu'on n'entend pas le moindre murmure. Quand
on s'arrête dans les chemins, on parle, mais seulement
de ses péchés, dont on fait confession avec des larmes
et des prières : alors les prêtres engagent à étouffer les
haines, à remettre les dettes, etc. S'il se trouve quelqu'un assez endurci pour ne pas vouloir pardonner à
ses ennemis, et refuser de se soumettre à ces pieuses
exhortations, aussitôt il est détaché du char et chassé
de la sainte compagnie. [1]

On conçoit quelles ressources les architectes du moyen-
âge devaient trouver dans cet élan des populations pour
l'édification des chefs-d'œuvre qu'ils nous ont légués.
Nous ne saurions mieux faire, pour donner une idée de
la manière dont étaient élevées ces masses colossales, que
de transcrire la description aussi vraie que brillante
qu'a donnée de ces immenses travaux un de nos plus
savants archéologues.

— « L'histoire du chrétien est retracée tout entière
dans ses églises, aussi détaillée, aussi palpitante, que
dans les récits naïfs des chroniqueurs. Chaque chapiteau,
chaque bas-relief, chaque peinture, tout, jusqu'à la plus
petite statuette, a sa raison, et ce langage est moins obscur pour nous que les hiéroglyphes des religions de
l'Egypte et du Mexique. N'est-ce pas aussi une chose
admirable que ce concours prodigieux de tant de forces,
que cette union intime de tant d'intelligences pour
l'accomplissement de la même œuvre?

« Quand le seigneur et le clergé avaient apporté leurs
richesses, que le peuple avait offert son denier et ses
sueurs, l'architecte traçait la place de sa vaste construction : puis, pendant de longues années, c'était un
travail actif, infatigable et vraiment miraculeux. Le che-
vet de l'église était tourné vers l'Orient où apparait le
soleil et d'où nous vient toute lumière, la nef et le
transept formaient ensuite une croix. Du reste, tout se
multipliait par des nombres mystérieux : les croisées,
les colonnes, les chapelles, les arcades, les portes et les

[1] Annal. ord. S. Benedicti. tom. VI. n° 67. Trad. de M. Richome.
ap. *Cours d'Antiq. Monum.* par M. de Caumont. IV° partie p.
274 et suiv.

autels. Le monument était-il élevé au-dessus des fondemens, les flèches s'élançaient-elles vers le ciel, le *Maître
de l'œuvre*, qui était quelquefois un laïque, mais le plus
souvent un moine ou un prêtre, dépêchait les artistes *taille-
pierres*, pour qu'ils répandissent la vie dans sa création :
et vous eussiez vu alors se ruer autour des chapiteaux,
vers l'archivolte des cintres, dans les galeries, le long
des frises, sous les voûtes, après les portiques, sur les
échafauds élevés devant les murailles, des légions d'hommes, le ciseau à la main, fouillant de gracieux rinceaux,
répandant de délicates arabesques, retraçant des scènes
entières empruntées à la vie du Christ et aux légendes
des saints. Jetant çà et là des satyres contre les grands,
persécuteurs du pauvre peuple, et cachant ainsi le secret
de ses plaisirs et de ses souffrances, les peines de son
passé et les espérances de son avenir !

« D'autres fois ils s'abandonnaient à toute la fougue
d'une imagination bizarre et inépuisable, et ils produisaient ces créations fantastiques qui sont autant d'énigmes
jetées à la postérité. Mais les sculpteurs ne faisaient pas
seuls les frais du nouveau monument : les peintres, après
eux, venaient y répandre à profusion le bleu, le ver-
millon et l'or. De larges banderolles circulaient autour
des colonnes et représentaient des sujets de l'histoire sa-
crée, tandis que les voûtes, dont l'azur était couvert
d'étoiles, imitaient la voûte du ciel. Tout cela formait le
livre de l'ignorant. Aux riches qui ne savaient pas lire,
l'artiste sculptait la passion ou tout autre sujet religieux
sur le bois ou sur l'ivoire; pour le peuple, il les sculptait sur les murs de la vaste cathédrale.

« Pendant que l'enceinte et l'extérieur du temple se
peuplaient ainsi de merveilles, sous l'inspiration commune d'une même croyance, quelques hommes plus
habiles recevaient le bois précieux ou la pierre rare,
et taillaient avec soin une Sainte-Vierge ou le patron de
la paroisse. Lorsque la Vierge était terminée, chacun
allait admirer et prier cette femme à la longue et chaste
tunique, aux cheveux ondoyans, au visage doux et aimant.
Dans ses bras elle soutient l'enfant Jésus, sur lequel
elle abaisse un regard rayonnant de tendresse maternelle.

C'est là que l'artiste a déployé toute sa pensée. Que lui importe que les plis de la robe soient raides, que les formes soient grêles et indécises et les proportions souvent contre nature ! que lui importe la beauté dite idéale de la statuaire antique ! Pour lui, il ne lui importe que de montrer un enfant souriant à sa mère, Dieu souriant à sa création, l'intelligence souriant à l'amour ! Sublime dévoûment ! Le Sauveur du monde ne s'abreuvait, au sein de l'humanité, du lait qui nourrit les enfans, que pour le lui rendre plus tard dans chaque goutte de son sang.[1] »

Ainsi naquirent, du sein de l'exaltation religieuse, la plupart des étonnantes créations architecturales du moyen-âge ; ainsi fut réédifiée, à Saintes, en 1451, la vieille église épiscopale de Pierre de Confolens. Nous disons *réédifiée* bien que, dans le passage cité du *Gallia Christiana*, puisé dans les lettres apostoliques de Nicolas V, il ne soit question que de restauration et d'achèvement, *ad instaurandam perficiendamque santonensem basilicam*, car ces restaurations furent évidemment, comme nous l'avons dit, une reconstruction totale. On ne rencontre, en effet, dans l'église actuelle de Saint-Pierre de Saintes, aucun vestige un peu considérable des anciens ouvrages du XII° siècle, et au contraire, tout ce qui, dans l'ensemble et les détails de ce gigantesque édifice, a échappé au fer des démollisseurs de 1568, est l'œuvre du XV° siècle, à part le beau portail sur lequel fut élevée la tour du clocher, et qui avait était construit un siècle auparavant.

X.

Page 324, ligne 4. — *Les états provinciaux ou assemblées électorales furent convoqués, dans chaque sénéchaussée ou baillage, avec une solennité inaccoutumée.*

Il n'est pas inutile de rechercher quel sens on attachait, au moyen-âge, à ces mots de *baillage* et *sénéchaussée*, et quelles étaient les attributions des *baillis* et des *sénéchaux*.

---

[1] L. Batissier. *Cours d'Archéologie*, dans *l'Art en Province*, 2° année. pag. 5. et suiv.

On appelait *bailli*, selon Ducange, des officiers auxquels le prince confiait l'administration de la justice dans
les provinces et les grandes villes. Ils furent institués
pour tenir la place des comtes lorsque ceux-ci cessèrent
de rendre, en personne, la justice à leurs vassaux sous
les premiers rois capétiens. A cette époque l'autorité royale
était tellement affaiblie, que tous les grands feudataires
de la couronne avaient usurpé les droits de souveraineté
dans leurs fiefs : et ce fut alors que la plupart des hauts-
barons, plus exercés au maniement des armes que versés
dans la connaissance des lois, se reposèrent du soin de
rendre la justice sur des viguiers qu'ils appelèrent, d'un
nom alors usité, *bajulos* ou *baillivos*, qui signifiait *tuteur*
ou *gardien*, parce qu'ils étaient comme les dépositaires et
les dispensateurs de la justice, chargés de veiller au maintien de l'ordre et à la sûreté de tous.

Les rois de la troisième race firent dans les villes de
leur domaine propre ce que les comtes et barons avaient
fait dans leurs fiefs, en y instituant des *baillis* pour
rendre la justice en leur nom. Plus tard il firent divers
réglemens et statuts sur la compétence de ces officiers
et sur les matières qui appartenaient à leur juridiction.
On peut voir dans Joinville et Guillaume de Nangis,
l'édit de Saint-Loys donné à Paris au mois de décembre
1254 sur les attributions des *grands baillis*, et celui de
Philippe-le-Bel, de l'an 1302, sur la réformation du
royaume, dans lequel on trouve la forme du serment
que ces officiers devaient prêter avant d'entrer en fonction. Les articles de ce serment sont rapportés au long
dans Ducange.

Les *grands baillis* n'étaient pas seulement institués pour
rendre la justice dans leurs *plaids* ou assises ; ils faisaient
encore l'office de receveurs, et étaient chargés de faire
la levée des droits appartenant au domaine royal, tels
qu'amendes, confiscations, forfaitures, lots et ventes,
mains-mortes et autres taxes de même nature, dont ils
produisaient, chaque année, des états devant les Maitres
de la Chambre aux deniers de Paris. Un édit de Philippe
de Valois, du 8 avril 1342, porte que les *baillis* ne seront
jamais pris parmi les maitres des requètes ou les mem-

bres du parlement : mais ils étaient toujours choisis, dit Monstrelet, dans l'ordre des chevaliers.

Lorsque la guerre éclatait et que le roi convoquait le ban et l'arrière-ban de ses vassaux, les *baillis* marchaient à la tête des communes de leurs *baillies*. C'est ce que disent formellement Froissart. tom. 1. chap. 121 ; le père Labbe, *Miscellanées*, tom. 1. p. 658, et Saint-Julien *in Augustoduno*, p. 215. La charge des *baillis* était annuelle, de même que celle dès vicaires ou *viguiers* qu'ils nommaient pour les suppléer : ces *viguiers* étaient ce. qu'on appela depuis des *lieutenans-généraux*. Un statut de Saint-Loys, de l'an 1256, défendait aux *baillis* et à leurs *viguiers*, tant qu'ils étaient en charge, d'acheter des possessions dans l'étendue de leur *baillie* sans une autorisation du roi, soit pour eux, soit pour leurs enfans, leurs frères ou sœurs ou pour qui que ce fût de leur famille. Un autre statut de Philippe-le-Bel, de l'an 1401, ordonnait, chap. 17, que les *baillis* et *viguiers* seraient toujours pris dans des pays autres que ceux où ils seraient appelés à rendre la justice, afin d'écarter de leurs sentences tout soupçon de haine ou de faveur. Deux statuts, l'un de Saint-Loys, de l'an 1250, l'autre de Philippe-le-Bel, de l'an 1303, portaient même qu'après le temps de la *baillie* expiré, le *bailli* resterait pendant quarante jours parmi ses anciens justiciables, pour répondre à ceux qui auraient à se plaindre de leur administration : ils devaient, en outre, se présenter devant les parlemens pour défendre les sentences qu'ils avaient rendues dans leurs plaids, lorsqu'elles étaient attaquées.

Sous la dénomination générique de *baillie, ballivia*, étaient compris, non seulement les offices et districts des *grands baillis*, mais encore les *prévotés, majories, vicomtés* et les autres magistratures secondaires dites des juges *pédanés*. Tous ces offices de judicature étaient dans le commerce, s'achetaient et se vendaient, ainsi que cela résulte d'un édit de Saint-Loys rapporté par Nangis sous l'année 1254. On rencontre souvent dans Mathieu Paris et dans les vies des abbés de Saint-Aubin ces mots : *balliva vicecomitis, balliva forestæ et forétarii*, c'est-à-dire la régie des forêts royales dont les gardes ou administrateurs rendaient des jugemens et imposaient des amendes. Il y avait encore une espèce de *baillie* qu'on appelait *ballivia feodata* et qui consistait, dit Ducange, dans la commission donnée à titre de fief à quelqu'un d'avoir soin de quelque domaine; car *balia* signifiait, dit le même glossateur, *quævis rerum administratio.*

Voilà pour les *baillis* : quant aux *sénéchaux, senescalli,* c'était, suivant Ducange, des officiers institués dans les palais des rois ou des grands et même dans la demeure des particuliers pour veiller à l'administration intérieure, sorte d'intendans ou de majordomes dont l'office n'avait primitivement aucun caractère politique. Plus tard il s'étendit, pour les *sénéchaux* des simples barons ou châtelains, à la gestion des domaines et des serfs du seigneur, pour les *grands sénéchaux* de la couronne, à la surintendance des domestiques du prince et par suite à l'inspection des gens de guerre attachés au service du palais. Les *sénéchaux* avaient en outre l'administration des revenus de leur maitre auquel ils rendaient compte de leur gestion. Sous les deux premières races, les *sénéchaux* du roi étaient mis au rang des grands du royaume, et assistaient, en cette qualité, aux plaids que le prince tenait en personne. Il y avait quelquefois deux *sénéchaux;* mais le plus souvent un seul suffisait pour remplir ces fonctions. On trouve sous la seconde race des *sénéchaux* qui étaient principalement chargés du soin du sacré-palais, *per quos sacrum palatium disponebatur* : ils prenaient rang après le maire du palais, mais avant le bouteiller, le connétable, les veneurs et les fauconniers. Ils étaient soumis au majordome, *majoris domûs regiæ*, qui avait la surintendance du palais; mais ce dernier office fut supprimé plus tard, et remplacé par celui de *grand sénéchal,* qui embrassa l'administration supérieure de toute la maison du roi. Voyez Hincmar, chap. XXIII.

On sait que le roi Robert nomma *sénéchal de France* Geoffroy Grisgonelle, comte d'Anjou, en reconnaissance du secours qu'il lui avait fourni contre l'empereur Othon, et qu'il lui donna cette charge tant pour lui que pour ses successeurs à titre héréditaire. C'est en ce sens que Robert-du-Mont, sous l'année 1477, dit que la *séné-*

chaussée de France appartenait au fief d'Anjou. Mais comme les comtes d'Anjou séjournaient peu à la cour du roi, ils y étaient représentés par un vicaire ou viguier qui prenait la qualité de *sénéchal*, mais qui était soumis au comte d'Anjou et lui rendait hommage en sa qualité. Depuis cette époque le *grand sénéchal* occupa le premier rang à la cour des rois de France où il remplissait les fonctions de majordome ou de maire du palais, et depuis Henri Ier surtout il souscrivit toujours le premier sur les chartes royales où sa charge est exprimée par le mot *dapifer* ou maitre d'hôtel, synonime de *senescallus*.

Depuis le *grand sénéchal* Thibaut, comte de Blois, en 1191, jusqu'en 1262, aucun *sénéchal du roi, dapifer regis*, ne parait sur les diplômes de la couronne, qui portent même ces mots *dapifere nullo*; d'où il semble résulter que cette dignité n'était pas définitivement supprimée, bien que personne n'y ait été élevé dans la suite. Elle fut remplacée par celle de *grand maitre d'hôtel du roi* qui conférait les mêmes attributions, c'est-à-dire la surintendance du palais. La qualification de *dapifer* donnée aux *sénéchaux* ou *maitres d'hôtel* de la maison du roi indique que leur fonction consistait à servir la table du prince; aussi les appelle-t-on souvent *præpositi mensæ regiæ*. Toutefois les grands *sénéchaux* ne faisaient d'ordinaire cet office que dans les occasions les plus solennelles, comme aux couronnemens des rois, ou dans les assemblées générales où le prince mangeait avec tout l'appareil de la royauté.

Depuis l'institution des *maitres d'hôtel* qui remplacèrent les anciens majordomes ou sénéchaux de la maison du roi, l'office de *grand sénéchal* devint une dignité militaire. Nous lisons dans les anciens monumens de la monarchie que le comte d'Anjou, *grand sénéchal de France*, conduisait l'avant-garde de l'armée lorsque le roi allait à la guerre, et l'arrière-garde au retour: il portait en outre le gonfalon ou étendard royal. On lit aussi, dans *l'ordinaire pour la bénédiction du duc d'Aquitaine*, que, pendant que le duc entendait la messe, son *sénéchal* tenait une épée nue à la main.

Enfin l'office de *sénéchal* finit par embrasser les matières judiciaires et se confondit, sous ce rapport, avec celui des *baillis* qui, de leur côté, étaient assimilés, comme on l'a vu, aux *sénéchaux*, lorsqu'en temps de guerre, ils marchaient à la tête des milices communales de leurs *baillies*. Les *sénéchaux*, considérés comme magistrats de l'ordre judiciaire, avaient la surintendance de la justice dans toute l'étendue de leur *sénéchaussée*. Un statut d'Edward I.ᵉʳ, roi d'Angleterre, règle ainsi les attributions du sénéchal d'Aquitaine.

— « Senescallus Vasconiæ, qui pro tempore fuerit, teneat quatuor assisias in quatuor quarteriis anni in Burdigalâ, ubicumque meliùs sibi viderit expedire, et alias quatuor in vasatensi et alias quatuor in partibus Sancti-Genesii, et quatuor in partibus Aquitaniæ et Bajonæ si casus exegerit; et omnes istas teneat personaliter et non per alium, nisi causa majoris negotii terræ vel œgritudinis fuerit impeditus. Et in prædictis assisiis agentur causæ tangentes proprietates nostras et dominium nostrum, ac etiam causæ tangentes proprietates et dominia baronum et magnatum nostrorum partium illarum, et non illæ causæ seu negotia quæ per auditores causarum burdigalenses, vel per loca sua tenentes in burdigalensi, vasatensi et ultrà Landas aut alibi audiri poterunt et determinari. Et quod idem senescallus ad minùs semel in anno supervideat et visitet alias senescalcias dicti nostri ducatûs, et sit in quâlibet senescalliâ ad minùs ad unam assisiam loci, si commodè fieri potest, per annum. Et visitet personaliter quolibet anno, ad minùs semel, singulas ballivas Vasconiæ, et visitando corrigat, et corrigendo habeat continuè secum unum virum jurisperitum, qui sciat consuetudines terræ et ipsi consulet in suis agendis. Et habeat continuè unum virum discretum, ultrà Landas locum suum tenentem, et percipiat annuatim pro omnibus, per manus constabularii burdegalensis, duo millia librarum burdegalensium ad quatuor anni terminos : et idem senescallus non percipiat ab aliquo bajulo regis aliquam pecuniam regis, nisi de voluntate et mandato constabularii burdegalensis. Item ordinatum est quod senescallus Vasconiæ principalis faciat, órdinet et constituat, per totum ducatum, sub-senescallos, judices, defensores, auditores causarum, custodes sigillorum contractuum, procuratores et advocatos in negotiis regis ubique per sigillum dicti ducatûs, tales pro quibus velit respondere, et cuilibet eorum conferat feoda et vadia in istâ ordinatione superiùs advocata. »

Au *sénéchal* d'Aquitaine étaient soumis les autres *sénéchaux* de la même province, savoir, ceux de Saintes, de Limoges et de Cahors, lesquels, dans le statut dont on vient de lire un extrait, sont qualifiés de *soussénéchaux, subsenescalli*, relativement au *grand sénéchal*. Ainsi les *sénéchaux* avaient les mêmes attributions que les *baillis*.

Mais le titre de *sénéchal* était particulièrement en usage dans les provinces qui avaient obéi à des comtes ou seigneurs particuliers avant d'être unies à la couronne, et celui de *bailli* dans les domaines propres du roi. C'est ce que nous voyons dans l'acte d'opposition des officiers du duché de Berry à l'érection du *baillage* de Dun-le-Roi. — « Du temps que ledit duchié fut depuis baillé à mondit sieur de Berry, qui fut l'an 1356, et qu'il y eut lors *seneschal* de par luy et non pas *bailly*, pour cause *qu'il n'estait pas en royauté*. Ledict *seneschal* avait pareillement son siège et auditoire audit lieu de Dun-le-Roy, comme ès aultres lieux dessus-dits : mais bien est vray que lors fut ordonné par le roy avoir *bailly royal* à Sainct-Pierre le Moustier pour les pais de Bourbonnais et aultres contrées, qui paravant soloient ressortir audit siège de Dun-le-Roy : et pour ce qu'il n'y avait point de *bailly royal* en Berry, fors *seneschal*, et par ainsy le temps passé, que iceluy duchié de Berry a esté en royauté, et depuis ès mains de mondit seigneur de Berry, n'a eu, audit lieu de Dun-le-Roy, *bailly* ne *officier royal*. »

Dans les derniers siècles la charge de *sénéchal* fut presque toujours héréditaire et attachée, non seulement à certaines familles, mais encore à certains fiefs. A l'exemple des rois de France qui avaient institué les comtes d'Anjou leurs *sénéchaux* perpétuels, les comtes et barons perpétuèrent aussi cette charge dans certaines maisons illustres de leurs domaines. Ainsi les vicomtes de Thouars étaient les *sénéchaux* des comtes de Poitou, les sires de Joinville ceux des comtes de Champagne, les seigneurs de Brézé ceux des ducs de Normandie, les seigneurs de la Puisaye ceux des comtes du Perche, etc.

Le *sénéchal* du roi ou du seigneur était obligé de tenir tout le pays soumis à sa juridiction dans l'obéissance de son maître, de le défendre de toutes ses forces contre ses ennemis, de veiller à la conservation de ses droits et de n'user des revenus de la province qu'au profit et dans l'intérêt du seigneur. C'est ce qui résulte de la formule du serment que prêta, en 1220, Henri de Vivône, nouvellement institué *sénéchal d'Aquitaine* pour Henri III, roi d'Angleterre. — « Ego, tactis sacro-sanctis, juravi.... Quod ego, bonâ fide, et sine malo ingenio illam (terram Aquitaniæ) custodiam et defendam pro posse meo, et jura ejus custodiam, et ea quæ dispersa sunt perquiram, et de exitibus prædictarum terrarum proficium ipsius domini nostri regis faciam ad fidem et commodum et honorem ipsius. » (Rymer. *Act. publ.* tom. I. p. 251).

Le *sénéchal* était donc en tout l'homme du roi ou du seigneur. Aussi avait-il la surintendance de la police, de la justice, des finances et de la guerre. Chargé de la défense du pays, il devait marcher à la tête des forces de sa sénéchaussée et commander la noblesse dont la majeure partie de ces forces était composée. C'était à la fois un homme de robe et d'épée, une sorte de vice-roi investi de la plus grande autorité. Mais cette omnipotence fut circonscrite plus tard, dans des limites beaucoup plus étroites par la création d'une infinité d'autres officiers royaux dont les attributions ne se formèrent qu'aux dépens de celles des sénéchaux et qui se partagèrent la puissance dont ces derniers avaient eu jusqu'alors le monopole. L'office de *sénéchal* se borna, dans les derniers temps, à rendre la justice dans un siège de *sénéchaussée* où, le plus souvent, cet officier ne faisait pas même sa résidence, bien que les sentences y fussent rendues en son nom par ses lieutenans.

Baillage et *sénéchaussée* étaient deux expressions par-
faitement synonimes dans le langage judiciaire du XVe
siècle. — « Quant au mot de *seneschal*, qui n'a autre
puissance et autorité parmi nous que le *baillif*, dit
Pasquier (*Recherch. sur la France.* liv. II. chap. 14),
quelques personnes de bon sens estiment que ce soit
un mot corrompu, mi-latin et mi-français, signifiant
vieil chevalier. » Les *baillages* et *sénéchaussées* ne jugeaient
qu'en première instance et les appels de leurs sentences
étaient portés devant les cours souveraines ou parlemens.
Mais le nombre toujours croissant de ces appels finit
par surcharger tellement la juridiction supérieure, que
Henri II fut forcé, en 1551, de créer des tribunaux
intermédiaires, appelés *présidiaux*, dont la juridiction
fut fixée, sans appel, à 250 livres, et étendue, plus
tard, à 2000 livres par un édit du mois de novembre 1774.

XI.

Page 388, ligne 7. — *La maison de Pons ne le
cédait à ses deux alliées ni en noblesse ni en richesse
territoriale.*

La seigneurie de Pons, en Saintonge, était une sirauté
fort ancienne de laquelle relevaient un nombre considérable de fiefs et dont les seigneurs se qualifiaient
de *sires*. Le premier seigneur propriétaire du château
de Pons qu'on ait rencontré, jusqu'à présent, dans les
archives de cette famille, est Guillelme, vicomte d'Aunay,
qui donna, en 1067, du consentement de Cadelon,
son fils, à l'abbaye de Saint-Florent de Saumur l'église
de Saint-Martin de Pons et la chapelle de la Vierge
qui se trouvait au-dessus de la porte du château de
cette ville. Le donateur dit dans sa charte qu'il a fait
cette donation conjointement avec ses vassaux de Pons,
et qu'il a voulu qu'elle fût confirmée par ses *princes*
ainsi que par ses compagnons d'armes ou chevaliers.[1]

---

[1] Ego igitur Willelmus, vicecomes de Odenaco, dedi et concessi
vicariam et omnem consuetudinem, etc. Volui igitur hanc à principibus nostris et commilitantibus nostris atque mihimilitantibus
corroborari. (*Livre Noir de Saint-Florent de Saumur*, f° 84).

Ses *princes* étaient Guy-Geoffroy, comte de Poitiers et duc d'Aquitaine, et Foulques, comte d'Angoulême ; dont le vicomté d'Aunay était aussi vassal, parce que Guillelme V, duc d'Aquitaine, avait donné à Guillelme II, comte d'Angoulême, la mouvance de la vicomté d'Aunay. Il fit pareillement souscrire la charte de donation par ses vassaux et chevaliers, en tête desquels figurent Renauld de Pons et Guillelme, son neveu.

Il est évident, d'après ce qui précède, que le vicomté d'Aunay avait la pleine propriété et la possession actuelle de la seigneurie de Pons, d'où l'on pourrait conjecturer que la maison de Pons est sortie de quelque branche collatérale de la vicomté d'Aunay. D'autres prétendent que ce ne sont pas les vicomtes d'Aunay, mais les ducs d'Aquitaine, qui doivent être regardés comme les premiers seigneurs de Pons. Une charte, à la vérité postérieure de seize ans à celle du vicomte d'Aunay mentionnée plus haut, semble établir, en effet, que la seigneurie de Pons appartenait primitivement aux ducs d'Aquitaine comme comtes de Saintonge. Il y est dit que Guy, comte de Poitou et duc d'Aquitaine, donna aux religieux de Saint-Florent de Saumur la chapelle du château de Pons avec toutes ses dépendances. [1] Mais on pourrait concilier ces deux opinions en disant que les comtes de Poitou, ducs d'Aquitaine, premiers seigneurs de la terre de Pons, avaient inféodé cette terre aux vicomtes d'Aunay, et s'étaient réservé la disposition de la chapelle du château. [2]

Les sires de Pons participaient à la souveraineté : ils étaient *barons du royaume*, c'est-à-dire feudataires immédiats de la couronne, et ne relevaient dès-lors que du roi. [3] La manière dont ils rendaient hommage

[1] Notum sit quod Wido, comes pictaviensis, donavit Sancto-Florentino capellam castri quod Pons dicitur cum omnibus eidem pertinentibus. Actum anno MLXXXIII, mense Junio. (*Livre Noir de Saint-Florent*).

[2] Voy. *Preuv. de la généalog. de la Maison d'Asnières en Saintonge*. Paris. 1827. p. 73.

[3] Voy. entre autres, Froissart, an 1369. — Du Tillet, *Recueil de traités*. p. 170. — La Roque. *Traité de la Noblesse*. p. 246. — *L'art de vérifier les dates*, tome II, etc.

au monarque est remarquable. Le vassal, armé de toutes pièces et la visière baissée, se présentait devant le roi, son seigneur, et lui disait : « Sire, je viens à vous pour vous faire hommage de ma terre de Pons, et vous prier de me maintenir en la jouissance de mes privilèges. » Le roi, après avoir reçu l'hommage du sire de Pons, lui donnait l'épée qu'il avait, ce jour-là, au côté. [1]

Comme barons du royaume, les sires de Pons jouissaient des droits régaliens et étaient seigneurs souverains dans leurs domaines où ils prenaient la qualité de *princes*. Cette maison possédait, en toute souveraineté, plus de soixante villes et bourgs, plus de six cents paroisses ou terres seigneuriales. Bergerac, Blaye, Ribérac, Gensac, une partie de la vicomté de Turenne, Sarlat, Limeuil, Montignac, Château-Renauld, Cognac et leurs territoires, le comté de Montfort; celui de Marennes, l'île d'Oleron, une partie de la principauté de Mortagne sur Gironde relevaient directement de la sirauté de Pons. La baronnie seule comprenait cinquante-deux paroisses et avait dans sa mouvance deux cent cinquante fiefs nobles. [2] Ces immenses domaines qui, par leur étendue et leur population, eussent formé une des meilleures provinces de France, se seraient encore accrus des comtés de la Marche et d'Angoulême, de la baronnie de Lusignan, de la seigneurie de Fougères en Bretagne, devenus, par succession, la propriété de la maison de Pons, si Charles-le-Bel n'eût contraint Rudel II, sire de Pons, à lui en faire *puram donationem* par un acte passé à Asnières, en Saintonge, l'an 1322. [3]

Les sires de Pons faisaient la guerre et concluaient des traités en leur nom particulier. [4] Ils commandaient

[1] Sainte-Foix. *Hist. de l'Ordre du Saint-Esprit.* tom. II. p. 90. — La Martinière. *Diction. géogr.* v° *Pons.*

[2] *Art de vérifier les dates.* tom. II. p. 399. — *Diction. de la Martinière et de Moréry.* v° *Pons*, etc.

[3] Trésor des chartes. n.° 22.

[4] Voy. *Archiv. du château de Pau.* Armoire d'Albret. case IV. Cot. gg. — *Nouvelle histoire généalog. des pairs*, etc. Art. *Bergerac.* tom. VI. — *Registre de la chambre des comptes de Paris.*

des troupes levées dans leurs domaines et équipées à leurs frais : témoins Renauld III de Pons qui, en 1266, combattit, à la tête de quatre cents lances, dans l'expédition de Naples, pour Charles de France, comte d'Anjou, contre Mainfroy; Geoffroy de Pons, cinquième du nom, *premier seigneur d'Aquitaine*, qui, *avec ses forces*, fit long-temps la guerre aux Anglais en Saintonge et Poitou ; Renauld V qui, aussi *avec ses forces*, assista Charles, comte de Valois et le connétable Raoul de Nesle contre l'Angleterre; Renauld VI, qui, *avec ses vassaux*, seconda puissamment Bertrand du Guesclin dans la guerre anglo-française, qu'il soutint long-temps *à ses propres frais et dépens*, en qualité de lieutenant du roi en Saintonge; Jacques I.er qui, au siège de Bordeaux, combattit pour Charles VII *avec nombre d'hommes et de vaisseaux armés et équipés à ses dépens* ; [1] enfin Antoine, dernier sire de Pons, qui, au XVI.e siècle, leva dans ses fiefs dix mille fantassins et quatre cents cavaliers avec lesquels il rendit à la couronne de signalés services qui le firent comprendre dans la première promotion des chevaliers de l'Ordre du Saint-Esprit, institué en 1579. [2]

Telle était l'illustration et la richesse territoriale des sires de Pons, qu'à part les ducs et les princes du sang royal de France, ils figuraient en première ligne parmi les plus puissans *terriens* du royaume, ce qu'on exprimait, en Aquitaine, par ce vieil adage qui a passé dans les chroniques du temps : *Si roi de France ne puis, sire de Pons voudrais être.* M. de Beaujon, généalogiste des ordres du roi, écrivant, en 1767, à M. de Bérenghen,

---

[1] Renaud VI et Jacques I.er, sires de Pons, furent des guerriers célèbres dans leur temps. Le premier enleva aux Anglais les villes de Saintes, Cognac, Saint-Maixent, Marans, Merpins, Chatelaillon, Saint-Jean d'Angély, Mornac, Royan, etc., dont plusieurs lui demeurèrent, et ce fut lui qui, en 1395, fit prisonnier devant Soubise le fameux captal de Buch. Le second mourut couvert de vingt-cinq blessures reçues en divers combats. (Voy. son hist. mss. à la Biblioth. royale).

[2] Sainte-Foix. *Histoire de l'Ordre du Saint-Esprit.* tom. II p. 90 et suiv.

premier écuyer de la chambre, rendit un éclatant témoignage à la haute noblesse du comte de Pons, descendant de cette famille. « Sa maison, disait-il, a un
caractère de grandeur dont on trouve peu d'exemples
dans nos meilleures maisons. On voit, entre autres
faits, que Renauld II, sire de Pons, fut compris
au nombre des *barons du royaume* dans le catalogue
qui en fut dressé par ordre de Philippe-Auguste, et
que son petit-fils épousa l'héritière de la maison de
Bergerac, qui lui apporta en dot Bergerac, Blaye
Ribérac, Gensac et une partie de la vicomté de Turenne. Cette alliance acheva de donner à cette maison
un tel degré de puissance, que nos rois et les rois
d'Angleterre se disputaient l'avantage de l'attirer en
leur parti, et qu'elle fut plus d'une fois médiatrice
entre ces souverains. [1] »

Les sires de Pons reçurent toujours des rois de France
le titre de *cousin* à partir de l'époque à laquelle l'usage
de cette qualification commença à s'établir en faveur
des grands vassaux de la couronne. Ce titre, le plus
distingué auquel un gentilhomme pût prétendre, ne
se donnait qu'aux princes et aux proches parens de la
maison royale, comme aussi aux grands officiers de la
couronne et à ceux qui participaient à la souveraineté.[2]
Aussi Geoffroy IV, sire de Pons, est-il ainsi qualifié
dans la lettre de convocation qui lui fut adressée pour
se trouver au couronnement de Saint-Loys le dimanche
après la Saint-André 1226, cérémonie à laquelle les
seuls barons de France avaient droit d'assister. [3]

---

[1] Registr. orig. de l'ancien cabinet de l'Ordre du Saint-Esprit.

[2] Dans une donation faite le 22 juin 1371 à Renauld VI,
sire de Pons, par Charles V, ce roi l'appelle son *féal cousin*.
Louis XI donnait la même qualité à Jacques I.er, sire de Pons,
fils du précédent. Gay, sire de Pons, est décoré du même titre
dans un arrêt rendu entre lui et Guy de Melleville, seigneur de
Misambeau-l'Artauld, ainsi que dans plusieurs lettres de Louis
XII. (Mss. de la Bibliot. roy. passim).

[3] Diction. géogr. de la Martinière v.° Pons. — La Roque.
Hist. de la maison de Harcourt. Preuv. tom. III. p. 188. —

La cour et les princes du sang royal, eux-mêmes,
avaient coutume de désigner le vicomte de Pons, dernier
rejeton de la tige masculine, mort le 17 juin 1794,
par le surnom de *Pons-Royal*. Cela vient de ce que
ce gentilhomme, un sieur de Pons, intendant de province, et une autre personne qui avait substitué le
nom de Pons à son nom propre se trouvant, un jour,
réunis dans un salon, quelqu'un fit un jeu de mots
sur cette rencontre de *trois Ponts* dans le même appar-
tement. — « Il y a des distinctions à faire entre ces
trois *ponts*, répliqua malignement le vicomte, c'est que
l'un est le *Pont-Neuf* (désignant l'intendant, noble de
fraîche date), le *Pont-au-Change* (celui qui avait changé
son nom) et le *Pont-Royal* (en parlant de lui-même).
Ce surnom de *Pons-Royal* lui resta. [1]

La maison de Pons portait pour armes un écu *d'argent
à la fasce bandée d'or et de gueules*. Les trois bandes
d'or représentaient les trois ponts de la Seugne, et
les bandes de gueules les eaux de cette rivière teintes
du sang des ennemis. [2] C'est aux armes de la maison
de Pons que Desmarets de Saint-Sorlin a fait allusion
dans ce passage de son poëme de *Clovis* :

> « Puis vient le brave Pons qui, d'un bras sans repos,
> Sur trois ponts de Charente, arrêta tous les Goths,
> Renvisant, pour sa gloire et celle de sa race,
> L'exploit si renommé du valeureux Horace.
> Et maintenant soumis, il conduit sous leurs lois
> Les forces de Saintonge et celles d'Angoumois.
> Il porte le beau nom de ce fait mémorable,
> Pour en rendre à jamais le souvenir durable,
> Et, comme un fier vainqueur, encore que vaincu,
> Il ose de trois ponts enrichir son écu. [3] »

Ce ne fut, dit la Roque, qu'à partir de François Ier que la
qualité de *cousin* commença à s'étendre à d'autres personnes,
comme aux cardinaux, aux maréchaux de France, etc.

[1] *Preuv. de la généal. de la Maison d'Asnières.* Paris. 1827. p. 28.

[2] *Dictionn. héraldique.* v.° *Fasce.*

[3] *Clovis.* liv. XIX. p. 382. édit. de 1673.

XII.

Page 410, ligne 6. — *Pierre de Rochechouart demeura paisible possesseur du siége épiscopal de Saintes, sur lequel il fut remplacé par le célèbre Raimond Pérault, cardinal de Gurck, fils d'un simple artisan de Surgères, et qui, de la condition la plus obscure, s'éleva, par ses intrigues et ses talens, aux plus éminentes dignités de l'Eglise.*

Le cardinal Raimond Pérault naquit, en 1435, dans la petite ville de Surgères, sur la limite orientale du pays d'Aunis. D'abord instituteur à Surgères, puis à la Rochelle, il alla ensuite achever ses études à Paris, et entra, en qualité de boursier, au collége de Navarre où il prit successivement les grades de bachelier et de docteur en théologie. Il revint alors dans sa patrie et fut nommé prieur de Saint-Gilles de Surgères. Mais ce théâtre était trop borné pour son ambition. Brûlant du désir de s'élever, il partit pour Rome, et sut se rendre utile aux papes Paul II, Sixte IV et Innocent VIII. Ce dernier l'envoya, avec le titre de nonce extraordinaire, en Allemagne pour prêcher une croisade contre les Turks et recueillir les aumônes destinées aux frais de cette expédition. A Nuremberg, un chanoine de Bamberg, appelé Théodoric de Monrung, déclama contre les indulgences que le nonce distribuait en échange de l'argent des fidèles, et lança contre Pérault un pamphlet intitulé *la Passion des Prêtres*, auquel l'envoyé du pape répondit en dégradant le libelliste et en le faisant punir de mort. Pérault ne fut pas heureux dans sa nonciature d'Allemagne. Il ne put rallumer dans les cœurs l'amour éteint des Croisades, n'amassa presque rien et se fit beaucoup d'ennemis. De retour à Rome, il se plaignit de la mauvaise opinion que les peuples avaient du pape et des cardinaux dont l'ambition, la cupidité, le faste et le libertinage étaient connus de l'Europe entière. On lui répondit que c'était lui qui, par sa conduite inconsidérée, avait donné sujet à ces bruits scandaleux. On alla jusqu'à l'accuser de s'être approprié une partie des sommes provenant du commerce des indulgences : mais il prouva que cet argent lui avait été enlevé par des voleurs et fut tenu pour justifié. Il fut même récompensé de ses fatigues par l'évêché de Gurck, dans la Carinthie, d'où il prit le nom qu'il porta jusqu'à la fin de ses jours.

En 1482, Raimond Pérault vint à la cour de France en qualité de nonce du pape Sixte V, et reçut, à son retour au mois de septembre 1493, le chapeau de cardinal des mains d'Alexandre VI. Mais la reconnaissance ne l'empêcha pas, l'année suivante, de prendre parti pour la France contre la cour de Rome dans la guerre de Naples. La même année, André Paléologue, héritier de l'empire de Constantinople, ayant cédé ses droits à Charles VIII, le cardinal de Gurck fut chargé d'accepter cette donation au nom du roi de France. En 1500, il négocia un accommodement, dans la ville de Trente, entre l'empereur Maximilien et le roi Louis XII, et assista, trois ans après, à la diète de Francfort.

Ce fut pendant qu'il siégeait dans cette assemblée, en 1503, que l'évêché de Saintes, qui venait de vaquer par la mort de Pierre de Rochechouart, lui fut déféré. Outre l'évêché de Gurck, il avait obtenu aussi ceux de Navarre et de Viterbe. Il mourut dans cette dernière ville le 5 septembre 1505, âgé de soixante-dix ans, étant légat du patrimoine. Le cardinal Pérault est peut-être l'homme dont on a dit le plus de bien et le plus de mal. Selon les uns il eut tous les vices des prélats de son temps, étalant partout un luxe scandaleux, mettant les peuples à contribution et trafiquant sans pudeur des grâces du Saint-Siège. Suivant Trithème, son contemporain, c'était, au contraire, un prélat d'une vie exemplaire, plein de zèle pour la justice et de mépris pour les honneurs et les biens de ce monde. Un point sur lequel on paraît d'accord, c'est que le cardinal Pérault était doué d'une grande vigueur de caractère dont il donna des preuves en mainte occasion. Tout en servant l'avarice des papes, il osa censurer leurs injustices, hardiesse alors peu commune et qui lui valut l'espèce de considération qui est restée attachée à son nom.

A l'expérience qu'il avait dû puiser dans une vie si pleine d'événemens, Raimond Pérault joignait un profond savoir. On a de lui plusieurs écrits dont le plus remarquable est le livre *de dignitate sacerdotali super omnes reges*, où les prétentions de l'Église romaine à la domination politique du monde sont exposées avec une effrayante naïveté.

XIII.

Page 480, ligne 5. — *Jarnac imagina, pour distraire la multitude, de ressusciter une vieille fête populaire, tombée depuis long-temps en désuétude, et qui avait été fort accréditée, aux temps féodaux, sous le nom de Banquet de la pelotte du roi.*

Il existe une analogie frappante entre la cérémonie du *Banquet de la pelotte du roi* et la fête baladoire, appelée *jeu de la sole* ou *de la soulle*, qui était célébrée anciennement dans plusieurs provinces du royaume. On remarque d'abord une parfaite identité de noms, car le mot *soul*, dans l'idiome kimrike de la Basse-Bretagne, signifie un *globe*, un *ballon*. Latour d'Auvergne, dans ses savantes recherches sur l'origine de la langue bretonne, rapporte, à l'occasion du *jeu de la soulle*, dans lequel il voit une imitation de l'antique institution des jeux pythiens qui étaient célébrés en l'honneur d'Apollon, que les Bretons, au lieu de lancer horizontalement la *soul*, la lancent perpendiculairement à une très-grande hauteur, et que mille mains, élevées en même temps pour la recevoir, semblent payer un commun tribut d'hommages à l'astre bienfaisant dont on célèbre la fête.

Le jeu de la *soulle*, suivant le même auteur, n'avait lieu que le dimanche, jour consacré au soleil par les anciennes tribus celtiques. *Pasques de soles* était le jurement habituel de Louis XI, et signifiait *Pâques du dimanche*, comme étant un jour plus solennel que la Pâque du lundi ou du mardi, car on sait que cet anniversaire durait trois jours. Or, dimanche se dit, en latin, *dies solis*, *jour du soleil*. Les Bretons appellent encore le dimanche *di sul*, le jour du soleil, ou simplement *ar sul*, le soleil, et le dimanche de Pâques, *sul pask* ou *sul bask*, le soleil de Pâques. [1]

Le jeu de la *solle* ou de la *soulle* était en usage autrefois dans le Berry, le Bourbonnais, la Picardie et ailleurs. Ce mot vient, selon Ducange, de *solea*, semelle de soulier, parce que c'était avec le pied qu'on poussait la *soulle* ou pelotte. On jouait à la *soulle* dès le XIV.[e] siècle : on trouve ce jeu populaire mentionné dans les ordonnances des rois et dans plusieurs statuts synodaux. La pelotte était désignée, dans quelques pays, sous les noms de *Mellat* et de *Chéole*; mais presque partout on l'appelait *soulle*, si elle était grosse, et *soullette* lorsqu'elle était petite.

Raoul, évêque de Tréguier, par un statut de l'an 1440, rapporté au tome IV du *Thesaurus anecdotorum* des PP. Martenne et Dudevant, défendit le jeu de la soulle en Basse-Bretagne, où ce jeu était pratiqué sous le nom de *Mellat* en idiôme vulgaire du XV.[e] siècle. Une ordonnance de Charles VI, de l'an 1387, parle du jeu de la *soulle* auquel les paysans du Vexin s'exerçaient devant le grand portail de l'abbaye de Notre-Dame de Mortevert, le jour de carême prenant. Une autre ordonnance de Charles V, de l'an 1369, met ce jeu au rang de ceux qui sont défendus comme ne servant nullement à dresser la jeunesse pour la guerre. Dans un décret ou statut du Châtelet de Paris, de l'an 1493, il est encore parlé de cet usage sous le nom de *jeu de la soulle*. Les habitans de quelques villages de l'archiprêtré d'Hérisson, en Bourbonnais, croyaient autrefois honorer Saint-Jean l'Evangéliste et Saint-Ursin en *courant la soulle*, c'est-à-dire qu'ils se livraient à cet exercice dans l'une de ces deux paroisses le 27 décembre, et dans l'autre le 29 du même mois. La *soulle*, selon Ducange, était tantôt un ballon enflé de vent, tantôt une boule en bois. [2]

[1] Ermangart et Eloi Johanneau. *Notes sur Rabelais.* tom. VII. p. 410.

[2] Voy. Ducange et ses continuateurs. *Glossar. mediæ et infimæ latinitatis* aux mots *ludi*, *cheolare*, *mellat*, etc. — Ducange. VIII.[e] dissertation sur Joinville et le *Mercure de France*, mars

Un arrêt du parlement de Paris supprima, en 1779, le jeu de la *soulle* dans la paroisse de Vouillé, en Poitou. Voici le détail de cette fête pris dans l'énoncé même de l'arrêt. Elle avait lieu le deuxième jour de Noël, 26 décembre, veille de la fête de Saint-Jean l'Evangéliste. Les habitans du bourg de Vouillé s'assemblaient, dès le matin, dans un cabaret, et envoyaient des garçons chercher le dernier marié de l'année qu'ils amenaient de force ou de gré, exigeant de lui trois livres de pain et du vin. S'il se refusait à cet impôt, il était dépouillé de ses habits. On plaçait ensuite sur la fenêtre la plus apparente du cabaret où l'on était assemblé une boule en bois d'un poids considérable qu'on décorait de lauriers et autour de laquelle on disposait des bouteilles et des verres. On plaçait des sentinelles au bas de la fenêtre pour obliger les passans à saluer cette boule qu'on appelait la *soulle*. Ceux qui refusaient de faire la révérence obligée étaient honnis et insultés.

Vers le soir les hommes et les femmes mariés se séparaient des garçons et des filles. Le dernier marié allait enlever la *soulle* qu'il portait au sommet d'un rocher escarpé. A un signal donné, hommes et femmes, garçons et filles s'élançaient, de deux côtés différens, vers le rocher pour s'emparer de la *soulle*. Quand les hommes et les femmes étaient les plus forts, ils portaient le trophée de leur victoire au milieu de la rivière : quand, au contraire, la *soulle* avait été enlevée par les garçons et les filles, elle était par eux jetée dans un puits : alors un des garçons devait descendre, la tête en bas, dans le puits, pour rapporter la *soulle*.

Ceux qui s'étaient emparés de cette boule allaient chez tous les meûniers du bourg et exigeaient de chacun dix sous par chaque roue de moulin, de la viande de porc, des canards, des chapons et du vin. Les meûniers qui refusaient de payer étaient maltraités, ou l'on s'emparait malgré eux des comestibles qu'ils ne voulaient

. 1735, où l'on trouve plusieurs réflexions de l'abbé Lebœuf, chanoine d'Auxerre, sur le même sujet; ainsi que le supplément de Moréry, v.° *soulle*.

pas donner de bon gré. La soirée et une grande partie de la nuit étaient consacrées à consommer dans les tavernes le produit de la collecte. Des excès de tout genre étaient la suite ordinaire de cette débauche qui se terminait souvent par des rixes sanglantes. Ce fut là principalement le motif qui provoqua l'arrêt de 1779. Le jeu de la *soulle* et les autres fêtes du même genre avaient été déjà supprimées en Poitou par arrêts des grands jours de Poitiers des 14 décembre 1665 et 3 septembre 1667. [1]

« Dans la Lorraine, dit madame Elise Voyard, [2] il est un jeu qui rappelle les ballons des Bretons. Il est réservé aux jeunes filles, et n'a lieu qu'au temps des primevères. Lorsque ces fleurs paraissent, les enfans du même sexe se rassemblent pour faire la *pelotte de coucous*. La primevère sauvage porte le nom de *Coucou*, parce qu'elle fleurit lorque cet oiseau fait entendre son chant. Les jeunes filles séparent la tige de la fleur, puis deux d'entre elles se placent en face l'une de l'autre, prennent un long fil dont elles tiennent chacune un bout entre les dents, et commencent à suspendre ces têtes de fleurs le long du fil. Lorsqu'il en est couvert et qu'il ressemble à une guirlande, une troisième petite fille pose la main au centre, et les deux autres, avec des précautions infinies, joignent les deux bouts du fil, le nouent, et réunissent ainsi en un centre commun toutes les têtes de primevères. La main de la troisième petite sert à soutenir les fleurs, pour qu'elles ne soient pressées que peu à peu. A mesure que ses compagnes rétrécissent l'ouverture, elle retire adroitement chacun de ses doigts. Le dernier ôté, la pelotte est faite. Alors celle qui a présidé au travail s'assure de la solidité de la pelotte en la faisant tourner trois fois sur le fil qu'elle tient par les extrémités. Cet essai est accompagné d'une sorte de conjuration adressée aux primevères des champs, des prés et des forêts, afin

[1] Lettre de M. Jouyneau des Loges. *Dans les Mém. de la Société des antiq. de France.* tom. I.

[2] La Vierge d'Arduenne. *Notes.* p. 260.

que le fil ne se rompe point. Lorsque l'opération a réussi, on joue comme avec le ballon en lançant la pelotte aussi haut que possible. Celle qui la laisse tomber cède sa place à une autre. Cet exercice est accompagné d'une espèce de chant monotone et de paroles bizarres. À l'instant où la chanteuse prononce un certain mot , toutes les jeunes filles vont se cacher. Pendant ce temps la joueuse dérobe la pelotte à tous les regards : puis rappelant ses compagnes , elle les invite à la chercher , et celle qui l'a trouvée recommence le jeu. Les rues de Nancy, au mois de mai , sont remplies de ces fleurs printanières. Il s'établit même des marchands dont les corbeilles ne sont remplies que de jaunes primevères, uniquement destinées à former des globes de fleurs pour le jeu gracieux des jeunes Lorraines. »

FIN DES NOTES ET DISSERTATIONS.

CHOIX DE PIÈCES INÉDITES,

NON EMPLOYÉES DANS L'OUVRAGE.

―――――――◆―――――――

I.

ORDRE de *Philippe-le-Bel à Hugues de la Celle de faire financer plusieurs personnes ignobles et ecclésiastiques qui avaient acheté, sans son consentement, des fiefs nobles dans les sénéchaussées de Poitou et de Saintonge.*

(28 Septembre 1310.)

Philippus Dei gratiâ Francorum rex dilecto et fideli Hugoni de Cella, militi nostro, salutem et dilectionem. Ad nostrum pervenit auditum quod nonnulli fideles et subditi nostri xanctonensis et pictaviensis senescalliæ plura feoda nobilia absque nostro consensu in ignobilium, monasteriorum ecclesiasticarum personarum manus mortuas transtulerunt, undè cum talia que in dampnum nostrum et grande prejudicium juris nostri facta sunt, non debeamus æquanimiter tollerare, vobis de cujus fidelitate et industriâ plenè confidimus, finandi super premissis, et financias recipiendi à personis predictis aut aliàs cum eis procedendi et ordinandi de ipsis, prout vestra discretio viderit faciendum utilius pro nobis et nostro nomine, plenam concedimus potestatem, volentes quod vos illis cum quibus financias hujusmodi facietis, vestras litteras concedatis in ipsis nostrâ voluntate retentâ per nos postmodùm confirmandas. In cujus rei testimonium sigillum nostrum fecimus presentibus litteris apponi. Datum Carnoti, 28 die septembris anno Domini 1310.

(*Cartul. orig. des PP. Minimes de Surgères.* fº 6 recto.)

II.

LETTRES D'EDWARD, *prince d'Aquitaine et de Galles, confirmatives des droits d'usage* de l'aumônerie de Surgères dans la forêt de Benon.

(Vers 1364).

Eduuardus regis Franciæ et Angliæ primogenitus , princeps Aquitaniæ et Walliæ , dux Cornubiæ , et comes Cestriæ , universis præsentes litteras inspecturis , salutem. Supplicatio religiosorum virorum prioris et fratrum domûs elemosynariæ de Surgeriis nobis exhibita continebat , quod cum dicta eorum domus sive Helemosinaria per illustres olim duces Aquitaniæ progenitores et prædecessores nostros ad usus et hospitalitatem pauperum christi constructa extiterit et fundata ; iidemque progenitores nostri eisdem priori et fratribus aut eorum successoribus quædam explecta et usagia concesserunt, et alias concessiones fecerunt intuitu pietatis, prout per litteras eorumdem prædecessorum nostrorum præsentibus insertas clariùs poterit apparere , ut hujus modi explectis usagiis et concessionibus eosdem religiosos eorumque successores uti et gaudere facere dignaremur. Nos igitur prædecessorum nostrorum vestigiis adhærere in hâc parte, ac bonorum spiritalium , quæ in dictâ Helemosinariâ fiant perpetuò participes offici cupientes hujus modi prædecessorum nostrorumlitteras sive privilegia per reverendum in Christo patrem dominum Petrum Petragoricensemepiscopum cancellarium nostrum videri fecimus et insdici diligenter ; etc.

(Cartul. orig. des PP. Minimes de Surgères. fº 1. recto).

III.

LETTRES de Philibert de Naillac, grand prieur d'Aquitaine , constatant qu'il existait à la Rochelle plusieurs quartiers et emplacemens vides occupés anciennement par des maisons sur lesquelles la Commanderie du Temple avait des rentes et que l'incendie avait dévorés.

(18 Juin 1393.)

Philcbert de Naillac etc. A nos bien-aimés en Dieu frères Johan Choppin, Johan des Fresnes, Nicolas de Lavau et Jean Bonnet, salut en notre seigneur. Comme il soit ainsi que en la ville de la Rochelle et pays d'environ ayent plusieurs places vuides, esquelles souloit avoir belles maisons , lesquelles places sont de présent gastées et inhabitables et sont faites tant inutiles pour ce que le feu a ars les maisons qui souloient être par dessus et autrement , sur lesquelles nous avions plusieurs grands rentes, cens et devoirs à causé et par raison de notre maison du Temple de la Rochelle et a passé treize ans que nous n'en eûmes aucun profit, et il soit ainsi que les aucuns prendroient volunté aucune desdites places , sur ce avons eu avis et délibération avec les frères étans en ce notre présent chapitre; en témoing de vérité nous avons fait mettre à ces présentes le seel de notredite prieuré. Fait et donné en chapitre célébré à

Angers le mercredi avant la Nativité de Saint-Jean-Baptiste l'an mil trois cens quatre-vingt-treize.

(Mss. *Archiv. de la commanderie du Temple de la Rochelle.*)

IV.

HOMMAGE *rendu par Jacques de Surgères, seigneur de la Flocelière et autres lieux, au seigneur de l'Aigle, de Chateaumur, de Thors et de Fouras, en la personne de madame de l'Aigle, revêtue des pouvoirs de son mari.*

(2 Mars 1474.)

L'an de grâce 1474 le 2 jour du mois de mars, très-noble et très-puissant seigneur monseigneur messire Jacques de Surgières, chevalier seigneur de la Flocelière, de Umbreres, de Balon et de Serezay se transporta en châtel de Chasteaumur, auquel et en la sale d'icelui il trouva en personne très-noble et très-puissante dame madame de l'Aigle, dudit Chateaumur, de Thors et de Fourras, soi disante et portante commise de très-noble et très-puissant monseigneur desdits lieux de l'Aigle, dudit Chateaumur, de Thors, de Fourras, son seigneur époux à recevoir les hommages à lui dus à cause de la baronnie et seigneurie dudit Chasteaumur, où illec elle les reçoit, auquel mondit seigneur de l'Aigle en la personne de ma dite dame en la pré-

sence de messire Léonet de Penthevaire, chevalier seigneur de Lespau, François Fouschier, chevalier seigneur de la Sauvrière, Guy Chenin, chevalier seigneur de l'Estang, Jehan Audayer, chevalier seigneur de la Maison-Neuve, Olivier Maynart, chevalier seigneur de Touschepraye, Jehan Girart, escuyer seigneur du Plesseys Bastard, Jehan Millon, escuyer seigneur de la Gisleroye, Guillaume de Talensac, escuyer seigneur de Losdriers, Louis Boscher escuyer seigneur des Eschardes (ou Eschardières), maistre Louis Chevredens, sénéchal dudit Chateaumur, Pierre Prevost, seigneur de Digne-Chien, Eutrope Beraut, seigneur de la Fraudière, Nicolas Bodin, seigneur de la Rofoudière (ou Rolondière)etc. mondit seigneur de la Flocelière fit sept hommages, six liges et un plain, qu'il devoit et estoit tenu faire à mondit seigneur de l'Aigle à cause de sa baronnie et seigneurie de Chateaumur, à sçavoir est le premier à cause de son chastel, chastellenie, terre et seigneurie de la Flocellière; l'autre et le second pour raison de son hôtel appelé Guynesotte assis en la ville de Saint-Paul appelé le fief Porchet; l'autre et le tiers pour raison de son hotel et tenement de la Gut Berle, etc. Fait les jour et an que dessus.

(Mss. *Archiv. du château de la Flocelière.*)

V.

RAPPORT *d'un sergent en*

la sénéchaussée de Saintonge constatant qu'il a ajourné les seigneurs de la maison de Jarnac en vertu d'une sentence du siége de Saint-Jean d'Angély, à la requête de Nicolle de Bretagne, comtesse de Penthièvre et dame de Thors en Saintonge.

(19 Juillet 1486.)

A noble et puissant monsieur le séneschal de Xaintes ou monsieur vostre lieutenant, je Pierre Chauvin, sergent du roy nostre sire en ladite seneschaussée certifie o tout honneur et révérance avec très-humble obéissance, que le dix-neufvieme jour de juillet l'an mil quatre cens quatrevingt et six par vertu et auctorité d'un procés esmané de la court de ladite seneschaussée au siége de Saint-Jehan d'Angély à moy baillé de la partie de très-noble et puissante dame Nicolle de Bretagne, comtesse de Penthièvre, dame de Thors, demanderesse et complaignante par lettres royaux en cas de saisine et de nouvelleté, et à sa requeste où de son procureur, ay adjournay nobles et puissants maistre François Chabot, Anthoine, Jacques et Robert Chabot frères seigneurs, de Jarnac-Charente par une cedule, que meis et appousay au potheau de la ville dudit Jarnac, auquel l'en a accoustumé mectre et afficher cedulles, et en la personne de maistre Guillaume Chauvinet, licencier ès droits, leur procureur, pour

ce que ne les peu trouver en leurs personnes, Loys Guillaume et grant Jehan Peluchon en leurs personnes deffendeurs et oppousans à comparoir pardevant moi devant l'ostel de Guillaume Peluchon dit les vufves au lundi prochain en suivant heure de midi à actendre l'une partie l'autre et à donner deffaut jucques à deux heures aprés ledit mesdi, pour d'illec aller sur certains lieux, desqueulx ladicte demenderesse et complaignante ou procureur pour elle leur entendoit faire monstrée et procéder sur icelles comme de raison, auquel jour, heure de dix heures, devers le matin ledit Chauvinet vint par devers moy audit lieu de Thors, lequel me deist que en nom et comme procureur desdits seigneurs de Jarnac il tenoit iceulx lieux pour veuz et monstrés d'autel valleur, que si ladite dame les lui avoit monstrés à l'œil en les luy baillant par déclaration, dont l'en jugeay et condempnay partant que faire povois et devoirs, et ce fait Anthoine Aubert, écuyer, comme procureur souffisament fondé de procuration de ladicte dame et moy nous tranportasmes emsemble par davant ledit houstel dudit des Vignes et illec à ladite heure comparut par ladicte dame sondit procureur en me requérant deffaut à l'encontre desdits Loys, Guillaume et grant Jehan Peluchons, pour ce qu'ils n'y comparurent aucunement ne procureur pour eulx, et lequel deffaut octroyay audit Aubert comme procureur susdit à l'encontre d'eulx partant que faire pouvoit eulx suffisament actendus jucques à la dicte heure de deux heures après mesdi, et pour ce ledit Aubert comme procureur susdit et moy nous transportâmes en et sur les lieux qui s'ensuivent, etc.

(Mss. du cabinet de M. le comte de Sainte-Maure.)

FIN DES PIÈCES INÉDITES.

TABLE CHRONOLOGIQUE.

—

LIVRE SIXIÈME.

*Depuis la conférence de Philippe-le-Bel et de Bertrand de Gout
dans la forêt d'Essouvert, jusqu'à l'avènement de
Charles-le-Sage.*

1305. — 1366.

LIVRE SEPTIÈME.

*Depuis l'insurrection des Aquitains contre la domination anglo-
normande, jusqu'à la mort de Charles V.*

1367.—1380.

LIVRE HUITIÈME.

Depuis l'avénement de Charles VI, jusqu'à l'expulsion définitive des Anglais de la France méridionale.

1381.—1451.

LIVRE NEUVIÈME.

*Depuis la disgrâce de Jacques-Cœur, jusqu'à la mort de
Louis XI.*

1451. — 1483.

———

LIVRE DIXIÈME.

Depuis la réhabilitation de la maison de la Trimouille, jusqu'à l'insurrection des taverniers de Saintes contre le droit de Souchet.

1483. — 1547.

FIN DE LA TABLE CHRONOLOGIQUE.

TABLE GÉOGRAPHIQUE.

FIN DE LA TABLE GÉOGRAPHIQUE.

TABLE ANDRONOMATIQUE.

FIN DE LA TABLE ANDRONOMATIQUE.

6171

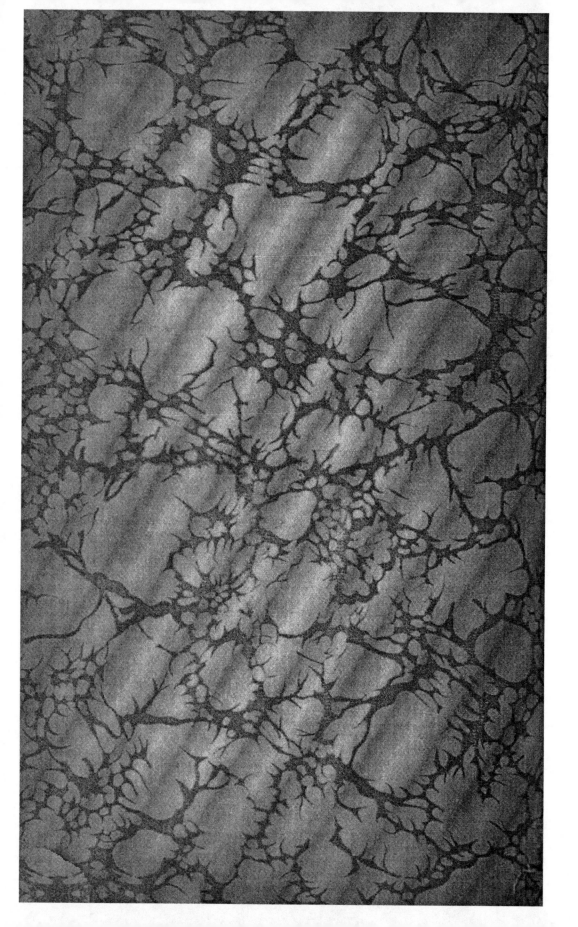